南山大学学術叢書

死の歴史学

ミシュレ『フランス史』を読む

真野倫平

藤原書店

Rimpei MANO

HISTOIRE DE LA MORT

lire l'*Histoire de France* de Michelet

死の歴史学

／目次

死の歴史学

ミシュレ『フランス史』を読む

歴史の総体はミシュレにとって、組み立てるべきパズルではなく、
抱きしめるべき身体なのだ。

ロラン・バルト『ミシュレ』

序　『フランス史』を読むために

ジュール・ミシュレ

死の物語

本書は、ジュール・ミシュレ（一七九八―一八七四）の『フランス史』を死の物語を通して読もうとする試みである。

ヨーロッパ文明において特別に重要な死の物語がふたつある。言うまでもなく、ひとつはソクラテスの死、もうひとつはイエス・キリストの死である。これらの物語が西洋哲学とキリスト教の原点に位置するという事実は、人間が哲学や宗教という営みを作り出した背景に、いかにして死を克服するかという課題があったことを示唆している。人々は、死を前にしたこれらの人物の姿の中に、死のもたらす不安や恐怖を乗り越えるための知恵を見出そうとしたのである。

死にゆく者と彼をとりまく人々の織りなすドラマは、哲学や宗教をわれわれにとって一層身近で親密なものにしてきた。これらの物語の具体的な細部は、ともすれば抽象的な思弁に陥りがちな哲学や神学に、人間的な感情と確固たる実在感を与えるものである。ソクラテスの次第に冷たくなる身体と、イエス・キリストの血を流す身体、われわれはこれらの具体的なイメージを通して、いわばヨーロッパ文明の血の通った肉体に触れることができる。

われわれは同様に、死の物語を通して『フランス史』という作品の肉体に触れてみたい。おそらくは歴史もまた、哲学や宗教と同様に、人間が死を克服するために作り上げた営みにほかならない。誰も死を遁れることはできない。しかし個人は死んでも集団は生き残る。人間は自分が属する共同体の歴史の中に、死を克服する可能性を探し求めた。それゆえに死はしばしば、歴史家の重要な関心事となったのである。そしてミシュレにおいて、このことは他の誰におけるよりも真実である。われわれは本書においてそれを示したいと思う。

『フランス史』とは何か

『フランス史』とは何だろうか？

これは別に抽象的な問いではない。われわれはただ、『フランス史』という表題がミシュレのどの作品を指すのかを決めておきたいだけである。というのも、この表題の指し示す範囲は必ずしも明確ではないからである。

ミシュレの手になる「フランス史」は多少こみいった順序で書かれている。彼はまず一八三三―四四年に『フランス史』の表題の下に、古代から中世に至るフランスの歴史を六巻にわたり刊行する（以下この部分を『中世史』と呼ぶ）。彼はここで執筆を一旦中断し、一八四七―五三年に『フランス革命史』全七巻を刊行する（以下『革命史』と呼ぶ）。その後、再び『フランス史』に戻ると、一八五五―六七年にルネサンスから大革命に至る近代の部分を一一巻にわたり刊行する（以下『近代史』と呼ぶ）。一八六九年には『フランス史』全体への序文を執筆する。その後、大革命後の時代を扱う『一九世紀史』に取り掛かるが、これは第三巻まで書いた時点で作者の死によって中断される。以上をまとめると次のようになる(1)（ただし各巻の正確な題名については巻末の「書誌」を参照のこと)。

一八三三—四四年　『フランス史』六巻(『中世史』)
一八四七—五三年　『フランス革命史』七巻(『革命史』)
一八五五—六七年　『フランス史』一一巻(『近代史』)
一八六九年　『フランス史』序文
一八七二—七五年　『一九世紀史』三巻

以上のどこからどこまでを『フランス史』と見なすのか、その範囲は必ずしも自明ではない。『フランス史』という題名がつけられているのは、厳密には『中世史』と『近代史』のみである。しかし、それに続く時代を扱った『革命史』をそこに含めることもできるだろう(実際、この全体が『フランス史』の題名の下に刊行されることもある)。さらに『一九世紀史』の三巻を、あるいは歴史家が書くつもりでいながら結局書かなかった続きの部分を、そこに加えることもできるかもしれない(その場合『フランス史』は未完の作品ということになる)。さらにその周辺には、フランス史に関する草稿類、講義録、日記や書簡など、多様な資料が残されている。

以上のように、範囲をどう定めるかによって『フランス史』という作品は相貌を大きく変えることになる。本書においては、『革命史』や『一九世紀史』を含めた全体を『フランス史』と呼ぶことにしたい。それは必ずしも、そこにひとつの作品としての完結性が認められるからではない。むしろわれわれの目には、この作品は矛盾や対立に満ちているように映る。そもそも、四〇年にわたる執筆の過程で著者の思想やスタイルが変化するのは当然のことだろう。

多くの近代の作家と同じく、ミシュレもまた生涯でただひとつの作品しか残さなかった作家である。『フランス史』は『人間喜劇』や『悪の華』や『失われた時を求めて』のような、作家にとっての「生涯の作品」である。それは著者の生涯の記録であり、そこには彼の思想的変遷や内的葛藤の痕跡が刻み込まれている。『革命史』は『中世史』に対する激しい否認であり、『近代史』は『革命史』に対する辛辣な揶揄である。そして『一九世紀史』は死を間近にした歴史家の新たな飛躍を示している。われわれはこれらの作品に無理に統一的なイメージを与えようとはせず、むしろその矛盾をあるがままに受け止め、これを未完成の開かれた作品として理解したい。

そもそも、「フランス史」という主題自体がこの作品の未完を運命づけているとも言える。フランスの歴史はいつ始まり、いつ終わりを迎えるのか。そもそも歴史に始まりや終わりはあるのか。歴史家は自らの作品に、かりそめでしかありえない始まりと終わりを与えることで、時間の流れを乱暴に断ち切る。歴史家は、この恣意的でしかありえない選択によって、自らの立場を決定する。そしてミシュレの立場は、最初から最後まで一貫したものであっただろうか。それは彼自身の生きた時代の歴史によって絶えず動揺させられたのではないだろうか。そこには、『フランス史』の完成を拒むような事情があらかじめ存在していたのではないだろうか。

本書では以上の理由から、上に挙げた諸巻の総体を『フランス史』と呼ぶことにしたい。そして各部分を区別するために、『中世史』『近代史』『革命史』『一九世紀史』という名称を用いることにする。

本書の方法

ジュール・ミシュレはフランス近代歴史学の礎を築いた歴史家である。彼は、生涯の作品である『フランス史』によって、フランスの民衆にとっての「国民の歴史」を創設した。とりわけ『中世史』と『革命史』は、フランス歴史学の古典として連綿と読み継がれてきた。今日人々が思い描くジャンヌ・ダルクやフランス革命のイメージは、ある程度ミシュレによって創られたと言っても過言ではない。その意味でこの作品は、フランス人にとって一種の建国神話としての役割を果たしてきた。

とはいえ日本の読者にとって、『フランス史』は名のみ高くしていまだ知られざる作品と言えるだろう。本書の第一の目的は、この作品を日本の読者に紹介することにある。とはいえ、全二七巻にわたる大部の著作を限られた紙数で紹介することは容易ではない。そのためには大胆な抜粋と要約に訴えざるをえない。それにはいくつかの方法が考えられる。例えば、著者が自らの歴史観を理論的に説明した、序文や序論を中心的に取り上げるやり方がある。この方法は、著者の歴史思想をコンパクトなかたちで把握できるという利点がある。しかしその半面、歴史をいかに書くかという技術的な側面は、ともすればそこから抜け落ちてしまう。

本書ではこれとは対照的な方法をとりたい。それは、『フランス史』の個々の物語を取り上げるというやり方である。この方法には、歴史記述の技術的な側面を具体例に基づいて検討できるという利点がある。またそこには、抽象的議論からはこぼれ落ちてしまう、建前の背後にある密かな本音や、無意識的思考のかすかな痕跡が、より明瞭なかたちで浮かび上がるかもしれない。

われわれは特に、死の物語を通してこの作品を読むことにしたい。このような着想を得たのにはいくつかの理由がある。第一に、「歴史は復活である」という定義からうかがえるように、ミシュレは歴史研究を死と復活をつかさどる一種の聖職と見なしていた。死は彼の歴史における最重要概念のひとつなのである。そして、ミシュレにおける死の概念を考える上で、理論的な文章を検討するだけでは十分でない。多くの具体的な死の物語を参考にすることで、それをより多面的な角度から把握できるはずである。

第二に、『フランス史』においてはしばしば特定の人物の生涯によって時代区分がなされ、巻や章がその人物の死によって閉じられる。つまり、死の瞬間に特権的な重要性を与えるのは、必ずしもわれわれの恣意的な選択ではなく、作品の構造自体から必然的に導かれる読解方法なのである。ここには、個人の死を通じて社会の変動を描くという、ミシュレ独自の歴史記述の方法が認められる。

第三に、死はミシュレにとって重大な強迫観念のひとつであった。彼の『日記』からは、彼がどれほど近親者の死に影響を受けたかが読み取れる。とはいえ、それが単に私的な体験にすぎないならば、われわれはそれを『フランス史』の読解とは切り離しておいたことだろう。しかしこれらの体験は、『日記』に記されるにとどまらず、歴史作品の中でも言及されることで、歴史家の職務と不可分なものになっている。それゆえに、われわれはこれらの私的体験を避けて通るわけにはいかないのである。

われわれは以上の理由から、死の物語を通して『フランス史』を読むことを構想した。とはいえ、以上の指摘は必ずしもわれわれの読解の正当性を保証するものではない。本書はせいぜい、歴史作品を読む上でのひとつの視点、しかもきわめて特殊な視点を提供するものにすぎない。それがどれほどの意義をもつかは、読者の判断に委ねるほかない。

本書の構成

本書は一二の章からなる。最初の二章は『フランス史』分析の準備作業にあてられる。第1章においては、ミシュレの歴史家としての自己形成を私生活の側面から検証する。すなわち、若き日の『日記』を取り上げ、彼が個人的な死の体験をいかにして歴史家の職務に結びつけていったかを分析する。第2章においては、歴史家の自己形成を今度は公的な側面から検証する。すなわち、一九世紀初頭の歴史学の状況を概観した上で、ミシュレが先行世代への批判を通していかなる歴史記述のスタイルを作り上げたかを確認する。

第3章以降で『フランス史』の分析を行う。第3章から第5章において『中世史』を、第6章から第8章において『革命史』を、第9章から第11章において『近代史』を、第12章において『一九世紀史』を取り扱う。つまりここでは年代順――フランス史の年代順ではなく、ミシュレの執筆の年代順――に従い、中世・大革命・近代・一九世紀という順序でこの作品を検討することにする。このような通時的構成をとるのは、フランス史の流れを理解しやすくするため、そしてミシュレの思想的変遷をたどりやすくするためである。

しかし単に通時的に作品をたどるだけでなく、各章においてひとつの主題を設定することで、ミシュレの歴史記述を貫く内的構造を共時的な観点から把握したい。無論、年代順構成と主題別構成の両方を同時に満たすことはできないので、時に年代が相前後したり主題が重複したりする点についてはあらかじめご寛恕を請いたい。また、読み進める際の参考に、各章の冒頭に簡単な参考資料を置いた。第1章ではミシュレの生涯について、第2章ではミシュレが生きた一九世紀について、第3章から第12章では各章で扱う時代についての概説である。

『フランス史』は一九世紀に書かれた作品であるので、今日の歴史学的基準からみて不適切な記述が数多く存在する。ミシュレの学問的な正確さを検証することが本書の目的ではないので、重大な誤謬についてはなるべく指摘するよう努めたが、それ以外は必ずしもいちいち断りはしなかった。また、紙面の都合上、本書で取り上げた死の物語はごく限られたものにすぎない。重要人物の最期はなるべく取り上げるよう努めたが、それでも多くの興味深いページを割愛せざるをえなかった。

また、巻末に付論として、ミシュレの死後の評価に関する小論を置いた。ここでは彼の作品をめぐるさまざまな発言を取り上げ、本論とは異なる角度から、彼が与えた影響の広がりを示したい。

もとよりこれは研究史とか受容史と呼べるほど体系的なものではない。しかしこれらの発言のひとつひとつがミシュレの作品を映し出す小さな鏡であり、それらは交差しあい反射しあうことで、この歴史家の多様な相貌を万華鏡のように浮かび上がらせてくれるにちがいない。

最後に、『フランス史』という歴史的作品に対してこのような断片的で限定的な解釈しか提示できないことに、われわれは正直なところ内心忸怩たる思いを禁じえない。しかし、一九世紀フランス歴史学という未開拓の領域においてはこのような試みもまったく無意味ではないと信じつつ、目を閉じて本書を読者に委ねることにしたい。もし読者がミシュレの歴史作品にさらに触れたいという欲望を抱かれたなら、本書の目的は十分に達成されたと言える。

注

（1）時代区分については、ミシュレは古代 Antiquité、中世 Moyen Âge、近代 Temps modernes という伝統的な三区分を用い、フランス革命以後を現代史 histoire contemporaine と呼んでいる。「中世史と近代史を明確に区分することはできない。中世史が蛮族の最後の侵入（オスマン・トルコのそれ）によって終わるものと考えると、近代史はトルコ人によるコンスタンチノープル陥落からフランス革命まで、すなわち一四五三年から一七八九年までの三世紀半を含むことになるだろう。（一七八九年以降の）現代史はこの年表にはまったく入らない」（『近代史年表』）（*Tableau chronologique de l'histoire moderne*, *Œuvres complètes*, Flammarion, t. I, 1971, p. 73）。

〈略号について〉

主要文献の出典を示す際には以下の略号を用い、続けてページ数を記す。版の詳細については巻末の「書誌」を参照されたい。

HF1	*Histoire de France I*	『中世史』第一巻・第二巻
HF2	*Histoire de France II*	同　第三巻・第四巻
HF3	*Histoire de France III*	同　第五巻・第六巻
HF4	*Histoire de France IV*	『近代史』第一巻・第二巻
HF5	*Histoire de France V*	同　第三巻・第四巻
HF6	*Histoire de France VI*	同　第五巻・第六巻
HF9	*Histoire de France*, t. IX	同　第七巻（前）
HF10	*Histoire de France*, t. X	同　第七巻（後）・第八巻
HF11	*Histoire de France*, t. XI	同　第九巻・第一〇巻（前）
HF12	*Histoire de France*, t. XII	同　第一〇巻（後）・第一一巻
HRF1	*Histoire de la Révolution française*, t. I	『革命史』第一巻〜第四巻
HRF2	*Histoire de la Révolution française*, t. II	同　第五巻〜第七巻
H19S	*Histoire du XIXe siècle*	『一九世紀史』第一巻〜第三巻
EJ	*Écrits de Jeunesse*	『青年期著作集』
J1	*Journal*, t. I	『日記』第一巻（一八二八―四八年）
J2	*Journal*, t. II	同　第二巻（一八四九―六〇年）
IHU	*Introduction à l'histoire universelle*	『世界史序説』
P	*Le Peuple*	『民衆』

第1章　ミシュレと死

アデル・デュメニル

参考資料　ミシュレの生涯

ジュール・ミシュレは一七九八年にパリで生まれ、第一帝政（一八〇四―一四）の戦乱のもとで成長する。一八一二年にナポレオン一世の政令により父親の印刷所が廃業する。貧しい生活の中、少年は学業で非凡な才能を発揮する。彼は一四年に祖父の死、一五年に母親の死、二一年に親友ポワンソの死を経験する。

王政復古期（一八一四―三〇）、一九年に博士号を取得、二七年にエコール・ノルマルの教師に就任する。七月王政期（一八三〇―四八）、三〇年に古文書館の歴史部長、三八年にコレージュ・ド・フランスの教授に就任し、歴史家として輝かしい経歴を築く。三一年に『世界史序説』を発表、三三年に『フランス史』の刊行を開始する。私生活では二四年に結婚した妻のポーリーヌを三九年に結核で失う。

一八四〇年代、『イエズス会』（四三）、『司祭、女性、家族』（四五）でカトリック教会を攻撃し、『民衆』（四六）で下層階級の復権を訴える。教会批判の背景には、四二年に死んだデュメニル夫人との恋愛経験がある。四四年に『フランス史』を中断し、四七年に『フランス革命史』の刊行を開始する。四八年の二月革命に際しては、同僚のキネやミツキエヴィチとともに指導的役割を演じる。私生活では四六年に父親を失い、四九年にアテナイス・ミアラレと結婚、翌年に生まれたばかりの息子を失う。

第二共和政（一八四八―五二）はルイ・ナポレオンのクーデタによって崩壊し、第二帝政（一八五二―七〇）が成立する。ミシュレはコレージュ・ド・フランスと古文書館の職を追われ、逆境の中で五三年に『フランス革命史』を完結させる。五五年に『フランス史』を再開し、六七年に完成させる。その後『一九世紀史』に取り組み、普仏戦争敗北の失意の中で三巻を書き上げるが、七四年に南仏のイエールで心臓発作で死去する。

はじめに——歴史は復活である

ミシュレは歴史を「復活」と定義した。この言葉ははたして何を意味するのか。それは一方では、過去の全体的な再現という歴史家としての学問的野心を示している。他方では、虐げられた民衆の復権という共和主義者としての社会的主張を示している。しかし、これらの解釈はいずれもあまりに抽象的で、「復活」という言葉のもつ宗教的あるいは身体的なニュアンスを十分に汲み取れていない。

「復活」は「死」を前提とする。ミシュレはしばしば歴史家の職務を、死をつかさどる祭司職に喩えている。歴史家は死者たちと対話を交わすために死の国へと下りてゆく。そして物言わぬ彼らの声をわれわれに伝えるのだ。「歴史よ！　われわれを気にかけてくれ。おまえの債権者たちが命じるのだ！　われわれはおまえの一行のために死を受け入れたのだ」（『フランス史』序文）（HF1, 24）。われわれは本書において、『フランス史』の死の物語の分析を通して、ミシュレにとっての歴史の意味を探ることにしたい。

しかし本章では、その作業に入る前に、私生活の側面からミシュレと死の関係を見ておきたい。彼は二一歳の時に『日記』を書き始める（これはほぼ生涯にわたって続けられる）。また同じ頃、『メモリアル』という自伝的回想録を執筆している。これらはミシュレのエクリチュール（書く行為）の原点に位置する作品であり、そこには、近親者の死が彼にどれほど強い影響を与えたかが読み取れる。歴史家になる以前から、「死」はミシュレにとって重大な強迫観念であった。

ある作品を論じる上で、伝記的事実を論拠とすることは危険である。それは生活者としての人格と創作者としての人格を混同することであり、作品の自立性をないがしろにすることである。にもかかわらず、われわれはミシュレの歴史作品を論じる上で、これらの私的作品を避けて通ることはできない。ミシュレの場合、私的作品と公的作品を区別することはきわめて困難だからである。彼は日記の中で歴史を論じるだけでなく、歴史作品の中で私生活を物語ることをためらわなかった。このような公私の混同は、ミシュレ独自の歴史記述を構成する不可欠な要素となっている。

本章においては、『日記』と『メモリアル』を参考にして、ミシュレと死の関係を見てゆきたい。少年時代の彼が、喪失の体験を日記や自伝においてどのように受け止めたのか。青年時代の彼が、私的体験を歴史家の職務とどのように結びつけたのか。最後に、歴史家としての彼が、私的体験をどのように歴史記述の中に組み入れたのか。われわれは以上の作業を通じて、ミシュレの歴史学の成立過程を明らかにしたい。

1　死とエクリチュール

親友の死

ミシュレは一八二〇年五月四日に『日記』を書き始める。それは、親友のポール・ポワンソが医学の勉強のためにパリを離れていった日である。前年に博士号を取得したミシュレは、当時教授資格試験の準備中であった。冒頭で彼は執筆の意図をこう説明する。「この『日記』は大いに役に立つだろう。ぼくの人生はぼくにとって失われることはないだろう。ぼくは自分の人生を、日を追って、ぼくの感情や思考や行動とともに、再び見出すことだろう」（一八二〇年五月四日）(EJ, 75)。ミシュレのエクリチュールは、親友との離別という喪失の体験から生まれたと言える。

ポワンソはやがて病気のために帰還し、一八二一年二月一四日に死去する。ミシュレはこの死に強い衝撃を受ける。親友が息を引き取った時、個人教授のためにそばにいなかったことが、彼の内に強い罪責感情を引き起こす。親友の遺体を目の前にして、ミシュレは自らを激しく責める。

ぼくは、もはやぼくの声の聞こえない君の遺体の傍らで、君のために始めたこの『日記』を続けている。（中略）ああ、なぜ君に会えた時間をもっと利用しなかったのだろう？　死が君をぼくの腕の中で凍らせてしまうまで、君を放さずに抱いているべきだったのだ。
不幸な友よ、君の目は最後の瞬間にぼくを探していた。ジュールが君をないがしろにしたと君は一瞬思ったかもしれない！　ああ！　君の瞼を閉じるのはぼくのはずだった。ぼくに不幸あれ！　ぼくの瞼を閉じる者がいなくても当然だ。
それに、何日か前にぼくが苛立って君に投げつけた冷酷な言葉、どうしたらあれを償えるだろう？　今なら君はあれを分かってくれる、多分ぼくを許してくれるだろう。しかしあの言葉は永久にぼくの良心に残り続ける。

（一八二一年二月一四日）（EJ, 132-133）

一週間後、ミシュレは葬儀のことを回想しつつ、ポワンソの遺体の描写を残している。彼は遺体を目にすることの苦痛を訴える一方で、その美に不思議な感銘を受けたと記している。遺体はミシュレにとって生涯、恐ろしいと同時に美しい、両義的な存在であり続けることだろう。

彼は驚くほど美しかった。肌はかつてなかったほど白く、黒髪と対照をなしており、穏やかで天使のような優しい表情がなければ、何かしら恐ろしいものがあっただろう。しかし肌は冷たくこわばっていた。触ってみると、それはすでに土くれだった。ぼくは恐怖と苦しみにおののいた。

（一八二一年二月二一日）（EJ, 134）

ミシュレは半年後の『日記』において、死んだ親友の生い立ちを伝記風に略述することを試みる。「今年の二月一四日、死がぼくから親友を奪い去った。死だけがぼくから彼を引き離すことができたのだ。少したって、ぼくは残された無数の思い出を注意深く集めるという計画を思いついた」（一八二一年九月二七日）（EJ, 166-167）。

一八三七年、ミシュレはポワンソの家族がその墓を開く場面に立ち会う。墓を開くという行為は一九世紀においてはしばしば行われた慣行であり、ミシュレ自身も後年自分の家族の墓に対して同じ行為を行うことになる。彼はふたたび遺体の描写を残している。「この頭蓋骨と空洞になった両眼は、美しくないこともなかった。それは多分、あの眼を輝かせていた優しい知性と、あの若い高貴な顔に宿っていた希望とを、私がそこに重ねていたからだろう。私はそこに白い花冠を置いた」（一八三七年四月二五日）（J1, 220）。

母の死

『日記』を書き始めた一ヶ月後、ミシュレは一種の自伝である『メモリアル』の執筆を開始する。彼は冒頭で執筆の理由を説明する。「ぼくがこれらの材料を集めようと決意したのは、いくつかの理由による。ぼくは、この短い人生において自分にとってすでに過ぎ去ったことを引きとどめ、ぼくが経験した善いことや悪いことの思い出を利用したいと思うのだ。過去によって未来を改善したいと思うのだ。ぼくは、もし自分が愛する人々より先に死んだとしても、彼らのそばで生きたいと思うのだ」(EJ, 182)。自分の体験が失われることへの、あるいは自分自身が忘却されることへの恐怖。ここにも喪失への強迫観念を読み取ることができるだろう。

ミシュレは自らの陰鬱な少年時代を振り返る。彼は学校においては級友たちに馬鹿にされ、家庭においては粗暴な性格のために両親に叱られていた。学校における被害者意識と、家庭における罪責感情に悩む孤独な少年。だからこそ、ポワンソとの出会いは彼にとって決定的な事件であった。「ぼくは人生で一番重要な出来事を話そう。どのようにしてぼくがポワンソと知り合ったかを話そう。この時以来、ぼくはもうひとりではない」(EJ, 191)。

ミシュレは『メモリアル』の執筆を一旦中断するが、ポワンソの死が彼に再び筆を取らせる。彼はそこに亡き親友のさまざまな思い出を書き綴る。やがて彼の回想は同じく故人である母と祖父の記憶に移ってゆく。母アンジェリク・コンスタンスは一八一五年、ミシュレが一六歳の時に死亡した。母の死の状況とポワンソの最期との間には、いくつかの類似点が認められる。まず、故人への罪責感情。病気の母に対して粗暴な態度を示してしまったこと。また、勉強したまま眠り込んでしまい、ポワンソの時と同様、母の臨終に居合わせなかったこと。これらのことが彼の自責の念を一層大きなものにする。

ママの容態は次第に悪くなっていった。あの種の病気の最終段階を示す水腫が随分前から現れ、ぼくの心は不吉な予感で一杯だった。しかし、粗暴な性格のあまり、ぼくは時に残酷な言葉を洩らしてしまうのだった。今ではすべての血でもって償いたいと思っている。特に、なけなしの五〇フランを学校に支払った帰り際に言った一言は。あの残酷な言葉を言うやいなや、ぼくの心は引き裂かれた、しかし何だか分からない余計な気兼ねから、そうすべきうちに許しを乞うことができなかった。（EJ, 215）

ミシュレはポワンソの時と同様に、遺体の傍らに長いこととどまり、その様子を克明に観察する。「ぼくは、ママをじっと見つめながら、そして時折、今これを書いている同じテーブルで死者のための祈りを読みながら、その日を過ごした。彼女は死んでも少しも変わらなかった。長いあいだの病気のせいで彼女の外見はすっかり変わっていたので、まるでずっと前から死んでいるようだった」（EJ, 216）。

ミシュレは幼少期から、遺体に対して特別の感受性を抱いていたようである。『メモリアル』には、一八一四年に死んだ祖父の葬儀の後の出来事が記されている。「とても単純だがぼくの胸を強く打った一言を、書き落とすわけにはいかない。あのことのすぐ後で、ひどい嵐が来た。お祖母さんは涙を流し始め、こう言った。『あの人の上に雨が降っている』。ぼくはおそらく、祖父の死自体よりもこのことに感動した」（EJ, 215）。三〇年後、父親の葬儀の後で、ミシュレは『日記』に同じような言葉を書きとめる。「寒い。雪が……父の上に！」（一八四六年一二月一日）（J1, 660）遺体は彼にとって、恐怖と陶酔を同時にかき立てる神秘的な対象であり続ける。

母の死後、一家の経済的状況は少し改善される。しかしこのことはミシュレの罪責感情をさらに深いものにする。ミシュレは自らの幸福な生活を非難する。まるでそれを母の生命を代償にして手に入れたかのように。

この残酷な出来事も、他の時期ならよりつらいものになったであろうが、当時はそれほどつらくは感じなかった。直後に起こった生活と場所の変化が、衝撃が深く打ち込まれるのを妨げたのだ。それまで知らなかった自由、より安楽で不安のない生活は、一六歳の子供にとって力強い慰めだった。ぼくは時に驚き、自分の心の非情さに恥じ入り、この残酷な幸福を自分に責めた、まるで自分が母の命を代償にそれを手に入れたかのように。（EJ, 216）

『日記』と『メモリアル』はいずれも喪失の体験から生み出された作品であり、現実の喪失を想像のレベルで回収しようとする試みである。とはいえ、必ずしもそれらを実生活の忠実な記録と見なす必要はない。実際の友情や愛情は、ミシュレが述べるほど理想的なものではなかったにちがいない。ミシュレは日記や自伝の執筆を故人に対する贖罪の行為とすることで、はじめて故人との完全な一体化を達成することができたのではないだろうか。その意味でこれらの作品は、エクリチュールを通じて過去を理想的なかたちで回復する装置であると考えられる。

死の儀式

ミシュレはこれ以降も、近親者の死を幾度も体験することになる。彼は一八三九年に最初の妻のポーリーヌを、一八四二年に友人のデュメニル夫人を、一八四六年に父フュルシーを、一八五〇年に生まれたばかりの息子ラザールを失う。そしてそのつど、われわれが以上で確認した、思い出の収集や、故人の理想化や、罪責感情の表明が、死の儀式のように繰り返される。

死を前にしたミシュレの態度は、現代人の目にはいささか奇妙なものに映るかもしれない。しかしそれは一九世紀においては必ずしも例外的なものではない。フィリップ・アリエスは『死を前にした人間』（一九七七）において、西洋における死に対する態度の変遷を共同体意識との関連によって説明する。一八世紀以降の家族感情の発達にともない、死はただひとりで体験するものでも（「おのれの死」）、共同体で共有するものでもなくなり（「われらはすべて死す」）、家族をはじめとする限られた範囲の近親者によって共有される体験となる（「汝の死」）。

決定的な要素は第一要因、すなわち個人という要因の変化である。現在までのところ、それは二つの極の間で変化してきた。すなわち、種と共通の運命の方向（《われらはすべて死す》）と、個人的で特殊な伝記の方向（《おのれの死》）の間である。一九世紀にはそれらはどちらも弱くなり、それまで先の二つに紛れていた第三の方向に場所を譲る。それが「他者」の方向である。とはいえどの他者でもよいわけではない。親愛の情は、それまでは拡散していたが、今後はわ

ずか数人の存在に集中される。彼らとの別離はもはや耐えがたくなり、劇的な危機を引き起こす。それが《汝の死》である。(1)

このことが死のイメージを大きく変える。死後の世界すなわち彼岸は、死によって引き離された者たちの幸福な再会の場所となる。死は忌まわしいものや恐ろしいものであることを止め、望むべき瞬間として美化される。その結果、信仰者のみならず不信仰者にとっても、死者の崇拝が一般化する。一九世紀に広がった廃墟の訪問、墓地の散策、交霊術などの慣習は、いずれもこのような死者崇拝の一形態にほかならない。

したがって死を前にしたミシュレの態度は、ロマン主義世代に特有の感情的誇張を別にすれば、必ずしも特異なものとは言えない。遺体に向けられた執拗な視線や、恐怖と陶酔のいりまじった複雑な感情は、基本的には当時の死者崇拝の一環と見なすことができる。近親者の墓を開くという、われわれには異常に見える行為にしても、それはアリエスが例に挙げるエミリ・ブロンテの『嵐が丘』の主人公ヒースクリフの行動や、デュマ・フィスの『椿姫』の主人公アルマンの行動と大きく異なるものではない。

しかしミシュレにおいて疑いなく特異なことは、彼が一九世紀フランスにおける屈指の歴史家であったこと、そしてさらに、彼が自らの研究対象と個人的体験の間に不思議な対応関係を見出そうとしたことである。このことが、近親者の死を前にした彼の態度にある種の社会的・倫理的な性格を与えると同時に、過去に向かう歴史家の姿勢にある種の個人的・感情的な傾向を与えることになる。そしてここからミシュレ独自の歴史記述のスタイルが誕生するのである。

2　個人として、歴史家として

妻の死

ミシュレは一八二四年に六歳年上のポーリーヌ・ルソーと結婚する。その後、彼は一八二七年にエコール・ノルマル（高等師範学校）の講師、一八三〇年に古文書館の歴史部長、一八三八年にコレージュ・ド・フランスの教授に就任し、一八三三年には生涯の仕事となる『フランス史』に取り掛かる。一八三〇年代のミシュレはまさに歴史家として栄光の絶頂にあった。しかしその一方で、ミシュレは仕事に専念するあまり、無教養な妻を顧みなかったようである。やがてポーリーヌはアルコール中毒になり、一八三九年七月二四日に結核で死去する。ミシュレは『日記』において、自分が夫としての義務を放棄し、妻をないがしろにしたことを告白する。彼は自分のエゴイズムを激しく責める、まるで自分の研究のために妻を犠牲にしたかのように。(2)

神よ、彼女の罪を私のものに数えてください。それは本当に私の罪なのですから。

もし結婚が、われわれにとってそうあるべきもの、教育であり手ほどきであったなら、彼女は元のままの幸福で気高い性質でいたことでしょう。

私は彼女をひとりで放っておくという重大な過ちを犯しました。私は彼女を疑い、軽蔑しました。彼女は軽んじられ、忘れられて、疑いを抱いたのです。それでも彼女の心はキリスト教徒のままでした。

（中略）何たることか！　私のしたことはすべて、彼女の幸福と生命を犠牲にしてなされたのです。もし私が何らかの栄誉を得るとすれば、それは彼女の犠牲によってです。私は彼女が死ぬ日に、その代償を苦い思いとともに見出したのです。（一八三九年七月二四日）(J1, 306)

葬儀の際、ミシュレは妻の肖像画を描かせている。彼は画家の制作現場に立ち会い、遺体のそばで演出家のようにふるまう。そこにはできるかぎり理想的なかたちで妻の姿を残そうとする執拗なまでの意志が認められる。「私は若者に、部屋を締め切ってろうそくの明かりで描くよう忠告した。効果はめざましいものであった。彼女は生前には決して見せなかったような気高い表情を獲得した。彼女は黄色い顔色をしていた、しかし高貴で皺もなかった。赤いスカーフと白い枕の上で、彼女は見事に引き立っていた。私は彼女が死ぬ数時間前に、スカーフと白い縁なし帽を彼女に着せたのである」（一八三九年七月二五日）(J1, 308)。

そしてミシュレ自身も『日記』に遺体の様子を描写している。彼は奇妙な執着心から、腐敗してゆく遺体への嫌悪感と闘いつつ、その傍らにとどまり続ける。「何ということだ！　臭いはすでに強くなり、腹部は緑がかり、鼻は黒ずんでいた。私は恐ろしいほどに、骨の髄まで、ヨブの言葉を痛感した。『私は蛆虫に言う。おまえたちは私の兄弟だ。私は腐敗に言う。おまえは私の姉妹だ』。心が離れてゆくのを感じるのは恐ろしいことだ。子供たちは一日目から嫌悪と恐怖を感じた。私は、《三日目まで》持ちこたえた」（一八三九年七月二六日）(J1, 309)。

一ヶ月後の一八三九年九月四日、ミシュレは妻の墓を開く。彼は、ポワンソの場合と同様に、『日記』に遺体の様子を書きとめる。彼は遺体のおぞましい姿に強い嫌悪を感じながらも、そこに「死の魅惑」を感じたと告白する。そこには地上の天国的な風景と、地中のおぞましい光景の対比があり、エロスとタナトスの交錯がある。

　墓を開く。八時。嵐の朝、雨の後。

　過酷な試練だ。何たることか！　ほとんど蛆虫しか見えなかった。《土に返る》と人は言う。言葉の彩だ。この生命なき物質が生きた物質を活動させる。目にはおぞましく、キリスト教にとっては厳しく屈辱的な側面であり、精神にとっては偉大で、残酷なまでに詩的で哲学的な側面である。美の傲慢と欲望の誘惑にとっての何という贖罪！（中略）

　バラとすいかずらに囲まれたこの墓地は、まるで天国のようだ。その下には何と恐ろしい醜さがあることか！　しかし私は、このぽっかりと開いた墓穴を見下ろした時、水の上や塔の頂

上にいる時のように、強烈に死の魅惑を感じた。《わが骨の安らかに憩わんことを！》

（一八三九年九月四日）（J1, 315）

ポーリーヌが死んだ二年後、ミシュレは『日記』で奇妙な告白をしている。彼は、妻の死の際に感じた物狂おしい情熱でもって、歴史家としての職務に没頭したというのだ。「妻が死に私の心は引き裂かれた。しかしこの傷口から、荒々しい、ほとんど狂おしいまでの力が生じた。私は陰鬱な喜びをもって一五世紀のフランスの死の中に身を沈め、私の内と私の主題の内に等しく見出した、激しい官能の情熱をそこに混ぜ合わせた」（一八四一年四月二九日）（J1, 361）。一八三九年当時、ミシュレは『フランス史』の第四巻に取り組んでいた。百年戦争のさなか、アルマニャック派とブルゴーニュ派の内戦が勃発し、フランス王国は解体の危機に瀕していた。歴史家はフランスの死の中に妻の死を探し求める。まるで死者の国に赴くオルフェウスのように。

ミシュレは妻が死んだ日の『日記』で、彼女が典型的な「フランス女性」であると述べている。「彼女は最良の時期には、そうしたすべての点で《独自の魅力》を、昔のフランスの活気を保持していた。無知で無教養ではあったが、そのことが彼女を最も高尚な人々のレベルにまで高めたはずだった……。それはすぐれてひとりの《フランス女性》、自立した活発な個性だった」（一八三九年七月二四日）（J1, 307）。亡き妻とフランスを同一視することで、ミシュレは個人的な愛惜と歴史家の熱情を結びつける。ここで二つのテクストを比較してみよう。最初はポーリーヌの死後の『日記』に記された省察、二番目は『中世史』より内戦勃発の契機となったオルレアン公ルイの暗殺をめぐる省察である。

ポーリーヌが死んで一ヶ月。《個別性、個性》。われわれは銀板写真について話していた。巨匠たちの絵画に比べ、そこには何が欠けているのか。多くのものが欠けている……。それから何が？　彼らの欠点が。彼らの欠点、それもやはり彼ら自身であり、彼らの個性なのだ。われわれの完全な面は、われわれの一般性であり、われわれらしくない部分である。われわれの悪い面は、異論なくわれわれ自身のものである。これこそ、個人への愛がもつ不正である。つまりわれわれは欠点をも愛する、欠点を特に愛するのだ。（一八三九年八月二二日）(J1, 311)

ひとりひとりの人間がひとつの人類であり、普遍史なのである……。しかしながら無限の一般性が含まれるこの存在は、同時に特別な個人であり、何物にも替えがたい唯一でかけがえのない存在なのだ。後にも先にもこのようなものは何もない。神は二度と同じものを作らない。

（中略）

この者はおそらく悪徳をもっていた。しかしわれわれが涙を流すのはある部分そのためである。彼はそのために一層哀れな人類に属するのだ。そのために一層われわれに似ているのだ。それは彼であり、われわれなのだ。(HF2, 352)

ミシュレは亡き妻と暗殺されたオルレアン公ルイを重ね合わせ、かけがえのない個性の喪失を嘆く。私生活と歴史の奇妙な交錯！　次章で見るように、初期のミシュレは個別性から一般性への移行に人類の進歩を見出していた。その意味でオルレアン公の死の際のこの個別性の擁護は、『中世史』の中でもとりわけ強い印象を与える。

「白い天使」の死

一八四〇年、妻を失ったミシュレの前に、「白い天使[3]」アデル・デュメニル夫人が現れる。夫人は実業家の娘で、元銀行家の夫とは長らく別居中であった。ポーリーヌとは異なる、知的に対等な女性と初めてめぐり会えた喜び。ミシュレは彼女とひとつ屋根の下で暮らし始め、このことは家族を取り戻したかのような幸福を彼にもたらす。しかしその幸福は長くは続かない。もともと病弱な彼女が死病に犯されていることが判明する。

さらなる衝撃がミシュレに追い討ちをかける。イエズス会のクール神父の出現である。心身ともに衰弱した夫人が自分ではなく神父を相談相手に選んだことに、ミシュレは激しい嫉妬の感情を覚える。

私は二重に苦しんだ。すべて私の手を逃れてゆく……。外科医の後は外国の催眠術師、その次には告解師を彼女は望んだようだ。魂はこのような危機において、愛しながらも実際に救うことのできない者たちから離れてゆく。彼女は見知らぬ他人に生命を求める。彼女の信頼や愛情が死に絶えるのを感じるのは、私にとって思いがけない死のかたちである。それは私自身が死ぬことに等しい。

（一八四二年二月二二日）(J1, 379)

一八四二年五月三一日に夫人は死去する。ミシュレは夫人の自分に対する思いの大きさをあらためて痛感する。「その晩、アルフレッドは、少し落ち着くと、（中略）母の最後の遺志を私に伝えた。彼女は私にすべてを、本当に、哀れな女性が自由にできるすべてのものを残してくれた。私はその時、四月二二日の険悪さ以降なかったほどに、われわれがお互いにとって何だったのかを痛感した」（一八四二年六月二日）(J1, 407)。

ミシュレは今度も遺体の肖像画を描かせ、その傍らで演出家のようにふるまう。「私はほとんどの時間を画家たちと一緒に過ごし、彼らにこの陰鬱で神秘的な物体について説明した。彼女は息を引き取るとすぐに、かなり様子が変わった。しかしそれ以降はそのままであった。正面からは、気品があって整った顔立ち。斜めから見ると少し庶民的。横顔はきわめて優雅で皮肉っぽく。痩せたせいで輪郭が上品になっていた」（一八四二年六月二日）(J1, 407)。また二週間後には、夫人の伝記に取り組んだ形跡が認められる。「衰弱し熱があると感じながらも、デュメニル夫人の生涯について丸六ページ書き上げた」（一八四二年六月一五日）(J1, 411)。

当時、大学と教会の間で教育の権利をめぐる論争が起きていた。(4) ミシュレはその中で、反教権主義の熱烈な闘士として立ち上がる。(5) 一八四三年、彼はコレージュ・ド・フランスの講義においてイエズス会を攻撃し、この講義を『イエズス会』の題名で刊行する。彼はまた一八四五年の『司祭、女性、家族』において、司祭による指導を、結婚の絆を断ち切り家庭を破壊するものとして激しく非難する。

近代人、未来の人間は、女性を過去の人間の影響に委ねてはならない。過去の人間による《指導》は、これから見るように、ひとつの結婚であり、もうひとつの結婚よりもさらに強力なのだ。それは精神的な結婚なのだ……。しかし、精神を所有する者はすべてを所有する。

若者よ、覚えておくがよい。他人が魂を所有する女性と結婚すること、それは離婚と結婚するようなものだ。(6)

ジョゼ・カバニスが言うように、ここにミシュレの個人的な怨恨を読み取ることは決して間違いではないだろう。ミシュレは個人的な復讐を歴史の領域で行おうとした。「彼の《サクレ・クール》に対する十字軍が、デュメニル夫人の心〔クール〕を彼から奪った《クール神父》に対する個人的な不幸な思い出によるものでないかどうかは、誰にも分からない。これは私が捨てたアイディアのひとつにすぎない。確かなのは、かつて著名な思想家がこれほど私生活に影響され、これほど限られた経験から知恵を引き出し、これほど根拠のない確信を抱いたことはないということである」[7]（『ミシュレ、司祭、女性』（一九七八））。

しかしこれとは逆の方向から考えることもできる。ミシュレは歴史において祭司の役割を引き受けた。彼が私生活においても同じ役割を演じようとしたために、このような「事件」が起きた。彼が以前から司祭に対して抱いていた競争心が、この機会に噴出したのである。[8]「私はこの二年間の講義におけるほど、私の天職について宗教的な感情を抱いたことは決してなかった。歴史の聖職、教皇職をこれほど理解したことは決してなかった。私は父と息子の遺灰を運ぶように、このすべての過去を運んだ」[9]（『イエズス会』序説）。

『中世史』の最初の数巻において、ミシュレは民衆の解放者としての教会の役割を高く評価していた。しかしカトリック教会との対立が深まるにつれ、彼はこの評価を大きく改め、教会の進歩的役割を否定するようになる（その結果、『中世史』は新版以降大幅に修正される）。一八四三年八月三日、ミシュレの娘のアデルが、デュメニル夫人の息子のアルフレッドと結婚する。二日後の『日記』では、家族への決別と中世への決別が同時に語られる。

昨日帰宅し、娘の寝室が空であるのを見出す。（中略）

ああ、何と多くのことが、何と多くの年月が、何と多くの世紀が、私の心の上を通り過ぎたことか！　後には《不屈ノ意志》が残った。（中略）

さらば過去よ、さらば孤独で甘美な歳月よ。さらばアデル、さらばポーリーヌ。すべて終わった。中世についての私の夢もまた。おお未来よ、私のもとへ!(中略)さらば教会よ。さらばわが母とわが娘よ。《さらば私には苦かりし甘美な泉よ》。私が愛し知ったすべてのもの、私はそれを去り、未知なる無限へ、暗い深淵へと向かう。私はそこに、まだ知ることのない、新たな未来の神を感じるのだ。

(一八四三年八月五日)(J1, 516)

父の死

ミシュレは一八四四年に『フランス史』を一旦中断し、『革命史』に取り掛かる。当時、保守的なギゾー内閣への不満から革命の機運が高まりつつあった。そのような状況の中で、ミシュレはコレージュ・ド・フランスの同僚のキネやミツキエヴィチとともに、革命運動の精神的指導者としての役割を担うようになる。一八四八年初頭、ミシュレのコレージュ・ド・フランスの講義は当局により中止される。ミシュレは講義をパンフレットのかたちで出版してこれに対抗する(これらの講義は一八七七年に『学生』という題で刊行される)。二月には二月革命が起こり、ルイ=フィリップは亡命し、七月王政は崩壊する。ミシュレは群衆の歓呼の声の中をコレージュに迎えられる。彼は臨時政府から代議士として出馬を要請されるが、これを断り娘婿のアルフレッドを推挙する。

この頃はミシュレにとって政治との関わりがとりわけ深い時期であった。そのさなかの一八四六年一一月一八日、彼は父フュルシーを失う。『日記』に遺体の描写はないが、画家を呼んだことは確認できる。葬儀の翌日の『日記』で、ミシュレは亡き父親の寝台の傍らで、キリスト教についての省察を思いめぐらす。キリスト教は人類の進歩とともに発展するのか、それとも滅びるのか。歴史家は翌年の『革命史』の序説（一八四七）において、大革命とキリスト教は対立するという明確な回答を示すことになる。しかしここではミシュレの態度はまだ曖昧である。彼はキリスト教の死の予感におののきながら、葬ったばかりの父の遺体と解体するキリスト教の姿を重ね合わせる。

私はこうして、すでにこときれた父の寝台の傍らで、陰鬱な問題に思いを巡らしている。世界は、私がかつて信じていたように、キリスト教を伝えつつ進展してゆくのか、あるいは、私が今日信じているように、キリスト教を破壊しつつ進展してゆくのか。破壊する？　この語をきちんと理解しよう。何ひとつ破壊されはしない。すべての物質は変形しながら残り続ける。しかし完全に変わってしまう変形もある……。例えばキリスト教がわれわれの死者たちに課す変形、愛した者たちを蛆虫に委ねる残酷な義務、あの忌まわしい軍団を養うというおぞましい行為である。それこそ最も過酷で最も完全な変形のひとつである。それでは、キリスト教自体もこの試練を通過し、貪り食われ、吸収され、形をすべて失い、生命なき物質の状態に返り、消滅した諸宗教が死者として眠る大博物館に分類されなければならないのか。そのことが、新しい世界が始まるために必要なのだろうか。

（一八四六年一一月二一日）(J1, 655-656)

ミシュレはここで、自分と父親の関係を振り返る。自分は現在の成功のすべてを父に負っている。父の自分に対する盲目的な信頼が、現在の自分を作り上げたのである。「私は父の信頼から生まれた。父は私が生まれるとすぐ、理由も動機もなしに、私に対して非常に素朴で強固な信頼を抱いた。そのために私自身が自分を信頼してしまったほどであった。私は強制もされず、きわめて寛容でいいかげんな教育しか受けなかったが、私の運命に対する父の信頼のために、彼が想像した通りの運命を実現せずにはいられなかったのである」(一八四六年一一月二二日)(J1, 656)。

にもかかわらず、自分は息子として父の信頼に応えてこなかった。それだけではない。自分は歴史家としても父の期待に応えてこなかった。父が生きた時代の記憶を歴史のために十分に活用しなかった。ここでミシュレは、父親に対する個人的な責任を、歴史家としての職務と重ね合わせる。これによって彼は、父親と自分の関係を大革命の伝統の継承になぞらえ、『革命史』の執筆を父親に対するレクイエムとするのである。後に見るように、『革命史』の一八四七年の序文には父の死が書き込まれることになる。

私は父の傍で、父と共に暮らしてきた、しかし時折しか父を見なかった。私にとっては大きな心残りである。私はあのかけがえのない日々をほんの少ししか利用しなかった。彼とともに多くが失われた。息子にとってのみならず、歴史家にとっても。彼はアンシャン・レジーム、大革命、帝政、王政復古、七月革命、そして七月王政の崩壊を見てきた。彼は伝統であった。とりわけ一八世紀と大革命の伝統であった。（中略）父は一八〇〇年以前に自分のうちで死に始め、私のうちで、私の未来への信頼のうちで生き始めたと言える。

（一八四六年一一月二一日）（J1, 657）

息子の死

ミシュレにとって激動の時代はさらに続く。一八四八年六月には六月蜂起に対する武力弾圧が起き、革命の行方に早くも暗雲が立ち込める。一二月の大統領選挙では、ナポレオン神話を追い風にして甥のルイ・ナポレオン・ボナパルトが当選し、ミシュレはフランスの将来に不吉な予感を抱く。不安は的中し、一八五一年にはミシュレのコレージュ・ド・フランスの講義は再び中止命令を受ける。ルイ・ナポレオンは同年一二月二日にクーデタを挙行、翌一八五二年にはナポレオン三世として皇帝に即位する。ミシュレ、ミツキエヴィチ、キネはコレージュ・ド・フランスを罷免される。ミシュレは古文書館の職も失い、以後は在野の歴史家として生計を立てることを余儀なくされる。

一方、この時期は私生活においても激動の時代であった。ミシュレは一八四八年に彼の愛読者であったアテナイス・ミアラレと激しい恋愛に陥る。一八四九年三月、ミシュレは娘夫婦の反対を押し切り、二〇歳年下のアテナイスと再婚する。一八五〇年七月二日に子供が生まれるが、八月二四日に死亡する。アテナイスは子供が洗礼を受けることを望み、ミシュレは心ならずも同意する。ミシュレは父の墓を開き、父の遺体の傍らに子供を埋葬する。

〈父の墓を開く日。一〇時に帰宅〉八月二四日、わが子イヴ＝ジャン＝ラザールの死。サン＝バルテルミーの日。聖ルイの前日。（中略）

二四日、二重の痛手。妻が子供に洗礼を受けさせたいと言う。私はすぐに従う。（中略）

石膏像が二九日にやっと届き、私の苦しみを新たにする。それはすばらしい出来で、最高に感動的だと思う。盲目の子供、天才的な子供の、光の方へ進む動きである。《光を、主よ、もっと光を！》

今日、八月三一日、九時、ペール＝ラシェーズで父の墓を開く。棺を開けさせる。父の聖なる亡骸を、胸が締めつけられる思いでかいま見る。（一八五〇年八月三一日）（J2, 123）

ミシュレは「光」を求める子供を、啓蒙（光）の世紀を体現する父親の傍らに埋葬する。『革命史』を執筆中の歴史家にとって、この儀式は革命の伝統の継承を意味する。この子供は聖書のラザロ（ラザール）のように、彼の作品の中に復活するだろう。ミシュレはこうして失った子供を、歴史の領域において回復しようとするのである。

その後、ミシュレは一八五五年に娘のアデルを三一歳で、一八六二年に息子のシャルルを三二歳で失うことになる。しかしわれわれは『日記』における近親者の死をたどるのをこのあたりで止めることにしたい[10]。それは、個人的な体験と歴史家としての職務とを結びつけ、私的記述を歴史記述の中に導入するという手法がこの頃までに確立されるからである。少年ミシュレにとって、『日記』の執筆は個人的な喪失を想像のレベルで回復しようとする試みであった。いまやその試みは、ミシュレの歴史家としての職務全体に広げられた。『フランス史』の執筆は失われた家族を回復する手段と化したのである。

3　贖罪としての歴史

家族への負債

一八四〇年代以降、ミシュレは公的な作品の中で私生活について語ることをためらわなくなる。そのような例として、ここでは『民衆』（一八四六）を取り上げたい。ミシュレはその序文に、他に例を見ないほど詳細な自伝的記述を残しており、そのことはこの作品を歴史作品と私的作品の接点に位置づけている。この序文は「エドガール・キネ氏へ」と題されており、コレージュ・ド・フランスの同僚であるキネに宛てた私信のかたちをとっている。ミシュレはここで『民衆』執筆の意図を語るにあたり、まず自らの民衆としての出自を示すことから始める。

この本は一冊の本以上のものだ。それは私自身である。（中略）

私はこの本を私自身から、私の人生から、私の心から作った。それは私の研究からというより、私の経験から生まれた。私はそれを私の観察から、私の友人や隣人との関係から引き出した。私はそれを路上で拾い集めた。偶然は、常に同じひとつの考えを追い求める者を助けるものだ。私はそれを路上で拾い集めた。最後に、私はそれをとりわけ私の思い出の中に見出した。民衆の生活や、仕事や、苦悩について知るために、私は自分の思い出に尋ねてみるだけで十分だった。

というのも、友よ、私も自分の手で働いたことがあるからだ。近代人の本当の名、《労働者》の名に、私はひとつならずの意味で値している。　(P, 57)

したがって冒頭の「この本は…私自身である」という言葉は、とりあえずミシュレが民衆の一員であることの表明として読むことができる。ミシュレは民衆の出身者として、誰よりも民衆のことをよく知る者として、文学作品によってゆがめられた民衆のイメージをただし、その本当の美徳を示すことを宣言する。「民衆の出身であるこの私、民衆とともに生き、民衆とともに働き苦しみ、誰よりも民衆を知っていると言う権利をかちえた私は、すべての人に対して民衆の人格を提示しに来たのである」(P, 63)。ミシュレの言う民衆の美徳とは、フランスの家庭にしばしば見られる「献身の能力や自己犠牲の力」のことである。彼はその実例として、自らの家族の思い出を語り始める。ここには、ミシュレの家族への強い負い目の感情と、個人的体験を一般化しようとする強力な意志が認められる。

私はここで語るべき美しい物語を、数多くもっている。それらをすべて語ることはできない。しかし、友よ、あなたにただひとつだけ、私自身の家族の物語をどうしても語りたい気がするのである。（中略）それは私にとって、家族が私のためにしてくれた忍耐強く英雄的な犠牲を認め、親族に感謝するまれな機会なのである。それは慎ましい人々で、そのうちの幾人かは、優れた才能を人知れず埋もれさせて、私のうちにのみ生きることを望んだのである。（P, 64）

引き続く自伝的記述では、まず両親の家系の紹介が、ついで彼自身の生い立ちが年代を追って語られる。貧しい少年は学校生活の中で深い孤独に陥る。「最悪なのは仲間たちだった。私は彼らの中でまるで真昼のふくろうのように怯えていた。彼らは私を滑稽に思った、今思えばそれも当然なのだが。彼らの嘲笑は私の身なり、私の貧しさのせいだと当時は思っていた。私はひとつのことに気付き始めた、自分が貧しいということに」（P, 69）。しかしそんなミシュレを支えたのは、彼の将来に対する両親の大きな期待と信頼であった。「普通の労働者が耐えているのよりもはるかに厳しい窮乏の中で、その埋め合わせとなるものを私はもっていた。両親の優しさと私の将来への信頼である。この信頼は、私がいかに少ししか進歩していないかを考えると本当に説明しがたいものであった」（P, 68）。

ポール・ヴィアラネが指摘するように、ミシュレは『民衆』の序文を書く際に『メモリアル』の材料をほとんどそのまま利用した。『メモリアル』の要点を『民衆』で再び取り上げる際、ミシュレはどのようにしたか。彼はそれを美化したり発展させたりすることを自らに固く禁じた。むしろ彼は主要なエピソードの細部を厳しく選択して最も強烈なものを残し、いわばそれらの中に排除された部分の生命を吹き込むようにした」(『青年期著作集』解説)(EJ, 20)。しかし二つの作品の類似はそれだけではない。ミシュレはいずれの作品においても、家族に対する自らの負債を強調することで、回想の行為に贖罪の意味を与えようとする。その意味で両者はいずれも失われた家族を回復する試みであり、両者のエクリチュールの構造は完全に一致している。

想像の祖国

しかし『民衆』の序文が『メモリアル』と決定的に異なるのは、これが公的な著作の一部をなすという点にある。ミシュレは過去の事実を回想した上で、現在の歴史家の立場からそれらに新たな意味を付与しようとする。例えば、彼は前年のある雪の日の体験を物語る。その雪の風景が彼のうちに、少年時代の貧しく不幸な日々、とりわけ一八一四年のある雪の日の記憶を呼び覚ました。

人生において私をとらえるものはひとつしかない。私は昨年の二月一二日に、およそ三〇年ぶりにそれを再び感じた。それはやはり雪に覆われた似たような日で、私は同じテーブルに向かっていた。ひとつのことが私の心に浮かんだ。「おまえは暖まっているが、他の者は寒がっている……。これは正しくない……。ああ、誰がこの過酷な不平等から私を楽にしてくれるのか?」その時、一八一三年以来寒さの跡をとどめている両手の不平等を見つめながら、私はこう言って自分を慰めた。「もしおまえが民衆とともに働いても、民衆のために働いたことにはならないだろう。だから、もしおまえが祖国に歴史を与えたなら、おまえが幸福であることを許してやろう」。

(P, 70)

歴史家として成功を収めたミシュレは、いまや民衆の生活から遠ざかった。それを意識した時、ミシュレの家族に対する負い目の感情は、民衆全体に対する罪責感へと変貌する。ミシュレはそれを解消するために、民衆のために歴史を書くことを決意する。それは歴史家の職務であると同時に、個人的な贖罪の行為でもある。ここにおいて「この本は……私自身である」という言葉は、自らの作品にすべてを捧げようとする歴史家の倫理的姿勢を示すものとなる。ミシュレは歴史を書くことをしばしば死に喩えたが、それは個人としての生を否定し、ただ歴史家としての生だけを生きることを意味する。

歴史のうちにのみ生きる歴史家は、本質的に家族をもたない。ただ祖国のみが彼の故郷である。祖国はミシュレにとって、民衆の帰属する場所であると同時に、彼自身の失われた家族や友情の代理物となる。『民衆』の第三部において、祖国はまさに個人的な友情の一般化として定義される。

祖国は実際、すべての友情を内に含む大いなる友情である。私はフランスを愛する、なぜならそれがフランスだからであり、それに私が愛し、かつて愛した人々の国だからである。祖国、この大いなる友情のうちに、われわれのすべての愛着が存在する。祖国はまず、それらの愛着によって示される。次に、祖国はそれらを一般化し、拡大し、高貴にする。友人は民衆全体となる。われわれの個人的な友情は、この大いなる通過儀礼の最初の段階のようなものである。魂が通り過ぎ、少しずつ登ってゆく宿駅のようなものである。そして魂は、祖国と呼ばれる、このより無私でより高尚でより良い魂のうちで、自らを認め自らを愛するようになる。

(P, 199)

『民衆』における自伝的記述のうち、ポワンソに関する記述のみが序文ではなくこの第三部に置かれているのは偶然ではない。このことは、ミシュレにとって祖国が失われた友情の代理物にほかならないことを示している。ポワンソとの友情は、ミシュレが過去を記録するようになった最初の契機であり、彼のエクリチュールの原点であった。その意味で、祖国の歴史を書くことは、『日記』や『メモリアル』の執筆の延長線上に位置している。

キネへの私信というかたちで始まったこの序文は、最後には奇妙なことにフランス人全体への呼びかけとなって終わる。「あらゆる境遇、あらゆる階級、あらゆる党派のフランス人よ、ひとつのことをしっかりと心に留めておくのだ。この地上にあなた方の確実な友人はひとりしかいない、それはフランスである」(P, 75)。私信が公衆への呼びかけに変貌することも、やはり個人的体験の一般化の一端であり、ミシュレにおいて私的文書と公的文書の区分が必ずしも明確でないことを示している。その意味で、両者の接点に位置するこの序文は、ミシュレのエクリチュールの構造を集約的に示している。

歴史の錬金術

ミシュレのエクリチュールの原点には喪失の体験がある。彼は過去の思い出を書きとめることで、失われた友人や家族を想像のレベルで回復しようと試みたのである。当初『日記』において始められたこのような試みは、次第に歴史家の職務と結びつき、ついには歴史記述の中に取り入れられるにいたる。ミシュレにとって祖国の歴史を書くことは、自分が裏切った民衆に対する贖罪の行為であると同時に、自分が失った家族を回復する試みとなるだろう。

きわめて個人的な要素ときわめて一般的な要素の奇妙な融合！　しかしこの無謀とも言える思いつきから、『フランス史』といううきわめて独創的な歴史作品が生まれることになる。それはまさに、狂気じみた野心が生み出す奇跡的な錬金術である。「歴史学、すなわち激しい精神の化学。そこでは私の個人的情熱が一般性に転じ、私の一般性が情熱となる。私の諸国民が私となり、私の自我が諸国民に生命を与える」(『日記』一八四一年六月一八日)(J1, 362)。この作品を書き始めた頃、ミシュレは『日記』の中で、自らの人生を集約する場所としてペール＝ラシェーズ墓地を選んでいる。

少年時代、彼は毎日のようにこの場所をひとりで散策したものだった。

いずれそのうち（遅くなるだろうが）私の個人的生活の思い出、まだ一般的な生を生きる以前の私の人生の思い出をまとめようと決意したならば、私はその中心、その題目、その舞台として、ペール＝ラシェーズ墓地を選ぶだろう。（中略）私の生涯の最初の出来事は挿話としてそこに並ぶだろう。それらは思い出であるが、個性がもつ卑小さから部分的に解放されるだろう。この個性は、少なくとも、この時代のすべての大きな個性と結びつくだろう。墓がバラの花に取巻かれ、沈黙が鶯の声と、喪の悲しみが愛情と交錯する、この死と生の素晴らしい舞台の上で。

（一八三四年七月二〇日）（J1, 120）

こうしてミシュレにおいて、私生活と歴史は死を媒介にして重なり合う。生と死を、過去と現在を、個人と全体を結びつけるものとしての墓地のイメージは、ミシュレの歴史学の原点に存在する。そして彼の「復活としての歴史」に確固たる実在感を与え続けるのである。

注

（1） Philippe Ariès, *L'Homme devant la mort*, Éditions du Seuil, « Points Histoire », 1985, 2 vol., t. II, p. 319.

（2） ミシュレは後に『愛』（一八五八）や『女』（一八五九）において、夫が妻を指導するという結婚の教育的役割について論じることになる。これはミシュレ自分がポーリーヌに対して果たせなかった役割であり、ここには最初の結婚生活に対する彼の悔恨を読み取ることができる。

(3) 先妻ポーリーヌが《第二の妻》である歴史と対立関係にあったのに対し、この「白い天使」はミシュレと歴史との一体化を助ける精神面での理想的伴侶である。「インド演劇では《第二の妻》が大きな役割を演じる。(中略)/私の《第二の妻》である歴史は、一八三〇年以前にやって来た。第一の妻である哀れなポーリーヌはないがしろにされた。そこから続くすべてのことが……。/この一〇年間の最後の時期、個人性がしばしば異議を唱えた。それは黒い天使の方に傾いた。私の白い天使は私に時間を稼ぐようながした。いまや黒い天使は決定的に去っていった。/こうして見えざる意志が、隠れた力が、偶然あるいは神の摂理が、私のうちの何物も個人的生活には与えられず、私がもはや人間ではなく一冊の本になることを望むのだ」(『日記』一八四一年三月二日)(J1, 357)。

(4) 元来イエズス会には陰謀を企む秘密結社という否定的なイメージがつきまとっていた。一八四〇年代初頭、政府の中等教育法案が教会の反対に遭い撤回されたことを契機に、大学と教会の間で「教育の自由」をめぐる大論争が持ち上がる。イエズス会は直接この件に関与したわけではなかったが、引き続く論争においてある種の仮想敵としての役割を与えられることになる。一八四三年春に教会側の論争書『大学の独占』が刊行され大反響を呼ぶが、そこではミシュレ、キネ、クーザン、ヴィルマン、ギゾーらの著作が論駁されていた。それに応えるかのように、ミシュレとキネはコレージュ・ド・フランスの講義においてイエズス会を激しく攻撃する。このようなイエズス会のイメージは文学にも大きな影を落としている。一九世紀最大のベストセラー小説のひとつ、ウジェーヌ・シューの『さまよえるユダヤ人』(一八四四―四五)においては、邪悪の化身であるイエズス会士ロダンが、隠された莫大な遺産を横領するために、あらゆる手段を使って正統な相続者たちを亡き者にしてゆく。イエズス会神話については、Michel Leroy, *Le mythe jésuite. De Béranger à Michelet*, Presses Universitaires de France, 1992 を参照のこと。

(5) それ以前のミシュレは決して熱心な信徒ではなかったが、教会に対しては一定の敬意を示していた。彼は少年時代に『キリストのまねび』を愛読し、一八一六年には自ら洗礼を受けている。

(6) *Le Prêtre, la femme et la famille*, nouvelle édition, Paris, Chamerot, 1861, p. 9.

（7）José Cabanis, *Michelet, le Prêtre et la Femme*, Gallimard, 1978, p. 214-215.

（8）「したがってミシュレの反教権主義はひとつの転移にすぎず、それも最も素朴な転移に属する。司祭職のすべての特徴が宗派司祭から取り上げられ、そのまま俗人司祭に与えられるのである。『教会は世界の面倒を見る。それはわれわれにわれわれのことを教えてくれる。よろしい。われわれは教会に神のことを教えよう』」(Roland Barthes, *Michelet par lui-même*, Éditions du Seuil, « Écrivains de toujours », 1954, p. 56)。文中の引用は『イエズス会』序説から。

（9）*Cours au Collège de France*, publié par Paul Viallaneix, Gallimard, 1995, 2 vol, t. I, p. 602.

（10）エドワード・K・カプランは、ミシュレの『日記』の英語への編訳である『母なる死』において、やはり一八五〇年までの部分を選択の対象としている。Edward-K. Kaplan, *Mother Death. The Journal of Jules Michelet, 1815-1850*, translated and edited by Edward-K. Kaplan, Amherst, University of Massachusetts Press, 1984.

第2章　歴史学と死の物語

フランソワ・ギゾー

オーギュスタン・ティエリ

参考資料　一九世紀フランス史

一七九九年、ナポレオン・ボナパルトはブリュメールのクーデタにより統領政府（一七九九—一八〇四）を開き、第一統領に就任する。一八〇四年にはナポレオン一世として皇帝に即位し、第一帝政（一八〇四—一四）を開始する。彼はヨーロッパ制覇を企て、一時的に大帝国を築くことに成功するが、ロシア遠征の失敗を機に失脚する。

ナポレオンの没落後、ブルボン朝のルイ一八世が即位し王政復古（一八一四—三〇）となる。国王は「憲章」を定め比較的自由な体制を築くが、一八二〇年のベリー公暗殺事件以後、反動に転じる。一八二四年にユルトラ（過激王党派）の党首であるシャルル一〇世が即位、反動政策を推進し反発を呼ぶ。

一八三〇年、七月革命によってオルレアン家のルイ＝フィリップが「フランス人の王」として即位し、七月王政（一八三〇—四八）を開始する。政府では保守的な抵抗派と革新的な運動派が対立するが、やがて国王は反動に傾く。一八四〇年代には抵抗派のギゾー内閣への批判が高まる。

一八四八年、二月革命により第二共和政（一八四八—五二）が成立する。第一回大統領選挙ではナポレオン神話を追い風にして甥のルイ・ナポレオン・ボナパルトが当選する。大統領は一八五一年一二月二日にクーデタにより全権を掌握、翌年ナポレオン三世として皇帝に即位し第二帝政（一八五二—七〇）を開始する。フランスは国内では産業革命を背景に順調な経済成長を遂げ、国外では植民地競争を展開する。

一八七〇年に普仏戦争が勃発する。皇帝がスダンで捕虜となると、パリでは国防政府が成立し共和政を宣言する。パリは包囲戦の末、翌年に降伏、ヴェルサイユ仮講和条約が結ばれる。政府の対応への不満からパリ・コミューンの蜂起が起こるが、「血の週間」で鎮圧される。

はじめに——ブルジョワ歴史学の成立

われわれは前章で、ミシュレの歴史家としての自己形成を私生活の側面から検証した。本章では、一九世紀初頭の歴史学の状況を概観し、さらにミシュレの初期作品をその中に置き直すことで、彼の歴史家としての出発点を公的な側面から見てゆくことにする。

フランスにおける近代歴史学は王政復古時代（一八一四—三〇）に誕生した。フランス革命とナポレオン帝政という激動の時代の後で、人々は現代社会についての説明を過去の歴史の中に探し求めたのである。王政復古初期、ギゾーやオーギュスタン・ティエリらが政治活動を行う傍ら歴史研究を行った。ベリー公暗殺事件（一八二〇）以降の反動の時代に、彼らは政治活動の中止を余儀なくされるが、このことは彼らを学問に専念させる結果になる。この時期を代表する歴史作品である、ティエリの『ノルマン人によるイングランド征服史』（一八二五）、ギゾーの『ヨーロッパ文明史』（一八二八）、『フランス文明史』（一八三〇）などは、このような状況から生み出された。

この時代の歴史学のひとつの特徴は、それが主にブルジョワ階級によって作り出された点にある。フランス革命によって覇権を握ったブルジョワジーは、自らの権力を正当化するような新しい歴史記述を探し求めた。それは王侯貴族が作り上げた「王国の歴史」ではなく、第三身分（平民）が自らの起源を語る「国民の歴史」でなければならなかった。歴史家たちはとりわけ中世のコミューン（自治都市）の中に市民社会の起源を探し求めた。

もうひとつの特徴は、歴史学がいまだアカデミックな制度として確立されていなかった点にある。当時、歴史は文学と学問の曖昧な境界線上に位置していた。一方でオーギュスタン・ティエリはウォルター・スコットの小説に大きな影響を受けたと告白し、(1) 他方でバルザックは歴史家に対抗して「習俗の歴史」を書くことを宣言する。(2) 歴史と小説という二つのジャンルは互いに近接し交錯していた。

ミシュレは彼らより少し遅れて歴史家としての活動を開始する。彼もまた「国民の歴史」の課題を引き受け、それはやがて『フランス史』という作品に結実することになる。しかしここではまず、それ以前の初期作品をいくつか取り上げよう。そこには、若き歴史家が先行世代の仕事を批判しながら、自分自身のスタイルを作り上げてゆく姿が認められる。ミシュレはこうした試行錯誤を経て、「象徴主義」と呼ばれる独自のスタイルを確立する。われわれは最後に『フランス史』からひとつの例を取り上げ、それがいかなるものかを確認しよう。

1　一九世紀前半の歴史学の状況

フランソワ・ギゾー

まず、一九世紀初頭の歴史家と哲学者を幾人か取り上げ、その仕事を概観することにしよう。哲学派の代表的歴史家であるギゾー。物語派の代表的歴史家であるバラントとティエリ。さらに、折衷主義哲学者のクーザン。いずれも若きミシュレに大きな影響を与えた存在である。

フランソワ・ギゾー（一七八七―一八七四）は帝政時代にソルボンヌ大学で近代史講義を担当した。王政復古期には官僚となり、ドクトリネール（正理論派）と呼ばれる立憲王政派に属して政治活動を行った。一八二〇年以降の反動期には教職に復帰するが、一八二二年には講義停止処分を受ける。一八二八年にソルボンヌに復帰すると、哲学者のクーザンらとともに改革派の理論的指導者となる。七月王政において再び政界入りするが、今度は保守派の論客となり、一八四〇年頃から事実上の内閣首班となる。しかしその反動的政策は国民の反発を呼び、一八四八年の革命を引き起こした。以後は政界から引退し、著述活動のみを行った。

まず、一八二八年のソルボンヌでの講義である『ヨーロッパ文明史』（一八二八）を取り上げよう。ギゾーは第一講義において、人類にとっての「普遍的文明」の存在を確言する。そのような文明を所有するのは言うまでもなくヨーロッパ諸国であり、とりわけフランスである。ギゾーの文明論の根底には、人類の漸進的進歩とヨーロッパ文明の普遍性に対する楽天的な信頼がある。

次のように問うこともできるでしょう。それは普遍的事実であるのかと。人類の普遍的文明、人類の運命というものが存在するのかと。諸国民は世紀から世紀へと何かを伝え、それは失われることなく、むしろ増大し、受託物として伝えられ、時代の終わりまで到達するのかと。私としては、実際に人類の一般的運命というものがあり、委託物として伝えられる文明があり、結果として、書かれるべき文明の普遍史があると確信しています。(3)

「普遍史 histoire universelle」とは元来、キリスト教神学の中で構築された、天地創造から最後の審判へと向かう直線的な歴史概念をいう。フランスでは一七世紀の神学者ボシュエの『世界史論』(あるいは『普遍史論』)(一六八一)が有名である。ヨーロッパ近代歴史学の源流には、このような神の摂理に支配された予定調和的な歴史像がある。

ギゾーはここで、自らの歴史記述の方法論について弁明する。ここには、数年前に刊行されたティエリの『ノルマン人によるイングランド征服史』(一八二五)の物語派理論への反駁が読みとれる。

近年よく、然るべき理由があって、歴史を事実に限定する必要、物語ることの必要が語られます。これほど正しいことはありません。しかし物語るべき事実はおそらく人が思うよりも数多く、しかも多様に存在するのです。戦闘、戦争、政府の法令といった目に見える物質的事実もあれば、隠れてはいてもやはり現実に存在する精神的事実もあります。固有名を持つ個別的事実もあれば、名前をもたず日付を特定できない一般的事実もあります。それらは厳密な境界に閉じ込めることはできないものの、それでもやはり他の事実と同様に事実であり、血を流さずに歴史から切り離すことはできない歴史的事実なのです。

歴史の哲学的部分と通常呼ばれるもの、諸事実の関係、それらを結びつける絆、それらの原因と結果、これらもまた、戦闘の物語や目に見える事実と同様に事実であり、歴史に属するのです。(中略)

みなさん、文明はこうした事実のひとつです。描写し物語るのは難しい、しかしそれでも現実に存在し、描写され物語られる権利をもつ、隠れた、複雑な、一般的事実なのです。(4)

ギゾーはここで、「事実を物語る」という主張を一旦受け入れた上で、個々の事件や人物といった「個別的事実」と、それらの事実を支配する法則である「一般的事実」とを峻別する。そして後者すなわち歴史の「哲学的部分」を「文明」と呼び、これを自らの特権的な研究対象とする。これは個別的な事実に重点を置く物語派への事実上の決別であり、ギゾーの代表的著作に『ヨーロッパ文明史』、『フランス文明史』という題がつけられていることは、ギゾーのそのような問題意識の表明である。[5]

ギゾーは翌一八二九年の講義で祖国フランスの歴史を取り上げ、これは『フランス文明史』（一八三〇）の題で刊行される。本書の第二部は、ソルボンヌでの一九回の講義から構成され、一〇世紀から一四世紀の封建体制を対象としている。全体の構成を要約して以下に示す（要約は筆者による）。

第一講義　　序説
第二～第四講義　五世紀から一〇世紀にかけての封建体制の成立
第五～第一一講義　一〇世紀から一四世紀にかけての封建制
第一二～第一五講義　一〇世紀から一四世紀にかけての王権
第一六～第一九講義　一〇世紀から一四世紀にかけてのコミューン

ギゾーは封建体制の歴史を扱うにあたって、年代順による通時的構成ではなく、一定の期間を取り上げる共時的構成をとる。そして研究対象を封建制・王権・コミューンの三要素に分解し、それぞれを個々に分析する。この構成は、物語的歴史学の通時的な構成とは対照的なものであり、ギゾーの歴史学の論述的・分析的な性格を反映している。

プロスペル・ド・バラント

プロスペル・ド・バラント（一七八二―一八六六）は、大貴族の家柄に生まれ、第一帝政期から七月王政期まで、高級官僚としての経歴を送った。王政復古期に貴族院議員となり、七月王政期には外交官を務めた。歴史家としては『ブルゴーニュ公の歴史』（一八二四―二六）によって、ティエリとならぶ物語派の代表と見なされる。

ブルゴーニュ公国とは、一四世紀から一五世紀にかけて繁栄を誇った、フランスのヴァロワ王家の親王領である。バラントは当時の年代記をもとに、この一族の一世紀以上にわたる歴史を詳細に描きだす。歴史家はこの長い歴史を君主の治世によって区分し、全三一巻を五部に大別する。各部は以下のように表題に君主の名と統治年代をもつ。

第一部　フィリップ大胆公、一三六四―一四〇五年（三巻）
第二部　ジャン無畏公、一四〇四―一四一九年（四巻）
第三部　フィリップ善良公、一四一九―一四六七年（一二巻）
第四部　シャルル突進公、一四六七―一四七七年（七巻）
第五部　マリー・ド・ブルゴーニュ、一四七七―一四八二年（五巻）

この目次から、バラントの歴史記述の特性をある程度推測することができる。第一に、彼はギゾーと対照的に、年代順による通時的な構成を採用する。第二に、彼は治世によって時代区分を行い、作品に一連の伝記という外観を与える。つまりこの構成は物語的な歴史叙述と個人的要素の重要性を示唆している。

本書の序文において、バラントは自らの物語的手法について弁明する。彼はまず、哲学的手法に特有のいくつかの欠点を指摘する。ただし、バラントがここで「哲学派」と呼んで批判するのは、一九世紀のギゾーらではなく、一八世紀の啓蒙主義の歴史家たちのことである。(6)

これらの判断の中には時に、それがどれほど優れた判断であろうと、ある種の通常的な不正確さがある。過去の時代に対して判断を下す際に、現在の視点に身を置く場合、作者が行為や人間を常に適切に評価できるとはかぎらない。作者はそれらの行為や人間に、彼らのものでない道徳的基準を当てはめてしまう。諸事実を全状況とともに見るわけではないので、われわれはその単純さに驚く。完全に自由に切り離された事実を目にして、われわれは憤慨する。しかしそれは国民の習俗にかなっており、物事の通常の流れに沿って起こったことなのだ。(中略)他方では、過去の人間の社会状態、立法、権力形態、権利や義務を知ろうとする時、思考に誤った観念が入りこむ傾向がある。研究の結果を開示する際の形式が、何にでも体系と規則性の印象を与えてしまう。ひとまとまりの法律として、整備された制度として示されるものも、実際には、混乱の中に見出されるある種の一般的精神、共通の性格にすぎないのだ。(7)

バラントはここで哲学派の歴史家の陥りがちな二つの過ちを指摘する。第一に、現代の基準を過去の対象に適用しようとする、時代錯誤の過ち。第二に、体系や法則を追求するあまり、ありもしない規則性の幻影を与えてしまう、抽象化の過ち。これらの過ちを防ぐために、歴史家はできるかぎり具体的な記述を心掛けなければならない。バラントはここで歴史記述のモデルとして歴史小説のスタイルを挙げる。ここにも歴史と文学の交錯が認められる。

告白すると、それこそ私が何よりも目指したものである。私は同時代の物語に魅了されたが、自分がそこから受けた印象や、自分がそこに見出した意味を再現するのは不可能だと思った。私は歴史そのものに、歴史小説がそこから借りうけた魅力を返そうと試みた。歴史はまず正確で真摯なものでなければならない。しかし私が思うに、それは同時に真実で生気あるものでなければならない。私はこれらの素朴な年代記と原資料をもとに、継続した、完成度の高い、正確な叙述を作り、それらに生き生きした興味を与え、欠陥を補うよう努力した。私はそれらの言語を真似ようとはしなかった。そんな真似をしたら、うわべだけの悪趣味なものになったであろう。むしろそれらの精神に入りこみ、その色彩を再現しようと努めた。それに最も役立つことは、私の作業の痕跡を消し去り、われわれの時代の作家の姿を全く見せないことである。私はしたがって、私が物語る出来事にいかなる省察もいかなる判断も混ぜなかった。(8)

歴史家の目的は、同時代の目撃者が受けた生々しい印象を読者にできるかぎり忠実に伝えることにある。そのためには、自らの意見を交えることなく、原資料を細部まで正確に再現することが必要である。その時、歴史家の理想は介入しないこと、透明であること、存在しないこととなる。このような節度ある態度によって、現代の歴史家ははじめて過去の年代記作家の忠実な代弁者となるだろう。

オーギュスタン・ティエリ

オーギュスタン・ティエリ（一七九五―一八五六）は、王政復古期に社会主義思想家サン＝シモンの秘書、後にジャーナリストとなり、立憲王政派の立場から自由主義的な政治的主張を行った。一八二〇年以降の反動期に新聞統制が進むと、ジャーナリズムを離れ歴史学に専念し、『フランス史に関する書簡』（一八二七）において民衆を主人公とする「国民の歴史」を作ることを訴えた。また、『ノルマン人によるイングランド征服史』（一八二五）においては、中世のイングランドをモデルに、貴族と平民の階級的対立の起源を征服民族であるノルマン人と被征服民族のサクソン人の人種的対立に求める、独自の征服理論を展開した。

真の国民の歴史とは、王侯貴族の歴史でも、英雄や聖人の歴史でもなく、名もなき民衆の歴史でなければならない。それを作るためには、王室公認の歴史記述に頼ることをやめ、同時代の年代記の中により直接的な証言を探さなければならない。

しかし、われわれが今もっている名前をわれわれに伝えた人々、その運命がわれわれの運命を準備した人々の思想や、感情や、習俗を忠実に再現したフランス史が存在するだろうか。私は存在するとは思わない。私が古代の研究を行うと、正反対のことが証明された。そしておそらく、国民の歴史が欠けているせいで世論の動揺や精神の焦燥がいつまでも続くのである。真の国民の歴史、民衆のものになるに値する歴史は、いまだに同時代の年代記のほこりの中に埋もれている。(9)

(『フランス史に関する書簡』)

歴史記述については、ティエリは物語的手法を主張する。歴史家は一八世紀以降、哲学的方法によって対象を過度に抽象化するとともに、現代の価値観を過去の時代に投影する傾向が強かった。これらの欠点を克服するためには、過去の諸事実の多様性をそのまま再現し、各時代に固有の色彩を忠実に復元する必要がある。そのためには、抽象的で分析的な論述形式ではなく、具体的で総合的な物語形式が最適である。

物語については、私はできるかぎり昔の歴史家の言語に近づくようにした。それが事実と同時代の歴史家であるにせよ、近接する時代の歴史家であるにせよ。彼らの不十分な点を一般的考察で補う必要がある場合は、私をその結論に導いた原初的特徴を再現することで、それらの考察を正当化しようと努めた。最後に、私は常に物語形式を守ることで、読者が古代の物語から近代の解説に突然移ることがないようにした。そして、論述交じりの年代記の断片が与えるような不協和音を、この作品が出さないようにした。また私は、事実や一般的帰結を示す場合でさえも、論述するよりもむしろ物語ることによって、人間集団にも個々の人物にもある種の歴史的生命を与えられるだろうと考えた。こうすれば、諸国民の政治的運命は、ひとりの人間の冒険や運命の変転のありのままの細部がかき立てるような、何かしら人間的な興味を与えることになるだろうと考えた[10]。

（『ノルマン人によるイングランド征服史』序説）

ティエリもバラントと同様に、同時代の目撃者が受けた生々しい印象をできるかぎり忠実に再現しようと努める。論述形式ではなく物語形式をとることによって、歴史家はより客観的な叙述に成功するだろう。こうしてティエリは、自分自身を消し去り事実それ自体に語らせるという、バラントと同様の結論に到達する。「歴史の領域においては、展示という方法が常に最も確実である。そこに巧みな論証を持ち込むことは、真実にとって危険なしではすまない。私がフランスのいくつかの都市の政治史の細部にあれほどこだわったのは、この原則に従うためである。私はコミューンの設立の民主的性格を明らかにしようと思った。そして私は、論述を捨てて物語を取ることによって、私自身を消し去って事実に語らせることによって、より成功するだろうと考えた[11]」（『フランス史に関する書簡』緒言)。

しかし実際には、二人の歴史家のスタイルは必ずしも同じではない。カミーユ・ジュリアンは、史学史研究の古典である『一九世紀フランス歴史学注解』(一八九七)において、『ノルマン人によるイングランド征服史』についてこう述べる。「この高名で共感に満ちた本の中には、バラントの作品には欠けている、個人的な省察と観察のはたらきがある。ティエリは、バラントのような年代記の幸福な奴隷ではない。彼は事実と同じくらい制度にも関心をもつ。征服の原因が示される。その結果すなわち二人種間の戦いは、できるかぎり限界まで追求される。例えば現代のアイルランドの歴史にいたるまで。物語形式を取ってはいるが、作品はほとんど理論の展開といってよい。——すなわち、人種間の葛藤の永続、一国民の社会的政治的状態に対する征服の影響の持続である」[12]。ティエリの態度はバラントほど慎ましいものではない。バラントが完全に年代記作家の代弁者に徹するのに対し、ティエリは過去の証言を通じて自らの歴史理論を証明しようとする。ミシュレが物語的歴史を批判する際にティエリよりもバラントをよく引き合いに出すのも、おそらくはそのためである。

ティエリは『ノルマン人によるイングランド征服史』刊行後、健康を害し視力を失う。しかしその後も歴史家としての活動を続け、『メロヴィング王朝史話』(一八四〇)という物語的歴史のもうひとつの代表作を刊行する。この作品は、メロヴィング朝時代のトゥールのグレゴリウスが書いた『フランク史』(『歴史十巻』)に基づくもので、有名無名のさまざまな人物を主人公とする、互いに関連するいくつかの物語から構成される。その形式はプルタルコスの『英雄伝』のような列伝体形式を、あるいはバルザックの『人間喜劇』の人物再登場の手法を思わせるもので、そこには物語形式についての新たな模索の跡がうかがわれる。「歴史家の目的は物語ることにあり、証明することにはないと言われている。私には分からない。しかし私は確信する、歴史における最上の証明の方法、あらゆる精神を感動させ納得させ、不信や疑惑を少しも残さない方法は、完全な叙述である。それは資料を網羅し、ばらばらになった細部を寄せ集め、事実や性格に関するどんな些細なしるしをも拾い上げ、それらすべてを一体にして、そこに学問と芸術の結合によって生の息吹をもたらすのである[13]」。

ヴィクトール・クーザン

歴史家ではないが、ミシュレに重要な影響を与えた存在としてヴィクトール・クーザン（一七九二—一八六七）の名を挙げておきたい。彼は「折衷主義」哲学の創始者であり、ヘーゲルなどのドイツ哲学をフランスに紹介した。一八二〇年以後の反動期にはソルボンヌを追われるが、復帰後はギゾー、ヴィルマンとともに改革派の精神的指導者となる。七月王政下においてはギゾーと同様に入閣し、教育行政に深く関わるとともに、その保守的傾向をしばしば批判されるようになる。

クーザンの哲学は、人間の精神活動を発展的にとらえるという点で、歴史主義的傾向の強いものである。彼の折衷主義は過去のあらゆる学派を総合するものであり、哲学が現代において完成の段階に達したという暗黙の前提に基づいている。したがって、哲学史の構築は彼の哲学の本質的な部分を占めることになる。またクーザンはその歴史哲学によって、同時代のフランス歴史学に哲学的な基礎を提供した。彼は『哲学講義』（一八二八）において、歴史における人類の進歩的発展として文明を理解する。ここには、同僚のギゾーにも通じる、文明の普遍史としての歴史像が存在する。

時間と空間における人類の発展、それが歴史です。私は発展と言いました。なぜなら少しも発展しないものには、歴史は少しもないからです。そして発展という観念に含まれる観念とは何でしょうか。進歩の観念です。だからあらゆる歴史は発展と進歩の歩みを含んでいます。それでは、歴史における人類の進歩的発展とは何でしょうか。文明です。人間の本性と個人の中にさまざまな要素があるのと同じだけ、種の中にもさまざまな要素があり、歴史と文明はそれらすべてを発展させるのです[14]。

このような歴史像は、彼の哲学史と同様に、自分たちが文明の最終段階に達しているという暗黙の前提に基づいている。クーザンは自ら認めるようにボシュエ以来の普遍史の伝統の継承者であり、その歴史像は予定調和的な目的論に基づいている。

人類の普遍史という観念は近年のものであり、それも当然のことです。何らかの構想なしに普遍史は存在しません。そして人類がこの世界の流動する出来事の中にひとつの構想を見抜くには長い時間が必要なのです。（中略）人類の歴史は最後の諸世代に属するべきものです。事実、その考えを最初に思いついたのは一七世紀であり、それをこの世に生み出したのは一八世紀であり、それを実証科学の位置に高めたのはおそらく一九世紀でした。[15]

ミシュレが歴史家としての活動を始めた頃、クーザンの学界での影響力は絶大なものであった。ミシュレはクーザンの勧めにより、一八二七年にジャンバティスタ・ヴィーコの『新しい学』を『歴史哲学の諸原理』という題で翻訳する。また彼の友人のエドガール・キネもクーザンの勧めにより、一八二五年にヘルダーの『人類の歴史哲学についての考察』を翻訳する。ミシュレは後年クーザンの哲学に対して批判的な姿勢をとるようになるが、彼の初期作品に対するクーザンの影響を軽視することはできない。[16]

2　ミシュレの初期作品

『プルタルコス「英雄伝」の検討』

ミシュレはこのような状況のもとで歴史家としての活動を開始する。彼は一八一九年に文学博士号を、一八二一年に文学の教授資格を取得する。当時、歴史学はまだ学問的に制度化されていないため、彼が受けたのはあくまで文学的な教育である。博士論文『プルタルコス「英雄伝」の検討』には、いくつかの点で後の歴史家ミシュレの特徴が認められる。第一に、彼はここで叙述のスタイルに強い関心を示す。彼は歴史と伝記という二つのスタイルを比較し、それぞれの特色を列挙する。彼によれば伝記形式の長所のひとつは、群衆を個人によって代表させることで説明を明快にする点にある。

諸国民の歴史においては、最も注目に値する性格はしばしば分かりにくい。なぜならその性格の特徴は、多くの関係ない特徴の中に紛れてしまっているからである。そこに人間全体が見られると期待してはならない。そこに見られるのは執政官や、征服者や、立法者にすぎない。歴史は公的な生活しか示せないので、人間が人からこう見られたいと思う姿だけを見せることになる。

モラリストにとっては、伝記の方がずっと価値がある。伝記は彼の仕事のすべてを準備する。伝記は、群集から最も研究しがいのある者たちを抽出する。伝記は、彼らを覆い隠すあらゆる飾りを剥ぎ取った上で、われわれの目の前を通過させる。(17)

第二に、ミシュレはプルタルコスの物語の中に、死の開示的機能を見出す。プルタルコスは英雄たちの死の瞬間をことさらに丁寧に描いた。なぜならそれは全生涯を要約する特別な日、最終的判決が下される審判の日だからである(文中の引用はモンテーニュ『エセー』第一巻第一九章「われわれの幸福は死後でなければ判断してはならない」から)。

しかし、本書が偉大な教訓に溢れているのは、そして偉大で有益な思想を吹き込むのは、とりわけこれらの生涯の最後を飾る崇高な死の物語においてである。モンテーニュは大いなる興味をもって死を研究したが、プルタルコスもまた死を描くことを大いに好んだ。「これこそは主なる日、他のすべての日々の裁きの日」(モンテーニュ)。人間は誇りをもって劇の残りを気高く演じることができる。人間は、裁きが始まろうとする瞬間になお嘘をつくような、哀れな勇気をもつことはめったにない。そして、もう聞くこともない空しい賛辞のために自分を偽ろうとはもはや思わない[18]。

死の接近は人間に不思議な効果を及ぼす。死にゆく者は空しい虚栄から解放され、本来の自分に立ち返る。ミシュレはこのような死の開示的機能を、自らの歴史記述においても採用することになるだろう。

『近代史概要』

一八二二年にサント＝バルブ中学の教師となったミシュレは、『近代史年表』(一八二五)と『近代史対照年表』(一八二六)を出版する。一八二七年にはエコール・ノルマルの教師に任命され、『近代史概要』（一八二七―一八）を出版する。これらは学生向けの一種の参考書であるが、その内容の充実と叙述の的確さは若き歴史家の才能を印象づけるものであった。ミシュレは『近代史概要』の序文において、自分が目指す歴史記述のあり方について説明する。ここにも歴史記述のスタイルへの強い関心がうかがわれる。

この目的を達するために、まず大まかで単純な区分において、過去三世紀の歴史の劇的統一を示さなければならない。次にすべての中間的観念を、抽象的表現によってではなく、若者の想像力をとらえられるような特徴的事実によって表現しなければならない。それらの事実は少数でなければならず、しかも、他のすべての事実を連想させるようにうまく選ばれなければならない。同じ事実が、子供には一連のイメージを表現し、大人には一連の観念を表現するようにしなければならない。これはわれわれがそうしたいと思ったことであって、実際にしたことではないのであるが。[19]

ミシュレは歴史の運動を、抽象的な説明によってではなく、あくまで事実の提示によって示そうとする。ただしそれらの事実は、「イメージ」と「観念」の両方を同時に担うものでなければならない。すなわち、単に読者の想像力を刺激するだけでなく、歴史の隠れた法則を開示するものでなければならない。このようにミシュレは、ギゾー的な一般的事実への関心と、バラント的な個別的事実への関心を、同時に満たそうとする。そして実際、本書は「概要」と題されていながら、意外なほど多くの個別的な逸話に満ちたものになっている。

『ローマ史』

ミシュレは一八三一年に『ローマ史』を刊行する。彼は「人類は自分自身の作品である」というヴィーコの教えに従い、ローマをひとつの生命体としてとらえ、その成長を描き出す。つまり、その身体すなわち地理的条件を描いた上で、人間が自らの意志でそこから自分を解放する過程を物語るのである。これは数年後に刊行が始まる『フランス史』にも共通する方法であり、この作品はその一種の雛形とも考えられる。すなわち、『ローマ史』の冒頭に「イタリアの概観（タブロー）」が位置するように、『フランス史』の冒頭に「フランスの概観（タブロー）」が位置するのである[20]。

一八六六年に付した序文の中で、ミシュレはこの作品の執筆の状況を振り返る。

ふたつの流派が支配的であった。単色のものと彩色のものと。理論的学派とフロワサール〔一四世紀の年代記作家〕の模倣者と。偉大なる芸術家がただひとり存在していた。オーギュスタン・ティエリ。繊細な感覚と見事な手腕をもった巧みな彫金師。彼は大胆さと、高度の工夫と、天才によって成功を収めた。

私はただひとり歩いていた。経験はなかったが、非常に豊かな事実と観念をもち、偉大なる息吹に満ちて。私はまるで、自分のうちに死者たちの偉大な魂を感じるような気がした。わがヴィーコから、私は近代の真の光明ともいうべき深遠な一語を受け取った。「人類は自分自身の作品である[21]」。

ミシュレはここで、「理論的学派」すなわち哲学派と「フロワサールの模倣者」すなわち物語派を引き合いに出し、両者に対して自らの歴史学を位置づける(後者はブルゴーニュ公国の歴史を描いたバラントのことであり、ティエリはここではむしろ独立した天才として扱われている)。新参者であるミシュレは、どちらとも異なる第三の道を模索する。「事実と観念」という一節には、普遍的事実と個別的事実の両方に対するミシュレのこだわりが見て取れる。

『近代史概要』と同じく、『ローマ史』も数多くの個別的な逸話に満ちている。その中から、ウティカのカトー(前九三—前四六)の死を取り上げよう。彼はカエサルに対抗して挙兵するが、数度の敗北を喫し、ついに自ら死ぬ覚悟を決める。身近な者たちは彼の密かな意図を悟り、彼の剣を隠す。しかし、彼の決心が固いことを悟り、仕方なく剣を彼に渡す。

カトーは、抵抗するすべのないことを見て取ると、一緒にいた元老院議員たちを逃がし、自ら死ぬ決意をした。(中略)すると彼の息子と友人たちは、涙にくれて、ひとりの子供に剣を届けさせた。「私はやっとおのれの主人となった」と彼は言った。(中略)プルタルコスが言うには「鳥たちが歌いだす頃」、彼は再び眠った。しかししばらくして起き上がると、剣を身体に打ち込んだ。奴隷を殴った時に手を腫らしたので、力が出なかった。彼が倒れた音を聞いて家族が駆けつけた。そして内臓が出ているのを見て震え上がった。彼はまだ生きており、内臓をじっと見ていた。医者が傷に包帯をした。しかしわれに返るや否や、彼は包帯をはぎ取り、たちまち息を引き取った。

古い共和国はカトーと共に殺されたように見えた。カエサルのローマへの帰還は帝国の真の創立であった。[22]

こうしてカトーは自らの手で命を絶つ。彼の死とともに共和国は滅び、帝国が到来する。ミシュレにおいて帝国は宿命と隷属を、共和国は意志と自由を体現する。カエサルに逆らったカトーの死はその意志的性格によって、帝国に対する共和国の最後の抵抗を象徴する。この逸話はこうして「イメージ」と「観念」の両方を同時に伝えるのである。

『世界史序説』

ミシュレは一八三一年の『世界史序説』において、独自の歴史観を確立する。本書は古代から現代にいたる人類の歴史を概観したものであるが、その到達点はフランスに置かれている。その意味で、『フランス史』刊行開始の数年前に出版された本書は、ミシュレ自身も述べるように、『フランス史』への序説であるとも考えられる。歴史家は人類を運び去る歴史の激動の中で、その運動を「理解する」ことを引き受ける。

この小著を『フランス史序説』と題することも可能だろう。それが到達する地点はフランスである。私は愛国心からそう言うのではない。著者は深い孤独の中で、いかなる学派、宗派、党派の影響からも離れて、論理と歴史によって同じひとつの結論に達した。すなわち、彼の栄光ある祖国が、今後人類という船の水先案内人になるという結論である。しかしこの船は今日、嵐の中を飛ぶように進んでいる。進むのがあまりに速いので、どんなに豪胆な者もめまいに捉えられ、胸が苦しくなるほどである。この見事で恐ろしい運動の中で、私に何ができるだろう。ただひとつのこと、すなわちそれを理解すること。少なくとも、私は理解するよう努めよう。

(IHU, 227)

ミシュレは歴史を明快な二元論によって把握する。歴史は二つの原理の戦いの物語、すなわち、人間と自然、精神と物質、自由と宿命の戦いの物語である。この終わりなき戦いにおいて、前者は後者に対して少しずつ勝利を収めてゆく。

世界とともにひとつの戦いが始まった。それは世界とともに終わるべき戦い、それ以前には終わらない戦いである。人間の自然に対する、精神の物質に対する、自由の宿命に対する戦いである。歴史とはこの終わりなき戦いの物語にほかならない。

近年、宿命が学問と世界を支配しているように見えた。それは哲学においても歴史においても悠々と身を落ち着けていた。自由は社会において異議を唱えた。いまや自由が学問においても異議を唱える時である。もしこの序説が目的を達するならば、歴史は永遠の抗議、自由の漸進的勝利として姿を現すであろう。(IHU, 229)

「自由は社会において異議を唱えた」というのは一八三〇年の七月革命のことを指す。この革命によりブルボン家の支配は終わり、オルレアン家のルイ＝フィリップが「フランス人の王」として即位した。新体制はやがて反動的性格をあらわにしてゆくのだが、この時点ではまだ改革派の勝利として受け止められていた。そのためか、ミシュレの文体は人類の進歩に対する楽天的な信頼にあふれている。

元来、地球上の諸地方には、それぞれの気候や風土に応じたさまざまな局地的な文化が存在していた。しかし歴史の進展とともに、多様な文化は人種の混交と文化の混合によってしだいに中和されてゆく。それに従い、個別的な文化はより一般的な文化に置き換えられてゆく。このような変化は、人類が東洋から西洋へ、アジアからヨーロッパへ向かうにつれ進展する。「東洋から西洋へ、太陽と磁気の流れの道に沿って、人類の移住をたどってみよう。アジアからヨーロッパ、インドからフランスへの長い旅路の上で、人類を観察しよう。宿駅ごとに自然の宿命的な力が減少し、人種と気候の影響がより専制的でなくなるのが分かるだろう」（IHU, 229）。出発点のインドが文明の最も原初的な姿をとどめるのに対し、到達点のヨーロッパは文明の最も進歩した姿を示している。ここにはギゾーと同様に、人類の進歩とヨーロッパ文明の普遍性に対する強い信頼が認められる。また、イギリス・フランス・ドイツなどの国が有機的存在としてとらえられている点に、国家単位を自明とする近代ナショナリズム意識の反映が読みとれる。

これらの国〔ドイツとイタリア〕においては、多様な人種の並置があったとしても、決して緊密な融合はないだろう。しかし、人種の混交と対立する文明の混合は、自由の最強の助けとなるのである。それらの人種や文明がこの混合の中に持ち込んだ多様な宿命は、そこで互いに打ち消しあい中和しあう。アジアでは、特にイスラム教以前は、人種はさまざまな国の氏族に分かれ、同じ国ではカーストの中で重ねられ、おのおのが異なった思想を表し、ほとんど交わることなく孤立している。西洋の方に進むにつれ、人種と思想、すべてが結びつき複雑になる。混合は、イタリアとドイツでは不完全であり、スペインとイギリスでは不均一であるが、フランスでは完全で均一である。世界のうちで最も単純でなく、最も自然でなく、最も人工的なもの、すなわち最も人間的で最も自由なもの、それがヨーロッパである。最もヨーロッパ的なもの、それが私の祖国フランスである。（IHU, 247）

フランスはヨーロッパ諸国のうちで最も普遍的な文明をもつ。とりわけ、一七八九年のフランス革命は個別性から一般性への移行を大きく押しすすめた。なぜなら大革命は、王政を廃して共和政を置くことで、個人による専制を廃して国民の一般意志を主権に据えたからである。さらに、革命政府による県制の施行は、行政的な中央集権化を押し進め、地方色を消し去るのに貢献した。「フランス革命は、地域を川で名付ける県区分のために、一見物質主義的に見える。しかしそれでも、それまで自由の名のもとに局地的な宿命を永らえさせていた、諸地方の特性を消し去ったのである」(IHU, 253)。

さらに一八三〇年の七月革命がフランス革命の運動を継承する。この革命は一般性の個別性に対する決定的な勝利を意味する。なぜならそれは、特定の個人ではなく一致団結した民衆の手によってなされた、英雄なき革命だからである。七月革命への言及で始まったこの序説は、こうして七月革命に到達して終わる。過去と現在は結び合わされ、歴史の円環は閉じられる。

七月革命が示した独自の点、それは英雄なき革命、固有名詞なき革命の最初のモデルを提示したことである。いかなる個人のうちにもその栄光は特定されない。社会がすべてをなしたのだ。一四世紀の革命は、民衆を代表し民衆のために死んだ純粋で感動的な犠牲者であるオルレアンの乙女〔ジャンヌ・ダルク〕のうちに、贖われ要約された。ここには固有名詞はひとつもない。

誰も準備せず、誰も指揮しなかった。誰も他の者を凌駕しなかった。勝利の後で人々は英雄を探した。そして民衆を見出した。

(IHU, 254-255)

『世界史序説』(あるいは『普遍史序説』)に見られるミシュレの初期の歴史思想には、当時の歴史哲学の影響が色濃く認められる。東から西へ歴史が進展するという図式は、クーザンがフランスに導入したばかりの、ヘルダーやヘーゲルのドイツ哲学の図式を思わせる。そこにあるのは、自分たちが人類の最後の世代に属しているという確信である。それは一七八九年あるいは一八三〇年を歴史の到達点と見なす、人工的な遠近法の上に成立しているのである。

3 ミシュレの方法論

物語と論述のはざまで

ミシュレは以上のような試行錯誤の上に、独自の歴史記述の方法論を確立してゆく。それについて、『フランス史』の一八六九年の序文における彼自身の説明を聞くことにしよう。ミシュレはここで既存の歴史学に対し、物質面と精神面の両方で不満を表明する。そして、歴史学の地平をさらに多様な方面に広げてゆく必要を訴える。ここでミシュレが言う「人種」に対する配慮はティエリの歴史学を、「法や議事録」に対する関心はギゾーの歴史学をそれぞれ暗示している。

要するに、歴史学を代表するあれらの傑出した人々（いく人かは賛嘆すべき）のうちに私が見出した歴史学は、二つの方法においていまだ弱いと思われた。《あまりに物質的でなかった》。人種を考慮しながらも、土地や、気候や、食物や、多くの身体的、生理学的な環境を考慮しなかった。《あまりに精神的でなかった》。法や議事録について語りながらも、思想や、習俗や、国民の魂の大いなる内的な漸進運動について語らなかった。

とりわけ、詳細な学識にほとんど関心がなかった。おそらく、その最上の部分は未刊行史料の中にいまだに埋もれている。（HF1, 13）

歴史家のジャック・ル・ゴフはこの箇所について、「ミシュレのこの一節はまさしく新しい歴史学の憲章と言ってもよい[23]」と述べている（「歴史学と民族学の現在」）。たしかにここには、二〇世紀歴史学のいくつかの方向性が見出される。土地や気候に対する関心は人文地理学に、食物への関心は日常生活の歴史に、思想や習俗への関心は心性の歴史に道を開くものである。さらにミシュレは自らの歴史学を、先行する二つの流派、すなわち哲学派と物語派との関係において位置づける[24]。

私は、物々しく不毛なドクトリネールからも、「芸術のための芸術」のロマン派の大潮流からも、距離を置いていた。私自身が私の内なる私の世界であった。私は自分の内に私の生命と、私の再生と、私の豊穣とをもっていた。しかし私の危険もまたそこにあった。どんな危険か？私の心、私の若さ、私の方法そのもの、そして歴史に新たに課せられた条件である。すなわち、時代を単に物語り、判断するだけでなく、《喚起し、再生し、復活させる》という条件である。これほど長いこと冷えきった灰を暖め直すに十分な炎をもつこと、これが第一点で、これは危険なしにはすまない。しかし第二点は、多分さらに危険なことで、復活した死者たちと親密に交わること、おそらくは彼らの一員になることである。

(HF1, 14-15)

ミシュレの目指すのは、「物語る」ことを主眼とする物語派の方法でも、「判断する（裁く）」ことを主眼とする哲学派の方法でもない。それに対し、「復活させる」とはどのような方法を指すのだろうか。ミシュレはここで具体的な方法を示しはしない。その代わり、彼は自らの『中世史』執筆の経緯を振り返る。歴史家は、キリスト教信仰が息づいていた中世を研究対象とした。しかし現代に生きる歴史家にとって、この信仰はすでに死んだものにすぎない。信仰を共有しない歴史家は、この対象にどのように接近したのか。

この者は人間的感覚をもって死んだ事物に接近した。彼は、司祭や、中世を葬った荘重な文句を通過しなかったという大きな利点を持っていた。終わった儀式の呪文を唱えても何にもならなかったろう。すべては冷たい灰のままだったろう。他方で、歴史が厳格な批判、絶対の正義をもってやって来たとしても、あれらの死者たちが生き返る気になったか分からない。彼らはむしろ墓の中に身を隠したことだろう。（中略）

無知な者たちよ、知るがよい。芸術は、剣も武具もなく、信頼して復活を求めるこれらの魂と争うことなく、彼らを迎え、息吹を回復させる。しかしそうしながらも、芸術は自らの内に明晰さを保ち続ける。私の言うのは、多くの者が芸術の基礎を置いた《アイロニー》のことではまったくない。彼らを愛しながらも、彼らが何であるのかを、「死者たちであること」を見抜いている、そういう強固な二重性のことを言っているのである。

世界で最も偉大な芸術家たち、あれほど情愛をこめて自然を見つめる天才たちは、私がささやかな喩えを用いるのを許してくれるだろう。無邪気ながらも未来の母性に心動かされる幼い女の子の感動的な真剣さを、時にご覧になったことはないだろうか？ 彼女は自らの手で作品を揺すり、接吻で励まし、心から言う。「私の赤ちゃん！」もし無骨に手を触れようものなら、彼女は混乱し泣き出すだろう。しかしだからといって、自分が励まし、話させ、諭し、自らの魂で生命を通わせているこの物体が何であるのか、彼女が知らないわけではないのである。

(HF1, 17-18)

ミシュレはここで、過去に接近するための二つの方法を指し示す。第一の方法（「終わった儀式の呪文」）は、近代的な価値観を封印し過去の証人と同一化しようとする、物語派の方法である。しかしこれは、死者が死者であることに目をつぶる空々しい演技にすぎない。第二の方法（「厳格な批判」）は、普遍的な基準に従って冷徹に過去を裁こうとする、哲学派の方法である。しかしこれはこれで、自分の立場を棚上げして一方的に過去を裁断する独善的な態度にすぎない。ミシュレは最終的に、この二つの役割を同時に引き受けることを自らに課す。歴史家には、過去の対象に同一化しながらも批判的な距離を置くという、二重の距離感が必要なのだ。それは例えば、対象への共感と冷静な洞察とを同時に保持する芸術家の姿勢である。この姿勢は人形を可愛がる幼子の姿に集約される。命なき玩具と知りながら人形をわが子のように慈しむ、無邪気で聡明な幼子の姿に。

象徴主義的スタイル

この課題を実現するために、ミシュレは先行する二つの学派の総合を試みる。しかしどのような方法によって？　カミーユ・ジュリアンは『一九世紀フランス歴史学注解』においてこう説明する。「この理想に到達するために、ミシュレは先行する二つの流派の方法を結びつける。物語派からは、活気と精彩があり時代色に彩られた美しい《物語》の趣向を受け継ぐ。哲学派の《システム》からは、政府や社会状態や宗教問題についての研究を借り受ける」[25]。しかしそれは単に二つのスタイルを場合に応じて使い分けることではない。ミシュレの真の独創性は、ふたつの流派の特徴をひとつの叙述の中に融合した点にある。

まず、ミシュレは常に出来事の具体的な光景を描く。彼は人間を見、群集を見、国家を見、戦闘を見る。見たもの、生きて運動する人類を、われわれの目の前に置く。ブルターニュについて語る前に、彼はそこを訪れた。彼において、見ることと復活させることは同一なのである。単に物事を見るだけではない。彼の後で他人がよく見えるように、彼はそれらを生きた存在に変形する。彼は群集から個人を作り出す。川や都市や地方やフランスから意欲するひとつの人格を作り出す。さらに、彼は古文書館の古い書類の声を聴き、それらに答える。（中略）

そしてミシュレの最後の手法は、同時代のロマン主義の帰結ではなく、ドイツ流の象徴主義の帰結である。生命をもたない物体が人間になるなら、人間は象徴になる。ペラギウス〔五世紀の修道士〕はギリシア＝ケルト精神の象徴である。ジャンヌ・ダルクのうちに聖処女とフランスが現れる。ミシュレは呼吸しないものに生命を与え、呼吸するものを観念化する。[26]

ミシュレはすでに『近代史概要』において、個別的事実を通して一般的法則を語るという課題を自らに課していた。そこから生まれたのが、ジュリアンが言う象徴主義的スタイルである。歴史家は社会を擬人化すると同時に、人間を観念化する。社会がひとりの人間のように成長し活動する一方で、特定の個人の運命が社会全体の運命を集約する。こうしてミシュレはひとつの叙述の中に、個別的な出来事とそれを支配する普遍的法則を同時に描き出すのである。

帝国と教皇庁

ここで、『フランス史』からひとつの例を取り上げ、この手法が具体的にどのようなものかを検証しよう。ミシュレは『世界史序説』において、歴史を人間と自然の戦い、精神と物質の戦いと定義した。この対立は歴史的事件の中にどのように表れているのか。中世のヨーロッパを見よう。カロリング朝のシャルルマーニュ（カール大帝）（位七六八―八一四）が築き上げた大帝国が崩壊した後、広大な廃墟の中からローマ教皇庁と神聖ローマ帝国という二つの権力が姿を現す。

この統一はまだ物質主義的で偽りのものであり、ひとりの人間の生涯だけ続いた。そしてこなごなに砕け散ると、教皇と皇帝を頂点にもつ司教的貴族制と封建的貴族制をヨーロッパに遺した。このめざましいシステムの中で、神の帝国と人間の帝国が組織され、相対して置かれた。封建組織の内には、物質的力、肉体、相続がある。教会の内には、言葉、精神、選挙がある。力はいたるところにあるが、精神は中心にあり、精神が力を支配する。武人たちは見えざる剣の前に硬き鎧をたわめた。農奴の息子がフリードリヒ赤髭帝〔神聖ローマ皇帝。位一一五二―九〇〕の顔を踏みつけることもできた。

（IHU, 237）

ミシュレによれば、世俗権力を代表する神聖ローマ帝国は、物質的原理を体現する。なぜなら、封建制において人間は血筋に支配され、土地に縛りつけられるからである。反対に、教会権力を代表するローマ教皇庁は、精神的原理を体現する。なぜなら、教会組織を支える選挙制度においては、血縁関係が否定されるからである。こうして教皇庁と帝国の間に、精神と物質、人間と自然のあの終わりなき戦いが展開される。ミシュレは『中世史』で再びこの対立を取り上げる。一一世紀、二つの権力は聖職叙任権をめぐり激しく争う。

一一世紀、争いは神聖ローマ教皇庁と神聖ローマ帝国の間にある。蛮族の侵入によりローマを転覆したドイツは、ローマの名を奪いそれを継承した。現世的支配において継承するだけでなく（すでにすべての王たちが皇帝の優位を認めていた）、精神的優位をも装った。それは《神聖帝国》と名乗った。帝国の外にはいかなる秩序も聖性もない。（中略）

皇帝は滅びねばならない。帝国は滅びねばならない。そして帝国がその中心となり至高の表現となっている封建的世界もまた。この世界の内には、帝国に有罪判決を下し、それを破滅へと運命づける何かがある。それは帝国の深い物質主義である。人間は土地に結びつき、塔が聳え立つ岩に根を下ろした。《領主なき土地はなく》、土地なき領主はない。（HF1, 402-403）

人間と自然の戦いにおいて、人間は自然を征服し、精神は物質を馴化する。それゆえに帝国は滅びなければならない。古いシステムは新しいシステムに席を譲らなければならない。帝国の滅亡は歴史の法則によって定められているのだ。

グレゴリウス七世の死とハインリヒ四世の死

ミシュレはさらに、この二つの権力の対立を二人の個人の対立のうちに描き出す。教皇グレゴリウス七世（位一〇七三―八五）と皇帝ハインリヒ四世（位一〇五六―一一〇六）の有名な争いである。教会改革者ヒルデブラント（後のグレゴリウス七世）は、民衆の出身であった。「改革者は、設立者と同様に大工の息子であった」（HF1, 406）。教会の選挙制度のもとでは、平民がキリスト教世界の長になることも可能であった。グレゴリウスは禁欲的な規律を課すことで、教会の習俗を改革する。さらに彼は司教叙任権を世俗権力の手から奪回しようと試みる。皇帝ハインリヒ四世はこれに反発し、両者の間に激しい争いが起こる。グレゴリウスとハインリヒの闘いは、単に個人と個人の衝突ではなく、あの人間と自然の終わりなき戦いである。両者を和解させる試みはことごとく挫折する。

人々は両方の頑固さを非難した。それが人間たちの戦いでないことが分からなかったのだ。人間たちは互いに歩み寄ろうとしたが、決してできなかった。ハインリヒ四世がカノッサ城の中庭で三日間下着姿で雪の上にとどまった時、教皇は彼を認めざるをえなかった。どちらの側も和平を求めた。グレゴリウスは敵の破門を解き、もし自分が有罪なら死を与えよと言って神の裁きを求めた。神は裁定を下さなかった。判決も、和解も、不可能であった。何物も精神と物質を、肉体と精神を、法と自然を和解させることはない。(HF1, 408)

精神は一度は物質を制した。「カノッサの屈辱」において教皇は皇帝を屈服させた。しかしグレゴリウスの勝利は束の間のものであった。ハインリヒは破門が解けると再び戦いを挑み、ローマを攻撃する。グレゴリウスはローマを追われ、放浪の生活を送り、ついに異郷で命を落とす。

こうして教会の内で、教皇庁と帝国というかたちで、法と自然の戦いは引き起こされた。皇帝であるハインリヒ四世は、自然に突き動かされる激情家だった。グレゴリウスはそれと同じくらい、法の内に凝り固まっていた。両者の力は最初はひどく不均衡に見えた。ハインリヒ三世は息子に、広大な世襲の国々と、ドイツにおける封建的全権と、イタリアにおける巨大な影響力と、教皇を作るという自負を遺した。ヒルデブラントはローマさえもっていなかった。彼は何ももたず、そしてすべてをもっていた。いかなる場所も占めないのが、精神の本来の性質である。彼はいたるところを追われても勝ち誇り、枕にする石さえなしに、死に際にこう言い残した。「私は正義に従い不正を逃れた。私が異国で死ぬのはそのためだ」。(HF1, 408)

グレゴリウスはすべてを失って死んだ。しかしそれは悲惨な死ではない。逆説的なことに、彼は無一物になって初めて精神を完全に体現する。だからこそ彼は物質的困窮の中で「勝ち誇り」、正義を貫いた誇りを抱いて死ぬのである。それに対し、ハインリヒ四世は真に悲惨な最期を迎える。束の間の勝利の後、彼は息子（後のハインリヒ五世）によって王位を剥奪され、晩年を放浪のうちに送る。彼は自分が建てた教会に救いを求めるが、教会は彼に扉を閉ざす。最後の希望を断たれ、彼は絶望のうちに死ぬ。安息の地たる墓さえも得られぬままに。

自然は打ち負かされた、ただし不自然なやり方で。教会の判決を実行したのは、ハインリヒ四世の息子だった。哀れな老皇帝がマインツの会見で捕らえられ、聖職売買に関わらなかった司教たちが彼の王冠と王服をはぎ取った時、彼はなおも愛する息子に向かい、永遠の救済のためにこの親殺しの暴力を慎んでくれるよう、涙ながらに懇願した。身ひとつで打ち捨てられ、寒さと飢えの虜となり、彼はシュパイエルの彼自身が建てた聖母教会に行き、聖職者見習として養ってくれるよう頼んだ。読むことも聖歌を歌うこともできると主張した。許しは下りなかった。彼の亡骸には大地さえ拒絶された。遺体は五年間墓もなく、リエージュの地下室にとどまった。（HF1, 409）

グレゴリウスとハインリヒはいずれも悲惨な晩年を送った。二人ともすべてを失い、流浪のうちに死んだ。しかし両者の最期はある意味で対照的である。精神を体現するグレゴリウスはすべてを失うことで一層勝ち誇る。反対に、物質を体現するハインリヒの没落にはいかなる救済もない。

死の物語の開示的機能

以上が、ミシュレの歴史における死の物語の開示的機能である。歴史における精神と物質の終わりなき戦いは、教皇庁と帝国の対立のうちに体現され、それはさらにグレゴリウスとハインリヒの争いのうちに集約される。戦いの結末は、前者の崇高な最期と後者の悲惨な最期の対照のうちに示される。こうして死の物語を通じて、歴史の隠された原理が開示されるのである。

ミシュレは先行する二つの流派、哲学派と物語派のいずれとも異なる新しい歴史記述を作り出そうとした。歴史家はそのために、研究対象に同一化すると同時に批判的な距離をとるという、二重の距離感を自らに課した。とはいえそれは単に両方の流派のスタイルを併用するだけのものではない。彼の象徴主義的方法においては、個別的事実と普遍的事実の両方が重なり合い、ひとつの叙述の中で同時に語られる。

個別的レベルと一般的レベルの奇妙な交錯！　ミシュレの歴史記述は時として、個別的事実を語る物語と普遍的法則を扱う論述という区別に慣れた現代の読者を戸惑わせる。[27] しかしこのことは、歴史に関するわれわれの通念を揺さぶることで、われわれに歴史記述の可能性について再考する機会を与えてくれるにちがいない。それではいよいよ、『フランス史』の最初の部分である『中世史』に取り掛かることにしよう。

注

（1）「ひとりの天才、ウォルター・スコットが、近代の慣用語法によってゆがめられたこれらの出来事の現実の姿を示したばかりである。そして奇妙なことに、とはいえ彼のこれまでの作品を読んだ者なら少しも驚かないであろうが、彼がこの歴史上の大問題を解明し、ノルマン征服のありのままの生きた姿を示そうと企てたのは、一編の小説においてなのだ。前世紀の哲学派の語り手は、中世の無学な年代記作家以上に多くの誤りを犯し、優雅にも、《相続》、《政府》、《国家措置》、《陰謀鎮圧》、《権力》、《社会的従属》などのありふれた言い回しの下に、このノルマン征服を埋もれさせた」（『歴史研究十年』より「ノルマン人によるイングランド征服——小説『アイヴァンホー』について」）(Augustin Thierry, *Lettres sur l'histoire de France, Dix ans d'études historiques*, dixième édition, Paris, Furne, 1851 (*Œuvres complètes* d'Augustin Thierry, t. III), p. 376-377)。

（2）バルザックは『人間喜劇』の前言（一八四二）において、ウォルター・スコットが小説を歴史学のレベルにまで高めたと述べ、彼をモデルに「習俗の歴史」を描く歴史家としての小説家像を導き出す。「つまりウォルター・スコットは、小説を歴史学の哲学的価値にまで高めた。この小説という文学は、世紀を経るにつれ、文芸が育成される国々の詩の王冠に不滅のダイヤモンドを象嵌する。（中略）常に自分自身であり常に独創的であるウォルター・スコットの驚くべき豊かさにいわば目がくらみながらも、私は絶望しなかった。なぜなら私は人間性のかぎりない多様性の中にこの才能の理由を見出したからである。偶然は世界最大の小説家である。豊かになるためには、それを研究するだけでよい。フランス社会は歴史家となり、私はその秘書になりさえすればよかった」(Honoré de Balzac, *La Comédie humaine*, Gallimard, « Bibliothèque de la Pléiade », 1976-1981, 12 vol., t. I, p. 10-11)。

（3） François Guizot, *Histoire de la civilisation en Europe depuis la chute de l'Empire romain jusqu'à la Révolution française*, Édition établie, présentée et annotée par Pierre Rosanvallon, Hachette, « Pluriel », 1985, p. 58.

（4）*Ibid.*, p. 57-58.

（5）文芸評論家のE・R・クルツィウスは『フランス文化論』（一九三〇）において、ドイツの「文化」概念とフランスの「文明」概念を対置する。彼によれば、ドイツ人が形而上的な精神の王国としての「文化」を重視するのに対し、フランス人は多様な文化を総合した異種混交的な「文明」を重視する。一九世紀においてこのような「文明のるつぼ」としてのフランス像を確立したのがギゾーである。

また、フェルナン・ブローデルによれば、フランスでは「文明 la civilisation」の語は一八世紀に導入され、基本的に単数形で用いられた。一八一九年頃この語は複数化し、「諸文明 des civilisations」というかたちで用いられるようになる。このことは、普遍的なひとつの文明という概念が揺らぎ始めたことを意味する。「事実、複数形の使用は、ある概念の消失に、一八世紀に固有の《ひとつの》文明という理念が次第に消えていったことに対応している。この理念は進歩そのものと混同され、いくつかの特権的な国民や、さらにはある種の人間集団や、『エリート』だけのものとされていた」(Fernand Braudel, *Grammaire des civilisations*, Flammarion, « Champs », 1993, p. 37)。とはいえ一九世紀を通じてヨーロッパ文明の優位性が揺らぐことはほとんどなかったと言える。

(6) ギゾーやティエリを「哲学派」「物語派」という呼称のもとに分類するのは、カミーユ・ジュリアン『一九世紀フランス歴史学注解』、ギュスターヴ・ランソン『フランス文学史』、『一九世紀ラルース大百科事典』などにおいて広く用いられているやり方である。それに対し、ティエリやバラントが「哲学派」と呼ぶのは一八世紀の啓蒙主義の歴史家たちのことであり、これはむしろシャトーブリアン『歴史研究』(一八三一)の用法に近い。

(7) Prosper de Barante, *Histoire des ducs de Bourgogne de la maison de Valois. 1364-1477*, cinquième édition, Paris, Dufey, 1837, 12 vol., t. I, p. 13-15.

(8) *Ibid.*, p. 39.

(9) Augustin Thierry, *Lettres sur l'histoire de France, Dix ans d'études historiques*, p. 10.

(10) Augustin Thierry, *Histoire de la conquête de l'Angleterre par les Normands*, neuvième édition, Paris, Furne, 1851, 2 vol. (*Œuvres complètes* d'Augustin Thierry, t. I-II), t. I, p. 6.

(11) Augustin Thierry, *Lettres sur l'histoire de France, Dix ans d'études historiques*, p. 3.

(12) Camille Jullian, *Notes sur l'histoire en France au* XIX*e siècle* suivi de *Extraits des historiens français du* XIX*e siècle*, Genève, Slatkine Reprints, 1979, p. XXVI.

(13) Augustin Thierry, *Récits des temps mérovingiens* précédés de *Considérations sur l'histoire de France*, cinquième édition,

Paris, Furne, 1851（*Œuvres complètes* d'Augustin Thierry, t. IV), p. 422.

（14）Victor Cousin, *Cours de Philosophie. Introduction à l'histoire de la philosophie*, Fayard, « Corpus des œuvres de philosophie en langue française », 1991, p. 43.

（15）*Ibid.*, p. 280.

（16）クーザンの権威は後年急速に失墜し、ミシュレも一八五〇年代以降は彼を激しく攻撃し、自分が影響を受けたことを否定するようになる。しかしわれわれの考えでは、初期のミシュレに対するクーザンの影響は重大である。この点について、リュシアン・フェーヴルは『ミシュレとルネサンス』において、クーザン哲学の時代的限界を見極めつつも、同時代におけるその影響力の大きさを強調する。「ヴィクトール・クーザンはわれわれにとってはもはや、苦笑とともに口にされるひとつの響きのよい名前にすぎません。言葉を並べただけの空虚なヴィクトール・クーザン。ひどく生ぬるく甘ったるい唯心論哲学を唱えた、時代遅れの失墜した独裁者。すでに死んだ人。その通りです。距離をおいてみると、あまり真摯な人ではないと分かります。（中略）それでも一八一六年には、クーザンは思考するすべての若者の上に――彼自身がわずか二四歳の若者でした――そびえ立ち、輝く炎のように彼らを遠くから引きつけました。（中略）見事な弁舌の才能ゆえに彼の名声は揺るぎないものでしたが、この名声には別の理由もありました。公正に見てゆきましょう。その理由のひとつは、若きクーザンは、一八世紀哲学に異を唱え、過去の時代の乾いた論理やアイロニーや揶揄とは異なるものを希求する若者たちの中心となったという点です。もうひとつは、クーザンは時代の重要な要求のひとつに応え、若者たちにとって、ドイツという未知なる地の発見者である――この役割はすでにバンジャマン・コンスタンやシャルル・ド・ヴィレールといったスタール夫人のグループが果たしていました――だけでなく、ドイツの大哲学者や大思想家に対抗すべく全身武装した哲学者であるように見えたという点です」(Lucien Febvre, *Michelet et la Renaissance*, Flammarion, 1992, p. 64-65)。

（17）*Examen des Vies des hommes illustres de Plutarque*, *Œuvres complètes*, Flammarion, t. I, 1971, p. 31.

（18）*Ibid.*, p. 34.

（19）*Précis de l'histoire moderne*, *Œuvres complètes*, Flammarion, t. II, 1972, p. 24.

（20）リュシアン・フェーヴルが『大地と人類の進化』（一九二二）において指摘するように、地理学を歴史学に本格的に組み入れたのはミシュレの功績である。「地理学はギゾーにおいてもティエリにおいてもいかなる地位も占めていなかったが、彼はあの有名な『フランスの概観（タブロー）』の冒頭で、力強く『歴史は最初は完全に地理的なものである』と宣言した」(Lucien Febvre, *La Terre et l'évolution humaine. Introduction géographique à l'histoire*, A. Michel, 1970, p. 20.)。

（21）*Histoire romaine*, *Œuvres complètes*, Flammarion, t. II, 1972, p. 335.

（22）*Ibid.*, p. 593.

（23）ジャック・ル・ゴフほか『歴史・文化・表象』二宮宏之編訳、岩波書店、一九九二年、三二ページ。

（24）ミシュレはしばしば自らの歴史学を、哲学派と物語派に対して位置づけることで説明しようとした。例えば『民衆』（一八四六）の序文にはこうある。「これが私の未来に対する寄与であるように。すなわち、歴史の目的を達しないまでも、それを示したこと。誰ひとり口にしたことのない名前でそれを呼んだこと。ティエリはそこに《物語》を、ギゾー氏は《分析》を見出した。私はそれを《復活》と名付けた。この名はそこに残り続けるだろう」(P, 73)。

（25）Camille Jullian, *op. cit.*, p. XLVII.

（26）*Ibid.*, p. LI-LII.

（27）歴史記述を論じる際によくなされる、物語と論述とか、記述と解釈とかの区分は決して自明なものではない。例えば分析哲学のアーサー・C・ダントは、解釈ぬきのありのままの事実の記述など存在しないと断言する。「これは私が受け容れることのできない区別である。なぜならば私は、歴史は等質であると言いたいからである。解釈と呼ばれるようなものと対称をなす、純粋な記述というものはどこにもないという意味において、それは等質なのだ」（アーサー・C・ダント『物語としての歴史』河本英夫訳、国文社、一九八九年、一四一―一四二ページ）。この点において、物語と論述の境界を撹乱するようなミシュレの歴史記述はきわめて興味深い。この点については付論で取り上げたリシャールとランシエールの文章を参照されたい。

第3章　英雄の死と聖人の死

ダゴベールの墓（サン＝ドニ聖堂，13 世紀）

参考資料　『中世史』（一）メロヴィング朝、カロリング朝、カペー朝

四七六年に西ローマ帝国がゲルマン民族の侵入により滅亡すると、ガリア地方ではフランク族が優勢になる。クローヴィス（位四八一―五一一）は四八一年にメロヴィング朝を開くと、四九六年にアタナシウス派カトリックに改宗し、ローマ教会との提携を築く。

七五一年にペパン（ピピン）（位七五一―七六八）がカロリング朝を開く。シャルルマーニュ（カール大帝）（位七六八―八一四）が西ヨーロッパを統一すると、八〇〇年にローマ教皇レオ三世は彼にローマ皇帝の帝冠を与える。ルイ（ルートヴィヒ）一世（位八一四―八四〇）の死後、帝国は八四三年のヴェルダン条約、八七〇年のメルセン条約で東フランク・西フランク・イタリアの三国に分裂する。

西フランクでは九八七年にユーグ・カペー（位九八七―九九六）がカペー朝を開く。ルイ七世（位一一三七―八〇）はアリエノール・ダキテーヌと結婚、ガリア西南部の広大な領土を獲得する。アリエノールがルイと離婚し、イングランド王ヘンリ二世妃となると、ガリアの西半分はイングランド領となる。フィリップ二世（位一一八〇―一二二三）は、イングランド王リチャード一世の死、ジョン王の失政を利用して大陸領土を奪い取る。同じ頃、アルビジョワ十字軍（一二〇九―二九）による南仏カタリ派の征伐が行われ、王権の支配は南仏に拡大する。

ルイ九世（聖ルイ）（位一二二六―七〇）は敬虔で公正な君主として王権の権威を高め、第七回・第八回十字軍に参加する。フィリップ四世（位一二八五―一三一四）は中央集権化を進め王権を強大化する。彼は教皇ボニファティウス八世を逮捕させ（アナーニ事件）、教皇庁をアヴィニョンに移転し（「教皇のバビロン捕囚」）、さらにテンプル騎士団を廃絶し財産を没収する。フィリップの死後、三人の息子（ルイ一〇世、フィリップ五世、シャルル四世）はいずれも早世し、カペー朝は一三二八年に断絶する。

はじめに――歴史における個人の役割

『中世史』を読み始めるにあたり、まずその全体的構成を見ることにしよう。すでにギゾーやバラントに対して試みたように、目次を概観してみよう。初版において、作品は六巻に分かれている。各巻の内容を以下に要約する（要約は筆者による）。

第一巻　九八七年まで。起源からカペー朝到来まで
第二巻　九八七年から一二七〇年まで。ユーグ・カペーの即位からルイ九世の死まで
第三巻　一二七〇年から一三八〇年まで。フィリップ三世の即位からシャルル五世の死まで
第四巻　一三八〇年から一四二二年まで。シャルル六世の治世
第五巻　一四二二年から一四六一年まで。シャルル七世の治世
第六巻　一四六一年から一四八三年まで。ルイ一一世の治世

この目次からうかがわれる本書の構成は、バラントの『ブルゴーニュ公の歴史』の構成と類似している。第一に、年代順に従った通時的な構成。第二に、君主の治世による時代区分。これらの点

を見るかぎり、ミシュレの作品はそれまでのフランス史に比べて特に革新的なものではないように見える。ミシュレが「国民の歴史」を目標にしたにもかかわらず、そこでは依然として君主の個人的存在が大きな役割を果たしている。ミシュレの独自性ははたしてどこにあるのか。

歴史における個人の役割は、ミシュレのみならず、当時の哲学と歴史学にとって重大な問題であった。ヘーゲルが「世界史的個人」と見なしたナポレオンの衝撃の余韻もまだ冷めやらぬ時代において、歴史を左右する「偉人」の存在は一種の特権的主題とされた。例えばクーザンは『哲学講義』において、民衆の意思を代弁するエリートの存在を認め、歴史家が彼らに特権的な地位を与えることを肯定する。これは当時の英雄崇拝の風潮を容認するとともに、伝統的歴史記述を擁護するものであった。

実際、歴史は彼らを通して国民を考えます。歴史の本を開いてご覧なさい。固有名詞しか見つかりません。別の方法はありえないのです。なぜなら、大衆が自分たちのため以外には何も行わないとしても、彼らは自分たちでは何も行わないのです。大衆は、表舞台に登場し観客と歴史家の視界に入ってくる彼らの指導者を通して行動するだけです。歴史家が偉人だけを取り扱うのは理にかなっています。ただし、歴史家は偉人を然るべき姿で、すなわち歴史に姿を現さない者たちの主人としてではなく、彼らの代表者としてのみ示すようにしなければなりません。さもなければ、偉人は人類に対する侮辱となるでしょう。(1)

しかし同じ頃、歴史家たちは民衆が主役となる新しい「国民の歴史」のあり方を模索していた。すでに見たように、ギゾーは歴史から個人的要素をなるべく排除しようと努め、ティエリは偉人以外の周縁的な人物にも光を当てようと試みた。そしてミシュレもまた、偉人について独自の考えを抱いていた。われわれはここで、ミシュレにおける「聖人」と「英雄」という二つの類型を通して、彼のこの問題に対する姿勢を考えることにしよう。

1 聖人の死

フランス王の聖性

ミシュレは『世界史序説』において、フランスを人類の水先案内人と呼んだ。フランスは最も中央集権化の進んだ国であり、それゆえに最も普遍的な文明を所有する。中世のフランスにおいて中央集権化を押し進めたのは王権である。ゲルマン民族の侵入によって西ローマ帝国が滅亡した後、征服者のゲルマン人は封建貴族となり、被征服者のガロ＝ロマン人は平民となった（この解釈はティエリの征服理論に負うところが大きい）。物質的原理を体現する封建諸侯の圧制から民衆を庇護したのは、精神的原理を体現するカトリック教会であった。そして封建諸侯に対抗し民衆と教会を支えたのは、王権であった。メロヴィング朝、カロリング朝、カペー朝の時代を通じて、国王はしばしば民衆の庇護者となった(2)。

フランスの民主的精神は、昨日生じたものではない。それはわれわれの歴史の起源においてすでに、曖昧で漠然としてはいるが現実のものとして姿を見せる。それは長いあいだ、宗教的権力の庇護の下で、またその形態で成長した。(中略) 蛮族侵入の後、封建制成立の後、敗者となったローマ人すなわち民衆は、民衆から選ばれた司祭によって代表された。司祭は精神の人であり、土地と力の人に対抗する。後者は封土に居を定めて根を下ろし、そのことによって領土において離散し、孤立と野蛮に向かう。司祭は、彼自身もしばしばその階級に属する農奴と同様に、中央の王権に目を向ける。国王と司祭の抽象的で神的な権利。土地に根を下ろした諸侯の具体的で人間的な権利。最初の二者の緊密な結びつきは、三つの王朝のうち最も民衆的な王たちを特徴づけている。善良なダゴベール、ルイ善良帝あるいは好人物帝、善良なロベール、最後に聖ルイ。フランス王の典型は聖人なのだ。

(IHU, 250)

したがってフランス王の「聖性」は、単に教会との関係から生じるのではなく、むしろ民衆との絆に由来する。国王は民衆の意思を代表するかぎりにおいて権威を保持することができる。民衆に背を向ける時、彼はその後光を失うであろう。『中世史』においてミシュレはそのようなフランス王の肖像を描き出す。

この青白く凡庸な顔には、発展してゆく無限の力がある。それは教会とブルジョワジーの王、民衆と法の王である。この意味で彼は神権をもつのだ。彼の力は英雄的行為によって輝きはしない。それは力強い植物のように成長し、自然のように一貫した緩慢で必然的な成長をとげる。国王はかぎりない多様性の一般的表現であり、国民全体の象徴である。彼が国民を代表するほど、彼は一層無意味になる。個性は彼においては希薄である。それはひとりの人間というよりもひとつの観念である。この無個性な存在は、普遍性の内に、民衆の内に、民衆の娘である教会の内に生きる。それは言葉の語源的意味において、根本的に《カトリック〔普遍的〕な》人物である。

善良な王ダゴベール、ルイ好人物帝、ロベール敬虔王、ルイ青年王〔七世〕、聖ルイ、彼らはこの誠実な王の典型である。教会が列聖したのは強大であった最後の聖ルイだけであるにせよ、誰もが真の聖人なのである。(HF1, 464)

フランス王は一見、とりたてて個性のない凡庸な存在に見える。しかしこのことは必ずしも欠点ではない。それはむしろ彼が一般的精神をもつことの証しである。この無個性さゆえに国王は民衆の支持を集め、歴史を動かすことになるのである。

ルイ好人物帝の死

ミシュレは聖人王の例として、メロヴィング朝のダゴベール（ダゴベルト。位六二九―六三九）、カロリング朝のルイ（ルートヴィヒ）一世（位八一四―八四〇）、カペー朝のロベール二世（位九九六―一〇三一）、ルイ七世（位一一三七―八〇）、ルイ九世（聖ルイ。位一二二六―七〇）の名を挙げる。これらの王たちは必ずしも英雄的な武勲を挙げたわけでも、強大な権力を築いたわけでもない。他の歴史家たちにとって「偉人」の典型であったカロリング朝のシャルルマーニュ（カール大帝。位七六八―八一四）の名はここにはない。(3) 奇妙なことに、『中世史』においてミシュレの関心は、この偉大な大帝よりもむしろその息子のルイ一世（好人物帝）に向けられる。父の遺した巨大な帝国を維持することができなかったこの無能な皇帝に、歴史家はなぜこれほどの関心を抱くのだろうか。

シャルルマーニュは現在のフランス・ドイツ・イタリアにまたがる大帝国を築いた。しかしこの帝国は、彼の死後まもなく崩壊する。帝国の統一は、ただ彼の個人的な権威にのみ基づいた、偽りのものにすぎなかった。父の後を継いだルイは、帝国の崩壊を食い止めることができない。この善良な皇帝の不幸は、滅ぶべき不正な帝国の後継者として生まれたことにある。彼は、無実でありながら社会の罪を償うために罰せられる、ミシュレ的聖人のひとりなのである。

それは歴史の法則である。終わろうとするひとつの世界は、ひとりの聖人によって閉じられ償われる。家系のうち最も純粋な者がその過ちを担い、無実の者が罰せられる。無実の者の罪とは、滅ぶように宣告された秩序を維持したこと、世界に重くのしかかる古い不正を自らの美徳で覆ったことである。ひとりの人間の美徳を通して、社会の不正が打たれる。その手段は忌まわしいものである。ルイ好人物帝の場合は、親殺しであった。彼の子供たちは帝国から独立しようとする諸国を自分たちの名で覆った。(HF1, 293)

ルイの生涯は、帝国の領土を奪おうとする息子たちとの絶え間ない争いであった。長男のロテール(ロタール)は父を修道院に幽閉し、公開改悛を課して侮辱を与える。「彼は公開改悛を課すことによって、父親を失墜させられるものと思った。それはあまりに屈辱的で、決して立ち直れないほどのものであった」(HF1, 298)。しかし、グレゴリウス七世と同様に、ルイは逆境において初めて聖性を十全に発揮する。王冠を奪われ屈辱を課された哀れな老人のうちに、人々は虐げられるキリストの姿を見出したのである。

親殺しの息子はルイを殺したものと思った。しかし巨大な憐憫が帝国の中に湧きおこった。自らも不幸なこの民衆は、老いた皇帝のために涙を流した。(中略)しかし彼らはルイから帯と剣を取り上げ、暴君と貴族の衣装を奪うことによって、民衆の目にルイを、民衆として、聖人として、人間として示したのである。ルイの物語は、聖書の人物の物語にほかならなかった。

彼のイヴが彼を破滅させた。あるいはお望みなら、『創世記』において神の子供たちを誘惑する、あれらの巨人の娘たちのひとりが。一方、苦難と忍耐のこの見事な見本の中に、侮辱され罵倒されながらすべての侮辱を祝福する人物の中に、人々はヨブの忍従を、あるいはむしろ救世主の姿を認めたように思った。なにひとつ欠けてはいなかった。酸いブドウ酒も、ニガヨモギも。

こうして老いた皇帝は、まさしくおとしめられることによって立ち直った。誰もが親殺しから遠ざかった。

(HF1, 299-300)

ルイ好人物帝は、ロテール、ルイ、シャルルといった息子たちとの絶え間ない争いに疲れ果て、悲しみのあまり力尽きる。彼の死とともにシャルルマーニュの帝国は崩壊する。

ロテールは東を取り、シャルルは西を取ろうとした。バイエルンのルイはこの条約の施行を阻止するために武装した。奇妙な区分によって、今度は父親がフランスを、息子がドイツを取った。しかし老いたルイはこの新たな戦いの悲しみと疲労で死んだ。彼は言った、「私はルイを許す。しかし彼が自分自身のことを考えるように。神の法をないがしろにし、白髪の父親を墓へ導いた自分自身のことを」。皇帝は、帝国の中心部、マインツ付近のライン川の島にあるインゲルハイムで死んだ。そして帝国の統一も彼とともに死んだ。

(HF1, 301)

こうして一個人の死のうちに、帝国全体の死が集約される。ルイの死後、帝国は八四三年のヴェルダン条約、八七〇年のメルセン条約により、息子たちの間で分割される。三つに分裂したそれぞれの国から、やがてフランス、ドイツ、イタリアが少しずつ姿を現すことだろう。帝国の死は、歴史が次の段階に進むために必要な過程のひとつである。そしてルイの死は、その葬儀の祭壇に捧げられた花束なのである。

2　英雄の死

イングランド王の英雄性

今度は英仏海峡の彼方、イングランドの王家に目を移そう。ミシュレはすでに『世界史序説』でイギリスとフランスの対照的性格について論じていた。「イギリスはフランスを説明する、ただし対照によってである。人間の自尊心を体現した国民、それがイギリスである」(IHU, 252)。われわれもミシュレにならって、この両国の王権を比較してみよう。フランス王が「聖人」であるとすれば、イングランド王は「英雄」を体現する。

諸国民の運命が君主次第であるとすれば、イングランド王が勝利したことに疑いはない。ウイリアム庶子王からリチャード獅子心王にいたる誰もが、少なくとも世間の評価によれば、英雄であった。英雄は敗れた。平和的な者が勝利した。このことを説明するには、フランス王とイングランド王が中世全体の中に現れたままの姿で、彼らの真の性格を見抜かなければならない。(HF1, 462)

ノルマン朝の創立者であるウィリアム(ギヨーム)征服王(位一〇六六—八七)からリチャード(リシャール)獅子心王(位一一八九—九九)にいたるまで、イングランド王はその英雄的活躍において際立っている。(4) 彼らはみな一様に、野蛮で獰猛な外観をもつ。「ウィリアム征服王の子孫は誰であろうと、赤ら顔で金髪直毛、巨大な腹をもち、勇敢で強欲、好色で獰猛、大食いで嘲笑的、悪人たちを取巻きにし、流浪して乱暴を働き、教会と折り合いが悪い」(HF1, 462-463)。しかし、戦場では無敵なこの英雄たちは、自らの性格ゆえに滅びることになる。ミシュレはこの家系の中に、絶えず親殺しや兄弟殺しを引き起こす、呪われた血筋を見出す。「この家系には、激しい戦いと偽りの契約以外の何物もない。あるとき国王ヘンリ〔二世〕が息子たちと会議に来ると、息子たちの兵士は父に向かい剣を抜いた。これはアンジュー家とノルマンディー家の二つの家系の伝統である」(HF1, 490)。自らの血の奴隷であるこの一族は、物質的で宿命的な原理を体現する。

一〇六六年のノルマン征服によってイングランド王位についたウィリアム一世はすでに、ロベール、ギヨーム、アンリの三人の息子たちにその地位を脅かされていた。王位を継いだウィリアム(ギヨーム）二世（位一〇八七―一一〇〇）の謎めいた死の後、弟のアンリ・ボクレールがヘンリ一世（位一一〇〇―三五）として王位につく。ヘンリは兄のロベールを破ってノルマンディーを奪うと、彼を死にいたるまで監禁した。(5)

後継者は兄のロベールではなかった。庶子ウィリアムの王権は、最も巧妙で最も大胆な者の手に渡らなければならなかった。この盗まれた王権は、それを盗む者のものになるだろう。（中略）ヘンリは傭兵によってロベールを討ち、彼を呼び寄せ、身柄を捕らえると、ある城塞に丁重に住まわせて養った。ロベールはそこで八四歳まで生きた。食事だけを愛したロベールは、弟が彼の目をつぶしさえしなければ、十分に慰められたことだろう。それに、兄弟殺しや親殺しはこの家系の代々の慣わしであった。すでに征服王の息子たちは父と戦い、傷つけていた。

(HF1, 470)

力によって手に入れた王位は、力によって奪われる。これが征服によって築かれたイングランド王権の代々の宿命である。英雄は自らの呪われた血ゆえに滅びるのだ。(6)

ルイ七世とヘンリ二世

西フランクにおいては、カロリング朝の断絶の後、九八七年にユーグ・カペー（位九八七―

九九六）がカペー朝を開く。しかしカペー家は有力諸侯のひとつにすぎず、初期の王権は弱体であった。ルイ七世（位一一三七―八〇）とアキテーヌ公の娘であるアリエノール（英語ではエレアノール）（一一二四―一二〇四）の結婚は、フランス王国にフランス西南部の広大な領地をもたらす。しかしこの領土は離婚とともに失われる。アリエノールは彼のもとを去り、アンジュー家のアンリ・プランタジュネと結婚する。

ルイとアンリ、この二人のライヴァルほど対照的なものはなかった。ルイは聖人そのものであった。彼は若い頃、教皇に反抗し、ヴィトリーの町を攻撃したことがあった。そのとき教会が炎上し、そこに逃げ込んだ民衆は全滅した。この災厄に恐れをなしたルイは、その後は教会の従順なしもべとなった。「この恐ろしい出来事は王の心を打ち砕いた。彼は突然教皇に従順になり、何をおいても彼と和解した。しかし彼の良心はさまざまな不安に千々に乱れた。（中略）教皇の許しも彼の気を静めるには十分ではなかった」（HF1, 465）。罪を償うために、彼は第二回十字軍に参加するが、そこで屈辱的な大敗を喫する。あらゆる非難と侮蔑が彼の上に降りかかった。「このように帰還し大きな嘲弄を受けるのは悲しいことであった。見捨てられ、異教徒の手に委ねられた、あれら何千ものキリスト教徒はどうなったのだろうか！　なんという軽率さ、そして同時になんという冷酷さ！　すべての領主に責任があった、しかし恥辱は国王が受けた。彼は罪を自分ひとりで背負った」（HF1, 468）。愛想をつかした王妃アリエノールは、広大な領土とともに彼のもとを去る。

アンリ・プランタジュネは、祖先のウィリアム一世譲りの野蛮な容貌をもつ。「ヘンリ二世は赤顔で、腹が異様なほど巨大であったが、いつも馬に乗って狩りをしていた。（中略）秘書が言うには、彼はライオンよりも獰猛であった」（HF1, 463）。すでにノルマンディーとアンジューを相続していたアンリは、アリエノールとの結婚によってナントからピレネーにいたるフランス西南部の広大な領地を手に入れる。「イングランド王になる以前に、彼の治める国々はすでにフランス王国の二倍も大きかった。（中略）こうしてフランス王にとってはすべてが逆風で、そのライヴァルにとってはすべてが順風であった」（HF1, 468）。

アンリはやがてヘンリ二世（位一一五四―八九）としてイングランド王に即位し、プランタジネット朝を開く。若くしてイングランドとフランスの西半分を手に入れたこの国王には、間違いなく勝利と栄光が約束されているように見えた。「フランス王が十字軍で屈辱を受け、エレアノールとあれほど多くの地方を失った時、若きヘンリの権勢はこれほど大きなものになっていた。この運命の寵児は、数年の間に天の恵みを雨あられと浴びた」（HF1, 471）。しかしヘンリ二世は自身の足元に思いがけない障害物を見出す。王権を拡大するために教会の権利を制限しようとした彼は、カンタベリー大司教トマス・ベケットの反対に遭う。

トマス・ベケットの死

トマス・ベケット（一一一八―七〇）は民衆の血を引いている。[7]「トマスは中世の諸聖人のうちでもとりわけ民衆に親しまれた。なぜなら彼自身が、サラセン人の母とサクソン人の父をもつ、名もなき下層の生まれだからである」(HF1, 478)。ヘンリの友人である彼は、聖職者としてのみならず、政治家としても非凡な才能を発揮し、やがて国王によって大法官に、さらにカンタベリー大司教に任命される。しかしトマスは、ヘンリの政策に従うどころか、教会を王権の支配下に収めようとする国王と対立するようになる。

「ヘンリとトマスの戦いは、単に二人の個人の戦いではなかった。それはハインリヒ四世とグレゴリウス七世の戦いと同様に、地上の権威と天上の権威の戦いであった。「この人間の運命において偉大で、壮麗で、恐ろしい点は、助けもない無力な個人でありながら、すべての教会の利益、人類の利益とも言えるものを引き受けたことである」(HF1, 479)。同時代人はすでにこの戦いの象徴的意味を見抜き、それをイエスとサタンの戦いになぞらえた。

またある時は、ヘンリは暴力の代わりに誘惑を試みた。ベケットはひとこと言えばよかった。国王はすべてを彼に与えただろう、すべてを彼の足元に置いただろう。それはサタンがイエスを山上に運び、世界を示してこう言う場面であった、「おまえが跪き私を崇めるならば、おまえにこのすべてを与えよう」。こうして同時代人の誰もが、トマスのヘンリに対する戦いのうちにキリストの誘惑の情景を、彼の死のうちに受難の反映を認めた。(HF1, 479)

不和は広がる一方であった。トマスはフランスに逃れ、王の家臣たちを破門し始めた。死の危険さえも彼の決心を翻すことはできなかった。「随分前から、トマスは自らの運命を予見し、覚悟を決めていた。同時代の歴史家によれば、ポンティニーの修道院を出発する時、司祭は彼が夕食のあいだに涙を流すのを見た」(HF1, 484)。カンタベリーに戻り、彼は自分の教会の中で、国王の家臣たちによって暗殺される。「司祭服の下に騎士の魂をもっていた」勇敢な大司教は、暗殺者たちに背を向けることを拒む(ミシュレは以下の部分において、ティエリの『ノルマン人によるイングランド征服史』の記述をほぼそのまま用いている)。

声が叫んだ、「裏切り者はどこか」。ベケットは何も答えなかった。「大司教はどこか」。ベケットは答えた、「ここにおる。しかしここに裏切り者はおらぬ。神の家にそのような格好で何をしに来られた。何が望みだ」。「おまえの命だ」。「私は観念しておる。なんじらの剣から逃れようとは思わぬ。しかし全能の神の名において、私の仲間の誰にも、司祭も俗人も、老いも若きも、手を触れてはならぬ」。この瞬間、彼は背後から両肩の間に刀身の一撃を受けた。それを与えた者は彼にこう言った、「逃げよ、さもないと命はないぞ」。彼は身じろぎもしなかった。騎士たちはその場で彼を殺すことをためらい、彼を教会の外に連れ出そうとした。彼は激しく抵抗し、自分は絶対に外に出ないと、そしてこの場で彼らの意図をあるいは彼らが受けた命令を実行させてみせると、毅然として言い放った。

(HF1, 487)

トマスはこうして大聖堂のただなかで、暗殺者たちの剣によって非業の死を遂げる。しかし、その勇気ある最期は万人の胸を打ち、敵対していた党派さえ称賛するところとなる。こうして救世主の受難が成立し、殉教者は聖人の後光を獲得する。グレゴリウス七世の場合と同様に、地上の敗北は天上の勝利を意味するのである。

実際、人間というのは頑強なものである。それを破壊するのは難しい。彼を肉体から解放すること、地上の生から癒すこと、それは彼を浄化し、飾り、完成させることである。死よりもそれに似合う装飾はない。殺人者たちが手を下す一瞬前には、トマスの支持者は疲れて熱が冷め、民衆は疑い、ローマはためらっていた。彼が剣に倒れ、血の洗礼を受け、殉教の冠を得るや、彼は一気にカンタベリーから天へと巨大化した。「彼は王であった」と、殺人者たちは思わず受難の言葉を繰り返した。（HF1, 487-488）

ヘンリ二世の死

トマス・ベケットの死は、ヘンリ二世にとって決定的な敗北を意味した。国王は暗殺の指令者として非難され、屈辱的な公開改悛を余儀なくされる。「遠くから教会が見えると、彼は馬から降り、羊毛の服で、裸足で泥と小石の中を歩いた。墓までたどり着くと、彼は跪いて身を投げ出し、涙を流してすすり泣いた。『そこにいたすべての者の目から思わず涙が流れた』」（HF1, 489）。さらに、妻のエレアノールは息子たちを唆し、父親に刃を向けさせる。「南仏の女らしく激情的で恨み深く、嫉妬深いエレアノールは、息子たちの反抗心といらだちをあおり、親殺しに育て上げた」（HF1, 490）。ヘンリもまた、家系に伝わる血の宿命から逃れることはできない。

ヘンリ二世の晩年は悲惨であった。妻との不和、息子たちの反抗、公開改悛の屈辱、すべてが彼を暴力的な放蕩へと押しやった。「晩年におけるヘンリ王の運命は、妻に対する迫害者となり、息子たちの憎悪の的となることであった。彼は絶望的な快楽に耽った。年老いて白髪になり、巨大な腹を抱えながら、彼は毎日不倫と強姦を重ねた」（HF1, 492）。ついに息子のリチャードは、父を裏切ってフランス王フィリップ二世（位一一八〇—一二二三）と手を結ぶ。「教会のとりなしにもかかわらず、王はフィリップとリチャードの押し付ける和平を受け入れなければならなかった。自分がフランス王の臣下であるとはっきりと認め、その慈悲にすがらなければならなかった」（HF1, 493）。ヘンリが自分を裏切った者たちの名を問い質した時、最初に挙がったのは最愛の息子ジョンの名であった。このとどめの一撃に耐え切れず、老王は絶望のうちに死ぬ（以下の文中の引用はティエリの『ノルマン人によるイングランド征服史』から）。

フランス王の使節が会見しに来た時、病気で床についていた王は、リチャードの一味の名を尋ねた。彼らの特赦が和平の条件であった。最初に名前が挙がったのは息子のジョンであった。「この名を聞いた時、王はほとんど痙攣的な動きにとらえられ、身を起こし、突き刺すような血走った視線を周囲にさまよわせた。彼は言った、『本当に、私の大切な最愛の息子、他の息子たち以上に可愛がり、その愛のためにすべての不幸を引き受けた、そのジョンが、私を見放したのか』。周囲は、まさにその通りであり、それ以上真実なことはないと答えた。王は再び床に横たわり、顔を壁に向けて言った、『よろしい、後はすべてなるようになるがよい。私にはもはや自分のことも世の中のこともどうでもよい』。(HF1, 493)

こうして二人の人物の運命は、その死の瞬間に集約される。国王は大司教を暗殺させた。物質的権力は精神的権力を押し殺した。しかしこの勝利は束の間のものにすぎない。殉教者は誰からも崇められ、聖人の後光を獲得する。暗殺者は誰からも見捨てられ、孤独と絶望のうちに死ぬ。彼らの対照的な最期は、精神の物質に対する勝利を物語るのである。

ついでに、ヘンリ二世の息子たちの最期を見ておこう。彼らはいずれも父親の獰猛な性格を受け継いでいる。リチャード一世(位一一八九―九九)は、獅子心王という名が示すように、勇敢な騎士であった。彼は騎士の名声を高めるために第三回十字軍に参加する。しかし彼はそこで皇帝の捕虜となり、国民は身代金を支払うために重い税負担を負わされた。国王の英雄的精神は、民衆に苦難をもたらすばかりである。戦争に明け暮れた彼は、ついに戦いのさなかに栄光なき死をとげる。「彼の晩年は、休戦と小さな戦いの交替のうちに栄光もなく流れ去った。(中略)彼はシャルツの包囲において死んだ。彼はその領主にある財宝を譲らせようとしたのである」(HF1, 517)。

弟のジョン王（位一一九九―一二一六）は、王位継承権をもつ甥のアーサーを殺害して王位についたと噂された。彼の生涯は屈辱の連続であった。彼は、フランス王フィリップ二世によって大陸領土のほとんどを奪われ、ローマ教皇インノケンティウス三世によって破門され、国内においては大貴族たちによって大憲章（マグナ・カルタ）を認めさせられた。彼はついに王位を追われ、盗賊同然の暮らしを余儀なくされる。「ジョンは再び見捨てられ、ただひとり、自らの王国の中で亡命者となった。彼はまるで盗賊の頭のように、略奪によって毎日の暮らしを立てなければならなかった。（中略）しかし彼は財宝を身に付けており、それでまだ兵士を買うつもりでいた。この金は川を渡る時に失われた。そして彼はすべての希望を失い、熱を出して死んだ」(HF1, 545)。リチャードとジョン、この貪欲な兄弟はいずれも財宝のために命を落とした。(8)

3　王権の盛衰

聖なる王権

ルイ好人物帝とヘンリ二世、彼らはいずれも息子たちに裏切られ、父親としての苦悩のうちに息絶える。しかし類似は表面的なものである。二人は歴史の中でむしろ反対の役割を果たしている。不正な帝国の罪を担ったルイの最期は、救世主の受難に比すべき崇高な死である。反対にヘンリの最期は、自らの悪徳に起因する呪われた死である。われわれはさらに、その後のカペー朝の王たちの最期を見てゆくことにしよう。そこには、王権の歴史的変遷が反映されているはずである。

ミシュレによれば、カペー朝初期の王たちはとりわけ民衆によって崇められた。彼らは教会と深い関係をもち、聖職者によって教育を受け、みずからも聖職者のようにふるまった。フランス王は代々ランスで聖別式を行うのが慣例であり、その際には「瘰癧さわり」の儀式が行われた。国王が自らの手で瘰癧（結核性腺病）患者に触れるというこの儀式は、手で触れて病を癒したキリストの行いをなぞったもので、国王の神性を証明する重要な伝統であった。二〇世紀にはマルク・ブロックが『王の奇跡』（一九二四）においてこの主題をふたたび取り上げることになる。

司教たちは、重大であろうとなかろうと、あらゆる機会に王に軍隊を提供した。（中略）どうして聖職者がこれらの国王を守らないことがあろうか、自らの手で育て、自ら宗教的教育を授けた国王を。フィリップ一世は七歳で戴冠したが、宣誓すべき誓いを自分で読んだ。ルイ六世はサン＝ドニ大修道院で、ルイ七世はノートル＝ダム修道院で育てられた。（中略）それどころか、フランス王は彼自身聖人ではないだろうか。フィリップ一世、ルイ肥満王〔六世〕、ルイ七世は瘰癧に触れたが、それでも素朴な民衆の熱意は満足しなかった。イングランド王なら、ここまでして奇跡の才を主張しようとは思わなかったであろう。

（HF1, 494-495）

中世において宗教的権威を担っていたのは言うまでもなくカトリック教会であり、その頂点であるローマ教皇庁である。一三世紀初頭、教皇庁はインノケンティウス三世（位一一九八—一二一六）のもとに最盛期を迎える。教皇はヨーロッパの君主を次々に破門しては屈服させ、絶対的な権力を振るう。ドイツでは、ホーエンシュタウフェン家から一時的に神聖ローマ皇帝位を奪うことに成功する。イングランドでは、ジョン王を破門し教皇権を認めさせる。フランスにおいては、アルビジョワ十字軍を提唱し南仏のカタリ派を絶滅させる。コンスタンチノープルを占領した第四回十字軍を呼びかけたのも彼である。しかし、絶対的な権力を誇るこの教皇は、奇妙なほど陰鬱な最期を迎える。

インノケンティウス三世はジョン王より三ヶ月早く死んだ（一二一六年七月一六日、一〇月一九日）。教会の敵が蔑まれたのに対し、偉大に勝ち誇って死んだ。しかしこの勝利者の最期は陰鬱なものであった。彼は何を望んでいたのだろうか。（中略）この偉大で恐るべき、世界と思想の支配者には、何が欠けていたのだろうか。

ただひとつのもの、しかし膨大かつ無限で、何をもっても代えがたいもの。自負であり、自信である。彼の迫害の原理に対する信頼は、たぶん揺らぎはしなかった。しかし彼の勝利を越えて、流された血のかすかな叫びが、小声で静かで慎ましいが、それゆえに一層恐ろしい嘆きが、彼のもとに届いてきた。（中略）

それはとりわけ彼の死の一年前、一二一五年に、トゥールーズ伯やフォワ伯や南仏の他の諸侯が、彼の足元に身を投げ出した時、彼が嘆願を聞き、涙を見た時のことである。そのとき彼は奇妙なほど動揺した。話によれば、彼は償いを行おうとした、しかしできなかった。彼の側近たちは、自分たちを破産させ有罪とするような復権を行うことを、絶対に許さなかった。

(HF1, 545-546)

ここにはグレゴリウス七世の場合とは反対のパラドクスがある。グレゴリウスがすべてを失うことで精神的な勝利を得たのに対し、インノケンティウスは政治的成功のために内心の平静を失う。死の前年、彼はアルビジョワ十字軍による迫害の過ちを償おうと望むが、側近はそれを許さない。皮肉なことに、地上の権力の頂点に立つこの教皇が、良心の自由をもたないのだ。こうして彼は魂の救済に不安を抱いたままこの世を去る。教皇庁は物質的成功と引き換えに、精神的権威を手放した。そこから教皇庁の急激な衰退が訪れる。

インノケンティウス三世からボニファティウス八世にいたる急激な凋落、あれほどの勝利の後のこれほどの転落をいかに説明すべきか。まず、勝利は現実的というよりも表面的なものであった。剣は思考の前には無力である。剣の下で成長し、鋼の下で芽吹き花開くのが、この多年生植物の性質なのだ。それこそどうなることか、もし決して剣を振るうべきでない者の手に剣があるならば、それが平和の手に、司祭の手にあるならば。もし子羊が噛み、引き裂き、神父が殺人を犯すならば！…… 教会はこうしてその聖性を失い、聖性はやがてある俗人へ、ある国王へ、フランス王へと渡る。諸国民は尊敬を俗世界の聖職、王権に向ける。敬虔なルイ九世はこうして知らぬ間に教会に恐るべき打撃を与えたのである。（HF1, 551）

ミシュレによれば、教皇に代わって聖性を担うようになったのはフランス王である。聖人王の理想はルイ九世（聖ルイ）のうちに体現される。フランス王はもはやローマ教会の権威を借りる者ではなく、自らが宗教的権威の中心となる。

聖ルイの死

ルイ九世（聖ルイ）（位一二二六―七〇）の受難は生まれる前にすでに始まっていた。アルビジョワ十字軍（一二〇九―二九）の犠牲者の財産の相続者であった彼は、祖先によって行われた迫害に対する罪責感を抱いていた。「若く罪のないルイ九世の運命は、アルビ派や他の多くの教会の敵たちの相続者であることであった」（HF1, 560）。ルイが一二四八年にエジプトへの第七回十字軍を組織したのは、この罪を償うためであった。彼は迫害の犠牲者たちを伴うことで、この遠征に贖罪の意味を込めようとした。「こうして彼は聖戦をひとつの贖罪に、万人が和解する機会にしようとした」（HF1, 565）。しかし、国王はマンスーラで大敗を遂げ、自身も捕虜となる屈辱を味わう。「聖ルイにとってこれ以上の不幸と屈辱は考えられないほどであった。アラブ人たちは彼の敗戦を歌にし、ひとつならずのキリスト教国が祝宴の花火を上げた」(HF1, 569)。

ルイは晩年になって、東方のキリスト教徒を守るために第八回十字軍(最後の十字軍)を組織する。しかしこの老王の努力は崇高であると同時にどこか滑稽である。十字軍はすでに誰の目にも時代遅れであり、教皇自身さえ遠征に反対する始末だった。ルイとは対照的な近代的精神の持ち主である王弟シャルル・ダンジュー(一二二七—八五)は、個人的な野心から軍隊をチュニスに向けさせる。ルイはその途上でペストに倒れる。

その間に王と息子たち自身も病気になった。末の子が船上で死んだ。一週間後にようやく、聖ルイの聴罪司祭がそれを彼に伝えることを引き受けた。それは彼が一番可愛がっていた子供であった。その死は、それを告げられた瀕死の父親にとって、地上の執着からの解放であり、神の呼び声であり、死の誘惑であった。それゆえ動揺も悔恨もなく、彼はキリスト教徒の最後の務めをなし遂げた。連祷と詩編に答唱し、心を打つ立派な教えを息子に言い残し、ギリシアの使節たちを迎えいれた。彼らは王弟シャルル・ダンジューの野心に脅えるあまり、国王のとりなしを求めに来たのである。彼は善意をもって彼らに話し、もし命が続くならば彼らの平安を守るために懸命に努めようと約束した。しかし翌日には、彼自身神の平安のうちに入った。

最後の夜、彼は床から出て灰の中に横たわることを望んだ。両腕を十字に組んだまま、彼はそこで死んだ。「かくして月曜には、善良なる王は両腕を合わせ天に伸ばして言われた。『神よ、ここにいる民にお慈悲をたまわりたまえ。彼らを平和のうちに導きたまえ。彼らが敵の手に陥ることなく、御身の名を否定させられることのないようはからいたまえ』」。(HF1, 581)

聖書のヨブのごとく灰の中に横たわり、老いたる王は静かに最期の時を待つ。真の聖人の姿がここにある。こうしてルイの死のうちに、十字軍の時代の終わりが、中世それ自体の死が集約される。「聖ルイの十字軍は最後の十字軍となった。中世はその理想を、その花と果実を与えた。中世は死なねばならなかった。聖ルイの孫のフィリップ美男王において近代が始まる。中世はボニファティウスのうちに平手打ちを食らい、十字軍はテンプル騎士団員の姿のうちに火あぶりとなった」(HF1, 581)。

フィリップ美男王の死

中世の理想は聖ルイのうちに体現され、フランス王権の権威は絶頂に達する。しかしこのことは、彼の後継者たちを神の権威に対してより傲慢にした。「世界のキリスト教の時代が、フランス王のうちにその最後の表現を得たことは、王政と王朝にとって重大なことであった。そのことが聖ルイの後継者たちを、聖職者に対してあれほど大胆にしたのである。諸国民の目から見て、王権は宗教的権威と聖性の観念を手に入れた。公正で敬虔で、民衆の公平な判事である真の王が見出された」(HF1, 582)。ローマ教皇庁が地上の権力と引き換えにその精神的権威を失ったように、フランス王権も物質的成功のためにその聖性を失ってゆく。

フィリップ四世（位一二八五―一三一四）は、経済が政治の中心となる新しい時代の幕を開いた。「われわれがたどり着いた時代は、黄金が即位した時代と考えられるべきである。それが、われわれが入ってゆく新世界の神なのだ。――フィリップ美男王は王位につくやいなや、彼の評議会から司祭たちを閉め出し、銀行家たちを入らせた」（HF2, 88）。彼は王国の中央集権化を押しすすめ、最初の三部会を開催する。この近代的精神の持ち主は、中世的な価値観に何の重要性も見い出さなかった。彼は、宗教政策の障害となった教皇ボニファティウス八世をアナーニ事件によって追放し、教皇庁をアヴィニョンに移転させ、テンプル騎士団を廃絶してその財産を奪う。

教皇ボニファティウス八世（位一二九四―一三〇三）は前任者ケレスティヌス五世を廃位に追い込んで自ら教皇位についた。やがて彼は、教会の利権を狙うフィリップ四世と衝突する。一三〇三年、フィリップはギヨーム・ド・ノガレ（一二六〇頃―一三一三）に命じてアナーニにおいて教皇を逮捕させる（アナーニ事件）。この屈辱的体験の一ヶ月後、ボニファティウスは神を呪いながら憤死する。


狂気は憤怒となり、それ以来彼はいかなる食物も拒絶した。彼は怒りに泡を飛ばし、歯ぎしりをした。ついに、友人のひとりであるピサのヤコポが彼に言った、「教皇様、神と聖母マリアに身を捧げ、キリストの聖体を拝受なさいませ」。ボニファティウスは彼に平手打ちを食わせ、二ヶ国語を混ぜながら叫んだ、「神モ聖母マリアモ、引ッ込ンデロ」。彼は臨終の聖体拝領をもたらそうとした二人のフランチェスコ会修道士を追い払い、一時間後に聖体拝領も告解もなしに死んだ。こうして、彼の前任者のケレスティヌスが彼について言った言葉が真実のものとなった。「御身は狐のごとく地位に上った。御身は獅子のごとく治めるであろう。そして犬のごとく死ぬであろう」。(HF2, 83)

フィリップはボルドー司教をクレメンス五世(位一三〇五―一四)として教皇位につけ、一三〇九年にアヴィニョンに教皇庁を移転させる。この「教皇のバビロン捕囚」(一三〇九―七七)は教皇権の衰退とフランス王権の隆盛を象徴する事件である。フィリップはさらに教皇庁の権威を失墜させようと、クレメンスに命じて前任者ボニファティウスの裁判を行わせる。クレメンスはこの命令に何とかして逆らおうとする。「こうして、テンプル騎士団とボニファティウスの二つの裁判が同時に始まった。それらは、国王と教皇の間接的な戦いという奇妙な光景を呈した。国王からボニファティウスを追及するよう強制された教皇は、国王の家臣たちが最初の手続きを指揮した時の乱暴なふるまいについて、テンプル騎士団員に証言させることで、復讐をなし遂げた。国王は教皇の名誉を汚し、教皇は王権の名誉を汚した」(HF2, 114)。

結局クレメンスは、ボニファティウスの無罪と引き換えに、テンプル騎士団を国王に売り渡す。騎士団は廃絶され、五四人の騎士が処刑される。フィリップは狙い通り、騎士団の財産を手に入れる。クレメンスはこの妥協によって教会の権威を救ったつもりであった。しかし彼が守ろうとした教会は、実はすでに死んでいた。「こうして妥協がなされた。国王はボニファティウスについて譲歩し、教皇はテンプル騎士団を王のために見捨てた。彼はひとりの死者を救うために生者たちを譲り渡した。しかしこの死者とは教会そのものであった」(HF2, 125)。テンプル騎士団長ジャック・ド・モレーは火刑台の上から国王と教皇を呪う。この予言が実現したかのように、やがて二人は相次いでこの世を去る。

フィリップと彼の教皇があの世に判決を受けに旅立った時、この世の陰鬱さはこのようなものであった。

ジャック・モレーは火刑台上から、一年後に神の法廷に彼らを召喚していた。クレメンスが先に旅立った。その直前に彼は自分の宮殿が炎に包まれるのを夢に見た。「以来、彼はもはや陽気になることなく、まもなく亡くなった」と伝記にはある。

七ヶ月後はフィリップの番だった。彼はフォンテーヌブローの屋敷で死んだ。彼はアヴォンの小さな教会に埋葬された。

ある者は彼が狩りの際に、猪に倒されて死んだと伝えている。ダンテの憎悪の才をもってしても、これを言い表すのにふさわしい卑俗な言葉を見つけることはできない。「この贋金つくりは、豚に蹴られてくたばるだろう!」〔『神曲』「天国篇」第一九曲〕

しかし同時代のフランスの歴史家はその事故について何も語っていない。彼は、フィリップが熱も、病気の兆候もなしに死に、医者たちも驚いたと伝えている。彼がこれほど早く死ぬ予兆は何もなかった。まだ四六歳であった。この美貌で寡黙な顔は、あれほど多くの出来事のただ中でも無感動に見えた。彼はひそかにボニファティウスの、あるいは大団長の呪いに討たれたと思ったのだろうか。あるいはむしろ、彼の死の年に作られた王国の大貴族たちの同盟によって討たれたのだろうか。(HF2, 138-139)

教皇は不吉な夢に心を砕かれ、神の裁きに怯えながら死ぬ。フィリップの死の状況は明らかではない。しかしミシュレはここで想像力を働かせ、いくつかの可能性を列挙する。国王は呪いに討たれて死んだのか、少なくともそう思って死んだのか、あるいは反王権同盟によって殺されたのか……。歴史家は国王に、できるかぎり苦悩に満ちた死を与えようとするかに見える。まるで彼の最期に神の懲罰を探し求めるかのように。

フィリップ四世の後を継いだ三人の息子たち、ルイ一〇世(位一三一四—一六)、フィリップ五世(位一三一七—二二)、シャルル四世(位一三二二—二八)はいずれも早世し、ここにカペー朝は断絶する。まるで教皇の呪いが実現されたかのように。「ウィーン公会議で父の傍に席を占めていた王子たちの家系は死に絶えた。ボニファティウスの呪いについて語られていたとおりに」(HF2, 160)。

聖性のゆくえ

ミシュレは英雄的な力の理想に対して、聖人的な平和の理想を対置した。英雄はその非凡な才能にもかかわらず、凡庸な聖人の前に敗れ去る。どれほど強烈な個性も一般的精神に打ち勝つことはできない。聖人の英雄に対する勝利は、『世界史序説』に謳われた人間の自然に対する勝利、普遍性の個別性に対する勝利の一環なのである。ミシュレは、英雄なき七月革命の中に理想的革命像を見出したように、無個性で凡庸な聖人の中に理想的人間像を見出した。こうして彼は、同時代のナポレオン崇拝に異議を唱えると同時に、歴史哲学の偉人主義に批判を投げかけたのである。

あれらの国王たちの最期から読みとれるのは、聖性の移行の過程である。はじめカトリック教会が担っていた聖性は、教会が世俗的成功を収めるにつれて失われる。それはフランス王の手に受け継がれるが、王権が強大化するにつれてふたたび失われる。そのとき誰がこの聖性を引き受けることになるのか、われわれはそれを次章で見てゆくことにしよう。

注

（1） Victor Cousin, *op. cit.*, p. 257.

（2） ミシュレのようにフランク王を「フランス王」と呼ぶことには、今日の歴史学では多くの異論があるだろう。とはいえ本書ではミシュレにならい、あえてメロヴィング朝・カロリング朝の諸王についてもゲルマン語でなくフランス語表記を用いる（「カール」「ルートヴィヒ」ではなく「シャルル」「ルイ」とする）。

（3） ヨーロッパ文明の普遍性を主張するギゾーにとって、シャルルマーニュはまさに文明化の使徒として姿を現す。「シャルルマーニュの治世をいかなる観点から眺めようと、常にそこには同じ性格が、野蛮状態に対する戦いと文明の精神が見い出せるでしょう。そのことは、彼の学校設立への熱意や、学者への好意、聖職者勢力への優遇、社会全体あるいは個人に対してよい影響を与えると思われたすべてのものへの優遇のうちに表れています」(『ヨーロッパ文明史』)(François Guizot, *op. cit.*, p. 109)。

征服理論の提唱者であるオーギュスタン・ティエリは、第三身分の起源をゲルマン人に征服されたガロ＝ロマン人の中に求めた。それゆえ「征服者」シャルルマーニュに対する彼の態度は非常に批判的である。彼はシャルルマーニュとナポレオンを重ね合わせ、その征服の不当性を訴える。「フランク族最初の皇帝の死に引き続く混乱の本当の意味を知りたいと思うなら、一旦読書を忘れて、フランス帝国の滅亡という近年の出来事に注意を向けてみるがよい。ヨーロッパの半分がただひとつの家系の成員によって統治され、ローマやアムステルダムやハンブルクなどの都市が県庁所在地になるなどということが、長続きすると思われるだろうか。それから、戦争が創造したものを戦争が破壊し、イタリア人、イリュリア人、スイス人、ドイツ人、オランダ人が同じ皇帝の臣下であるのをやめた時、この分離が社会変動のようにあなたを驚かせたというのか。最後に、あなたは帝国権力の性質そのものの中に、その滅亡の理由を認めなかっただろうか」(『フランス史に関する書簡』)(Augustin Thierry, *Lettres sur l'histoire de France, Dix ans d'études historiques*, p. 106)。

(4) ノルマン朝・プランタジネット朝の諸王についてはフランス語表記を用いるべきかもしれないが、ここでは慣例に従い英語表記を用いる(「ギヨーム」「アンリ」ではなく「ウイリアム」「ヘンリ」とする)。

(5) ウィリアム二世は狩の最中に悪魔に魂をさらわれて死んだと伝えられる。『射るがよい、悪魔の名において!』と赤顔王〔ウィリアム〕は一緒に狩をしていた友人に言った。悪魔はこれを文字通りに取り、当然自分に帰すべきこの魂を運び去った」(HF1, 470)。また、ヘンリ一世は暴食のせいで死んだ。「何人かの作家によると、食いしん坊の彼はヤツメウナギをひと皿食べたせいで死んだ」(HF1, 463)。

(6) ミシュレはイギリスに対してあまり好意的でなかった。上の世代のギゾーやティエリが立憲王政派の立場からイングランド史を熱心に研究したのに対し、ミシュレやキネは(クーザンの影響もあってか)むしろドイツの哲学や文化に関心を抱いた。ミシュレとドイツの関係については Werner Kaegi, *Michelet und Deutschland*, Basel, B. Schwabe, 一九三六(ヴェルナー・ケーギ『ミシュレとグリム』、西澤龍生訳、論創社、二〇〇四年)を参照のこと。

（7）オーギュスタン・ティエリはヘンリ二世とトマス・ベケットの対立の原因を征服民族であるノルマン人と被征服民族であるサクソン人の対立に求めた。この点においてこの挿話は『ノルマン人によるイングランド征服史』の征服理論の核心をなすものである（ただし今日ではベケットがノルマン人であったことが判明している）。「征服後のイングランドにおける人種的区別という視点は、看過され軽視されてきた諸事実に重要性を与えるだけではない。それは、有名でありながらきちんと説明されてこなかった諸事実にまったく新しい相貌と意味を与える。国王ヘンリ二世と大司教トマス・ベケットの長きにわたる戦いはこうした事実のひとつである。本書の中には、この戦いの最も信頼されている版ともまったく異なる版が見出されるであろう」（Augustin Thierry, *Histoire de la conquête de l'Angleterre par les Normands*, t. I, p. 8）。

しかしミシュレはティエリのこのような人種的決定論には批判的であった。「しかしながら、そこに人種間の対立以外のものを見ず、トマス・ベケットの中にひとりのサクソン人しか探さないならば、この重要な主題を矮小化することになるだろう。カンタベリー大司教は単にイングランドの聖人、被征服者であるサクソン人やウェールズ人の聖人ではなく、フランスやキリスト教世界の聖人でもある。彼の思い出は彼の祖国と同様に、われわれの国においても生き続けている」（HF1, 478）。

（8）この後に続くイングランド王たちの最期もおおむね悲惨なものである。エドワード二世（位一三〇七―二七）は王妃イザベル（イザボー）・ド・フランス（フィリップ四世の娘）によって暗殺される。「フィリップ美男王の子供たちの物語は恐ろしい！　長男は妻を死なせた。娘は夫を死なせた」（HF2, 158）。王妃は愛人ロジャー・モーティマーと共謀し、国王に退位を強制し、さらに残酷な方法で彼を殺害する。「人々は冷水で彼のひげをそり、まぐさの冠をかぶせた。それでも彼が生きているので、ついに背に重い扉をのせて押しつぶすと、赤く焼けた串で刺し貫いた。跡を残さず殺すように、串は角の中に通してあったと言われる」（HF2, 160）。

エドワード三世（位一三二七―七七）は、百年戦争のクレシーの戦い（一三四六）、ポワチエの戦い（一三五六）で勝利を収めた英雄である。しかし彼も晩年には、若い愛人アリス・ペラーズの言いなりになる無力な老人にすぎない。「この騒ぎのあいだ、老王エドワード三世はエルサムで瀕死の状態にあり、アリスのなすがままになっていた。彼女は彼を最後まで欺き続け、病床の傍にとどまってすぐに回復すると嘘を言い、彼が自らの救済を考えるのを妨げた。彼が言葉を失うやいなや、彼女は指輪を引き抜き、彼を置き去りにした」(HF2, 262)。

ランカスター朝最初の王ヘンリ四世（位一三九九―一四一三）は、先王リチャード二世（位一三七七―九九）の王位を簒奪したことに生涯罪責感を抱き続けた。彼は死の床で、王冠に手を伸ばした息子（後のヘンリ五世）を冷たく叱責し、自らの王位の正統性を否定する。「彼が死んだ日、短い仮死状態の後で彼が目を開くと、（慣例に従い）国王の寝床の傍らのクッションの上にある王冠に、後継者たる息子が手をかけるのが見えた。国王は冷たい陰気な言葉で息子を押しとどめた。『息子よ、おまえに何の権利があるのだ。おまえの父にも権利はなかったというのに』」(HF2, 411)。

第4章　受難の図式

シャルル7世（ジャン・フーケ）

参考資料『中世史』(二) ヴァロワ朝

カペー朝の断絶後、フィリップ六世(位一三二八―五〇)が即位しヴァロワ朝を開く。フランドル地方の覇権を狙うイングランド王エドワード三世は、自らの王位継承権を口実にフランスに侵攻し、ここに百年戦争(一三三七―一四五三)が始まる。一三四六年のクレシーの戦いで、フランス軍はイングランド軍に大敗を喫する。

一四世紀半ば、ヨーロッパで黒死病が大流行する。一三五六年のポワチエの戦いで国王ジャン二世(位一三五〇―六四)が捕虜となると国内はますます混乱し、一三五八年にはパリ市民によるエチエンヌ・マルセルの乱、北仏の農民によるジャックリーの乱が勃発する。シャルル五世(位一三六四―八〇)の時代になると、名将ベルトラン・デュゲクランが失地を徐々に回復する。

シャルル六世(位一三八〇―一四二二)が狂気に陥ると、国内の権力争いが激化し、一四〇七年にアルマニャック派とブルゴーニュ派の内戦が勃発する。イングランド王ヘンリ五世は混乱に乗じて侵攻を開始し、一四一五年のアザンクールの戦いでフランス軍を撃破する。ブルゴーニュ派はイングランドと結び、一四二〇年のトロワ条約でヘンリ五世がフランス王位継承権を獲得する。王位継承権を剥奪された王太子シャルルは、パリを離れブールジュに逃れる。一四二二年にヘンリ五世とシャルル六世が相次いで没すると、ヘンリ六世とシャルル七世がともにフランス王即位を宣言する。

一四二九年にジャンヌ・ダルク(一四一二―三一)が現れ、シノンで王太子に会見し、軍隊を率いてオルレアンを解放する。王太子はランスでシャルル七世(位一四二二―六一)として聖別式を行い、諸侯の支持を徐々に回復する。シャルルは一四三五年にブルゴーニュ公フィリップとアラスの和議を結ぶと、ブルゴーニュ派の支持を失ったイングランド軍をフランスから撤退させ、一四五三年に百年戦争を終結させる。

はじめに――聖人の理想の死

われわれは前章において、『中世史』における幾人かの聖人の死を検討した。ルイ好人物帝、トマス・ベケット、聖ルイ。天上の精神的原理を体現する彼らは、地上の物質的原理と衝突せざるをえない。それゆえに彼らは絶え間ない葛藤のうちに生涯を過ごし、不幸な最期を遂げる。しかし彼らは地上の敗北を通じて天上の勝利を獲得する。これらの聖人たちは中世の民衆にとって一種の偶像であった。

民衆は司祭に従いながらも、司祭から聖人を、神のキリストをはっきりと区別している。民衆は歴史の現実の中でこの理想を時代から時代へと養い、育て、純化する。この柔和と忍従のキリストは、司教たちによって罵倒されたルイ好人物帝の中に現れる。教皇によって破門されたロベール敬虔王の中に。皇帝派の戦士でありながら、聖墓の《領主》としてイェルサレムで童貞のまま死んだゴドフロワ・ド・ブイヨンの中に。この理想は、教会に見捨てられながらも教会のために死んだカンタベリーのトマスにおいてなおも偉大になる。それは司祭王であり人間王である聖ルイにおいて、さらなる純粋さに到達する。まもなく理想は一般化して民衆の間に広がる。一五世紀には、単に民衆の男ではなく、女のうちに、乙女ジャンヌのうちに実現する。彼女のうちにおいて、民衆は民衆のために死ぬ。そんな彼女は中世におけるキリストの最後の形象となるであろう。

(HF1, 609)

ミシュレはここで中世を代表する六人の聖人の名を挙げる。カロリング朝のシャルルマーニュの息子であり、帝国の崩壊とともに死んだルイ(ルートヴィヒ)一世。ユーグ・カペーの息子で、結婚問題で教皇に破門されたロベール二世。第一回十字軍に参加して初代イェルサレム王に選ばれ、聖地で死んだゴドフロワ・ド・ブイヨン(一〇六一―一一〇〇)。英王ヘンリ二世に逆らって暗殺されたトマス・ベケット。最後の十字軍の途上で没した聖ルイ。そしてフランスのために戦い、捕えられ火刑になったジャンヌ・ダルク(一四一二―三一)。

ここにさらにいくつかの名を加えることも可能だろう。カペー朝の初期の「聖人王」たち、特に数多くの屈辱を一身に引き受けたルイ七世。教会の大義を守りながら、ローマを追われ流浪のうちに死んだ教皇グレゴリウス七世。そしておのれの狂気の内に王国の狂気を体現した二人の王、フランスのシャルル六世とイングランドのヘンリ六世。彼らもまたその苦難の生涯ゆえに聖人の名に値する。

これらの聖人たちにはいくつかの共通点が認められる。第一に、彼らは民衆との深い絆をもつ。民衆の血を引くグレゴリウス七世やトマス・ベケット。謙虚さゆえに「民衆の王」と見なされたルイ一世やロベール二世。民衆によってイェルサレム王に選ばれたゴドフロワ・ド・ブイヨン。民衆とともに聖史劇に見入るシャルル六世。彼らの聖性は、教会との絆以上に民衆との絆によって保証される。

第二に、彼らは他人の罪を一身に担う。ルイ一世は父シャルルマーニュの帝国の不正を、ロベール二世は紀元千年の災厄を、ルイ七世は十字軍の失敗を、ルイ九世はアルビジョワ十字軍の虐殺を、シャルル六世は王国全体の狂気を、ヘンリ六世はジャンヌ・ダルクの死の責任を、それぞれわが身に引き受ける。償いが社会全体に及ぶ時、彼らの苦難はキリストの贖罪のように神話的次元に到達する。

第三に、彼らは死を前にしてストイックな態度を示す。真の偉人は空しく死を逃れるよりも死に正面から立ち向かうことを選ぶ、それがプルタルコスの教えであった。ゴドフロワは戦いに疲れ果てながらも泣き言ひとつもらさずに死ぬ。グレゴリウス七世は流浪のうちに倒れながら自らの死の理由を直視する。トマスは暗殺者の剣を避けることなく正面から受けとめる。聖ルイは灰の中に横たわり静かに最期の時を待つ。彼らのストイックな態度は、その精神的な偉大さの証である。

死を前にして、彼らはしばしば良心の危機を経験する。それはキリストのゲッセマネの試練に比すべき最後の試練であり、彼らはそれを通過することで心の弱さを克服し、さらに浄化されて死に赴く。自らも虐げられる存在であった中世の民衆は、この苦悩する聖人の姿に自らの姿を重ね合わせた。中世の文学や美術における受難の図式の特権的重要性はそこに由来する。

キリスト自身も、この疑いの苦悩を、地平線上に星ひとつ現れないような魂の夜を体験した。それは受難の最後の時、十字架の頂きにおいてである。

この深淵の中に中世の思想がある。この時代はすっかりキリスト教に含まれ、キリスト教は受難に含まれる。三世紀から一五世紀までの、文学や、芸術や、さまざまな人間精神の発展は、すべてこの神秘にかかっている。(中略)

人類のために偉大な行為をなしとげたすべての英雄の魂が、こうした試練を体験した。誰もが程度の差こそあれ、この苦悩の理想に接近した。「美徳よ、おまえはただの名前に過ぎぬ」とブルートゥス〔カエサルの暗殺者。前八五―前四二〕が叫んだのもこのような時である。「私は正義に従い不正を避けた。私が異国で死ぬのはそのためである」とグレゴリウス七世が言ったのもこの時である。

(HF1, 592-593)

これらの聖人に続いて、祖国を救うために自らを犠牲にしたひとりの平民の娘がやって来る。ジャンヌ・ダルクの生涯は、『フランス史』の中で最も完全な受難の例である。われわれは彼女の死をフランス史全体の中に位置づけることで、彼女が歴史の中で果たした役割を明らかにしたい。

1 フランスの死

シャルル六世の狂気

一五世紀、シャルル六世（位一三八〇―一四二二）の時代に、フランスに深刻な危機が訪れる。国王が在位中に狂気に陥ると、権力の座をめぐり、摂政である王弟オルレアン公ルイ（ルイ・ドルレアン。一三七二―一四〇七）とブルゴーニュ公ジャン（無畏公）（位一四〇四―一九）が激しく対立する。一四〇七年にジャン無畏公はルイを暗殺させ、ここにアルマニャック派とブルゴーニュ派の内戦が始まる（アルマニャックの名はルイの遺児シャルルの岳父、アルマニャック伯に由来する）。イングランドのヘンリ五世（位一四一三―二二）は内戦の混乱に乗じて侵攻を開始し、アザンクールの戦い（一四一五）でフランス騎士団に圧倒的勝利を収める（これは騎士道的伝統の終焉を象徴する戦いである）。この危機的状況においてアルマニャック派がジャン無畏公を暗殺すると、両派の和解の可能性は失われる。ヘンリはブルゴーニュ公フィリップ（善良公）（位一四一九―六七）と結び、パリに入城を果たす。一四二〇年のトロワ条約により、シャルル六世の王女と結婚したヘンリ五世がフランス王位継承権を獲得する。王位継承権を剥奪された王太子シャルル（後のシャルル七世）は、パリを離れブールジュに逃れる。フランスの西部と北部はイングランド王とブルゴーニュ公の勢力下に置かれ、王太子はフランス南部を支配するのみとなる。
　ミシュレはシャルル六世の狂気のうちに、王国全体を覆う狂気の反映を見出す。「もし知恵というものが、おのれ自身を知り、平和にするところにあるならば、かつてこれほど生来狂っている時代はなかった」(HF2, 287)。それはまるで、王国全体の罪を償うために神が国王に課した試練のようであった。「民衆が、高慢で乱暴で血に飢えたあれらの王族たちの中で、自らと同じように神の手で弄ばれるこの哀れな人間を偏愛の対象としたとしても、少しも驚くべきことではない。神は彼によって、より賢明な者によるのと同じくらい、王国の病を治すことができた」(HF2, 322)。この哀れな狂人のもつ聖性は、何よりも民衆との絆によって裏づけられる。キリストの受難を描く聖史劇の上演において、国王と民衆の間には不思議な共感が生まれる。

　シャルル六世が「受難の神秘劇」の上演を許可した王令の中で、彼は役者たちを「親愛なる仲間たち」と呼んでいる。実際、これほど正しいことがあろうか。自らも陰鬱な役者であり、大いなる歴史の神秘劇の哀れな曲芸師である国王は、仲間たちが聖人や天使や悪魔となり、受難を陰気にからかうのを見に行ったのである。彼は単なる見物人ではなく、彼自身が見世物であった。民衆は彼の内に王権の受難を見に来た。王と民衆は互いに見つめ合い、互いに哀れみを抱いた。国王はそこに、ぼろをまとって物乞いをする惨めな民衆を見出した。民衆はそこに、王座にあって一層貧しい国王を見出した。精神において貧しく、友人において貧しく、家族にも妻にも見捨てられ、自らのやもめとなり生き長らえ、狂人の笑いを陰鬱に笑う、面倒を見る父も母もない年老いた子供を見出した。（HF2, 323）

ヘンリ五世とシャルル六世の死

ヘンリ五世とシャルル六世、この勝者と敗者は、一四二二年に相次いでこの世を去る。ヘンリ五世は栄光の絶頂にありながら、王権の将来について暗い予感を抱いていた。息子（後のヘンリ六世。位一四二二―六一、一四七〇―七一）が産まれた時、彼は不吉な予言を口にする。「彼は少しも喜びを見せず、自分の運命とこの子供の運命を比べて、陰鬱な予言を口にした。『モンマスのヘンリは少ししか統治しなかったが、多くを獲得した。ウィンザーのヘンリは長く統治するが、すべてを失うであろう。神の意志がなされんことを！』」（HF2, 462）一年後、国王は自分がなしとげた成功にかすかな疑念を抱きながら、急病でこの世を去る。ひと月後、シャルル六世が死去する。イングランド人がヘンリ五世の死を盛大に悼んだのと同様に、フランス人はシャルル六世の死を深く嘆いた。民衆は、自分たちの不幸を一身に体現した国王のために泣いたのである。

彼〔ヘンリ五世〕はこの最後の瞬間に、自らのフランス征服の正当性にいくらか疑念を抱き、安心する必要を感じていたようである。（中略）

彼は死の際にイングランドについて意見を述べたが、イングランドも彼に同じく敬意を表した。彼の遺体は、信じられないような哀悼のうちにウェストミンスターに運ばれた。まるで王や勝利者ではなく、聖人の遺骨であるかのように。

彼は八月三一日に死んだ。シャルル六世は一〇月二一日にその後を追うように死んだ。パリの民衆は哀れな狂王のために涙を流した、イングランド人たちが勝利者であるヘンリ五世のために涙を流したのと同じように。「街路や窓辺にいたすべての民衆は涙を流して叫んだ。まるで各自の最愛の者が死ぬのを目にしたかのように。彼らの嘆きは本当に予言者の哀歌のようであった。『何ゆえひとりで座っているのか、人に溢れていたこの都が？』〔『哀歌』第一章〕」

(HF2, 463)

シャルル六世の治世の末期は、フランスにとって過酷な時代であった。数年の間に飢饉や疫病が民衆をつぎつぎと襲い、王国の人口は激減する。「国王の死を語った後に、民衆の死を語らねばならない。一四一八年から一四二二年にかけて、人口減少はすさまじかった。これらの陰鬱な歳月の間は、まるで殺人の輪廻のようであった。戦争は飢饉をもたらし、飢饉はペストをもたらす。ペストはまた飢饉をもたらす。それはまるで出エジプトの夜のように、天使が何度も通り過ぎ、あらゆる家に剣で触れるかのようであった」(HF2, 464)。

しかし次のシャルル七世（位一四二二―六一）の治世に、フランス王国は驚異的な回復をなしとげる。一四二九年、ジャンヌ・ダルクの登場により、オルレアンがイングランド軍の攻囲から解放される。シャルルはフランス王家代々の伝統であるランスでの聖別式を敢行し、自らの正統性を印象づけることに成功する。彼はやがて諸侯の支持を回復し、一四三五年にはフィリップ善良公とアラスの和議を結ぶ。彼はこうして、ブルゴーニュ公の支持を失ったイングランド軍をフランスから次第に撤退させ、一四五三年についに百年戦争を終了させる。

ミシュレは『フランス史』第四巻への序文（一八四〇）において、シャルル六世の治世をフランスの「死」、シャルル七世の治世を「復活」と呼ぶ。「この巻と次の巻は、一五世紀の重大な危機を、フランスが落ち込んだようにに見えるこの危機の二つの局面を、共通の主題としている。この巻は死を、次の巻は復活を物語るだろう」（HF2, 281）。興味深いことに、歴史家はこの死の時代を、フランスが近代国家となるために通過しなければならない試練のように見なしている。「そこに至る前に、この国は廃墟の中に、死の中に、後にも先にも比べるもののないような深淵に、降りなければならなかった」（HF2, 281）。そしてジャンヌ・ダルクの死は、まさしくこのフランスの死と復活の接点に位置する。社会の死と重なり合うこの一個人の死は、はたして何を意味するのだろうか。

エチエンヌ・マルセルの乱とジャックリーの乱

しかし、ジャンヌ・ダルクの死を検討する前に、少し時代をさかのぼり、一四世紀半ばの二つの民衆反乱を取り上げよう。一三五六年のポワチエの戦いにおいて国王ジャン二世（位一三五〇―六四）がイングランド軍の捕虜となると、戦局はますます混迷を深め、国土は荒廃の一途をたどる。

「王国は力もなく、いわば死にかけて、自分を見失い、死体のように横たわっていた。壊疽が起き、蛆がひしめいていた。蛆とは、盗賊や、イングランド兵や、ナヴァール兵のことである。この腐敗が、哀れな身体の四肢をそれぞれ孤立させばらばらにしていた」(HF2, 218)。この絶望的状況の中で、瀕死の民衆は最後の抵抗を試みる。一三五八年に起こった二つの反乱、エチエンヌ・マルセルの乱とジャックリーの乱は、そのような民衆の断末魔の叫びであった。

まず、エチエンヌ・マルセルの乱を見よう。パリの商人頭マルセル(一三一五頃—五八)は一三五六年にパリを戦乱の危機から守った功績で、三部会の権限を拡大する「大勅令」を王太子に承認させる。一三五八年に王太子がそれを否認すると、マルセルは市民に呼びかけ反乱を試みる。彼は王太子の面前で二人の大臣を殺害し、強引に「大勅令」を承認させる。しかしやがて王太子はパリを脱出し、軍隊を集めてパリを包囲する。窮地に陥ったマルセルは、暴君として知られるナヴァール王シャルル(邪悪王)(位一三四九—八七)と手を結ぼうとする。マルセルは彼にパリ市の鍵を引き渡そうとしたところを押さえられ、裏切り者として殺される。

三部会に見放された彼は、議員を作りだし、貴族の議員をパリのブルジョワに置き換え、三部会を思い通りに作り変えることで、三部会を殺してしまった。パリはまだフランスを動かすことはできなかったし、マルセルは恐怖政治の手段をもたなかった。彼はリヨンを包囲することも、ジロンド派をギロチンにかけることもできなかった。食料の必要から彼は農村に頼らざるを得なかった。彼はジャックリーと結び、そしてジャックリーが挫折すると、ナヴァール王と結んだ。彼は自らを委ねた相手に、王国も委ねようとした。彼はそれによって滅んだ。

(HF2, 234)

当時の状況をフランス革命の諸事件になぞらえることで、ミシュレはマルセルを大革命の先駆者として位置づける。「王太子が署名を強いられたこの一三五七年の大勅令は、改革以上のものであった。それは一気に政府を変革するものであった。それは行政を三部会の手に置き、王政に共和政を置き換えた。それは政府を民衆に与えた」(HF2, 217)。しかしマルセルの改革は、実現するにはあまりに時期尚早であった。結局、彼はナヴァール王という暴君の手を借りようとして、自らの破滅を招く。しかしこの過ちも、それまでの彼の功績を打ち消すことはできない。「エチエンヌ・マルセルの思い出を汚している血の染みも、われわれの古き憲章が部分的に彼の作品であることを忘れさせることはできない。ナヴァール王の友として、彼は滅びなければならなかった。この王が成功すればフランスはばらばらになったことだろう。しかし一三五七年の勅令のうちに彼は生きており、これからも生き続ける」(HF2, 234)。

今度は農村に目を移そう。パリの混乱と時を同じくして、農民たちも戦争と飢饉に苦しめられていた。「農民の苦しみは限度を越えていた。誰もが彼らを殴りつけた、まるで重荷に倒れた家畜を殴るように。家畜は怒り狂って起き上がり、噛みついた」(HF2, 224)。こうしてジャックリーの乱が勃発する（「ジャック」は当時の農民の蔑称）。ボーヴェージ地方において農民が蜂起し、貴族の城館を略奪する。彼らは一時マルセルの支持を受けるが、やがてナヴァール王シャルルの軍隊によって鎮圧される。

当時の農村の状況を示すため、ミシュレは民話の伝説的英雄、グラン＝フェレの物語を取り上げる。歴史家のこのような民俗学的関心には、伝説は歴史を反映すると考えたヴィーコの理論や、ミシュレ自身も交流のあったグリム兄弟の影響がうかがわれる。この怪力の大男は、村に攻めて来るイングランド兵を次々と打ち倒す。しかし知恵のまわらないこの愚か者は、熱のためにあっけなく命を落とす。

この素朴な物語に感動せずにはいられない。許しを求めながら身を守るこれらの農民たち、頑健だが控えめなこの人間、伝説の聖クリストフのように喜んで服従するこの善良な巨人、これらすべてが民衆の見事な肖像を示している。この民衆はまだ見るからに単純で粗暴で、血気にはやり、盲目で、半分人間で半分牛というところである……。（中略）待つのだ。戦争の乱暴な教育の下で、イングランド人の鞭の下で、獣は人間になる。やがて間近から締め付けられ、責め苛まれ、それは逃げ出すだろう。自分自身であることをやめ、変身するだろう。ジャックはジャンヌに、処女ジャンヌとなり、乙女となる。

《よきフランス人》という表現は、ジャックとマルセルの時代にさかのぼる。乙女はやがて

言うだろう、「フランス人の血を見ると私の心は血を流すのです」。(HF2, 236)

一四世紀におけるこれら二つの民衆反乱は、いずれも社会を根本的に変革するにはいたらなかった。しかしこれらはいずれも、第三身分の最初の自発的な反抗の試みであり、その後の社会改革の端緒となる重要な事件である。「フランスの国民的時代は一四世紀にさかのぼる。そのとき三部会や、高等法院や、すべての主要な制度が始まる、あるいは定着する。ブルジョワジーがマルセルの革命のうちに、農民がジャックリーのうちに、フランスそれ自体がイングランドとの戦いのうちに、姿を現す」(HF2, 39)。マルセルは都市の団結を、ジャックリーは農村の団結を意味する。しかしそれはまだ国民全体の団結ではない。ミシュレによれば、初めて国民意識を覚醒させ国民全体を結びつけたのは、ひとりの平民の少女、ジャンヌ・ダルクにほかならない。

2 ジャンヌ・ダルクの受難

ジャンヌ神話の誕生

ドンレミの農家に生まれたひとりの少女が、天使の声を聞き、フランスを救うために立ち上がる。彼女は周囲の反対を押し切り、シノンで王太子シャルルに謁見し、軍隊を率いてオルレアンを解放し、さらにランスで国王の聖別式をとりおこなう。シャルル七世はこれによって勢力を回復し、イングランド軍を大陸から撤退させ、ついに百年戦争を終結させる。しかしその一方で、彼女自身は敵の手に落ち、イングランド人に売り渡され、異端審問で有罪判決を受けて火刑に処される。

平民出身のひとりの少女が自らの身を犠牲にして祖国を救った。今日、フランスで誰ひとりこの奇跡の物語を知らぬ者はない。多くの都市には彼女の彫像があり、毎年五月には各地で彼女の祝祭が行われる。とはいえ、ジャンヌがこのような国民的ヒロインになったのは、実はそれほど古いことではない。百年戦争の終了後、彼女は次第に政治的な重要性を失い、その活躍は一旦忘却の中に沈む。その後数世紀の間、彼女に対する強い関心が生まれることはほとんどなかった。(1)

一九世紀になり、ナポレオンがジャンヌをフランスの守護神として称えて以降、彼女への関心は急速に高まる。「国民の歴史」の創世記において、平民出身のジャンヌは国民神話のシンボルとして格好の存在だった。歴史家たちは競って彼女を研究対象とし、あらゆる党派が彼女を自らのシンボルとして奪い合う。かつて異端として処刑された彼女を、カトリック教会は一九〇九年に列福し、一九二〇年に列聖するにいたる。ジャンヌ・ダルクはこうして歴史上に華々しい復活をとげたのである。(2)

ギゾーとバラント

ジャンヌ・ダルクは一九世紀の多くの歴史家たちの関心の的となった。例えばフランソワ・ギゾーは、『ヨーロッパ文明史』（一八二八）の第一一講義においてジャンヌを取り上げる。ギゾーによればジャンヌの存在は、当時の民衆における愛国心の存在を示すものであり、百年戦争が国民的戦争であったことの証しである。

私はフランスから始めましょう。一四世紀の後半と一五世紀の前半は、ご存じの通り、国民的戦争の時代、イングランドとの戦争の時代でした。歴史をひもとけば、多くの不和や裏切りにもかかわらず、フランスの社会のあらゆる階層がどれほどの熱意をもってこの戦いに協力したかが分かります。封建貴族や、ブルジョワジーや、農民さえもが、どれほど愛国心に心を奪われたかが分かります。ジャンヌ・ダルクの物語さえあれば、この事件の民衆的性格を示す十分な証拠になるでしょう。ジャンヌ・ダルクは民衆の出身でした。彼女は民衆の心情や、信仰や、情熱によって導かれ、支えられていました。彼女は、宮廷の人々や軍隊の指揮官からは不信や皮肉や敵意をもって見られました。彼女はつねに兵士と民衆を味方にもっていました。オルレアンのブルジョワを助けるために彼女を派遣したのは、ロレーヌの農民たちでした。この戦争の民衆的性格と、国全体がそれに対して抱いていた感情を、これ以上にはっきりと示す出来事はありません(3)。

哲学派の代表的存在であるギゾーの意図は、ジャンヌの生涯を物語ることではなく、当時の社会状況を示すことにある。したがって、歴史家にとって重要なのは、彼女の人格そのものではなく、むしろ彼女に対する周囲の対応である。ギゾーの分析は、フランスの勝利が彼女の個人的な活躍によるものではなく、彼女を支えた民衆階級の熱意によるものであることを示唆する。こうしてギゾーは、社会的次元から彼女の活躍に合理的説明を与え、奇跡の神話を解体しようとする。

同じ頃に書かれたプロスペル・ド・バラントの『ブルゴーニュ公の歴史』（一八二四―二五）には、詳細なジャンヌ・ダルクの伝記が含まれる。物語派の代表的存在であるバラントのスタイルは、ギゾーとは対照的なものである。ギゾーにおいては一般的状況の説明の後に具体例として固有名が出てきたのに対し、バラントにおいては固有名の提示によって物語が開始される。それは何の前置きもなく、まるで民話のように始まる。「昔々あるところに……」。

同じ頃、シャンパーニュとブルゴーニュとロレーヌの境界にあるドンレミの村に、ジャンヌ・ダルクという娘が住んでいた。彼女もやはり随分前から、さらに驚くべき幻影を見ていた。それは貧しい農民の娘だった。彼女は身分相応に、しかし非常に敬虔に育てられた。彼女の信仰と分別はその地方でお手本とされた。彼女はよきフランス女性であり、ブルゴーニュ派もイングランド人も少しも好きではなかった。なにしろ、この不幸な時代においては田舎の人々さえも不和によって引き裂かれ、党派の異なる二つの村の間では、小さな子供たちまでが石つぶてで争い殺しあうのが見られたほどである。ジャンヌは当時一七歳か一八歳であったが、生まれてこのかたフランスの哀れな国民の不幸しか見てこなかった。そして、それがイングランド軍の勝利とブルゴーニュ派の憎悪のせいであるといつも聞かされていた。しばしば、敵の軍隊が近づくと、彼女は大急ぎで父親の羊の群れと馬を隣村の城塞の中へ連れていった。一度、ブルゴーニュ派がドンレミの村を略奪しに来た時、ジャンヌは父母とともに逃げ出し、ヌフシャトーの宿屋に五日間身を隠した。(4)

バラントはこうしてジャンヌの生涯の出来事を、ひとつひとつ順を追って語ってゆく。読者はあたかも同時代の目撃者のように、ジャンヌ・ダルクの驚異に立ち会うことになる。そこにはギゾーのような、全体の状況を総括する分析的な視線は存在しない。ジャンヌが見たという「幻影」についても、歴史家は批判を交えず、ただありのままの事実として述べるだけである。

以上二つの例に対して、ミシュレはいかなるスタイルをとるのだろうか。彼は基本的にはバラントのように物語形式をとり、ジャンヌの生涯を年代順にたどってゆく。しかし彼はバラントと異なり、随所で超越的視点からの分析をさしはさむことをためらわない。例えば彼はジャンヌの物語を始めるにあたり、彼女の成功をその性格から説明する。「乙女の独自性こそ彼女の成功をもたらしたものであるが、それは勇敢さや幻ではなくて、良識であった。熱狂のさなかにありながら、この民衆の娘は問題を見ぬき、それを解決することができた」(HF3, 60)。ところでミシュレによれば「良識」こそフランス国民の特性である。(5) つまり彼はジャンヌの活躍を個人的資質ではなく国民的特性に帰すのであり、この点でギゾーと同様に社会的次元から伝説を合理化するのである。とはいえミシュレの解釈はジャンヌの神話性を完全に否定するものではない。彼は物語全体のプロットを「受難」の図式に当てはめることで、ジャンヌの生涯を救世主のそれになぞらえる。ジャンヌの神話性はいわば物語の中に構造化されているのだ。

枠組みはすべて描かれている。それは英雄の生涯の定型そのものである。一、森、《啓示》。二、オルレアン、《行動》。三、ランス、《名誉》。――四、パリとコンピエーニュ、《苦難》、《裏切り》。五、ルーアン、《受難》。――しかしそこに完全で絶対的な典型を探すことほど、歴史をゆがめるものはない。この福音書を記す歴史家の感動がいかなるものであろうと、歴史家は現実に密着し、決して理想化の誘惑に屈しはしなかった。(HF3, 120)

ミシュレはここで「伝説」に対して奇妙に両義的な態度を示す。「この異論の余地のない物語以上に美しいいかなる伝説があるだろうか。しかしそこからひとつの伝説を創造しないように気を付けなければならない。敬虔にすべての特徴を、最も人間的な特徴さえも保持しつつ、胸を打つ恐ろしい現実を重視すべきである……」(HF3, 120)。歴史家は、伝説を批判しつつ伝説を創造するという、矛盾ともいえる課題を自らに課す。われわれはこの撞着的な表現の中に、一八六九年の序文で述べられた、歴史家の条件である「二重性」を見出すべきである。歴史家は、命なき玩具と知りつつ人形を可愛がる幼子のように、ジャンヌの行った奇跡に驚嘆しながらも、それが歴史の必然であることを見抜いている。結果としてそこに浮かび上がるのは、民衆階級の独立を体現する歴史的存在であると同時に、受難を遂げる聖女という神話的形象でもあるヒロイン像である。歴史家は近代の共和主義の立場から、新たな建国神話としての「聖女伝説」を創造しようとするかに見える。

ジャンヌとキリスト

ミシュレの手になるジャンヌ・ダルクは、われわれが先に挙げた聖人の特性をすべて含んでいる。まず、農民の娘という民衆的出自。つぎに、内乱に陥り互いに殺しあうフランス全体の罪を清める贖罪の役割。「キリストのまねび、乙女のうちに再現されたその受難、これがフランスの贖罪であった」(HF3, 47)。最後に、救世主の受難にも似たその崇高な最期。彼女はキリストのように裏切られ、売り渡され、不正な裁判で死の宣告を受けながら、ストイックな態度で処刑台に上る。

ミシュレによるジャンヌとキリストの間には強い類似が存在する。まず、ジャンヌはキリストと同様に自らの最期を予見する。彼女はゲッセマネのイエスのように、煩悶の後に自らの運命を受け入れる。「彼女が破滅することは容易に予見できた。彼女自身もそう思っていた。彼女は最初から言っていた。『私を用いねばなりません。私はせいぜい一年しか生きられないのです』」(HF3, 85)。コンピエーニュを出撃する直前に、彼女は自らの運命を予告する。「仲間たちよ、間違いありません、私を売った者がいます。私は裏切られ、やがて死に引き渡されるでしょう。どうか私のために神に祈ってください。私はもう王様にもフランス王国にも、仕えることができないのですから」(HF3, 86)。この予言どおり、彼女はブルゴーニュ派の貴族の手で捕えられ、イングランド軍に売り渡される。

ミシュレは、オルレアンの解放とランスの聖別式の後で、ジャンヌの聖性が一時的に危機に瀕したと考える。祖国を救うために引き受けた戦士の役割が、彼女の聖性を血で汚したのである。その後の裁判と処刑は彼女にとって、自らを浄化し神に近づくための最後の試練となる。

> こうならねばならないということを、彼女はあらかじめ知っていた。残酷なことであるが、避けがたいことであり、いわば必要なことであった。彼女は苦しまねばならなかった。もし彼女の試練と最後の純化がなければ、この聖なる姿には、光ばかりでなく、疑いの影が差したであろう。彼女は人々の記憶の中で《オルレアンの乙女》にはならなかっただろう。
>
> 彼女はオルレアンの解放とランスの戴冠式に触れながら、「私はこのために生まれてきたのです」と言っていた。このふたつが成し遂げられた後、彼女の聖性は危機に瀕していた。
>
> 戦争と聖性は矛盾するふたつの語である。聖性とは戦争の反対であり、むしろ愛情や平和であるように見える。いかなる勇敢な若者が、戦闘に加わって、戦いと勝利の血なまぐさい陶酔を分かちあわずにいられようか……。
>
> (HF3, 84)

当時、重要な捕虜は身代金によって買い戻される習慣であったが、シャルル七世はジャンヌのために動こうとはしなかった。ジャンヌはルーアンに移され、異端審問にかけられる。ミシュレはジャンヌと異端審問官のやりとりの中に、キリストとパリサイ人との対話を見出す。『ジャンヌよ、なんじは恩寵の状態にあると思うか』。（中略）彼女はこの結び目を英雄的でキリスト教的な単純さで断ち切った。『もしそうでなければ、神様が私をそこに置いてくださいますように。もしそうなら、そのままそこに置いてくださいますように』。パリサイ人たちは唖然としていた」（HF3, 97）。

こうして彼女は最後の誘惑を受ける。「彼女は聖週間に病気になった。誘惑はおそらく枝の主日に始まった」（HF3, 103）。しかし彼女はこの試練を通過することで、失いかけていた信仰を取り戻し、かつてないほどに神に近づく。「それどころか、彼女はかつてなかったほど、勇気をすっかり回復していた。誘惑の後に再び高められ、恩寵の源泉に向かって一段と上昇したようであった」（HF3, 108）。結局、ジャンヌは「戻り異端」の罪で死刑を宣告される。グレゴリウス七世やトマス・ベケットと同様に、彼女は教会に見捨てられる。しかしこうして地上の希望をすべて失った時、彼女は初めて完全に天上の救済に身を委ねる。ルーアンの広場での火刑の場面を見よう。

こうして教会に見放され、彼女は信頼しきって神に身を委ねた。（中略）広場に降ろされ、彼女に手をかけていたイングランド人の間にあって、自然は苦しみ、肉体は震えた。彼女はまた叫んだ、「ルーアンよ、おまえが私の最後の住まいになるのか！……」

彼女はそれ以上は言わなかった、そしてこの恐怖と混乱の瞬間においても《唇で罪を犯さなかった》。

彼女は国王のことも聖女たちのことも責めなかった。しかし火刑台の頂上で、この大都市と沈黙して身じろぎもしない群集を見ると、言葉を禁じえなかった。「ああ、ルーアンよ、おまえが私の死について苦しむのではないかと心配です！」民衆を救い、民衆に見捨てられた女性が、死に臨んで（なんというやさしい魂！）民衆への同情しか表明しなかった……。

(HF3, 118)

ジャンヌは驚くべき勇気でもって「自然」と「肉体」の動揺を自制する。こうして精神は肉体を克服する。彼女はヨブのごとく「唇で罪を犯さなかった」、この比喩が彼女を神話的次元にまで高める。そして乙女はストイックな態度で死を受け入れる。

そうする間に、炎が上ってきた……。炎が触れた瞬間、不幸な女は身震いし聖なる《水を》求めた。《水を》、これは明らかに恐怖の叫びである……。しかしすぐに立ち直ると、もはや神と天使と聖女の名しか呼ばなかった。彼女はそれらのために証言した、「そう、あの声は神のものだった、声は私を騙さなかった！……」すべての不信が炎の中に消えたという事実から、われわれは次のことを確信する。すなわち、彼女は死を約束された《解放》として受け入れたこと、これまでそうしていたように《救済》をユダヤ的で物質的な意味で理解するのではなく、ついにはっきりと見たこと、暗闇から抜け出してまだ欠けていた光明と聖性を手に入れたこと。（HF3, 119）

燃え上がる炎の中ですべての疑念は消え失せ、ジャンヌは自らの魂の救済を確信する。死はここでは物質的存在からの解放と神話的次元への到達を意味する。こうして乙女の受難は成就する。敵ですらその崇高な姿に彼女の聖性を認めるだろう。まるでキリストの死を目撃した福音書の百人隊長のように。「イングランド王の秘書が帰途に大声で言った、『われわれはおしまいだ。われわれは聖女を火刑にしてしまった！』」（HF3, 119）

3　歴史の弁証法

国民意識の誕生

ジャンヌ・ダルクの受難は、精神の肉体からの解放を、人間の自然に対する勝利を意味する。ミシュレは彼女を可能なかぎり身体的条件から解放された存在として描こうとする。例えばジャンヌは女性の生理をもたない。「彼女は魂も身体も子供のままでいるという神の恵みを受けていた。彼女は成長したくましく美しくなったが、依然として女性の身体的な苦痛を知らなかった」(HF3, 63)。また、歴史家は処刑の場面で、彼女の身体に関する記述を極力避けようとする。例えば、バラントはジャンヌの身体が晒しものにされ、その遺灰が川に捨てられたことを記しているが、ミシュレはこれらの事実に言及していない。「人々がなおも奇跡を叫んだのは、ジャンヌが窒息した時、死刑執行人が民衆に裸の身体を見せようと炎をどけると、炎にもかかわらず身体がほぼそのまま残っているのが見えたように思ったからである。亡骸がもう残らないように、ウィンチェスター枢機卿は哀れなジャンヌの遺灰をセーヌ川に投げ捨てるよう命じた」[6](『ブルゴーニュ公の歴史』)。

これと対照的なのがイングランド王ヘンリ五世の死である。ミシュレは国王が赤痢に倒れ、痔で死んだと明言する。この具体的な身体性がこの英雄から聖性を剥奪する。歴史家は、フランスの王位継承権を手にしながら、あと一歩のところで王冠に触れることなく死んだヘンリ五世の死に、グロテスクな運命の悪戯を見出す。

結局、それまでの間、彼らはなぜ笑わずにいられようか。それは時代の真実の祭り、本来の喜劇、大物と小物の踊りなのだ。数年の間にそこに加わった何百万もの無名の人々は別にして、国王や王族たち、ルイ・ドルレアンとジャン無畏公、ヘンリ五世とシャルル六世が織りなす奇妙なロンドではないか！　なんという死の遊戯、なんという意地悪な暇つぶしであろう。あの勝利者のヘンリをフランスの王冠にあと一月というところまで近付けるとは！　働きづめの人生の果てに、シャルル六世より長生きするために、ただ一月足りなかったとは！　いや、一月でも、一日でもだめだ！　それに彼は戦場で死にさえしないだろう。彼は赤痢で床につき、痔で死なねばならないのだ。

（HF2, 468）

打ち続く戦乱の時代において、果てしなく広がる血の海の中、死はその尊厳を失っていた。そこでは国王や王族の死さえも、もはや笑うべき喜劇の一幕にすぎない。ジャンヌ・ダルクの死はこのような背景の中に置かれてはじめて十全な意味をもつ。グロテスクな死の舞踏のただなかで、彼女の崇高な受難はひときわ輝くことだろう。その時、彼女の死を見つめる民衆の中にひとつの意識が目覚める。それは共通なひとつの祖国という意識、フランス人としての国民意識である。ミシュレは一八五三年に『フランス史』からジャンヌの生涯の部分を抜粋し、単行本『ジャンヌ・ダルク』として出版する。歴史家はその際に新たに付した序文の中でこう述べる。

この心底のすべては、これらの痛切な響きをもつ素朴な言葉の中にある。
「《フランス王国に》あった悲惨！」
「《フランス人の血》を見るといつも私の髪は逆立つのです」。
そしてまた（ある戦いを知らされなかったので）、「ひどい人たち！　《フランスの血》が流されたことを教えてくれないなんて！」。

心に届くこの言葉、それが口にされたのは初めてのことだ。フランスが初めてひとつの人格として愛されたことが感じられた。フランスは愛された日から、そのようなものになった。フランスはそれまで地方の寄せ集め、封土の広大なる混沌、漠然とした大国にすぎなかった。しかしこの日以降、心情の力によって、それはひとつの祖国となった。（中略）フランス人よ、いつまでも忘れないようにしよう、われわれの祖国はひとりの女性の心から、彼女の情愛と涙から、彼女がわれわれのために流した血から生まれたということを。

(HF3, 656)

ジャンヌの受難を目撃した民衆の中に生まれた共通の意識、この国民意識がフランス人を団結させ、イングランドに対する勝利に導いた。したがって、ジャンヌは戦場における勝利によってではなく、自らの死によってフランスを救ったのである。こうして一個人の死を通じてフランスの復活がなしとげられる。マイナスをプラスに転じる弁証法的なドラマがここにある。

時の果実

このような歴史の弁証法においては、キリストの死が人類の救済を準備したように、どれほど悲惨な災厄も最終的には何らかのかたちで人類の進歩に貢献することになる。フランスを未曽有の混乱に陥れた、アルマニャック派とブルゴーニュ派の内戦も例外ではない。ミシュレは、一四〇七年

（オルレアン公殺害）から一四一二年（アルマニャック派とイングランド王との条約）にいたる五年間についてこう述べる。この間に両派のあいだで三つの和平条約が結ばれたが何の甲斐もなかった（一四〇九年シャルトル、一四一〇年ビセートル、一四一二年ブールジュ）。それぞれの党派がイングランド王に援助を求め、結果的にフランスを売り渡すことになる。

この五年の歳月の間、ひとつの犯罪と別の犯罪、オルレアン公の殺害とイングランド王との条約の間に、両党派は平和に対しても戦争に対しても無力であることを証明した。三つの条約も憎悪を深めるばかりであった。

しかしそれは、この悲しい歳月が失われた、時が無駄に流れたということだろうか。いや、無駄になった歳月などない。時はその果実をもたらした。

まず、フランスの両半分が接近した。たしかに、憎み合うために。南仏は北仏を訪れた、かつてアルビジョワ十字軍の時代に北仏が南仏を訪れたように。

こうした接近は、たとえ憎悪によるものであれ、必要なものであった。フランスが後にひとつになるためには、まず互いを知らなければならなかった。ありのままの多様で異質な自分の姿を見なければならなかった。

このようにして遠くから国民の統一が準備された。すでに国民感情は、この短い期間に両党派がたびたび行った世論への呼びかけによって呼び覚まされた。　　（HF2, 378）

「時の果実」とは何だろうか。まず、内乱は北仏と南仏の諸侯を互いに争わせたが、それでも両者を接近させることで国民的統一の素地を築いた。また、内乱が引き起こした権力の正当性をめぐる議論は、利己的で欺瞞的なものでありながら、それでも民衆のあいだに国民意識を覚醒させるはたらきをした。ミシュレはこのような説明によって、この転落の五年間に肯定的な価値を与えようとする。

『中世史』において、歴史的災厄はしばしばこのような「時の果実」をもたらす。例えば、十字軍。遠征に参加した戦士のほとんどは途上で死に、聖地にたどり着いた者も異教徒との果てしない戦いを強いられた。「これほどの努力にこれだけの結果とは！」(HF1, 442) それでもミシュレによれば、十字軍は王と民衆に共通の理想を与えることで両者を結びつけ、王国の統一を押し進めた。「これが第一回十字軍の後の、王と民衆の復活である。民衆と王はサン＝ドニの旗印の下に歩んだ。《モンジョワ・サン＝ドニ》はフランスの叫びであった。サン＝ドニと教会、パリと王権は、互いに向かい合った。その中心に生命は向かい、民衆の心はそこでひとつになり鼓動した」(HF1, 451)。

あるいは、イングランドとの戦争。それはフランスに廃墟の山を築いただけであった。しかしフランスは、この他者との衝突を通じて初めて自分自身を発見し、国民意識を獲得した。「イングランドはフランスを邪険に押し戻し、自分自身に返るよう強制した。フランスは探し、掘り下げ、民衆生活の最深部にまで降りたった。フランスは見つけた。何を？ フランスを。フランスは敵のおかげで、自らを国民として認めたのである」(HF3, 182)。だからこれも決して単なる災厄ではない。「いや、この海は《不毛な海》ではない」(HF3, 183)。

歴史的楽天主義

われわれはここに、当時大きな影響力をもっていたヴィクトール・クーザンの歴史哲学の影響を認めることができる。クーザンの『哲学講義』によれば、歴史は神の意志によってひとつの目的に向けて導かれる。われわれの目にどれほど不条理に見える出来事も、神の目には合理的であり、善なる計画の一部をなすのである。したがって、個々のいかなる不幸も、最終的には人類の進歩の名において肯定されることになる。

歴史とは、誰もがつぎつぎと負けてゆく賭けです。ただし人類は別で、ある者の勝利においても、別の者の敗北においても、何においても勝利します。革命がどれだけ続いて起きようとも、歴史はそれらすべてを支配します。結局、人類はそのすべての時代よりも上位にあるのです。人類の諸時代は何をなすのでしょうか。それらは人類と等しいものになろうとします。その持続を計り、それを満たそうとします。人類に完全な観念を与えようとします。さまざまな哲学は何をなすのでしょうか。それらは理性に完全な表現を与えようとします。したがってそれぞれがその時代と場所において正しく、すべてがつぎつぎと現れて置き換わるのは正しいことなのです。歴史一般においても同様に、すべてがつぎつぎと現れ、すべてが破壊され、すべてが発展し、すべてが歴史の目的の達成を目指すのです。(7)

ここにはヘーゲルの「理性の狡知」を思わせる歴史の弁証法的な展開が想定されている。このような歴史観は、歴史の終末を想定した予定調和的な図式に基づくかぎりにおいて、神学的な構造をもつものと言える。クーザンは自らの歴史観を「歴史的楽天主義」と呼ぶが、そこには人類を導く善なる神の存在が暗黙の前提とされている。

歴史は、人類についての神の見解の表れです。歴史の判決は神自身の判決です。もし人類が三つの時代をもつとすれば、それは神がそう決めたからです。もし人類のそれらの時代がこれこれの順序で進むとすれば、それもまた神の法則の結果によるものです。(中略)歴史が神の統治の表れであるなら、歴史においてすべては然るべき場所にあります。すべてが然るべき場所にあるなら、すべては善です。なぜならすべては善意の力の示す目的に向かうからです。みなさん、そこから私の講義するこの大いなる歴史的楽天主義が導かれます。それは文明の最初で最後の原理、すなわち人類を作り文明を作った原理、万物の最善のためにすべてを着実に行う原理と関連づけられた文明にほかなりません。(8)

クーザンのこのような歴史哲学は、若きミシュレにも少なからず影響を与えた。たしかに、ミシュレは英雄的理想に聖人的理想を対置することで、クーザンの偉人崇拝に対して批判的距離を置こうとした。しかしミシュレの「時の果実」に対する信頼は、彼の歴史がある種の神学的構造を内包することを示唆している。歴史はそこでは、死と復活の織りなす弁証法的なドラマとして展開する。ジャンヌ・ダルクの受難は、このような歴史の神秘劇のクライマックスをなすものであった。

最後に、シャルル七世の死に触れておこう。ジャンヌの死後、シャルルはブルゴーニュ公フィリップと和解し、イングランド軍をフランスから撃退し、強大な王国を回復することに成功する。ジャンヌが捕われた時に救いの手をさしのべなかったこの国王は、百年戦争終了後の一四五六年にジャンヌの復権裁判を開かせ、彼女の名誉回復を行わせる。しかし、ミシュレの彼に対する視線は冷淡なものである。歴史家はその孤独な晩年を物語る。愛人アニェス・ソレルはすでに亡く、息子の王太子ルイ（後のルイ一一世）は彼のもとを去り、政敵のブルゴーニュ公フィリップのもとに身を寄せる。もはや誰ひとり信用できなくなったシャルルは、毒殺されるのを恐れるあまり餓死したと伝えられる。「哀れなシャルル七世は、少しずつ悪意に満ちた不穏な力に取り巻かれるように感じた。彼はもはや何ひとつ確かなものを見出さなかった。この幻惑はどんどん進行し、彼の精神は衰弱した。彼はついに自分自身を放棄した。毒殺されるのを恐れ、そのまま餓死していった」（HF3, 230）。われわれはもはやここにかつての王権の聖性を見出すことはできない。

国民神話の創造

ミシュレの手になるジャンヌ・ダルクの生涯は、『中世史』のクライマックスをなす国民の創生の物語である。内戦によって落ち込んだ死の淵から、フランスはひとつの国民となって復活する。そこでは個人の死が社会の死と重なり合い、ひとりの受難が国民全体の救済を引き起こす。それは死と復活の織りなす弁証法的なドラマであり、『世界史序説』に示された人類の歴史の縮図そのものである。

ミシュレはジャンヌの生涯を描くにあたり、数々の奇跡を歴史家として合理的に説明しながらも、物語全体を受難の図式にしたがって構成した。こうしてミシュレのジャンヌ像は歴史的な地平に立つと同時に神話的な次元に到達する。それは民衆自身の手による民衆の解放という、共和主義の立場からの新たな国民神話の創造の試みである。結果的にミシュレのジャンヌ像は古典としての地位を獲得し、「オルレアンの乙女」の特権的イメージとして定着した。このことは、神話と歴史の融合を目指したミシュレの意図が見事に成功したことを意味している。そしてさらに、一九世紀の歴史哲学が近代社会におけるひとつの神話であったことを示唆している(9)。

しかし、ミシュレは決して同時代の歴史哲学を無批判に受け入れたわけではなかった。後年、彼はクーザンを公然と批判し、その歴史哲学にはっきりと背を向ける（興味深いことに、そのとき彼の歴史から受難の図式が姿を消してゆく）。とはいえ、すでに『中世史』においても、彼が歴史哲学に対して抱いていた違和感を読みとることができる。われわれは次章でその点について見てゆくことにしよう。

注

（1）ジャンヌ・ダルクに対する評価の変遷については、Michel Winock, « Jeanne d'Arc », in *Les Lieux de mémoire*, sous la direction de Pierre Nora, « Quatro », Gallimard, 1997, 3 vol.（ミシェル・ヴィノック「ジャンヌ・ダルク」、ピエール・ノラ編『記憶の場』所収）を参照のこと。また一九世紀の歴史記述との関連については、Gerd Krumeich, *Jeanne d'Arc à travers l'Histoire*, traduit de l'allemand par Josie Mély, Marie-Hélène Pateau et Lisette Rosenfeld, Albin Michel, 1993 が詳しい。

後者によれば、一四三一年に異端として処刑され、一四五六年に名誉回復を受けた後、英仏の緊張関係が解けるにつれ、ジャンヌに対する関心は失われてゆく。「しかし一五世紀後半には『オルレアンの乙女』の物語は一旦その政治的歴史的重要性を失う。あれらの事件の思い出が公衆の記憶の中でかすんでゆくにつれて、キシュラの言葉を借りれば、記述は次第に『冷淡な』ものになってゆく。一六世紀を通じて、裁判記録がジャンヌ・ダルク伝を書くための直接的資料になることはほとんどない」(p. 28)。一七世紀にはジャンヌは王権の威光のためにわずかに利用されるにすぎない。「絶対王政から生じた新たな王党主義は、フランスを救うため神によって遣わされた乙女の像の中に、王権を維持するための単なる神の使者以上のものをなかなか見ようとはしない」(p. 31)。ヴォルテールが批判的な『乙女』を書いたように、一八世紀の啓蒙主義もジャンヌに対してはむしろ冷淡であった。「聖職者と王党の蒙昧主義と欺瞞に対して、啓蒙の信奉者によって打ち立てられた批評は、ジャンヌ崇拝を許さなかった」(p. 33)。

（2）ミシェル・ヴィノックによれば、一九世紀におけるジャンヌの再評価は、いくつかの偶然の要素が重なり合った結果である。「一九世紀が『ジャンヌ・ダルクの世紀』となるには、いくつもの要素がからんでいた。第一にロマン主義運動である。（中略）ついにミシュレが登場し、その記念碑的な『フランス史』の抜粋である『ジャンヌ・ダルク』は原型としての機能を果たした。祖国の啓示者としてのジャンヌは栄光の未来を約束された。

この第二の要素——愛国心——は、オルレアンの解放者に捧げられた最も有名な作品のいくつかを生み出した。（中略）第三の要素はナポレオン没落後のカトリックの復活である」（Michel Winock, « Jeanne d'Arc », in *op. cit.*, t. III, p. 4434)。こうして復活したジャンヌは、一九世紀を通じて、さまざまな党派によって政争の道具とされる。とりわけ、カトリック・共和主義・愛国主義の三つの党派が熱心に彼女を自分たちの象徴として担ごうとする。「こうしてジャンヌの記憶は一九世紀を通じて、順番に現れる、あるいは同時に存在する、三つの主要な表象の周りに分割される。すなわち、カトリックの聖女のイメージ、愛国的民衆の化身、排他的ナショナリズムの守護聖人である」(*Ibid.*, p. 4442)。

（3）François Guizot, *op. cit.*, p. 240.

（4）Prosper de Barante, *op. cit.*, t. V, p. 88-90.

（5）「フランス人は、駄目なやつでさえ、他のどの国民よりも良識と良心をもっていた……」(HF3, 121)。

（6）Prosper de Barante, *op. cit.*, t. V, p. 302.

（7）Victor Cousin, *op. cit.*, p. 169.

（8）*Ibid.*, p. 198-199.

（9）「一八六〇年代以降の民衆一般や、百科事典や、学校におけるジャンヌの受容は、ほとんどあれらの『崇高な返答』からミシュレが行った選択にのみ従いながら、次第に明白な成功を収めていった。裁判における乙女の言明を再構成し、さらにそれに表現力豊かな表象を結びつけることで、ミシュレはそれらに比類のない魅力と、啓示と同一化の特別な力を付与することができた。民衆の娘としてのジャンヌと、無類のヒロインとしてのジャンヌ。ミシュレの意図はこの二つの実体を一致させることであった。続く数十年間におけるこのテーマの展開を見るかぎり、彼はそれに完全に成功したと言える」(Gerd Krumeich, *op. cit.*, p. 93)。

第5章　死と贖罪

シャルル突進公
（ロヒール・ファン・デル・ウェイデン）

参考資料　『中世史』(三)　ブルゴーニュ公国

ブルゴーニュ公国はヴァロワ朝時代のフランス王家の親王領である。そこで栄えた華やかな宮廷文化については、ヨハン・ホイジンガの『中世の秋』(一九一九)に詳しい。その歴史は、国王ジャン二世が、ポワチエの戦い(一三五六)で活躍した息子のフィリップに与えた親王領に始まる。初代のフィリップ大胆公(位一三六三—一四〇四)は婚姻によりフランドルを手に入れ、やがて公国はフランス王国を脅かすほどの勢力に成長する。

第二代のジャン無畏公(位一四〇四—一九)は、シャルル六世が発狂した後、王弟のオルレアン公ルイと権力を争う。ジャンは一四〇七年に政敵のルイを暗殺させ、ここにアルマニャック派とブルゴーニュ派の内戦が勃発する。混乱に乗じてイングランド王ヘンリ五世はフランスに侵攻する。一四一九年にジャンがアルマニャック派によって暗殺されると、両派の決裂は決定的になる。

第三代のフィリップ善良公(位一四一九—六七)は、父親の暗殺後にヘンリ五世と同盟を結ぶ。一四二〇年のトロワ条約によって廃嫡された王太子シャルルはブールジュに逃れる。しかし王太子がシャルル七世となり勢力を回復すると、フィリップは一四三五年に彼とアラスの和議を結ぶ。支持基盤を失ったイングランド軍はフランスから撤退し、一四五三年に百年戦争は終結する。

両国の対立は次の代の、国王ルイ一一世と第四代シャルル突進公(位一四六七—七七)に引き継がれる。老獪なルイは周辺諸侯を動かし、追い詰められたシャルルは一四七七年のナンシーの戦いで戦死する。男子後継者がないため公国は断絶、ルイはブルゴーニュを併合し、近代フランス王国の基礎を築く。シャルルの娘のマリー・ド・ブルゴーニュ(一四五七—八二)は、ハプスブルク家のマクシミリアン(後の皇帝マクシミリアン一世)と結婚し、フランドルはハプスブルク領となる。

はじめに——歴史哲学に抗して

歴史家として出発した当時のミシュレが、多くの点で同時代の歴史哲学の影響下にあったことは疑いない。東洋から西洋への文明の発展、死と復活の弁証法的関係、人類の進歩への楽天的信頼などが、そのことを裏づけている。しかし、ミシュレがどうしても承服しかねる点があった。それは人間の自由に対する解釈である。

クーザンの歴史哲学において、歴史は神の意志によってあらかじめ決定されている。神の意志は超越的なものであり、人間の思惑は歴史においていかなる重要性ももたない。したがって、われわれの進歩は意志的なものではなく、完全に宿命的なものである。このことは、『哲学講義』の中の、歴史における偉人の役割を見ればより明白になる。

みなさん、偉人は何を達成するのでしょうか。彼のうちで、彼によって働きかける至上の力の意図することを。彼はそれを行いますが、少しもそのことを知りません。彼には自分の追求する意図があります。より高い意図を達成しながら、彼は個人的な意図を達成したと思っています。歴史上のこれこれの偉人の意図がどのようなものであったのか調べるのは興味深いことです。それは大抵の場合、まったく取るに足りない意図なのです[1]。

偉人は自分が歴史において何をしているかを知らない。したがって偉人の条件は、その意図や信念とは別のところにある。「余計な細部は措くとして、偉人の歴史全体において、人々は彼らのことを、そして彼ら自身も自らのことを、何か宿命的で抗いがたいもの、運命の道具と見なしました。だから偉人の固有の性格、そのしるしは、成功することです。成功しない者は、世界で何の役にもたたず、何の大きな成果ももたらさず、存在しなかったのと同じなのです[2]」。クーザンにとって、偉人は成功以外の条件をもたない。したがって彼らの個人的な意志を問うことには何の意味もない。

しかしミシュレは歴史哲学のこのような宿命論的傾向に同意できなかった。彼は宿命に対して自由を称賛し、英雄に対して聖人を対置することで、歴史哲学への異議を表明しようとした。そこには『近代史』以降の攻撃的な姿勢はないが、それでもミシュレの批判的意図は十分にうかがわれる。ミシュレは、人間は自分自身の解放者であるというヴィーコの教えに従い、歴史の主導権を人間の意志に与えようとした。

ミシュレの独自性は、クーザン的偉人とミシュレ的聖人を比較するとより明白になるだろう。ミシュレ的聖人は社会の運命を体現する特権的人物であり、社会の罪を償うために自らの命を落とす。彼らは必ずしもクーザンの言うような成功者でなく、むしろ多くの場合は挫折者である。しかしさらに重要なのは、歴史家がこれらの聖人を神の単なる道具ではなく、自らの意志で行動する主体的な存在として扱っていることである。このような歴史家の姿勢を検証するため、われわれはここで、『中世史』の末尾に位置する、ブルゴーニュ公シャルルの死を取り上げよう。

1 シャルル突進公の死

歴史家の提案

『中世史』の最後の巻は、シャルル突進公（位一四六七—七七）とルイ一一世（位一四六一—八三）の対立にあてられる。それは、騎士道精神と近代精神の対立であり、高潔だが単純な獅子と老獪で周到な狐の戦いである。巻末に位置するシャルルの死は、一世紀以上にわたるブルゴーニュ公国の歴史を閉じると同時に、強大なフランス王国の成立を告げる。それは、中世を終わらせ近代の扉を開く象徴的な死なのである。

シャルル突進公の最期を見よう。領土拡張に野心を燃やすシャルルは、スイス地方に進出を試みる。シャルルは、ルイ一一世の支援を受けたスイス軍にグランソンとモラで敗北を喫する。二つの敗戦の後、影響力を失った彼に対し、家臣も領民も服従を拒絶する。これまで挫折を知らなかったシャルルは、運命の急変に強い衝撃を受ける。しかし彼のブルゴーニュ公としての誇りは、自らに決して敗北を許さない。さらに出撃を試みた彼は、ナンシーでロレーヌ公ルネ（一四五一—

案する。

一五〇八）の軍を相手に絶望的な状況に陥る。その時、歴史家は公に向かい、彼が取るべき道を提

人々は彼が生者であるかのように彼に話しかけた、しかし彼は死んでいた……。コンテは彼ぬきで交渉し、フランドルは彼の娘を人質に取っていた。ホラントは、彼の死の噂が広がると、彼の派遣した収税人を追い返した（一二月末）……。運命の時は来た。彼に残された最善のことは、家臣に許しを請うのでなければ、突撃して死ぬこと、あるいは彼に残された百戦錬磨の小隊が、ルネの率いる全軍のただなかを突っ切れるか、試してみることだった。彼には砲兵隊があったが、ルネにはなかった（あっても少しだけだった）。手勢は乏しかった、しかし本当の身内で、誇り高き領主や貴族たち、古くからの家臣たちであり、みな彼とともに死ぬ覚悟であった。

(HF3, 426)

歴史家はここでシャルル突進公に向かい、家臣に許しを請うか、さもなければ決死の突撃を試みることを提案する。われわれはここでいくつかの疑問を提示してみたい。第一に、公が許しを請うべき罪とは何であるのか。第二に、突撃して死ぬという行為は何を意味するのか。第三に、この二つの可能性の間に二者択一を成立させるものは何か。以上三つの問いを通じて、この死のもつ意味を考えてみたい。

シャルル突進公の罪

まず、シャルル突進公の罪とは何か。それは疑いもなく、領民を苦しめる彼の専制的な支配である。ミシュレによれば、公は巨大な帝国を築くという野望にとりつかれていた。彼はこの野望ゆえに判断力を失い、不正な手段に手を染め、ひいては自分の過ちを認めることさえなかったのである（文中のフィリップ・ド・コミーヌ（一四四七―一五〇九）はシャルル突進公、次いでルイ一一世の家臣となり、後に『回想録』を著した）。

彼自身については、私はこう考えたい。真の帝国という考え、さまざまな地方の混沌がそこで調和するような全体的秩序という考えが、彼ほど高貴な人物なら自責したかもしれないような不正な手段を、彼の目に正当化したのだと。彼にとって、こうした細かな不正は、未来の秩序という大きな正義の前に消え失せた。多分このために、彼は自分を有罪と感じることなく、賢明なコミーヌが勧める真の療治を用いることもなかった。すなわち、神のもとに返り、自らの過ちを認めることである……。彼はこの救いとなる反省をもたなかった。彼は不幸にも、自らを正しいと信じ、過ちを神のせいにしたように思われる。（HF3, 422-423）

「真の帝国」とは何を意味するのか。『中世史』において「帝国」の概念は神聖ローマ帝国、特に一二世紀から一三世紀にかけて帝位を独占したホーエンシュタウフェン家の記憶と結びつく。神聖ローマ帝国は封建制を統括する存在であり、そして封建制は土地所有に基づくがゆえに物質的原理に支配されている。ミシュレによれば、それゆえに「帝国は滅びねばならない」。この一族の皇帝たちはみな悲惨な最期を遂げ、ホーエンシュタウフェン朝は一三世紀半ばに断絶する。[3] したがって、一四世紀に初代フィリップ大胆公（位一三六三―一四〇四）のもとで築かれ、一五世紀に繁栄を極めたブルゴーニュ公国は、封建制の衰退期に築かれた、時代遅れの人工的な封建帝国にすぎない。

このブルゴーニュ家の創設にさかのぼろう。歴代の国王は、フランスに唯一存在した軍事力である封建制をほとんど破壊しながら、一三世紀から一四世紀にかけてある人工的な封建制を試みた。彼らは巨大な封土を親族である王族に与えた。シャルル五世は大規模な封建制を築いた。上の弟のラングドック総督〔ルイ〕がプロヴァンスとイタリアに目を向けるのに対し、一番下の弟〔フィリップ〕には、帝国とネーデルラントに進出すべくブルゴーニュを親王領として与えた。(HF2, 328-329)

シャルル六世の治世に、第二代ジャン無畏公（位一四〇四―一九）とオルレアン公ルイ（一三七二―一四〇七）が権力を争う。ミシュレはこの二人のライヴァルのうちに、二つの対立する原理を見出す。「しかしもし二人の名前を知りたいのなら、王弟オルレアン公を快楽の人と、ブルゴーニュ公ジャン無畏公を自尊心の人、乱暴で血に飢えた自尊心の人と名付けよう」(HF2, 325)。神聖ローマ皇帝やイングランド王に見られるように、自尊心は封建騎士の美徳である。反対に、ルイ・ドルレアンは、息子の詩人シャルル・ドルレアン（一三九一―一四六五）や孫の国王ルイ一二世（位一四九八―一五一五）のうちに花開くルネサンス精神を体現している。「フランスは決して忘れないだろう。彼の欠点のうちにさえ、愛すべき輝かしい精神が現れるのが見られたことを。それは軽佻浮薄であるが優雅で甘美なルネサンスの精神である」（HF3, 326）。したがってジャンとルイの対立は、滅びゆく中世と来るべきルネサンスの対立にほかならない。

第三代フィリップ善良公（位一四一九―六七）の時代に、ブルゴーニュ公国の繁栄は絶頂を迎える。ブルゴーニュ、フランシュ＝コンテ、フランドル、アルトワを支配する彼は、当時のヨーロッパ最大の領主となる。彼は騎士の名誉をかけて贅を尽くした金羊毛騎士団を創設する。しかしその華やかさは、実は終わりゆく騎士道的伝統の夕映えにすぎなかった。ミシュレは公国の終焉を予言するあるエピソードを物語る。ある日、黒服の男がフィリップ善良公の宮廷を訪れる。権力の絶頂にある公は、この貧相な小男の出現に不思議な胸騒ぎを覚える。男は国王が派遣した法官であった。彼は王権の名において、封建制の土台を揺るがすような数々の改革に取り掛かる。

金羊毛騎士団の祝宴における黒服の男の出現は何を意味するのか、封建制のひ弱で怪しげな復活に対する《メメント・モリ》でないとすれば？　そして法の使者がしっかりと振り下ろす鍛冶屋の槌は何を破壊するのか、敵対する二〇もの地方からなり、自然な解体を願うばかりの、不安定で人工的で不可能な帝国でないとすれば？

（HF3, 232）

したがって、第四代シャルル突進公のもとでの公国の急速な衰退は、歴史によってあらかじめ運命づけられていたと言える。「ブルゴーニュ家の若き帝国は、その豪華な衣装の下ですでに年老いていた」（HF3, 422）。シャルルの過ちは、すでに時代遅れとなっていた封建制を復活させようと夢見たことにある。しかしそれは封建勢力の最後の継承者である彼にとって、避けがたい過ちであった。彼の罪は個人的な罪というよりは、封建制全体の罪なのである。

騎士の理想の死

第二の疑問点に移ろう。ミシュレが公に提案した死は何を意味するのか。到底かなわない敵に向かって突進し、華々しい死を遂げること。われわれはここで『フランス史』におけるこれと類似した例、シチリア王マンフレディ（位一二五八―六六）の死を取り上げよう。彼は神聖ローマ皇帝フリードリヒ二世（位一二一二―五〇）の庶子であり、ホーエンシュタウフェン家の最後の生き残りのひとりである。フリードリヒ二世の息子の皇帝コンラート四世（位一二五〇―五四）の急死の後、帝位はこの家系を離れ、いわゆる「大空位時代」（一二五四―七三）が訪れる。教皇はこの機会をとらえ、フランス王ルイ九世の弟であるシャルル・ダンジュー（一二二七―八五）に一族の撲滅を命じる。

マンフレディはフランス軍相手に奮闘するものの、兵力の差はいかんともしがたく、ついにシャルル・ダンジューの騎士道に反した戦法の前に敗北する。マンフレディとシャルルの戦いは騎士道精神と近代精神の戦いであり、マンフレディの死は騎士道的伝統の終焉を告げるものである。敗北が避けがたいのを見て、マンフレディは死を望み、敵中に身を投じる。

シャルル・ダンジューの勝利は、兵士たちに与えた《馬を打て》という卑怯な命令によるものと言われている。これは騎士道に反することであった。ただし、この手段はほとんど必要でなかった。フランス騎兵隊は、主に軽装部隊から構成される敵軍に対し、圧倒的な優位を誇っていた。マンフレディは兵士たちが潰走するのを見て、死を望み、兜を付けた。しかし兜は二度落ちた。「コレハ神ノシルシカ」と彼は言った。彼はフランス軍のただなかに身を投じ、そこで死を遂げた。シャルル・ダンジューはこの不埒な破門者に墓を与えまいとした。しかしフランス兵たちは各々ひとつずつ石を運び、彼のために墓を築いた。(HF1, 576)

マンフレディの死は、騎士にとっての理想の死を示している。生命よりも名誉を重んじる彼は、不名誉な生よりも英雄的な死を自らの意志で選択する。彼の死は敵の称賛をも引き起こし、敵兵たちは彼のために手ずから墓を築く。ちなみに、『ロランの歌』に歌われる伝説の騎士ロランもまた、友軍に見捨てられ、自ら死を望んだ。「キリストのように、彼もまた一二人の仲間と共に売られる。

キリストのように、彼は見捨てられ、置き去りにされる。（中略）彼は角笛を吹く、彼はキリスト教徒たちのために死のうとしているのに、彼らはあくまでも答えようとしない。そのとき彼は剣を折り、死を望む」（HF1, 594）。

マンフレディとシャルル突進公の間には強い類似が存在する。公もまた封建勢力の最後の後継者であり、戦場で絶望的状況に陥る。興味深いことに、シャルルも最後の戦いを前にしてマンフレディと似た死の予兆をもつ。「彼自身多くの希望はもっていなかった。兜をつけた時、飾冠がひとりでに落ちた。『コレハ神ノシルシカ』と彼は言った。そして大きな黒馬にまたがった」（HF3, 426）。歴史家は、封建制の最後の後継者である公に対し、意志的な死によって封建騎士の理想を体現するよう提案するのである。

2　無実の罪人

マリニーの死

こうしてミシュレはシャルル突進公に対し、封建制の罪に対する許しを請うか、封建騎士の理想の死をなしとげるよう迫る。第三の質問に移ろう。この二つの可能性を結びつけ、二者択一を成立させるものは何か。――それは「贖罪」である。ミシュレの歴史においてはしばしば、自らの死によって社会全体の罪を償う特別な存在が現れる。しかし、はたしていかなる状況において？ある世界が終焉にいたる時、ひとりの罪なき者が現れる。彼は個人的には無罪であるが、社会全体の罪を清めるために贖罪の山羊として命を落とす。シャルルマーニュの息子であるルイ好人物帝は、このような「無実の罪人」のひとりであった。不正な帝国の後継者である彼は、個人的には無罪でも、皇帝としては有罪である。彼は帝国を維持しようとする空しい努力の果てに力尽きる。この死は社会全体の罪を洗い清める、殉教者としての死なのである。

フィリップ四世の大臣であった、アンゲラン・ド・マリニー（一二六〇頃―一三一五）もこのような「無実の罪人」のひとりである。フィリップは王権を強化するためなら手段を選ばない非情な国王であった。国王の死後、旧政府への反動から、国王の片腕であったマリニーの破滅が画策される。明白な罪状がないので、国王に呪いをかけたという偽りの訴えによってマリニーは告発され、有罪とされる。マリニーは法廷で見事な弁明を行い、毅然とした態度で死に赴く。その堂々たる態度は群集の称賛を引き起こす。

人々が耳さえ貸していれば、マリニーが自己弁護するのは困難ではなかったであろう。彼は何もしなかった、ただフィリップ美男王の知恵と良心であったことを除いては。それは若き国王〔ルイ一〇世〕にとっては、父親の魂を裁くようなものであった。（中略）マリニーの妻か妹が、彼を解放するためか国王を呪うために、ジャック・ド・ロルなる者にいくつかの小像を作らせたことが発覚した、あるいはそう思われた。「そのジャックなる者は投獄されると絶望して首をくくった。次いで彼の妻とアンゲランの妹たちが投獄された。アンゲラン自身、騎士たちの面前で裁かれ、パリの盗賊用の処刑台で絞首刑になった。その間彼は前述の呪いについて何も認めず、ただ、税の不当徴収と貨幣の改悪を行ったのは自分だけではないと言った……。そんなわけで彼の死は、多くの者にはその原因が十分に分からぬまま、大きな賛嘆と仰天の的となった」。(HF2, 148)

この告発はでっち上げであり、判決は仕組まれたものである。しかし驚くべきことに、ミシュレはこの違法な判決の中に歴史の正義の行使を見出す。

それぞれの即位は、聖ルイの《古きよき》慣習の復活として、昔の治世の贖罪として示される。王族と大貴族の仲間であり友である新しい王は、第一の貴族として、《善良かつ厳格な判事》として、前任者の最良の家臣を絞首刑にすることから始める。巨大な処刑台が立てられる。民衆はそこで、民衆の人であり、国王の人であり、治世ごとに王権の罪を担う哀れな庶民の王に罵声を浴びせる。聖ルイの没後は理髪師のラ・ブロス、フィリップ美男王の没後はマリニー、フィリップ長身王〔五世〕の没後はジェラール・ゲクト、シャルル美男王〔四世〕の没後は財務係のレミ……。彼の死は違法ではあるが、不正ではない。彼は、いまだに悪が善よりも優勢な不完全なシステムの、暴虐の汚れを受けて死ぬのである。しかし彼は死ぬ際に、自分を打つ王権に権力の道具を、自分を呪う民衆に秩序と平和の使節を遺す。（HF2, 149）

ミシュレによれば、それぞれの治世の終わりに、必ずこのような犠牲者が現れる。彼らの死は「違法ではあるが、不正ではない」。なぜなら彼らの死は、過去の社会の穢れを清め、新しい時代を開くために必要なものだから。ミシュレはこうして歴史の正義を地上の法律よりも上位に置く。マリニーはフィリップ四世の治世の殉教者として死んだ。それゆえに彼の最期は、聖人の最期を飾る崇高な後光によって彩られるのである。

テンプル騎士団長の死

別の例として、テンプル騎士団長ジャック・ド・モレー（一二四三頃―一三一四）を挙げよう。フィリップ四世はテンプル騎士団の財産に目をつけ、教皇クレメンス五世に命じて騎士団を異端審問にかけさせる。五四人の団員が火刑になり、騎士団は廃絶され、団長たちは終身刑を宣告される。しかし海外団長のモレーともうひとりの団長は、審問官に対してあくまでも無実を訴え、裁判の不正を主張する。この思いがけない抵抗にいらだった国王は、何の手続きもなしに、彼らを火刑にするよう命じる。火刑台の上で、二人の死刑囚は驚くほどストイックな態度を見せ、観衆の賛嘆を引き起こす。

「しかし枢機卿たちが事件にけりをつけたと思っていると、突然予期しないことに、受刑者のうちの二人、海外団長とノルマンディー団長が、話をした枢機卿とサンス大司教に対して執拗に弁明し、それまでの自白や告白を際限なく否認するにいたったので、誰もが非常に驚いた。枢機卿たちは、その場にいたパリ市長に彼らの身柄を預け、翌日もう一度考え直すことにした。しかし風評が王宮にいた国王の耳に入るや、国王は家臣を招集し、慎重な進言に従い《書生を呼ぶことなく》、同日夕刻に、セーヌ川の小島で、王宮庭園と聖アウグスティヌス修道教会の間で、二人を同じ火刑台上で火あぶりにした。彼らは果敢にそして決然と炎を耐え忍んだので、彼らの死の断固さと最後の否認は群集を賛嘆と驚愕で打ちのめした。他の二人は判決通り幽閉された」。(HF2, 130-131)

判事たちに無断で行われたこの処刑は、明らかに暗殺であった。

判決によらないこの処刑は、明らかに違法なものである。しかしミシュレはここに再び歴史の正義を見出す。十字軍の終結とともに、騎士団は歴史的な役割を終えていた。戦うことをやめた騎士団は次第に富裕になり、堕落と腐敗に陥っていた。「大きな努力の後の失墜は重大である。英雄性と聖性のうちに高く舞い上がった魂は、地上に重く墜落する……。病んでいらだった魂は、まるで信じたことに復讐するかのように、激しい飢餓とともに悪に沈み込む」(HF2, 99)。存在理由を失った騎士団が滅びることは、歴史の必然であった。二人の団長はそのストイックな死によって、騎士団全体の罪を洗い清めたのである。

コラディノの死

最後に、皇帝コンラート四世の息子であるコラディノ（コンラディン）（一二五二—六八）を取り上げよう。教皇の命を受けてホーエンシュタウフェン一族の撲滅を図るシャルル・ダンジューは、マンフレディを破った後、一族の最後の後継者である少年コラディノを捕らえる。シャルルは不正な裁判を仕組み、少年を死刑にする。処刑台上で、不幸な少年は堂々たる態度で死を受け入れる。その崇高な姿は語り継がれ、やがて「シチリアの晩鐘」（一二八二年にシチリアで起きたアンジュー家に対する反乱）を引き起こすことになる。この誇り高き一族の最後の生き残りであるマンフレディとコラディノの死は、祖先たちの不名誉な死とは明らかな対照をなす。

この恐るべき家系の正統な後継者であり最後の子孫であるコラディノは捕らえられた。獰猛な勝利者にとっては大きな誘惑であった。彼はおそらくローマ法を強引に解釈し、敗北した敵は大逆罪として扱いうると確信した。それに教会の敵はあらゆる法の外にあるのではないか？教皇もまたこの見解を追認し、彼に《コラディノノ生ハシャルルノ死ナリ》と書き送ったと言われる。シャルルはこの四人の裁判のため、手下の中から判事を選出した。しかし事件はあ

まりに前代未聞なので、判事たちの中からもコラディノの擁護者が現れる始末だった。他の者は沈黙した。（中略）

それでも不幸な子供は、無二の親友であるオーストリアのフリードリヒとともに斬首された。彼はいかなる嘆きも洩らさなかった。「母上、あなたは私について何というつらい知らせを受け取ることでしょう！」そして手袋を群衆の中に投げた。話によれば、この手袋は忠実に拾われ、コラディノの姉のもと、義兄のアラゴン王〔ペドロ三世〕のもとに届けられたという。シチリアの晩鐘のことは知られている。（HF1, 577）

マリニー、ジャック・ド・モレー、コラディノ。彼らの死にはいくつかの共通点がある。第一に、終わりゆくシステムの最後の後継者であること。第二に、違法な裁判で死刑判決を受けること。第三に、死に臨んで堂々たる態度を示し称賛を集めること。歴史家の目には、彼らに対する判決は違法ではあるが不正ではない。腐敗したシステムの最後の後継者である彼らは、自らの死でシステム全体の汚れを洗い清めたのである。

3 歴史家の介入

バラントによるシャルル突進公

そして、シャルル突進公もまた、消え去るべき腐敗したシステムの相続者であった。中世最後の封建勢力であるブルゴーニュ公国の後継者である彼は、封建制全体の罪を担うべき存在である。それゆえにミシュレは『中世史』の末尾において、シャルルに対して贖罪のための二つの道を指し示すのである。封建制の罪を認め神に許しを請うか、あるいは英雄的な死によってその罪を洗い清めるか。この二つの選択肢は現実に起こったことではなく、ミシュレ自身が考えた架空の可能性にすぎない。しかし歴史家は何のために、歴史上の人物に想像上の可能性をわざわざ提示するのだろうか。ミシュレの歴史記述の独自性を明らかにするために、ある比較を試みよう。ここに、プロスペル・ド・バラントの『ブルゴーニュ公の歴史』の中のシャルル突進公の肖像がある。グランソンとモラの敗退の後、公は生まれて初めて逆境に陥る。そんな彼の姿を、物語派の歴史家はどのように描いているか。

家臣は反乱し、軍隊召集は困難を極め、怒っても何の甲斐もないのを見ると、彼は深い憂鬱に陥った。（中略）毎日何か悪い知らせが届いて、彼の悲嘆は増すばかりであった。ある時は同盟者が彼を見放した。ある時は家臣たちが彼の命令を無視してその権威を否認した。ある時はロレーヌの諸都市がつぎつぎと降伏を強いられた。彼は孤独な生活を送り、誰とも話さずに何日も過ごした。誇り高い性格であったので、苦悩を他人に見せたり、嘆いたり、同情されたりすることを恥とした。慰めとなるいかなる信頼関係も、いかなる友情もなかった。自分を省み、神の善意と憐憫に救済を求めることもなかった。暗い悲嘆に沈みこみ、周囲の者により峻厳でより乱暴に接するだけであった。大部分の家臣の情愛さえも消えてしまった。彼らは公にうんざりし、遠からず訪れるであろう彼の破滅が完成するのを待ちかねていた(4)。

誇り高きこの人物は、他人に弱みを見せて助けを求めることも、自らの過ちを認めて神に許しを請うこともない。彼はこうして自分自身の救済を拒絶し、絶望の内に閉じこもる。しかし、ここで友の助けを求め、神の慈悲にすがるよう公に示唆するのははたして何者であるのか。歴史家バラントであろうか。実際には、バラントは当時の回想録作家、フィリップ・ド・コミーヌが『回想録』で表明した意見をそのまま繰り返しているにすぎない。

かつて一度も苦境を知ることがなく、そしてこうした不幸の後も真の療治を探そうとしない者、特に誇り高き王族はそうなのだが、彼らの苦しみはかくなるものである。なぜならこのような場合、一番の救いは神のもとに返ることであり、いかなる点においても神を侮辱しなかったか反省し、神の前にへりくだり、自らの過ちを認めることであるからである。なにしろこうした裁判を裁定するのは神であり、そこにはいかなる誤りも申し立てられないからである。しかる後に、近しい友に話をし、思い切ってその前で苦しみを訴え、恥じることなく特別な友の前に苦しみを晒すのもよいことである。なぜならそれは心を軽くし、励ますからである(5)。

すでに述べたとおり、バラントは自らの歴史記述から近代の歴史家の存在を消し去ることを自らに課した。そのために彼は、さまざまな年代記作家の言葉をそのままに、均一で匿名の文体の内に融合した。われわれが彼の作品に感じる独特の古雅な味わいは、多分にそのことに由来する。同時代の証人であるコミーヌの存在や、語り手であるバラントの存在を示す手がかりは、何ひとつ残されていない。テクストはあくまで匿名のものでなくてはならないのだ。

ロラン・バルトの批判

バラントは、語り手が自分自身を消し去ることで、歴史的事実そのものに語らせることができると考えた。このような主張は、歴史家の不在がその叙述の客観性を保証するということを暗黙の前提にしている。しかし本当に、そのようなことが可能なのだろうか。批評家のロラン・バルトは「歴史の言説」(一九六七)において、「自分自身を消し去り事実に語らせる」という物語的歴史の原則の欺瞞的性格を批判する。

それは、言表者が自己の言説から「姿を消す」ことを欲し、その結果、歴史的メッセージの発信者を示すあらゆる記号が組織的に欠如する場合である。この場合、歴史はひとりでに語られるように見える。この偶発事は重要な経緯をもっている。というのも、それは事実上、いわゆる「客観的な」（歴史家が決して介入しない）歴史の言説に対応するものだからである。（中略）言説のレベルにおいては、客観性――あるいは言表者の記号の欠如――は、ある特殊な形態の想像物として現れる。それは、指向対象的錯覚とでも呼びうるものの産物である。というのも、歴史家はここで、指向対象にひとりでに語らせていると主張するからである。この錯覚は歴史の言説に固有のものではない。どれほど多くの小説家が――写実主義の時代に――言説から《私》のしるしを消し去ることで、自分が「客観的」であると思い込んだことか！(6)

話者は自らの現実存在としての属性を消し去ることで、一個人のレベルを超越した普遍的存在であるかのような印象を読者に与える。とはいえ、語りの形式が語られた内容の普遍性を保障することなどありえない。その意味で、この印象は文体がもたらす単なる錯覚にすぎない。

このような語りの構造は、狭義の物語的歴史にとどまらず、同時代の多くの歴史作品や写実主義小説にも共通して認められる。したがってバルトの批判は一九世紀の歴史家や小説家全般、フローベールやミシュレにまで及んでいる。とはいえミシュレに関しては、この批判は一面にしか当てはまらない。ミシュレはバラントと異なり、物語の最中に介入を行うことを決してためらわなかった。それどころか、彼はバラントの匿名的なスタイルを批判してやまなかった。ミシュレによれば、近代人の発達した人格を十全に活用することが、歴史学には絶対に不可欠なのである。

もしそれが欠点であるとしても、それがわれわれに大いに役立つことを、われわれは認めなければならない。それをもたない歴史家、書きながら自分を消し、存在しないように、（バラントがフロワサールに対してしたように）同時代の年代記作者の背後に続くように努力する歴史家は、まったく歴史家ではないのだ。昔の年代記作者は、非常に魅力的ではあるが、彼の踵に続く哀れな従者に対し、あの偉大で陰鬱で恐ろしい一四世紀がどのようなものであるのかを言うことは絶対にできない。それを知るためには、われわれがもつすべての分析と学識の力が必要である。この語り手には近づくことのできない秘密を解明する、強力な武器が必要である。いかなる武器、いかなる手段が？　強力で巨大なものとなった、近代人の人格である。

（『フランス史』序文）（HF1, 14）

今度はミシュレの手になるシャルル突進公の肖像を見よう。二度の敗戦の後、公は初めて逆境の悲哀を知り、憂鬱のあまり閉じこもる。ここで歴史家は、先程バラントが用いたコミーヌの忠告を再び取り上げる。しかしミシュレの態度はバラントとは対照的なものである。彼はコミーヌの名を挙げながらその言葉を引用した上で、それに正面から反駁を試みる。歴史家はこのようにして、現在の立場から意見を述べる自らの姿を指し示すのである。

この不幸な男は、ジューのそばのジュラの陰鬱な城館にいた二ヶ月の間、そうしたすべてを思いめぐらす時間があった。彼は野営を敷いたが、そこには誰もおらず、せいぜい数人の新兵がいるだけだった。つぎつぎとやって来るのは悪い知らせだった。この同盟者が寝返った、あの従僕が裏切った、ロレーヌのある都市が降伏し、翌日にはまた別の都市が……。彼はそうしたすべてに対し何も言わず、誰にも会わず、閉じこもったままでいた。コミーヌは言う、彼が話をし、「特別な友の前に苦しみを晒す」ようにすれば、彼のためになっただろうと。いかなる友が？　この人物の性格は友をもつことなど許さなかった。そしてこのような地位もそれをめったに許さない。あまりに恐ろしいので誰からも愛されないのだ。（HF3, 423）

また、先程引用した、シャルル突進公の帝国の野望に関するミシュレの記述を見よう。この短いテクストの中にも、語り手の存在を示すしるしがいくつも存在する。第一に、一人称の使用（「私はこう考えたい」）。第二に、同時代の証人の名と、それに対する歴史家の評価（「賢明なコミーヌ」）。第三に、歴史家自身の判断を裏付ける表現（「多分」「思われる」）。こうした介入の果てに、ミシュレは敵に囲まれて絶望的状況に陥った公に対し、驚くべき大胆さをもって進むべき道を提案するのである。

歴史における個人の責任

ミシュレの提案は、シャルル突進公が実際にはおそらくこれらの道を選択しなかっただけに、一層大胆なものといえる。「おそらく」というのは、公の最期は必ずしも明らかでないからである。公はナンシーの戦いの数日後、遺体となって発見される。遺体は獣に食い荒らされ、身元を確認するのは容易ではなかった。「彼はひどい目に遭った。彼は頭部に大きな傷口があり、両腿を貫く傷があり、尻にも傷があった。顔を氷から引き剥がす時、皮膚がはがれた。狼や犬がもう片方の頬をかじり始めていた。しかし彼の家臣たちや、侍医や、従僕や、洗濯女は、モンレリーの戦いの傷痕や、歯や、爪や、隠れたあざから、彼だと認めた」(HF3, 428)。

シャルルの最期については、いくつかの不確かな証言があるのみである。ある者は公が家臣のカンポバッソの裏切りに遭ったと言い、別の者は耳の遠い兵士に誤って殺されたと主張した。「ブルゴーニュ家の悲運はそこに極まった。公はそこに倒れた。彼はカンポバッソがわざと残しておいた者たちに追われていた。別の者が言うには、ナンシーのパン屋が彼の頭に最初の一撃を与え、耳の遠い兵士が、ブルゴーニュ公だと言う声が聞こえずに、彼を槍で殺した」(HF3, 427)。しかし、ミシュレがあのような提案を行うのは、必ずしも想像力によって死の真相に迫るためではない。シャルルが贖罪となりうるような最期を遂げた可能性はきわめて低い。裏切り者の手にかかったにせよ、誤って殺されたにせよ、それはいずれもマンフレディの英雄的な死からはほど遠い。しかしそのことを承知の上で、ミシュレはあえて彼に騎士の理想の死を提案する。

歴史家の意図はむしろ、人間に選択の余地を与えることで、その倫理的責任を問うことにある。シャルルが果たすべき英雄的な死とは、彼が背負うべき封建制の罪に対する贖罪である。しかしこの死と贖罪の弁証法は、クーザンが考えるように人間の意志を超越した次元にあるのではない。ミシュレは、人間があくまで自らの意志において責任を果たすことを要求する。それは、ミシュレが歴史の正義を神の次元にではなく、あくまで人間の次元に置こうとしたことの表れなのである。

歴史家の倫理

ブルゴーニュ公シャルルの死は、ミシュレにおける死の贖罪的機能を明示するだけではない。その死の間際における歴史家の介入は、ミシュレの歴史のもつ独特の倫理的性格を明らかにする。例えばクーザンにとって、歴史の歩みは宿命的なものであり、そこに個人の意志の介入する余地はない。だから彼にとっては、個人が何を行ったかが問題であり、何を意図したかは重要でない。ミシュレは反対に、あくまで個人の意志を問題にする。彼は個人に選択の余地を与えることで、歴史における個人の責任を問う。ミシュレにとって、歴史の正義は人間の正義に対して超越的なものではないのである。

このことは歴史家の役割を根本的に変更する。もしクーザンの言うように歴史が神の判決であるならば、歴史家はそれを忠実に伝えるだけでよいだろう。それを批判することは歴史家の越権行為となるだろう。しかし歴史の歩みが決定されておらず、人間に選択の自由があるならば、歴史家は人類が進むべき方向を指し示す権利がある。いまや歴史家は神の判決を伝える者でなく、自らの判断に従って判決を下す者となる。

このようなミシュレの態度は、歴史的事実を絶対的基準とする歴史哲学の姿勢とは異なる。それは結局、勝利者の立場を暗黙のうちに肯定することでしかない。またそれはバラントのような、自らの判断を保留する中立的な姿勢でもない。それは要するに、過去の証人に判断を委ねることでしかない。ミシュレは物語に介入することで、過去の人間を裁く歴史家自身の姿をわれわれに指し示す。彼はこの大胆な身振りによって、歴史上の人物の責任を問うのみならず、現代の歴史家が担うべき倫理的責任をも問題にするのである。

『中世史』はルイ一一世の死によって閉じられる。この老獪な狐は、狡知と忍耐によって獅子を死に追いやり、王国の最大の脅威を取り除くことに成功した。彼はブルゴーニュを併合し、中央集権的なフランス王国を確立する。これによって中世が終わり、近代という新しい時代の幕が開く。しかしミシュレのこの国王に対する視線は冷淡なものである。晩年のルイは、死を逃れようと空しくあがく哀れな老人にすぎない。われわれはここに、フランス王が聖性を喪失したことをあらためて確認するのである。

国王が最後に頼ろうとした療治は聖油瓶であった。彼はランスにそれを要求し、サン＝レミの大修道院長が拒絶すると、教皇からそれを取り寄せる許可を得た。彼はもう一度塗油を受け、聖別式をやり直すつもりであった。明らかに、二度聖別された王はより長生きすると考えてのことであった。

彼は生命の危険が訪れたら、そっと知らせるよう頼んでおいた。周囲の者はそれに構うことなく、突然乱暴に、死ななければならないと彼に告げた。彼は一四八三年八月二四日、アンブランのノートルダムに祈願しつつ死んだ。（HF3, 466）

ミシュレが『中世史』の最後の巻を刊行した一八四四年、社会においてはギゾー内閣への不満から改革の気運が高まりつつあった。歴史家の関心はすでに中世の王権を離れ、現代の社会に移っていた。彼は『フランス史』をここで一旦中断し、『フランス革命史』に取り掛かる。

注

（1）Victor Cousin, *op. cit.*, p. 265.
（2）*Ibid.*, p. 260.
（3）ホーエンシュタウフェン朝の皇帝たちはみな、イングランド王と同様に、英雄的精神と非凡な才能にもかかわらず悲惨な最期を遂げる。フリードリヒ一世（赤髭帝）（位一一五五―九〇）は輝かしい戦歴を誇る英雄であるが、結局第三回十字軍の途上で不名誉な溺死を遂げる。「その間に、フリードリヒ赤髭帝はすでに恐るべき巨大な軍隊とともに陸路で出発していた。彼は、イタリア遠征で危うくなった軍事的宗教的名声を立て直そうと望んでいた。小アジアにおいて、〔皇帝〕コンラート〔三世〕やルイ七世はさまざまな障害に挫折したが、フリードリヒはそれらを克服した。この英雄はすでに年老い、多くの不幸に疲れ果てていたが、なおも自然や、ギリシア兵の裏切りや、イコニウムの太守の罠に打ち勝ち、この太守に記念すべき勝利を収めた。しかしそれは、アジアのちっぽけなつまらない川の水の中で、栄光もなく死ぬためであった」(HF1, 512-513)。

その後を継いだ息子のハインリヒ六世(位一一九一―九七)は、皇妃の所領であったシチリア王国を征服するが、まもなく急死する。ミシュレは彼の早すぎる死についてこのような推測を述べる。「それは多分、ゲルマン的な人の好さを少しももたない唯一の皇帝であった。妻の所領であるナポリとシチリアにとって、彼は血に飢えた征服者、怒り狂った暴君であった。妻に毒殺されたか、あるいはおのれ自身の暴力に憔悴してか、彼は若くして死んだ」(HF1, 509)。

最強の皇帝として恐れられたその息子のフリードリヒ二世(位一二一二―五〇)は、晩年はつぎつぎと近親者に裏切られ、自暴自棄となり、苦悩のうちに死ぬ。「フリードリヒ二世は、義理の父親のジャン・ド・ブリエンヌが、彼が聖地にいる時をとらえ、ナポリを奪い取るのを見た。彼が後継者に指名していた実の息子のハインリヒは、ハインリヒ五世が父親〔皇帝ハインリヒ四世〕に対して行った反逆を繰り返した。その間に別の息子である美貌のエンツォは、ボローニャの牢獄に永遠に幽閉された。ついには彼の大法官であり最愛の友であるピエロ・デレ・ヴィーニェが彼を毒殺しようとした。この最後の一撃の後にはもはや、三月一五日のカエサルのように頭をヴェールで覆うしかなかった。フリードリヒはあらゆる野心を捨て、すべてをあきらめて聖地に引退することを求めた。彼はせめて平穏に死にたいと望んだのだ。教皇はそれを許さなかった。/そこで老いたる獅子は残虐行為に身を沈めた。パルマの攻囲において、彼は毎日四人ずつ捕虜の首をはねた。彼は恐るべきエッツェリーノ〔・ダ・ロマーノ〕を擁護し、彼を帝国の代官とした。すると全イタリアで、手足を失った男たちや女たちがパンを乞うのが見られた。彼らは口々に帝国の代官の復讐だと語った。/フリードリヒは苦悩のあまり死に、教皇は喜びの声をあげた。息子のコンラート〔四世〕はイタリアに姿を見せたが、それはただ死ぬためであった。こうして帝国はこの家系を離れた」（HF1, 575）。

（4） Prosper de Barante, *op. cit.*, t. X, p. 387.

（5） Philippe de Commynes, *Mémoires sur Louis XI*, Gallimard, « Folio », 1979, p. 359.

（6） Roland Barthes, *Le bruissement de la langue*, Éditions du Seuil, « Points Essais », 1993, p. 168.

第6章　歴史の判決

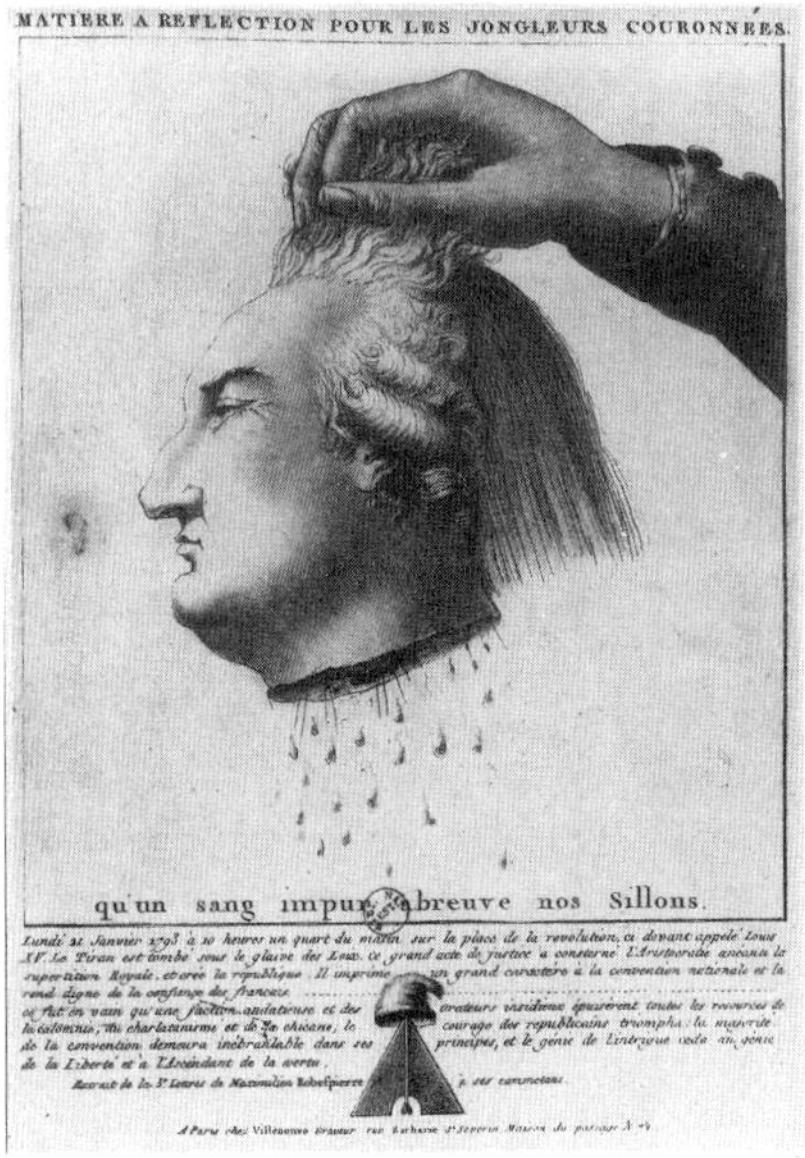

ルイ 16 世の処刑（当時の版画）

参考資料　『革命史』（一）三部会召集から国王処刑まで

ルイ一六世（位一七七四―九二）は財政難を打開するため、一七八九年五月に三部会を召集する。しかし投票方法をめぐり議論は紛糾し、第三身分（平民）は六月に「国民議会」と称して独立する。彼らは憲法制定までは解散しないことを誓い（「球戯場の誓い」）、七月に「憲法制定議会」と称する。七月一四日、財務長官ネッケル罷免の報に民衆は蜂起し、バスティーユ監獄を襲撃する。八月には封建的特権の廃止が決議され、「人権宣言」が採択される。国王がこれらに承認を与えないので、一〇月五日・六日に民衆は「ヴェルサイユ行進」を行い、王室と議会をヴェルサイユからパリに移転させる。

その後、ミラボー（一七四九―九一）やラ・ファイエット（一七五七―一八三四）ら立憲王政派の主導で革命は進展する。教会財産の国有化、行政区画の再編、司法制度改革、経済の自由化などさまざまな分野で改革が進行する。一七九〇年七月一四日には全国連盟祭が開催され、シャン・ド・マルスで祭典が行われる。

一七九一年六月、国王一家はパリを脱出し国外逃亡を試みるが、ヴァレンヌで捕えられ連れ戻される（「ヴァレンヌ逃亡事件」）。八月、プロイセンとオーストリアによる「ピルニッツ宣言」が発せられ、諸外国の干渉が始まる。九月に新憲法が採択され、一〇月に「立法議会」が発足する。

一七九二年三月に共和派のジロンド派内閣が成立し、四月にオーストリアに宣戦する。戦局は悪化し、七月に「祖国は危機にあり」の宣言が発せられる。危機感を高めた民衆は八月一〇日にチュイルリー宮殿を襲撃し、王権を停止する。九月にはパリの民衆が監禁中の反革命容疑者を虐殺する（「九月虐殺」）。九月二一日に「国民公会」が発足、王政廃止・共和政成立を宣言する。陰謀容疑で国王に対する裁判が行われ、国王は一七九三年一月二一日に処刑される。

はじめに――一八四七年のミシュレ

ミシュレは一八四四年に『フランス史』の第六巻を刊行したところで、執筆を一時中断する。彼は『フランス革命史』に着手し、一八四七年に第一巻を刊行する。この予定変更を理解するためには、一八四〇年代のフランスの政治状況を把握する必要がある。カミーユ・ジュリアンの説明を聞こう。

一八四〇年以降、七月王政政府は、自らがそこから誕生した自由主義の原理と民主主義への切望に対して戦った。政府を指導するギゾーは、かつて自分を権力の座につけたその潮流を阻止しようと試みた。彼は大革命の歩みを、中産階級が勝利した日で止めようとした。彼は民衆が権力を共有することを拒絶した。二〇年前に起こった紛争が再び現れた。ただ、かつてのブルジョワジーに代わって今では民主主義が権力との戦いを行っていた。

二〇年間の無償の労働の後、歴史学は再び政治の渦中に身を投じた。一八二〇年の時のように、論争の主導権を握ったのは歴史家と哲学者であった。この世紀を通して、諸党派は公的な勝利を収める前に歴史的弁明を行うのが常であった。ブルジョワジーの政体は一八三〇年以前にギゾーを行動へ駆り立てた。民主主義の政体は一八四八年よりずっと以前にミシュレを行動へ駆り立てた。(1)(『一九世紀フランス歴史学注解』)

一八三〇年の七月革命により、ルイ=フィリップが即位して七月王政が始まる。しかし権力を握ったブルジョワジーは、それ以上の革命の進行を望まなかった。政府はやがて反動化し、民主主義の運動を抑圧するようになる。改革派の理論的指導者であったギゾーも、入閣後は反動的政策を次々と打ち出した。このことは、民主主義の党派にとっては許しがたい裏切りと映った。

一八四七年には再び革命の機運が盛り上がる。一八二〇年代のソルボンヌの教授陣に代わってその精神的指導者となったのは、コレージュ・ド・フランスの教授陣であった。ミシュレ、キネ、ミツキエヴィチの三人は、革命の新たな預言者となった。この年には、ルイ・ブラン『フランス革命史』、ラマルチーヌ『ジロンド派の歴史』、エスキロス『モンターニュ派の歴史』など、フランス革命史がつぎつぎと刊行される。社会で革命運動が盛り上がるにつれて、人々はその運動の起源に位置する大革命の歴史的な再検討を迫られたのである。

ミシュレの『革命史』もまた同じ社会的要請に応えるものであった。彼はすでに数年前から現代社会への強い関心を示していた。彼は『イエズス会』(一八四三)、『司祭、女性、家族』(一八四四)において カトリック教会の腐敗を告発し、『民衆』(一八四六) において下層階級の復権を訴えた。ジュリアンは『革命史』をこれらの作品の延長線上に位置づける。「キネと共同で出した『イエズス会』（一八四三）、『司祭、女性、家族』（一八四五）、『民衆』（一八四六）の後、彼はついに、近代世界において最初に国民となった民衆の歴史に着手した。彼は一八四七年から『フランス革命史』を刊行する。これは先行する三冊と同様に闘争の書である」[2]。歴史家は現代の革命運動と密接に関わりながら、過去の革命に視線を向けようとする。このことはミシュレの歴史記述にいかなる影響を与えるのか。

1 ミシュレとフランス革命

正義と恩寵の対立

ミシュレにとってフランス革命とはいかなる事件であるのか。『革命史』の序説（一八四七）において、彼は大革命の原理である「正義」を、キリスト教の原理である「恩寵」に対立させる。歴史はここでも対立する二つの原理の戦いとして定義される。

> 私は大革命を、法の到来、権利の復活、正義の反動と定義する。
> 大革命において現れた法は、それに先行する宗教的な法に合致するのか、矛盾するのか？
> 言い換えるならば、大革命はキリスト教的か、反キリスト教的か？
> （HRF1, 21）

大革命を王権ではなくキリスト教と対立させるところにミシュレの独自性がある。これは、大革命を政治的・社会的次元のみならず文化的・宗教的次元でとらえようとする歴史家の姿勢の表れである。[3]「宗教的であろうと政治的であろうと、二つの問題の根は深いところで分かちがたく絡み合っている」(HRF1, 21)。「恩寵」とは中世のキリスト教と近代の絶対王政をともに支配する原理であり、大革命はその両方に同時に対立するのである。「大革命は、恩恵の政府と恩寵の宗教に対する、正義の遅ればせの反動にほかならない」(HRF1, 30)。

序説は二部に分かれている。第一部「中世の宗教について」において、ミシュレは中世の精神を支配したキリスト教の教義の根底に、人間の自由意志を否定する宿命論的性格を見出す。

一、出発点はこうである。罪はただひとりから来り、救済もただひとりから来る。アダムが滅ぼし、キリストが救った。

彼は救った、何ゆえに? なぜなら救おうと思ったから。他にいかなる動機もない。人間のいかなる美徳も、いかなるわざも、いかなる人間の長所も、自らを犠牲にする神のこの途方もない犠牲には値しない。(中略)

二、この膨大な犠牲の見返りに、彼は何を求めるのか。ただひとつのこと、すなわち信じることを。自分が実際にイエス・キリストの血によって救われたと信じることを。正義のわざではなく、信仰が救済の条件である。信仰の外にはいかなる正義もない。(中略)三、ひとたび正義から外れると、われわれは絶えず恣意の中に落ちてゆかざるをえない。

(HRF1, 26-27)

神の意図がすべてを支配するならば、人間の意志は無に等しい。ミシュレはキリスト教の教義から、人間は自らの救済に関してまったく無力であるという、カルヴァン派の救霊予定説にも似た教えを導き出す。このような教えは民衆から反抗の意志を奪い、彼らを隷属状態に縛りつける。またそれは人間の自由意志を否定する点で、歴史哲学の宿命論に通じるものがある。

第二部「旧王政について」において、ミシュレはアンシャン・レジームの民衆のうちに、王権に対する宗教的ともいえる偶像崇拝を見出す。中世において民衆が教会の教えを無条件に受け入れたように、近代において民衆はすすんで自由を放棄し王権に自らの運命を委ねる。

すでに述べたように、選ばれし者に好意的な《恩寵の宗教》と、寵臣の手に握られた《恩寵の政府》は、完全に同じものだ。特権者の物乞いは、修道院のように薄汚れたものであれ、ヴェルサイユのように黄金に飾られたものであれ、結局は物乞いにすぎない。それらは二つの父権的権力である。すなわち、宗教裁判所に代表される聖職者の父権制と、赤い本とバスティーユに代表される王権の父権制である。

(HRF1, 63)

王権は自らにへつらう者に恩恵を与え（「赤い本」には寵臣への援助が記録されている）、自らに楯突く者を監獄（バスティーユ）に放り込む。ミシュレにとって、王権と教会は、恣意的な父権的権力という点で一致している。中世から近代になり、民衆の崇拝の対象が変わっても、その隷属状態には何の変わりもないのだ。

シャン・ド・マルスの訪問

一八四七年の序文において、われわれはミシュレが奇妙な儀式を執り行うのを目にする。毎年夏になると、彼はシャン・ド・マルスを訪れる。そこは一七九〇年七月一四日に全国連盟祭が行われた場所である。一八四七年現在、そこにはただ広大な空間が広がるばかりである。しかし歴史家はこの何もない空間に、大革命が残した唯一の記念碑を見出す。

シャン・ド・マルス、ここに大革命が残した唯一の記念碑がある……。帝政は円柱をもち、そしてさらに凱旋門をほぼわがものとする。王権はルーヴルと廃兵院をもつ。一二〇〇年における封建的教会は今もなおノートルダムに君臨する。そしてローマ人でさえ、皇帝の温泉をもっている。

そして大革命は記念碑として……虚無をもつ……。

その記念碑は、アラビア半島のように平坦な砂漠である……。右手にひとつの《墓標》、左手にひとつの《墓標》。それはまるで、かつてガリア人が英雄たちの記念に建てた、人知れず埋もれた墓標のようだ。

英雄とは、イエナ橋を建てた者〔ナポレオン一世〕のことか。いや、ここにはそれよりもさらに偉大で、さらに強力で、さらに生気ある何者かが、広大な空間を満たしている……。

「それはいかなる神か。何も分からない……。しかしここには神が宿っている!」(HRF1, 1)

シャン・ド・マルスは大革命の墓標である。大革命はこの広大な虚無のほかに何ひとつ遺さなかった。しかしこの空虚な墓標は、キリストの墓と同様に将来の復活を約束する。ミシュレは荒野のただなかで預言者のように叫ぶ。「もしこの平原が荒れ果てているとしても、この草が干からびているとしても、それはいつの日か再び緑になるであろう」(HRF1, 2)。歴史家にとって大革命はまだ終わっていない。彼はこうして歴史的な舞台に身を置くことで、革命家たちの意志を継承することを宣言するのである。

ミシュレはここで唐突に、自らの個人的な体験を語り始める。『革命史』の第一巻の執筆中に、彼は父親を失った。ミシュレはここでも『日記』におけるのと同様に、自分が父親にいかに多くのものを負うかを強調する。ミシュレの父は、父親として息子の教育に心血を注いだだけではない。彼はまた歴史の証人として、歴史家に多くの貴重な証言を与えた。

人生においてはすべてが混じりあうものである。私がフランスの伝統を新たにすることに大きな幸福を覚えていた間に、私自身の伝統は永遠に断たれてしまった。私は、よく私に大革命の話をしてくれた人物、私にとってあの偉大な世紀、すなわち一八世紀のイメージであり、尊敬すべき証人であった人物を失ってしまった。四八年の全生涯をともに生きてきた父を、失ってしまった。(中略)

それから私は自分の道に立ち返り、この作品の最後までたどりついた。死に満ち、生に満ちあふれて。自分の心をできるかぎり正義の近くに置こうと努めながら。喪失と希望によって自分の信念を固めながら。自分の家庭が壊れるに従い、祖国の家庭に身を寄せながら。(HRF1, 8)

ここにおいて、父親の姿と革命家たちの姿がミシュレの内で重なり合い、シャン・ド・マルスの訪問は父親に対する墓参りに等しいものとなる。ミシュレにとって、『革命史』の執筆は二つの意味をもつ。第一に、歴史家として、共和国誕生の物語を謳い上げ、民衆に対する責務を果たすこと。第二に、息子として、父親の生きた時代を語り継ぎ、父に対するレクイエムとすること。彼はこうして私生活と公的な職務を重ね合わせることで、祖国のうちに失われた家庭を再発見しようとするのである。

判事としての歴史家

一八四〇年代の改革運動の高揚は、二つの意味でミシュレを歴史のただなかに投げ込んだ。彼は現実社会において、同時代の革命運動の指導的役割を担っただけではない。彼は歴史研究においても、研究対象の内部に身を置くことになる。なぜなら彼にとってフランス革命は完結した過去の出来事ではなく、現在まで継続する運動であるからである。ミシュレは『世界史序説』において、現代社会を嵐にたとえ、その中を進む人類の運動を「理解する」ことを自らの義務とした。しかし四〇年代のミシュレにとって、歴史家はもはや冷静に歴史を観察する傍観者ではない。それはいまや歴史のただなかに身を投じ、その流れを変えようとする者となる。

すでに見たように、ミシュレは、歴史的事実を神の判決と見なすクーザンの歴史哲学を拒絶した。歴史が未完である以上、いかなる歴史的事実も神の最終判決ではありえない。歴史家の役割はいまや、神の判決を伝えることでなく、自らの判断に従って判決を下すこととなる。歴史家はそれによって、同時代の歴史そのものにはたらきかけようとするのである。

シャルル突進公に対して贖罪としての死を提案した時、ミシュレはこのような歴史家の権利を行使していた。しかし『革命史』において、歴史家の権限は一段と大きなものとなる。歴史家はいまや歴史の判事として姿を現し、過去の歴史に対して声高に自らの判決を言い渡すのだ。われわれはここで、フランス革命の初期の重要人物であるミラボーとルイ一六世を取り上げ、このような歴史家の役割の変化を確認することにしよう。

2　ミラボーの死

初期の革命運動

フランス革命の初期は、ミシュレにとってきわめて幸福な時代であった。一七八九年七月一四日のバスティーユ攻撃、一〇月五日・六日のヴェルサイユ行進、一七九二年八月一〇日のチュイルリー宮殿襲撃は、民衆の一致団結した自発的な行動であり、革命の理想的な姿を示している。とりわけ一七九〇年七月一四日に行われた全国連盟祭は、革命運動の絶頂であり、国民全体の統一が実現した奇跡的な瞬間であった。各地から集まってきた代表たちはシャン・ド・マルスに集結し、全員の心は革命の理想のうちにひとつになる。

それはいかなる光か。それはもはや八九年のような、自由への漠然とした愛ではない。全国民を動かしその心を奪い去るのは、確固たる形をもつ特定の目的である。一歩踏み出すごとに、それは一層見事になり、歩みはさらに早くなる……。ついに暗闇は消え去り、霧は晴れ、フランスは、愛し求めながらもいまだに掴むことができなかったものをはっきりと見た。すなわち祖国の統一を。(HRF1, 403)

祖国の統一は、自然が作り出した地理的・人種的な多様性の克服を意味する。「かつての場所や人種の多様性はどこへ行ったのか。あれほど強力で明白であった地理的対立は？　すべては消え去り、地理は抹消された。もはや山もなく、川もなく、人間のあいだの障害もない……」（HRF1, 406）。それゆえにフランス革命は、人間の自然に対する最終的な勝利であり、人類の歴史の到達点に位置するのである。

ミラボーの贖罪

ミラボー（一七四九―九一）は三部会、国民議会、憲法制定議会の議員として初期の革命運動を推進した。「獅子の咆哮」と評される比類ない雄弁家であると同時に自堕落な放蕩家である彼は、強さと弱さを併せもつ矛盾した存在として描かれる。一七八九年一〇月五日・六日のヴェルサイユ行進の後、彼はパリに連れて来られた国王一家のひそかな相談役となる。これ以降、彼は王権への忠誠と革命の信念の間で引き裂かれることになる。「彼は二つのものを、すなわち《王権》と《自由》を救おうとした。王権それ自体を自由の保障と見なすことによって」（HRF1, 555）。ミラボーは王室の利益のために賄賂を受け取り、議会で裏切り者として糾弾される。

この変節がミラボーを殺すことになる。民衆の代弁者として生きてきた彼にとって、その支持を失うことは致命的な痛手であった。「ミラボーは当時、明らかに彼を死に導く病に冒されていた。

私は彼の不摂生や過労のことを言うのではない。いや、ミラボーが死んだのはひとえに民衆の憎悪のためである。崇拝され、そして罵倒されたのだ。プロヴァンスではめざましい勝利を収め、祖国の胸に抱きしめられるのを感じた……。そして、九〇年五月には、民衆はチュイルリーで彼を縛り首にするよう要求した！」（HRF1, 352）大地から離れると力を失うギリシア神話のアンタイオスのように、ミラボーは民衆から離れることで生命を失う。

ミラボーは死の間際に、自らの過ちを償う機会を得る。一七九一年末（死の一ヶ月前）、議会で移住の自由が議題となった。貴族の移住を無制限に認めれば、共和国の安全を危うくすることになる。とはいえそれを禁じれば、自由と公正の原理に触れることになる。公安か正義かという二律背反の中で、ミラボーは断固として正義を支持する。「ミラボーはここで民衆の代弁者そのものであり、大革命の声であった。彼は多くの過ちを犯したが、これは彼にとって不滅の功績である。彼はこの機会に公正を擁護した」（HRF1, 545）。しかしジャコバン派の議員たちは、彼を宮廷の手先として激しく糾弾する。これはミシュレ的聖人にとっての最後の試練であり、ミラボーはこの試練を通して過去の過ちを洗い清める。

ミラボーは隣の席についていた。「そして彼の顔から大きな汗の雫が落ちていた。彼はオリーヴ山で苦杯を前にしていた」とカミーユ・デムーランは言う。

ひとりの敵の心中から漏れた、高貴で公正な喩えである。この悪意なき高潔な敵は、怒りのさなかにも、愛した者を思わず称揚するのだ。

そう、カミーユの言うとおりだ。公正と自由と人道の問題でわが身を滅ぼしたこの大演説家も、結局のところ、血の汗を流し苦杯を飲む資格がある。この背徳者、この罪人、この不幸な偉人が何をしたにせよ、それから浄化されるように。正義のため、大革命の人間的原理のために苦しんだこと、それが彼の贖罪であり、未来に向けての償いとなるであろう。(HRF1, 552)

民衆に囲まれた死

一七九一年四月二日にミラボーは死ぬ。それは『革命史』に描かれた最も幸福な死である。彼は最後の試練によって清められ、新しい自分として生まれ変わる。「死に際してこれほど偉大で情愛豊かだった者は誰もいない。彼はみずからの人生について過去形で語った。《かってそうあった、そしてもはやそうあることをやめた自分自身について》語った」(HRF1, 556)。ミラボーは、彼の健康状態を心配して駆けつけた民衆に囲まれて死を迎える。「彼は言った。『ああ、民衆よ! あの善良な民衆のためなら、一身を捧げるべきだ。彼らの自由を打ち立てるためなら、何でもするべきだ。私にとって、民衆のために生きるのは栄光であり、民衆のただなかで死ぬのは甘美なことだ』(HRF1, 557)。彼は死の訪れを予見すると、陽だまりに身を置き、静かに最期の時を待つ。それはソクラテスの最期に比すべき、賢者の死である。

「四月二日の朝、彼は窓を開けさせた。そしてしっかりした声で私に言った（語っているのはカバニスである）。『ねえ君、私は今日死ぬだろう。ここまで来れば、することはひとつしかない。香水をつけ、花の冠をかぶり、音楽に囲まれて、気持ちよく、もう覚めることのない眠りに入るんだ』。彼は従僕を呼んだ。『さあ、私のひげそりと身づくろいの支度をするんだ』。彼はベッドを開いた窓のそばに寄せると、小さな庭の木々に春の若葉が芽吹き始めているのを眺めた。太陽が輝いていた。彼は言った、『これが神でないとしても、きっとそれに近いものだ……』。やがて彼は言葉を失った。しかし身振りによってわれわれの友情のしるしに答えた。われわれのどんなささいな気遣いも彼を感動させた。彼は微笑んだ。われわれが顔を寄せると、彼の方でも何とかわれわれを抱きしめようとするのだった……」。

苦痛は激しいものであった。話すことができないので、彼はこう書いた、「眠る」。彼はこの無益な戦いを切り上げたいと思い、アヘンを求めた。彼は八時半頃死んだ。寝返りを打ち、視線を天に向けたところだった。このような表情をとらえたデスマスクはただ、穏やかな微笑みと、生命と快活な夢に満ちた眠りだけを示している。

(HRF1, 557)

ミラボーの死後、民衆の手によって大規模な葬列が行われる。「四月四日、一八四〇年一二月一五日のナポレオンの葬列以前における、世界で最大規模の、最大人数による葬列が行われた。民衆のみが警備を行い、それも見事に行った。三〇万から四〇万の群集において一件の事故もなかった。街路も、大通りも、窓も、屋根も、見物人で一杯だった」(HRF1, 558)。民衆全体の自発的行動によるこの葬列は、ミシュレにおいては最大の栄誉を意味する。

ミラボーへの判決

一七九一年に憲法制定議会は、国家的偉人をまつるパンテオンにミラボーの遺体を安置する。しかし一七九四年になって国民公会は裏切りを理由に彼の遺体を追放し、クラマールの死刑囚の墓地に置く。ミシュレはここで歴史の判事として姿を現し、この追放措置の正当性をあらためて問い直す。歴史家はミラボーを「被告」として歴史の法廷に召喚し、自らの声で判決を言い渡す。


裏切りはあったか?……　否。

腐敗はあったか?……　しかり。

そう、被告は有罪である。——だから、いかにつらくても言わねばならない、彼がパンテオンから追放されたのは正しかったと。

憲法制定議会が、自由の第一の代弁者であり、自由の声そのものである勇敢な人物をそこに置いたのは正しかった。

国民公会が、弱い心をもつ野心的で腐敗した人物をこの寺院から追放したのは正しかった。それは祖国よりもひとりの女性を、そして自らの偉大さを選ぶような人物であった。

ミシュレはこのように一旦はミラボーの有罪を宣言し、その追放を正当な措置と認める。しかし彼はその後で、半世紀たった今日の視点から、あらためてミラボーの復権を要求する。

(HRF1, 562)

一八四七年の今日、彼はどうやらまだそこにいるらしい。ミラボーは半世紀以上も死刑囚の墓にいるのだ。われわれは永遠の刑罰が正しいことだとは思わない。この哀れな偉人にとって、五〇年の贖罪は十分である。間違いない、よりよい時代が来たら、フランスは彼を地中に迎えに行き、彼がとどまるべき場所、すなわちパンテオンにあらためて葬るだろう。大革命の演説家を、大革命の創始者であるデカルト、ルソー、ヴォルテールの足元に葬るだろう。追放は当然であった、しかし帰還もまた正当である。われわれが彼にこの物質的な墓を拒む理由があるだろうか、彼がすでにフランスの心の中、その感謝の記憶の中に精神的な墓をもつというのに?

(HRF1, 563)

ミシュレの歴史において遺体の運命は象徴的な意味をもつ。民衆による葬儀が最大の栄誉を表すのと同様に、墓の不在は(ハインリヒ四世の場合のように)歴史の懲罰を示唆する。ミラボーが放り込まれた罪人たちの墓は、キリスト教の煉獄に似ている。半世紀の試練を通してミラボーは贖罪をなしとげ、パンテオンに帰る権利を得たのである。

3　ルイ一六世の死

国王の受難伝説

ミラボーの死後、革命は激動の時代を迎える。一七九一年六月のヴァレンヌ逃亡事件によって、民衆の王室に対する信頼は決定的に失われる。八月にプロイセンとオーストリアによるピルニッツ宣言が出され、諸外国の革命に対する干渉が始まる。一七九二年四月にフランスはオーストリアに宣戦するが、戦局は悪化の一途をたどる。危機感を強めた民衆は八月一〇日にチュイルリー宮殿を襲撃し王権を停止する。九月には国民公会が発足、共和政成立を宣言する。

八月一〇日の後、国王一家はタンプル塔（テンプル騎士団のゆかりの塔！）に幽閉される。一方、王室の鉄戸棚から秘密書類が発見され、国王が外国と通じていたことが露見する。陰謀の罪でルイ一六世（位一七七四―九二）に対する裁判が行われる。穏健共和派のジロンド派は国王の死刑に消極的であったが、急進共和派のモンターニュ派は死刑を強硬に主張した。投票の結果、死刑が宣告され、一七九三年一月二一日に処刑が行われる。

ルイ一六世の無実を主張する者たちは、裁判の違法性を訴え、罪なくして裁かれたキリストのイメージを彼に付与しようとする。ミシュレはこのイメージの危険な影響力を指摘する。ルイ一六世の「受難」は、彼を殉教者にまつり上げ、かつてのフランス王たちがもっていた「聖性」を復活させることになるだろう。

このように心構えのできた民衆にとって、タンプル塔の伝説がどれほど恐ろしい影響力をもったか判断していただきたい。『聖書』において、王たちは《わがキリスト》と呼ばれ、キリストは《王》と呼ばれる。王の捕囚には、受難という観点から把握され解釈されない出来事は何ひとつなかった。《ルイ一六世の受難》は、女性や農民によって口から口へと伝えられる一種の伝承詩となるだろう。野蛮なフランスの詩となるだろう！ (HRF2, 161)

しかし興味深いことに、そう言うミシュレ自身が、受難伝説を拒絶するどころか、むしろルイ一六世に殉教者の役割を積極的に割り当てようとするかに見える。ミシュレの描く国王は多くの点で「無実の罪人」の条件を満たしている。第一に、彼はアンシャン・レジームの最後の君主であり、終わりゆくシステムを代表する。シャルル突進公の場合と同じく、彼の罪は個人的な罪というよりもむしろ王権自体の罪なのである。

第二に、ルイ一六世は違法な裁判で死刑判決を受ける。ミシュレは国王が陰謀を行ったと確信しており、そのかぎりで判決は正当なものである。しかしミシュレは同時に、一七九三年の時点では決定的証拠はなかったと考えており、そのかぎりで判決は違法なものである。このことが国王の最期にいくばくかの悲劇的な色彩を投げかける。

われわれははじめに、ためらうことなく、ルイ一六世の有罪を確信していると言おう。それは裁判の物語とは完全に別な話である。裁判は九三年には不可能であった。国王を有罪とするいかなる決定的書類もなかった。裁判は今日では可能である。われわれの手元には書類が、動かしがたい証拠がある。(HRF2, 8)

第三に、ルイ一六世は死を前にして魂の浄化を経験する。タンプル塔に幽閉された国王は、信仰の中に魂の平安を探し求める。「彼の最後の試練においては、宗教がすべての救いであった。タンプル塔に着くやいなや、彼はパリの聖務日課書を購入させた。彼は毎日数時間それを読み、毎朝ひざまずいて長いこと祈った。彼はまた『キリストのまねび』をよく読んで、キリストの苦悩を思い自らの苦悩を毅然として耐えた」[4] (HRF2, 184)。それではルイ一六世は「無実の罪人」として死んだのだろうか。いや、ミシュレは最終的に、国王の魂は完全には浄化されなかったと結論する。

しかし、この魂の浄化は完全なものだったろうか。彼の信仰の偏狭さを考えると、もしそうなら驚くべきことだろう。(中略) こうした信仰の特徴は、魂を浄化しながらも、主要な過ちと身についた悪徳を見逃す点にある。ルイ一六世はただひとつの悪徳しかもたなかった。それは王権そのものである。私の言うのは、彼が自分の絶対権力が合法的だと確信していたこと、したがって、権力を守るために武力や狡知を用いることが合法的だと確信していたことである。それゆえに彼は死に際して、自分の嘘を白状し認めながらも、そのことで自分を責めなかったのである。(中略) こうしてルイ一六世は悔い改めることなしに死んだ。一国民がひとりの人間の所有物であるという、王権の有罪を決定づける罪深い考えを抱いたまま。 (HRF2, 184)

以上のように、ミシュレはルイ一六世に対して「無実の罪人」の条件を提示した上で、彼がその役割を果たさなかったことを宣言する。これは歴史家が歴史上の人物に対して倫理的責任を問うための手続きである。すなわち、ミシュレはシャルル突進公の場合と同様に、相手に一旦選択の自由を与えた上で、その選択に対する責任を追求するのである。

王妃の死

ちなみに、ミシュレは王妃マリー＝アントワネット（一七五五―九三）に対しても、ルイ一六世に対するのとまったく同じ態度を示している。彼はアンシャン・レジームの最後の王妃に対しても、「無実の罪人」の役割を付与しようとするかに見える。王妃もまた陰謀の罪で告発されるが、裁判の状況は国王の場合と酷似している。すなわち、被告は有罪であった、しかし証拠はなかった。

王妃は有罪であった、彼女は外国軍を呼んでいた。それは今日では証明されている。しかし、当時は証拠はなかった。彼女は自らの生命を守ろうとした。彼女は自分がひとりの女であり、従順な妻であり、何事も夫の意志によってしか行わなかったと言い、過ちを彼に転嫁した。

(HRF2, 602)

さらに王妃は、死を前にして魂の浄化を経験する。幽閉生活において、彼女は長らく失っていた家族愛に立ち返る。彼女が自らの過ちをすべて認めたわけではないにせよ、彼女の魂はこの浄化によってある程度まで救済されたのである。

王妃は非常に空想的な性格だった。彼女は昔から言っていた。「塔の中に何ヶ月かいた後でなければ、救われることはないでしょう……」。彼女は精神的に救われた。タンプル塔での幽閉生活は彼女を浄化し、高め、彼女は苦しみのるつぼで計り知れないものを得た。彼女のうちで起きた最上の変化は、彼女が八九年まで、あるいはそれ以降でも遠ざかっていた、純粋で神聖な家族愛に立ち返ったことである。

(HRF2, 182)

結局、王妃は有罪判決を受け、一七九三年一〇月一六日に処刑される。国王と同じく、完全に悔い改めることなしに、民衆の無関心に迎えられて。「彼女は一四日と一五日の二日間で片付けられた。彼女は一六日に死んだ。それは戦争の日で、彼女の死はパリではほとんど印象を残さなかった」(HRF2, 602)。

孤独な死

ルイ一六世の最期に戻ろう。処刑は一七九三年一月二一日に行われる。国王を乗せた馬車は、沈黙に覆われたパリの町を通り、革命広場に到着する。民衆の処刑に対する反対に一縷の望みを抱いていた国王は、人々の無関心に愕然とする。これはミラボーの最期とは対照的な、民衆に見捨てられた孤独な死である。

通りには人通りはほとんどなかった。店々は少し開いているだけだった。戸口にも窓辺にも誰の姿もなかった。

広場に着いたのは一〇時一〇分だった。(中略) 彼は馬車を降りると、自分で服を脱ぎ、ネクタイをはずした。ある言い伝えによると、国王は兵士しか見えないのをひどく悔しがる様子で、足を踏み鳴らし、鼓手たちに向かい恐ろしい声で叫んだ。「黙れ!」そして太鼓の音が続いた。「おしまいだ! おしまいだ!」

死刑執行人たちが両手を縛ろうとすると、彼は抵抗した。彼らは助けを呼び求めるような様子を見せた。国王は聴罪司祭を見つめ、忠告を求めた。司祭は恐怖と苦悩に押し黙っていた。ついに彼は努力して言った。「陛下、この最後のつとめもまた、陛下と神の類似点なのです。神は陛下に報いられるでしょう」。彼は天に目を向け、もう抵抗しなかった。彼は言った、「望むようにするがよい。私は苦杯を最後まで飲もう」。

処刑台の階段はひどく急だった。国王は司祭に寄りかかった。最後の段に着くと、彼はまるで聴罪司祭から逃れるように、反対の端に行った。彼の顔は紅潮していた。彼は広場を見つめ、太鼓が一旦止むのを待った。死刑執行人に声が飛んだ。「さっさと仕事をしろ」。彼らは四人がかりで国王を捕まえた。しかし帯紐をかける間も、彼は恐ろしい叫び声を上げた。

(HRF2, 186-187)

断頭台上で、ルイ一六世は死の恐怖を抑えることができず、公衆の面前で見苦しくうろたえる。ここにマリニーやテンプル騎士団長のストイックな最期を見出すことはできない。国王は最後の瞬間に、自らが聖人でないことを暴露するのである。(5)

国王への判決

こうしてルイ一六世の死の物語は閉じられる。しかしミシュレはまだ筆を置こうとはしない。歴史家はミラボーの場合と同様に、今度は自分自身の言葉で判決を述べようとする。彼は国王に対する判決を再び取り上げ、その正当性をあらためて問い直す。「それでは、墓がまだ口を開いているのだから、われわれはもう一言述べることにしよう。われわれは判決を裁くことにしよう」(HRF2, 189)。

彼のまわりで本能的に一種の道徳的な悪魔ばらいがなされた。そのせいで彼は、自分の権利について確信を深め、かぎりない権力という王権の教義のうちに凝り固まり、ますます悔い改めなくなった。彼は自分の過ちを少しも意識することなく死んだ。キリスト教徒にとって前代未聞なことに、彼は自分の無実と正義を信じた。それどころか、人々は彼に自らの聖性を納得させ、彼の苦難をイエスの受難になぞらえたので、彼もこの奇妙な比較を受け入れ「私は苦杯を飲む」と言う始末だった。

これは悪しき判決であった。更生させ浄化する(それがあらゆる裁きの真の目的である)どころか、理解して償いを行うにはまだ時間が必要な者を神の前に送り出したのである。この判決は彼を欠点のうちに凝り固まらせ、改悛とは正反対のもの、自分が聖人であるという確信を彼に与えた! こうして彼の理性を堕落させ、彼を死に際して生前よりも一層罪深いものにした。

この偽の殉教者の死によって、処刑台の上できわめて不吉な結果が達成された。《二つの嘘》の結合である。失墜した古い教会と、とうの昔に神に見捨てられた古い王権が、ついに長い戦

いを終え、《国王》の《受難》において一致し和解したのである。（HRF2, 190）

これは悪しき判決であった。なぜならそれは、国王が聖人であるという錯覚を、民衆のみならず国王自身にも与えることになったから。実際にはルイ一六世は偽の聖人にすぎない。彼はシャルル突進公と同様に、贖罪を行う最後の機会を逸した。結局アンシャン・レジーム最後の国王は、王権全体の罪を洗い清めることなく死んだのである。

判決の二つのモード

ミシュレが『フランス史』を離れ『フランス革命史』に移ったことは、単に研究対象が変化したことを意味するだけではない。それは歴史家と研究対象の関係が変化したこと、それにともない歴史家の役割が根本的に変化したことを意味する。歴史家はもはや過去の完結した事件を客観的に伝える傍観者ではない。歴史家は歴史の進むべき方向性を示すため、自らの手で判決を言い渡す者となる。

ミシュレはこうしてミラボーとルイ一六世を歴史の法廷へ召喚する。この二人の人物は、それぞれ革命側と旧体制側を代表する重要な存在である。共和主義者であるミシュレが、ルイ一六世に反感を抱き、ミラボーに共感を寄せるのは想像に難くない。しかし彼は決して性急な判決を下そうとはせず、むしろ慎重な態度を見せる。彼らの最期を語るにあたり、歴史家はある共通の手続きを踏む。彼はいずれの場合も、まず死の様子を物語り、それからあらためて自らの声で判決を言い渡す。ところで、ミシュレにおける死の物語はすでにある種の判決を暗示しているのだから、読者は二度判決を聞くかのような印象を受ける。歴史家はなぜこのような煩瑣な手続きを踏むのであろうか。

言語学者のエミール・バンヴェニストは、フランス語の言表行為を、「歴史 histoire」と「話 discours」(ディスクール)という二つの体系に区分する。(6) 前者は、歴史記述や小説に用いられるモードであり、三人称で語られ、単純過去を基本的な時制とする。これはいわば語り手から切り離された「物語 récit」(レシ)、あるいはむしろ語り手のない物語である。後者は、話し手から聞き手へとはたらきかけるモードであり、一人称・二人称が三人称とならんで用いられ、現在・未来・複合過去を基本的な時制とする。こちらの方は、語り手の「いま、ここ」に結びついた発話である。この分類を用いると、ミシュレは判決を下す際に二つのモードを使い分けていることになる。歴史家はまず「レシによる判決」を下した後、あらためて「ディスクールによる判決」を下すのである。われわれはこの二種類の判決をもう一度検討しよう。

まず、レシによる判決を見よう。ミラボーとルイ一六世の二つの死の物語は明確な対照をなす。最後の試練によって浄化され、陽光に包まれて静かに息を引き取るミラボーと、最後の瞬間に自らの孤独を悟り、恐怖の叫びを上げながら処刑されるルイ一六世。人間の全生涯が死の瞬間に要約されるならば、歴史家の判決はおのずから明らかであろう。歴史家はこれらの物語によって、王権に対する断罪を行うとともに、革命に対する支持を表明するのである。

ミシュレはルイ一六世の受難伝説を否定したが、受難の図式それ自体を否定したわけではない。それどころか、歴史家は判決を導くにあたり、この図式を一種の基準として用いている（ルイ一六世は有罪である、なぜなら彼は処刑台上で聖人のストイックな態度を示せなかったから。ミラボーは許しを得た、なぜなら彼はキリスト同様最後の試練によって清められたから）。したがって受難の図式の象徴的機能は、『革命史』においても依然として有効なのである。われわれは次章において、革命家たちの最期がやはり一種の受難として描かれることを示したい。

つぎに、ディスクールによる判決を見よう。死の物語を終えた後、歴史家はあらためて故人の罪状を問い直し、最終判決を言い渡す。語り手の存在は、第一の判決においては隠れているが、第二の判決においては一人称「われわれ」によって示される。この語り手は、われわれの今日の知識にもとづいて判決を下す（ルイ一六世は有罪である、なぜならその後証拠が発見されたから。ミラボーは贖罪をなしとげた、なぜなら五〇年の追放を経験したから）。歴史家はこうして、判事としてふるまう現在の自分自身の姿を読者に明示するのである。

結局のところ、いずれの場合も、第二の判決は第一の判決を大きく変更するものではない。ミラボーの穏やかな死は、彼がすでに贖罪をある程度なしとげたことを示唆していたし、ルイ一六世の見苦しい死は、彼が贖罪に失敗したことを裏づけていた。とはいえわれわれの目には、第二の判決は依然として重要である。なぜなら、ミシュレはこの演劇的な身振りによって、判決を下すのが歴史家自身であることを強調しているのだから。それは歴史の正義を人間の正義と同じレベルに置こうとする、歴史家の意図的なふるまいなのである。

とはいえ、歴史家は本当に歴史に異議を唱える権利をもつのだろうか。歴史家が歴史を裁く時、彼は判決の根拠をどこに求めるのか、歴史そのものの中でないとすれば？　実際のところ、ミシュレは歴史の判決を下す際、自らの内にある共和主義の理念をよりどころにしていた。とはいえその理念は完全に非歴史的なものではなかった。それは中世以来の第三身分の伝統によって、そして一七八九年の革命の記憶によって、さらに一八三〇年の革命の体験によって、そして何よりも一八四〇年代の改革の運動によって支えられていた。

しかしミシュレが『革命史』を執筆する間に、彼をとりまく政治的状況は急速に変わりつつあった。同時代の歴史の運動は彼の予想を裏切り、思わぬ方向へと進んでゆく。このことはミシュレに困難な課題を突きつけ、その歴史観の見直しを迫る。その時、歴史家が歴史に逆らうことの苦悩を、ミシュレは身をもって味わうことになる。

注

（1）Camille Jullian, *op. cit.*, p. LXVIII-LXIX.
（2）*Ibid.*, p. LXX.
（3）ミシュレはまさにこの点において他の多くの歴史家たちと対立した。彼は『革命史』第二巻に付した「本書の方法と精神について」（一八四七）において、ビュシェとルーの『フランス革命議会史』（一八三四—三八）を批判する。まず、社会的問題の位置づけについて。『議会史』の著者たちと、多少なりともそれに従う者たちが、大革命の歴史において、いわゆる《社会的》な問題、所有者と非所有者の、富める者と貧しき者のあいだの永遠の問題を第一に置くのは誤りである。この問題は今日では定式化されているが、革命においてはまだ曖昧で漠然とした別のかたちで、二次的な位置に現れたにすぎない」(HRF1, 291)。次に、キリスト教との関係について。「これに劣らず重大な第二の誤りは、カトリックの伝統が大革命の伝統の中に生き延びたと想定したことである。このパラドクスを擁護するためには、大革命そのものに向かい、それが間違いだったと、それが戦ったと信じる相手と同一のものであると主張しなければならない。それは革命が愚劣で馬鹿げたものであると主張するに等しい」(HRF1, 294)。

二〇年後の一八六八年の序文において、ミシュレはまったく同じ観点から今度はルイ・ブランの『フランス革命史』(一八四七―六二)を批判する。「一。物事は真の外観を取り戻し、すべては国民的伝統に立ち戻った。今日われわれの誰ひとりとして自由のうちに最重要問題を見ない者はない。それを覆い隠す《経済的問題》は、自由の帰結であり、重要な深化である。しかし自由こそがすべてに先立ち、すべてを覆いつくす。/二。《宗教的問題》は二次的に見えた。われわれの注意はほとんど反響を呼ばなかった。ボシュエやド・メーストルの作品がわれわれの作品に対して二つの権威の深部でのつながりを声高に主張しても無駄であった。彼らは後になってそれを悟った」(HRF1, 9-10)。

(4)『キリストのまねび』はミシュレの少年時代の愛読書である。しかし彼は後年、キリスト教の根本原理である「模倣(まねび)」の受動的性格に危険を見出し、この本から距離を置くようになる。「彼らはわれわれにこうも言う。『何も探すことはない。あなたがたには神々や、聖人たちや、でき合いの伝説があるではないか』。それではもはや、中世と同様に《模倣》するだけでよかろう。何も探すまい、何も発明しまい、ただ黙って書き写そう。理性を用いる代わりに、物質的な形を愚かに再現しよう。ベツレヘムの場面を繰り返そうとしてある時は牛を、ある時はロバを《模倣》したあの修道士のように」(HRF1, 609)。

(5)国王の処刑に関するさまざまな証言については、例えばダニエル・アラス『ギロチンと恐怖の幻想』野口雄司訳、福武書店、一九八九年を参照されたい。

(6)バンヴェニストは『一般言語学の諸問題』所収の「フランス語動詞における時称の関係」において二つの体系をこう説明する。第一に「歴史 histoire」について。「歴史の言表行為は、今日では書く言語にしか用いられないが、過去の出来事の物語を特徴づける。《過去》、《出来事》、《物語》、この三つの用語は等しく強調されなければならない。これは、ある時点に生じた事実を、物語の中に話し手がまったく介入せずに提示するものである」(Émile Benveniste, *Problèmes de linguistique générale*, Gallimard, « Tel », 1976, 2 vol., t. I, p. 238-239)。そこでは語り手は不在であるかに見える。「本当を言うと、この場合もはや語り手さえ存在していない。出来事は、それが歴史の地平に現れるにつれて生じたかのように提示される。ここでは誰も話さない、出来事がみずから物語るかに見える」(*Ibid.*, p. 241)。第二に「話 discours」について。「われわれは対比のために、《話》の図式をあらかじめ設定した。話を最も広い意味において理解しなければならない。すなわち、話し手と聞き手を想定し、さらに前者のうちに後者に何らかのやり方で影響を与えようとする意図を想定する、あらゆる言表行為である」(*Ibid.*, p. 241-242)。

第7章　断頭台上の死

マラの死（J-L・ダヴィッド）

参考資料　『革命史』(二)　恐怖政治

一七九三年一月のルイ一六世の処刑は激しい反動を呼び起こし、国外においては二月に第一次対仏大同盟が結成され、国内においては三月に反革命派によるヴァンデの反乱が勃発する。国内外の危機を背景に、穏健共和派のジロンド派に代わり、急進共和派のモンターニュ派が革命の主導権を握る。モンターニュ派の中心には、「廉潔の士」ロベスピエール(一七五八—九四)、野生的な雄弁家のダントン(一七五九—九四)、『人民の友』の編集者で危険な扇動家のマラ(一七四三—九三)がいる。

六月にモンターニュ派は民衆蜂起を利用してジロンド派を議会から追放し、ここに「恐怖政治」が始まる。七月にはジロンド派を支持する貴族の令嬢シャルロット・コルデー(一七六八—九三)がマラを暗殺する。ロベスピエールは公安委員会を支配して独裁体制を築くと、政敵を粛清してゆく。一〇月にヴェルニョ(一七五三—九三)らジロンド派が処刑される。「ジロンド派の女王」ロラン夫人(一七五四—九三)も処刑され、逃亡中のロラン(一七三四—九三)も後を追って自殺する。

やがてモンターニュ派内部に分派抗争が起き、ロベスピエールは一方では恐怖政治の終結を訴える「寛容派」のダントンやデムーラン(一七六〇—九四)と、他方ではより急進的な政策を唱える過激派のエベール(一七五七—九四)と対立する。ロベスピエールは一七九四年三月にエベール派を、四月にダントン派を処刑し、六月に自らの手で「最高存在の祭典」を執り行う。こうしてロベスピエールは絶対的な支配者となったかに見えた……。

はじめに――恐怖政治の問題

『革命史』を執筆するミシュレの周囲で、現実の革命運動は進展してゆく。その影響力を危険視するようになった当局は、一八四八年一月にコレージュ・ド・フランスにおける彼の講義を中断する。しかしミシュレは圧力に屈することなく、講義をパンフレットの形で配布する（この講義録は一八七七年に『学生』という題で刊行される）。二月にはついに革命が起き、ルイ＝フィリップは亡命し、七月王政は崩壊する。ミシュレはキネ、ミツキエヴィチとともに民衆の歓呼の中をコレージュ・ド・フランスに迎えられる。ミシュレがあれほど切望していた革命が成就した瞬間であった。

しかし歴史の歩みはやがてミシュレの期待を裏切ってゆく。労働者救済のために設立された国立作業場は膨大な赤字からすぐに閉鎖に追い込まれ、六月には閉鎖に反対する労働者の蜂起が軍隊により鎮圧される（「六月蜂起」）。一二月の大統領選挙ではルイ・ナポレオン・ボナパルトがナポレオン伝説を追い風にして当選する。大統領は一八五一年一二月にクーデタを行い、翌年ナポレオン三世として皇帝に即位し、第二帝政を開始する。ナポレオン一世のもとで少年時代を過ごしたミシュレにとって、帝政の再来は悪夢のような出来事であった。皇帝への忠誠の宣誓を拒絶した彼は、一八五二年四月にコレージュ・ド・フランスを、六月に古文書館を罷免され、以後は著述活動だけで生活することを余儀なくされる。彼は西部のナントに移り、『革命史』の執筆を続ける。

ミシュレは現実生活で苦境に陥るのと同時に、歴史家としても試練の時を迎えていた。『革命史』の執筆は恐怖政治の時代にさしかかっていた。一七九三年から一七九四年にかけての恐怖政治は、歴史家に重い問題を投げかける。人類の進歩の結果であるはずの大革命が、なぜ断頭台上の多くの犠牲者を生み出したのか。たしかに大革命は、革命戦争や内戦や虐殺においても多くの死者を生み出した。しかしその原因は、外国や反革命派や暴徒など、革命の外部に求めることができる。そのかぎりで、それらはいかに悲劇的であろうと、革命の大義を傷つけるものではない。しかし恐怖政治は別である。それは革命家の手によって、正義の名のもとになされた犯罪である。いかなる崇高な目的も、殺戮という手段を正当化することはできない。

革命家同士が互いに殺し合う、血塗られた時代。それは革命の正義を奉じるミシュレにとっては受け入れがたい、しかし避けては通れない時代であった。歴史家はその時、自らの研究対象と自分を取り巻く状況の間に、奇妙な対応関係を見出す。

私は私の主題とともに、夜と冬のなかに沈み込む。嵐の執拗な風が二ヶ月前からナントの丘の上にある私の家の窓を打っている。ある時は荘重である時は悲痛なその声で、私の九三年の《怒リノ日》を伴奏している。正当な調和だ！　私はそれに感謝しなければならない。私が理解できずにいた多くのことが、大洋のこの声の啓示によって、明らかになったのだ（一八五三年一月)。

その声はとりわけ、怒りの表情の中に、私の屋根を通りぬける甲高い風のうなりの中に、私の窓をがたがた震わせる不気味に陽気な物音の中に、私に教えてくれた。それは力強く善良で、慰めとなる教えであった。すなわち、この冬の脅威が、これらすべての死の装いが、少しも死ではなく、反対に生であり、根本的な更新であるということを。自然の永遠のアイロニーは、破壊の力と激しい変貌の中で滅びるように見えながら、そこからしなやかに笑いながら逃れ出るのである。

これが自然であり、これが私のフランスである。 (HRF2, 696)

ミシュレの周囲では冬の嵐が吹きすさび、死が世界を支配する。時を同じくして、彼の作品中においても、恐怖政治という死の嵐が吹き荒れる。この時代を説明する必要に迫られた歴史家は、自らの研究対象をナントの風景に重ね合わせることで、この死が復活を約束するものであると主張する。歴史と私生活との奇妙な交錯! しかし歴史家は、恐怖政治のどこに生のしるしを認めるのか。そして断頭台上の犠牲者たちの死に、いかにして肯定的な意味を与えようとするのか。

1　正義への疑念

恩寵の擁護

恐怖政治の問題はミシュレにとって重大なアポリアであった。正義の名の下に犯された犯罪行為。それを歴史家はいかにして正当化しようとするのか。ここで、『革命史』における正義の概念をもう一度検証しよう。興味深いことに、革命の正義を奉じるはずの歴史家が、時に正義への疑念を表明し、恩寵を擁護するのが認められる。一八四七年の序文の冒頭において、ミシュレは大革命を恩寵（Grâce）に対する正義（Justice）の戦いと定義した。しかし彼はすぐ後で、自らの戦闘的な姿勢を打ち消すかのように、二つの原理は対立するどころか一致すると主張する。

> 何たることだ！　彼らは法に恩寵を、正義に愛を対立させていた……。まるで不正な恩寵がまだ恩寵でありうるかのように。われわれが弱さから区別しているものが、同じものの両面、神の右側と左側でないかのように。（HRF1, 54）

おお正義よ、許してほしい。私はあなたを峻厳で過酷なものと思っていた。そしてあなたが愛と恩寵と同じものだとすぐには気付かなかった……。それゆえに私は、愛のわざを行なわずに愛という語を繰り返す中世に対して甘かったのである。(HRF1, 76)

この正義と恩寵をめぐる両義的な姿勢は、事件の物語それ自体にも表れている。一七八九年七月一四日のバスティーユ攻略を取り上げよう。ミシュレはこの事件を、民衆による自発的な正義の行使として高く評価する。エリーの指揮する国民衛兵は、圧政の象徴であるバスティーユ監獄を攻略する。民衆はバスティーユになだれ込み、虐殺を繰り広げようとする。この時エリーは、「お許しを (grâce) !」という一言によって、暴徒となった民衆の怒りを静め、彼らの暴走を引きとめる。

ちょうどその時、勇敢で優秀なエリーは、いかなる裁判もいかなる判決も一気に終わらせる方法を見出した。彼はバスティーユで働く子供たちを目にすると、叫び始めた。「子供たちにお許しを！　お許しを！」

その時あなたは、褐色の顔が、火薬で真っ黒の手が、涙で洗われ始めたのを見たことだろう。まるで嵐の後で大粒の雨が降り出したようであった……。もはや正義も復讐も問題ではなかった。法廷は破壊された。エリーはバスティーユの勝利者たちに対して勝利した。彼らは囚人に国民への忠誠を誓わせ、彼らを連れ去った。廃兵は静かに宿舎へ立ち去った。フランス衛兵はスイス兵を捕まえると、安全に整列させ、自らの兵舎に導くと、住まわせて養った。

(HRF1, 161-162)

これは決して偶然ではない。ミシュレにとって、一七八九年一〇月五日・六日のヴェルサイユ行進と一七九二年八月一〇日のチュイルリー宮殿侵入は、民衆の自発的な正義の行使という点で、バスティーユ攻略とならぶ特権的な事件である。そのいずれにおいても同様に、「恩寵」の語が民衆の怒りを静め、その暴走を食い止めるのが見られる。(1)歴史家は一方で正義の到来を歓迎しながら、他方でそれが機械的な暴走に陥ることに強い警戒感を表明する。まるで、理想的革命は正義の一方的勝利によってではなく、正義と恩寵の平和的共存によってもたらされると主張するかのように。

ロベスピエールとダントン

大革命の初期において、正義と恩寵は激しく争いながらも何とかバランスを保ってきた。しかしこの均衡は一七九三年に崩れ始める。われわれは次に、革命の中心的存在であったロベスピエールとダントンの対立を通して、そのことを検証することにしよう。革命のために共に闘ったこの二人は、やがて対立を深め、最後には相次いで断頭台に登ることになる。彼らの対照的な性格は、一七九〇年頃にそれぞれが属していたジャコバン・クラブとコルドリエ・クラブの対比のうちに表れている。

ブルジョワ階級に基盤をもつジャコバン・クラブは、平均的精神を体現する。そこには強烈な個性の持ち主はいない。「中産階級のブルジョワジーの最も不安な連中がジャコバン派において活動していたが、この階級の時代が到来した。あらゆる意味において真に平均的な階級、財産も、精神も、才能も平均的な階級である。偉大な才能はまれであり、政治的創意はなおまれであり、言葉は単調で、常にルソーの模倣であった」(HRF1, 553-554)。その指導者であるロベスピエール(一七五八—九四)は、まさに一般的精神を体現する。「ルソーやマブリや当時の哲学者たちによって教養をつけた彼は、なかなか一般論から降りてこようとはしなかった」(HRF1, 479)。彼の長所はフランス王と同様に、その個性なき凡庸さにあった。

ロベスピエールは、才能や、心情や、善良さの点で他のいく人かよりも劣っていたものの、大革命の継続性や連続性を、ジャコバン派の情熱的な粘り強さを代表していた。彼がジャコバン・クラブの最強の体現者であったのは、才能の輝きによってというよりは、むしろクラブに共通する長所と短所の、さらにはジャコバン派以外の当時の大多数の政治家に共通する長所と短所の、均衡の取れた完全な平均としてであった。(HRF1, 869)

それに対して、民衆層に基盤を置くコルドリエ・クラブは、メンバーひとりひとりの強烈な個性によって際立っていた。「コルドリエ派においては個性は非常に強かった」(HRF1, 494)。ジャーナリストのデムーラン、マラ、エベールは、それぞれ独自のスタイルをもっていた。しかしメンバーのあまりに強烈な個性は、クラブの堅固な組織化を妨げることになる。「彼らはそこに力を見出した、しかし同時に、組織を作れないという弱さをも見出した」(HRF1, 495)。その指導者であるダントン(一七五九―九四)は、定義不可能な謎めいた怪物として姿を現す。この怪物はミラボーと同様に、自らのうちに矛盾するさまざまな要素を抱え、それらが彼を内部から引き裂いていた。

この顔は耐えがたい悪夢、重くのしかかる不快な夢であり、人は絶えずそこに立ち戻る。人は反射的に、対立する諸原理のあからさまな戦いに参加する。単にさまざまな情熱の戦いではなく、さまざまな観念の戦いでもあり、それらを一致させることも一方で他方を殺すこともできないという、内面的苦闘に加わるのだ。それは生贄となったオイディプスだ。おのれの謎に取り憑かれ、おのれのうちに恐ろしいスフィンクスを飼い、ついにはそれにむさぼり食われるオイディプスだ。(HRF1, 505)

したがって、ロベスピエールとダントンの対立は、歴史の始まりから存在する一般性と個別性の対立にほかならない。興味深いのは、初期のミシュレが原則的に一般性の側に与していたのに対し、ここでの彼はどちらにも与してはいないことである。「彼らは大革命の陽と陰の二つの電極であった。彼らはその平衡を体現している。[2] ロベスピエールとダントンは、革命に不可欠な二つの原理を体現していた」(HRF2, 480)。歴史家はここでも、二つの原理の平和的共存を主張するかに見える。

機械主義批判

一七九二年末の国王裁判を機にジロンド派とジャコバン派の対立は深まる。このときダントンはジロンド派に接近し仲介を申し出るが、交渉は決裂する。一七九三年一月の国王処刑に引き続く危機的状況において、政権にあるジロンド派は有効な対策を打つことができない。分裂の危機に直面し、人々は本能的に、状況を一気に打開できるような強力なイニシアティヴをもつ指導者を探し求めた。「《祖国の統一、共和国の不可分性》、これが九三年の聖なる言葉であった」(HRF2, 195)。ジャコバン派はこの機に乗じて権力を掌握する。

> ジロンド派の解体と無力、クラブ全体が示す崩壊のしるし、それはジャコバン派の必要を意味していた。
>
> 大革命に生きた統一を与える自然な連合がなければ、少なくともそれに一種の機械的統一を与えるような、ひとつの人工的な連合、ひとつの同盟、ひとつの共謀が必要であった。大きな活動力と強力なエネルギーをもつ、ひとつの政治的機械が必要であった。(HRF2, 35)

強烈な個性に乏しいジャコバン派にとって、組織化はきわめて容易であった。ロベスピエールはその平均的精神によって、堅固な統一を作ることに成功する。「ハーモニーを知らない哀れな音楽家は、たった一本の弦しかもたずに、竪琴を調律したと思い込む。音色の統一、文字通りの《単調さ》、この精神を不毛にする反文学的で反哲学的なものも、ロベスピエールにとっては非常に有効な政治的手段であったと認めざるをえない」(HRF1, 869-870)。すでに見たように、ミシュレは一七九〇年七月の全国連盟祭において、「祖国の統一」を人類の歴史の到達点として称賛した。[3] しかし彼はここでは機械的な統一に対し強い警戒感を表明する。

先に見た革命の理想的展開を、一七九三年の出来事に当てはめてみよう。危機的状況において、ジロンド派の無力のためフランスの統一は危殆に瀕する。その時、ジャコバン派は恐怖政治による仮借ない正義に訴える。しかし彼らの正義が暴走しそうになると、かつてのコルドリエ派のダントンやデムーランが恐怖政治の停止を訴える。しかし、一旦動き出した機械を止めることは難しい。恐怖政治下で寛容を説くことは自己を告発するに等しい。ダントンとデムーランは一七九四年四月に断頭台に送られる。彼らを断頭台へ送ったロベスピエールも、六月の最高存在の祭典において奇妙な不決断に陥り、決定的な一語を口にする機会を逸する。「結局、人々が期待したことは何ひとつなかった。許し(grâce)も、独裁も」(HRF2, 869)。その時、恩寵のあまりに過激な反動が、正義と恩寵の幸福な共存を打ち立てるどころか、ロベスピエールを殺し、同時に大革命そのものを殺すことになる。

2　ジロンド派の死

歴史家の反論

革命の理想は正義と恩寵の危ういバランスの上に成立する。平衡が失われるや、正義の戦いは血塗られた殺戮に陥るだろう。ミシュレは恐怖政治を、正義そのものがもたらすものではなく、その機械主義がもたらすものと考えた。そしてその原因を、ジャコバン派やコルドリエ派の内部に求めるのではなく、諸党派の不幸な誤解のうちに求めようとした。こうして歴史家は恐怖政治という災厄を、革命にとって必然的なものではなく偶発的なものとしてとらえようとしたのである。

ところで、この歴史家の意見を裏づけ、革命家たちの無罪を証明するものは何か。国王裁判において国民公会の議員たちが群集の威圧を恐れて死刑に投票したという意見に対し、ミシュレは二人称（「あなたがた」）を用いて真向から反論する。

卑怯者よ、言ってみるがよい。英雄的な優しさをもって死んだあれらの者たちが卑怯者であったと。国民公会が恐れをなしたと。カトーのように死んだロランが、シドニー〔イングランドの詩人。一五五四―八六〕のように死んだヴェルニョが、法廷の声に口ごもり震え上がったと……。私が思うに、物音や脅迫でシェイエスやバレールのような連中を震え上がらせることはできただろう。しかしいかなる権利があって、いかなる証拠があって、あなたがたは右派や左派の英雄たちが恐怖心から投票したと断定するのか。実際、私は誰を信じるべきだろうか。党派的利害から証拠もなしに断定するあなたがた仇敵をか。それとも、勇気ある生と崇高な死によってわれわれにそうした卑しい考えを禁じる彼ら自身をか。あなたがたは私のところに来てこう言う、彼らは不確かで疑わしい危険の可能性を前に怖気づいたのだと。しかし私は言おう、彼らは死を前にしても恐怖をもたなかった、彼らは荷車の上で微笑んでいた、幾人かは断頭台上で解放の歌を歌っていたと。一〇月やテルミドールに自分が処刑される時に頭を高く上げていた者たちが、一月の判決の際に群衆の叫びを前に臆病に頭を垂れたなどと、私が簡単に信じるはずがあろうか。

(HRF2, 169)

ここで歴史はかぎりなく信仰告白に近いものとなる。歴史家が「信じる」と言う時、それは自分が確証なしに判断を下していると認めるに等しい。ミシュレは『革命史』以降、しばしば「誓う」とか「断言する」と口にするようになるが、これらもまた歴史家が想像力に訴えていることを示唆している。その際に彼が根拠とするのは、一〇月の死刑囚(ジロンド派)やテルミドールの死刑囚(ロベスピエール派)が死を前にして見せた堂々たる態度だけである。歴史家は、死の瞬間が人間の真の姿を開示するというプルタルコスの教えだけを頼りに、自らの主張を押し通すのである。

ジロンド派への判決

一七九二年末の国王裁判において、死刑に反対するジロンド派は死刑に賛成するモンターニュ派と衝突する。ミシュレはこの争いの原因に不幸な誤解を見いだす。「まだ一〇年にもならないが、あるモンターニュ派は私にこう言ったものだ。『ああ、なんという誤解！』」(HRF2, 168) 歴史家はここでも、特定の党派にではなく全体的な状況に責任を転嫁しようとする。「私は彼らのどちらの側も非難しない。そうではなく時代を、そう、われわれの大革命の速さを非難する！……（中略）過ちは誰にあるのか。人々の性急さに？ いや、出来事の性急さに」(HRF2, 202)。

一七九三年一月の国王処刑に引き続く危機的状況において、ジロンド派は有効な対策を打つことができない。六月二日、モンターニュ派は民衆蜂起に乗じてジロンド派を告発する。ミシュレは、恐怖政治の到来を告げるこの事件に特別な重要性を認める。「いかなる出来事もこれほど重大な影響をもたなかった。九三年六月二日は、〔一七九七年〕フリュクチドールと〔一七九九年〕ブリュメールを、後に続くあらゆるクーデタを内包している」(HRF2, 398)。この記述を含む『革命史』第五巻は一八五一年三月に出版される。まるで同年一二月二日に起こるルイ・ナポレオンのクーデタを予言するかのように。

ジロンド派の逮捕の後、ミシュレは再び歴史の判事として姿を現し、彼らに対する判決を言い渡す。ジロンド派は個人的には無罪であるが、政策的には有罪であった。この言い方は「無実の罪人」の条件を思わせる。彼らの罪は個人的な罪というよりも状況が彼らに強いた罪なのである。判決を言い渡した後、ミシュレは一抹の不安を表明する。正義を守ることの不正、これもまた機械的な正義に対する警戒感の表明である。

今日からこの重大な事実は無益な議論を逃れる。それは歴史と正義の光の中に入る。これまでの数章とこの巻全体によって、二つのことが確証されたことになる。《ジロンド派の政策は》、九三年の最初の数ヶ月は《無力で盲目であった》。そのためにフランスは滅びるところであった。《ジロンド派は個人的には無実であった》。彼らは決してフランスを解体しようとは思わなかった。敵とのいかなる内通もなかった。

われわれはこの苦い書物の中に、涙を、いや、引き裂かれた心を残した。このつらい仕事を終えながら、われわれはある悔恨に、ある不安にとらえられる。われわれは正義を守るあまり、不正に陥りはしなかったろうか。

(HRF2, 399)

ジロンド派の最後の晩餐

「自宅における逮捕状態」に置かれたジロンド派は、その気になれば容易に逃げることができた。しかしヴェルニョ（一七五三—九三）らはあくまで法の裁きを望み、そのことで自らの破滅を招く。「言わなければならないが、ジロンド派は自らの破滅に大きく貢献した。自らの名誉と潔白の感情から、ヴェルニョやヴァラゼはいかなる妥協も拒絶した。彼らは裁き以外は望まないと宣言した。当初はほとんど見張られていなかったので、彼らは他の者のように逃げることができただろう」(HRF2, 433)。

一七九三年一〇月に行われた裁判は不当なものであった。ジロンド派は「無実の罪人」として違法な判決を受ける。「裁判にはいかなる偽善もなかった。これは単なる殺人であると誰もがすぐに認めた。革命裁判所で当時まだとられていた、すべての手続きは無視された」(HRF2, 614)。二一人の被告の全員が死刑を宣告される。「彼らは全員死刑判決を受けた。何人かの受刑者は信じなかった。彼らは呪詛の叫びをあげた。運命を覚悟していたヴェルニョは冷静なままだった。ヴァラゼは自らの心臓を突いた」(HRF2, 616)。

一〇月三〇日から翌日にかけての、ジロンド派の最後の晩餐を見よう。友人のひとりが牢獄にいる彼らのために最後の食事を用意する。食卓で彼らは朝を待ちながら会話を交わす。ラマルチーヌは『ジロンド派の歴史』の中で、プラトンの『パイドン』を思わせる詳細な対話を再現する(後に彼は「このあまりに劇的な最後の晩餐」について「伝説を単に歪曲しただけでなく、捏造した(4)」として批判される)。参考までにその一節を引用しよう。

ヴェルニョは再び話し始めた。「友よ、われわれは樹に接ぎ木をして殺してしまった。それは古すぎたのだ。ロベスピエールはそれを切り倒した。彼はわれわれよりも幸せになるだろうか。いや。この大地は市民の自由の根を養うには軽すぎる。この国民は自分を傷つけずに法を扱うには子供すぎる。子供がおもちゃに戻るように、彼らは国王のもとに戻るだろう！」彼は続けた。「われわれは世界の自由のために生まれる時と死ぬ時を間違えたのだ。われわれはローマにいると思ったが、パリにいたのだ！　しかし革命というのは、人間の頭を一夜にして白髪にする危機のようなものだ。それは国民をすぐに大人にする。われわれの血管を流れる熱い血は、共和国の大地を豊かにするだろう。われわれとともに未来をもち去るのはやめよう。国民がわれわれに与える死と引き換えに、国民に希望を残すことにしよう(5)」。

ミシュレはラマルチーヌのように会話の内容を直接再現しようとはしない。その代わり、彼は会話の内容について推測し、このようであったに違いないと「断言」する。歴史家はここで再び架空の読者に対して二人称で語りかけ、死にゆく者たちの偉大さに疑念をさしはさんだことを非難する。まるで、革命への信仰を共有しない者はその歴史を読む資格がないと言わんばかりに。

「それでは彼らは何について話したのか」。

哀れな連中よ、なぜあなたがたにそれを言うのか。それを尋ねるようなあなたがたに、それを知る資格があるのか。彼らは共和国のことを、祖国のことを話したのだ。彼らの囚人仲間が自らの言葉でそう言ったのだ。

彼らは（われわれは断言しよう、必要ならば誓おう）、栄光ある戦いによって敵の侵入を防ぎ、救われたフランスについて話した。彼らはそのことに、自らの不幸と過失に対する慰めを見出した。彼らがあれらの過失を自覚し、統一を危うくしたことを後悔したことは疑いない。ヴェルニョは自らこう言った。「私は《苦悩の錯乱ゆえに》あれを書いたのだ」。生を求めることも期待することもない人間の、死を前にした高貴な告白である。

共和国の創設者たちは、九二年の十字軍と地上全体の自由を望んだがゆえに、全世界から感謝されるにふさわしい。その彼らも九三年の汚れを洗い流し、贖罪によって不死の中に入る必要があった。（HRF2, 617）

ジロンド派の最期を見よう。彼らは死を前に「無実の罪人」にふさわしいストイックな態度を示す。荷車が革命広場に向かう間、彼らは「ラ・マルセイエーズ」を歌い続ける。力強い歌声が、彼らの揺るぎない信念と固い友情を証明する。この歌は決して止むことはないだろう、断頭台の刃が彼らの声をひとつひとつ消してゆくまで。

五台の荷車からなる葬列がコンシエルジュリー監獄の暗いアーチから出た時、熱烈で力強い合唱が同時に始まり、ただひとつの声となった二〇人の声が、群集のざわめきや、雇われた野次馬の叫び声を黙らせた。彼らは聖なる賛歌を歌っていた。「行け、祖国の子よ！……」

この勝ち誇った祖国は、その強靭な生命とその不死性によって彼らを支えていた。他の者の目には泥と霧しか映らないこの薄暗い冬の日に、彼らにとって祖国は輝いていた。

彼らは信念に、単純な信念に支えられて進んだ。これ以降に起こる難解な問題はまだ入り込んでいなかった。(中略)

刃が落ちるたびに合唱は小さくなった。何ものも生きている者を止めることはできなかった。広大な広場の中で声はしだいに聞こえなくなった。ヴェルニョの荘重で神聖な声が最後に歌った時、人々は、致命傷を受け余命いくばくもない共和国と法の声が絶えゆくのを聞いたように思った。

(HRF2, 618-619)

無論、死刑囚たちの目に映った最後の光景を歴史家が知りうるはずはない。しかしミシュレはあえて祖国が彼らの目には輝いていたと断言する。ヴェルニョの声の中に、歴史家は死にゆく共和国の声を認める。こうして社会の死が個人の死のうちに集約される。ジロンド派は自らが築いた共和国の殉教者として死ぬのである。

3　革命家たちの受難

見えざる光、聞こえざる声

ところで、ジロンド派の最期を飾る、この祖国の光とは、そしてこの共和国の声とは何だろうか。誰がそれを見、誰がそれを聞いたのか。無論、それは現実に存在するものではなく、歴史家の想像力が生み出した空想の産物にすぎない。ミシュレはジロンド派に「無実の罪人」の図式を応用することで、彼らの潔白を証明するとともに、その死が復活に通じるものであることを示そうとした。彼らの最期を飾るあれらの光や声は、歴史家が殉教者に捧げる聖なる後光にほかならない。

このことは、ミシュレの革命家たちに対する宗教的ともいえる崇拝の念を示している。すでに彼は一八四七年の序文において、ジャンヌ・ダルクの生涯を執筆して以来の特別な感動を表明していた。「それは世界の聖なる日々、歴史にとって幸運の日々である。私はその報いを得た。何しろ私がそれを物語ったのだから……。オルレアンの乙女以来、私は一度も、上方から射すこのような光を、天から漏れるこのような輝きをもたなかった……」(HRF1, 8)。

しかしこのことは他方では、受難の成立がもはや自明なものではなく、歴史家の積極的な介入を必要とすることを示唆している。ミシュレは革命の予言者として、革命家たちの受難を謳い上げ、読者に革命への信仰を共有するよう呼びかける。それを受け入れる者だけが、この見えざる光を見、この聞こえざる声を聞くことができるだろう。ミシュレは革命家たちの聖性を示すため、時に想像力を積極的に用いつつ、受難を支える神聖な舞台装置を作り上げる。そこでは、ロラン・バルトが「テーマ」と呼ぶさまざまな象徴的要素が大きな役割を果たしている。ここで幾人かの重要人物の肖像を取り上げ、この象徴的手法を確認することにしよう。われわれはロラン夫妻、マラとシャルロット・コルデー、ダントンの最期を見ることにしよう。

ロラン夫妻の死

ロラン（一七三四―九三）はジロンド派の中心人物のひとりである。しかしミシュレは、ロラン夫人（一七五四―九三）こそが党派の精神的支柱であったと考える。ジロンド派の失墜後、彼女もまた捕らえられ、一七九三年一一月八日に同志たちから一週間遅れて処刑される。ロラン夫人は死に際してヴェルニョに比すべき英雄的な態度を見せる。彼女は身につけていた毒薬を捨て、白日のもとで死ぬことを選ぶ。「ジロンド派の女王」はそのあだ名にふさわしく、堂々と、優雅に、穏やかにこの世を去る。荒涼とした自然が革命の行く末を暗示する。

ロラン夫人の死は、まさにそのせいでほとんど注目されなかった（一一月八日）。今度はこのジロンド派の女王が、コンシエルジュリー監獄に、王妃の独房の近く、ヴェルニョやブリソやその影のような連中を失ったばかりの丸天井の下にやって来る番であった。彼女は堂々と英雄的にそこに来た。ヴェルニョのように身につけていた毒薬を捨てて、白日のもとで死ぬために。彼女は、法廷での勇気と堂々たる死によって、共和国の栄光を称えるつもりだった。（中略）彼女が死んだ八日は、一一月の寒い日であった。陰気で寒々とした自然は、人々の心の状態を表すかのようだった。大革命もまた、冬の中、幻想の死の中に沈みこんだ。落葉した二つの庭園の間で、夜が訪れる頃（夕方の五時半だった）、彼女は、処刑台の近くに据えられた巨大な自由の女神像の足元、現在オベリスクがある場所に着いた。足取りも軽く階段を上がると、彫像の方を向き、非難する風もなく、荘重な優しさをこめて言った。「自由よ、なんじの名においてどれほど多くの罪が犯されたことか！」

(HRF2, 619)

ミシュレはロラン夫人を「白日のもとで」死なせることで、彼女の死を光と闇の象徴的主題に結びつける。ちなみにラマルチーヌは、娘への思いが夫人に自殺を思いとどまらせたと解釈している。「この考えが彼女の決意を揺るがせた。子供の姿が彼女の心を捉えた。彼女は毒を投げ捨て、娘のために試練の時を長引かせ、後悔を運命に委ねようとした。彼女は死を待とうと決意した」(6)（『ジロンド派の歴史』）。ここにミシュレの象徴的解釈とラマルチーヌの現実的解釈の違いを認めることができる。

身を隠していたロラン氏は、妻の死の知らせを聞いて絶望し、自殺を決意する。白日のもとで死のうとした妻とは対照的に、彼は人知れず死ぬことを選ぶ。この陰鬱な最期は、夫人の輝かしい最期と明確な対照をなす。

裁判にかけられた時に彼女は言った。「ロランは自殺するでしょう」。彼女の死を彼に隠しておくことはできなかった。彼は、ルーアン付近の信頼できる友人の婦人たちのもとに引きこもっていたが、姿をくらますと、足跡を消すために遠くへ行こうとした。老人はこの季節に遠くまでは行けなかった。彼は並足で行く粗末な乗合馬車を見つけた。九三年の街道はどこもぬかるみだった。（中略）彼は馬車を降りると、街道をはずれ、ある城館へと通じる小道に入った。樫の木の下で足を止めると、仕込み杖を抜いて、わが身を串刺しにした。体の上に彼の名と次のような言葉が見つかった。「有徳なる者の亡骸に敬意を払われたし」。未来は彼を裏切らなかった。彼は敵たちの、特にロベール・ランデ〔一七四六―一八二五〕の称賛を勝ちえた。

彼は翌朝発見された。許可が下りると、彼は街道の曲り角、所領の外側におざなりに埋葬された。わずかばかりの土がかけられた。その後何日かは、子供たちが遊びに来て、棒を差し込んで死体に触っていた。(HRF2, 620)

ラマルチーヌは、ロランが身を隠したのは友人を巻き添えにしないためであると明言する。「彼が夜にしばらくの間歩いたのは、ただひとえに隠れ家としていた場所から遠ざかり、足跡を消して、彼を匿った者たちを破滅させないようにするためであった」[7]（『ジロンド派の歴史』）。ミシュレはこの理由を曖昧にすることで、彼の逃亡により消極的な色彩を与えている。結局、ロランは見知らぬ者の手でおざなりに葬られる。この不幸な男は、ハインリヒ四世と同様に墓をもたない。このような細部にも、善良ではあるが必ずしも英雄的ではなかったこの人物に対する、歴史家の評価を読み取ることができるだろう。

マラとシャルロット・コルデーの死

第二の例は、モンターニュ派のマラ（一七四七―九三）と、その暗殺犯シャルロット・コルデー（一七六八―九三）である。前者は『人民の友』紙の編集者で、裏切り者を次々と告発する残忍な冷血動物。後者は祖国を救いたいという一念から彼を殺害した、ノルマンディーの貴族の令嬢である。ミシュレはこの暗殺者をその愛国的感情ゆえに、革命家たちと同列の、あるいはそれ以上の存在として扱おうとする。

コルデーによるマラ暗殺は光と闇の出会いである。若い娘は光と開放を、マラは暗闇と閉鎖を体現する。最初の計画では、彼女はシャン・ド・マルスの広大な空間で殺害を決行するつもりだった。「彼女はシャン・ド・マルスで、民衆の目前で、天の面前で、七月一四日の荘重さのうちに、彼を討つつもりだった。王政の敗北の記念日にこの無秩序の王を罰するつもりだった」（HRF2, 500）。祝祭が延期されたので、彼女は第二の計画において、国民公会で、民衆の代表の前で決行しようとする。「彼女は彼をモンターニュの頂上で討つはずであった」（HRF2, 500）。マラが病気で議会に出てこないので、彼女は彼の陰鬱な住居を訪問することを余儀なくされる。「マラはこの暗い家の、最も暗い階に住んでいた」（HRF2, 501）。彼女は裏切り者の情報を提供すると称し、マラの居室に入りこむと、浴槽の中の彼を一撃で刺殺する。歴史家はマラの不潔で病弱な身体が血の海に沈む様子を克明に描き出す。

部屋は暗く、小さかった。マラは浴槽で汚れたシーツにくるまり、書き物をする板の下から頭と肩と右手だけを出していた。脂ぎった髪はハンカチかナプキンで覆われ、その黄ばんだ肌と、か細い腕と、両生類のような口は、あまり人間のものとは思われなかった。それに若い娘はそんなものは見なかったと信じてよい。彼女はノルマンディーの情報を約束していた。彼はそれを求め、特にカーンに逃れた議員たちの名を求めた。彼女が名前を言うと、彼は順々に書きとめた。それが終わると、「よし！　一週間後にはやつらは断頭台行きだ」。
シャルロットはこの言葉の中に殺害の理由を見出して一層勇気づくと、胸元から短刀を取り出し、マラの心臓に刃全体を柄まで沈めた。驚くべき正確さで真上から振り下ろされた一撃は、鎖骨のそばを通り、肺を刺し貫くと、頸動脈幹を切り開き、血の海をつくった。
「来てくれ、愛しい人！」それだけ言うと彼は息絶えた。

（HRF2, 502-503）

ミシュレはマラの住居を陽の射さない洞窟のように描いているが、ラマルチーヌの描写ではそれは必ずしも暗くも閉鎖的でもない。「彼の住居は、入口の間と、狭い中庭から明かりを取る書斎と、浴槽のある隣接した小部屋と、寝室と、窓に通りから陽が射しこむ居間からなっていた。この住居にはほとんど家具がなかった」[8]（『ジロンド派の歴史』）。ここにも歴史家の演出の一端をうかがうことができる。

ここで驚くべき事実が明らかになる。マラはひそかにある女性と結婚していた。「マラの書類の中から、カトリーヌ・エヴラールとの婚約証書が見つかった。すでに彼は彼女と『太陽の前で、自然の前で』結婚していたのである」[9]（HRF2, 501）。何という変化！　いつも光から身を隠してきた冷血動物が、突然白日のもとに、人間として姿を現すとは。ミシュレは晩年の彼のうちに人間性の誕生の兆しを認める。冷酷な告発者として生きていたマラは、数ヶ月以来、寛容に傾いていた。

たとえどのようにふるまおうと、マラは状況の打ち勝ちがたい力によって、おのれの意に反して、大革命の諸世代が次々と身を滅ぼした暗礁へとやって来た。彼も否応なく、寛容と穏健の年齢に達したのである。

彼はあがいたが空しかった。マラのままであろうと望んだが空しかった。今日はこれこれの将軍を告発し、明日はカペー一族を賞金首にするよう要求した。最後の時期のいくつかの興味深い挿話が、彼自身を告発し、裸にする。彼は人間になったのだ。

（HRF2, 493-494）

大革命にとって何という大きな損失！　人間化したマラこそが、恐怖政治を阻止し、正義と恩寵を和解させることができたであろうに。ミシュレの歴史において、死の接近はしばしば人間に改悛の機会を与える。マラは最後の瞬間に自らの罪を認め、生まれ変わろうとしていた。マラ暗殺の悲劇性は、光の化身であるコルデーが光に向かい始めたマラを殺した点にある。これも大革命の流れを変えた不幸な偶発事である。

一七九三年七月一七日のシャルロット・コルデーの処刑は、ジャンヌ・ダルクの最期に比すべき崇高な受難劇となる。彼女はジャンヌと同様に、女性の身体的条件を免れた特権的存在として描かれる。「彼女は、善と悪についての学問を学んでも、子供のような精神的純潔という特異な賜物を失わなかった。（中略）この延長された子供時代は、ジャンヌ・ダルクの独自性であった。ジャンヌはいつまでも小娘であり、決して女にはならなかった」（HRF2, 497）。彼女が革命広場に運ばれてゆく時、まるで自然が彼女の運命に同情したかのように、突然激しい嵐が巻き起こる。

彼女が荷車に上り、激怒と賛嘆というふたつの相反する熱狂に駆られた群集が、コンシエルジュリー監獄の低いアーチから、輝くばかりに美しい犠牲者が赤いマントを着て出てくるのを見た時、自然が人間の感情に結びついたかのように、激しい嵐がパリの上に吹き荒れた。それはほとんど続かず、彼女がポン＝ヌフに着き、サン＝トノレ通りを進んでゆく時には、彼女の前から逃げ去るように見えた。太陽が再び高く激しく輝いた。夕方の七時にもなっていなかった（七月一九日）。赤い布の反映が彼女の顔色と目に、独特の非常に幻想的な効果を与えていた。

（HRF2, 508）

ミシュレは比喩を多用して超自然的な舞台装置を作り上げることで、彼女の最期を神話的な次元に置く。ミシュレの象徴的な物語は、例えばラマルチーヌの即物的な物語の対極にある。「彼女が処刑場に行くために荷車に乗った時、パリの上に嵐が巻き起こった。雷も雨も、行列の途上の広場や、橋や、通りに群がった群衆をけ散らしはしなかった。怒り狂った女性の群れが呪いの言葉で彼女を責め立てた。これらの侮辱に動じることなく、彼女はこの民衆の上に輝かしい静かな哀れみの視線をさまよわせた[10]」（『ジロンド派の歴史』）。やがて彼女は、夕陽を浴びて浄化された姿で広場に到着する。死を前にしたその平静な態度は観衆を驚嘆させる。

最後の瞬間まで彼女を真剣に追っていた観察者、文学者や医者たちは、ある稀なことに強い印象を受けた。どんなに気丈な死刑囚も、愛国歌を歌ったり、敵を激しくののしることで、自分自身を奮い立たせるものである。彼女は群集の叫び声の中で、完全な平静さを、荘重で単純な静謐さを示した。彼女は、まるで夕陽を浴びて変貌したように、独特な荘厳さをもって広場に到着した。

彼女を目で追っていたある医者はこう言っている。刃を目にした時、彼女は一瞬青ざめたように見えた。しかしやがて血色は戻り、彼女はしっかりした足取りで階段を上った。死刑執行人が肩掛けを剥ぎ取った時、彼女は再び若い娘らしい様子を見せた。羞恥心のあまり、早く切り上げようと、彼女はみずから死の前に進み出たのである。

(HRF2, 509)

最後の瞬間に、彼女は羞恥心のあまり自ら死の前に進み出る。死を前にして羞恥心から医者の診察を拒もうとした、誇り高きマリー・ド・ブルゴーニュのように[11]。

ダントンの死

一七九二年末、ダントンとジロンド派の交渉は決裂し、このことがジャコバン派の権力掌握を決定的なものにする。独裁者となったロベスピエールは政敵の粛清を開始する。一七九三年一〇月のジロンド派の処刑はダントンを打ちのめす。彼は身の危険を警告されるが、逃げることを拒絶する。「ダントンはどちらの側からも警告を受けていた。(中略)『それがどうした、首切り役人になるくらいなら、首を切られたほうがいい』と彼は言った。身を隠し、逃亡するように言われると、ダントンは肩をそびやかした。『祖国を靴の底につけてもっていけるのか?』このような人間をかくまう者はいないし、まして外国に隠れ家など見つかるまいと、彼は感じていた」(HRF2, 780)。ダントンはこうしてほとんど意志的な死を選ぶ。まるでジロンド派を救えなかった罪を自らの命で償うかのように。

一七九四年三月、ダントンは仲間たちとともに逮捕され、監獄に送られる。絶望的状況の中で彼は自分自身を取り戻し、長らく失っていた力を回復する。「ダントンはリュクサンブール監獄において、それまでよりずっと元気になった。状況は悪かった、しかしもはや浮ついたものではなかった」(HRF2, 788)。法廷において、ダントンは破壊的な力を存分に振るう。その時、原告と被告は役割を交換する。突如ダントンが判事になった。「すべては様相を変えた。広間は変貌し、民衆は震え上がり、ガラス窓は震動した。彼らのおびえた顔が見苦しく小窓で囲まれた様子は、まるで断頭台にかけられたようだった」(HRF2, 799)。しかし裁判は被告たち全員が死刑になるようあらかじめ仕組まれていた。彼らは発言する機会さえ与えられず、屠殺される家畜のように否応なしに連れ去られる。

一七九四年四月五日、ダントン派の処刑が行われる。処刑に先立ち、ミシュレは歴史の判事として姿を現し、自らの声で判決を言い渡す(ここでは「ディスクール」の基調である現在形と複合過去形が用いられる)。


ダントン派は三つのことを残した。

彼らは王位を覆し共和国を創った。

彼らは生命を与える唯一のものを組織することで、共和国を救おうとした。すなわち正義を、人間的であるがゆえに有効だったであろう正義を。

彼らは誰も憎まなかった。そして死に至るまで互いに愛しあった。ギリシアの美しき碑文は彼らのものである。「戦いにおいても友情においても離れがたし」。

(HRF2, 807)


ダントンらを載せた荷車はロベスピエールの家の前を通りかかる。いまや絶対的な独裁者となったこの人物は、家の中に閉じこもり、自らの罪の重さに震え上がる。死に臨む者たちの平静と、彼らを死に追いやる者の動揺が、明確な対照をなす。


サン=トノレ通りに到着した時、扉も窓も締め切って墓のように沈黙したロベスピエールの家の前で、ついて来た民衆を名乗る者たちは、狂熱の叫びをさらに高めた。それは、臆病者の退位に対する非難の声であり、断頭台の名におけるカエサルへの不吉な挨拶であった。デムーランはたちまち静まると、座り直し冷たくこう言った。「この家は消え去るだろう……」。今日この家を探しても無駄である。巨大な壁に囲まれ、永遠の闇の中に閉じこもっている。

証言によれば、ロベスピエールは家の中に閉じこもり、これらの激しい叫びに青ざめ、心にダントンの言葉を聞いていた。「俺はロベスピエールを道連れにする、ロベスピエールは俺の後を追ってくる！」

(HRF2, 808)

無論、家に閉じこもったロベスピエールの胸中を歴史家が知りうるはずはない。「証言によればOn assure que」という曖昧な表現から判断するに、これもおそらく歴史家の想像の産物である。ロベスピエールの閉じこもる身振りが、彼の自責の念を裏づける。彼の家が「永遠の闇の中に」閉じこもることも、同様に歴史の劫罰を暗示する。対照的に、ダントンは英雄的な態度で死に臨む。彼が革命広場に着いた時、断頭台は受難の崇高な舞台となる。死刑囚と死刑執行人は役割を交換するかに見える。この奇妙な転倒が、何よりも雄弁に歴史家の判決を物語る。

ダントンは率直に、堂々と死んだ。彼は左右の民衆を哀れみの目で見ると、死刑執行人に威厳をもって話しかけた。「俺の首を民衆に見せるがいい。それだけの価値はある」。執行人は実際に、言われたとおりそれを持ち上げると、処刑台の上を持ち歩き四方に見せた。沈黙の一瞬が流れた……。誰もが息をのんだ……。そして、金で雇われた連中のか細い声を圧倒して、心の底から洩らされた巨大な叫びが上がった……。解放され胸をなでおろした王党派たちの、喝采を装った雑然とした叫び。「これで共和国も万歳だ！」心に痛手を負った革命派たちの心からの絶望の叫び。「やつらはフランスの首を切ったのだ！」

(HRF2, 808-809)

大革命を体現するダントンの死は、共和国の死に等しい。こうして社会の運命は個人の運命の中に集約される。とはいえ、この受難は完全に理想的なものとは言いがたい。そこでは、王党派の喝采の声と革命派の絶望の叫びが拮抗している。すべての者を畏怖と驚愕で打ちのめし、敵にさえもその聖性を認めさせた、あのジャンヌ・ダルクの圧倒的な受難像はここにはない。

歴史家の想像力

恐怖政治はミシュレにとって重大なアポリアであった。革命が正義の名において行った犯罪行為。歴史家はその原因を、革命の正義そのものにではなく、正義と恩寵の不均衡に求めようとした。彼はこうしてこの災厄を革命の本質的帰結ではなく、不幸な偶発事と見なそうとしたのである。さらにミシュレは革命家たちの崇高な受難を象徴的手法で謳いあげることで、彼らの無実についてのせめてもの傍証とした。

これらの受難を描くミシュレの姿勢は、われわれに重要な問題を提起する。それは、歴史家の想像力をめぐる問題である。歴史家ははたして、見えざる光や聞こえざる声を描く権利をもつのだろうか。ミシュレはすでに『中世史』において、しばしば自由に想像力を行使していた。彼はフィリップ四世に対して苦悩に満ちた死を想定し、シャルル突進公に対して英雄的な死を提案した。しかし『革命史』において、歴史家の姿勢はさらに大胆なものになる。彼は読者に直接語りかけ、「誓い」や「断言」により自らの信念を表明し、読者にそれを共有するよう呼びかける。

このような歴史家の大胆な姿勢も、やはり前章で述べた歴史家の役割の変化に由来する。歴史のただなかに身を置く歴史家は、自分の判断で歴史に異議を唱えなければならない。彼は自らの責任において、歴史が進むべき方向を読者に指し示すのだ。そして読者もまた、歴史家の提案を自分の判断で受け入れることを迫られる。彼は自らの責任において、あの見えざる光や聞こえざる声を認めるのだ。こうして歴史家と読者はひとつの信念を共有する。革命家たちの受難の成立には、このような歴史家と読者の相互的承認が不可欠なのである。

しかし、ミシュレが革命の大義をどれほど擁護しようと、それがやがて不幸な結末を迎えるという事実は否定すべくもなかった。彼はまもなく、反動の勝利を告げるテルミドール九日の事件を描くよう迫られる。そのとき歴史家は『革命史』にいかなる結論をつけようとするのか、われわれは次章においてそれを見てゆくことにしよう。

注

(1) まず、一七八九年一〇月六日の例。「王妃は窓のそばに立っており、娘が寄り添っていた。彼女の前には王太子がいた。子供は姉の髪をおもちゃにしながらこう言った。『ママ、おなかが空いた!』欲求の否応ない反動である! 飢えは民衆から国王へ移動した。おお神よ、神よ! お許しを(Grâce)! この者は子供なのです。(中略)/群集はそれを感じた。誰もがほろりとした。人々は女性と母親を見て、あとは何も見なかった……。『ああ、彼女は何と美しい! 何、あれが王妃だって! 子供たちを何と可愛がっていることか!』――偉大な民衆よ! あなたがたの寛大と忘却に対し、神の祝福があらんことを!」(HRF1, 276)

次に、一七九二年八月一〇日の例。「カンパン夫人を含む幾人かの女性は、一時捕らえられ、殺すと脅かされた。彼女たちはおののくばかりであった。人々はこう言って彼女たちを解放した。『あばずれども、国民がおまえたちを許してやる（faire grâce）』。勝利者たちは自ら彼女たちを護送して逃がしてやり、彼女たちを殺すべきだと後ろで叫んでいるかみさん連中から逃れるために変装するのを手伝った。（中略）／いや、八月一〇日の勝者であるこの多様な群集は、よく言われるような強盗や野蛮人の群れではなかった。それは民衆全体であった。間違いなく、あらゆる条件、あらゆる性質、あらゆる性格がそこに見出された」（HRF1, 988-989）。

(2) ミシュレはダントンを評価しロベスピエールを否定したとしばしば主張される。特に一時期のフランス歴史学において、どちらの人物を評価するかが重要な論点とされただけに、このことは強調されすぎる傾向がある。しかしミシュレの両者に対する意見は決してそのように一方的なものではない。

(3) ミシュレはすでに連盟祭の記述において、統一が機械的なものに転じることへの「不安」を表明していた。「さらば、誰もがこの日を夢見て探し求めていた、期待と切望と欲望の時代よ！　その日はついに来た！　いまや何を望むことがあろうか。しかしこの不安はなぜだろう。ああ、世界の経験はわれわれに悲しいことを、言うのも変であるがそれでも真実なことを教えてくれる。大抵の場合、結合unionは統一unitéにおいて減少してしまう。ひとつになろうとする意志、それがすでに心の統一であり、おそらくは最高の統一なのだ」（HRF1, 423）。

(4) ラマルチーヌ自身による『『ジロンド派の歴史』批判』（一八六一）より。Alphonse de Lamartine, *Histoire des Girondins*, Paris, Hachette et Jouvet, 1891, 6 vol., t. VI, p. 275.

(5) Alphonse de Lamartine, *op. cit.*, t. V, p. 83.

(6) *Ibid.*, p. 226.

(7) *Ibid.*, p. 232.

(8) *Ibid.*, t. IV, p. 386.

(9) これはミシュレの誤りで、マラの妻はカトリーヌの姉妹のシモーヌ・エヴラールである。

(10) Alphonse de Lamartine, *op. cit.*, t. IV, p. 412. ラマルチーヌは続く箇所においても、女性的身体を強調することで、あくまで彼女を生身の人間として描き出す。「空は晴れた。雨が彼女の衣服を手足に張りつかせ、まるで風呂上りの女性のように、湿ったウールの下にある彼女の身体の優雅な輪郭を描き出した。両手を後ろ手に縛られていたため、彼女は頭を高く上げていた。筋肉の拘束が彼女の態度をこわばらせ、彫像のような曲線をきわだたせた。夕陽が後光に似た光線で彼女の額を照らした。頬の色は赤い服の反映で濃くなり、その顔を輝かせ、まばゆいばかりであった」(*Ibid.*, p. 412-413)。

(11) シャルル突進公の娘マリー・ド・ブルゴーニュ(一四五七―八二)は落馬事故により二〇代の若さで死ぬ。「この落馬の傷がもとで彼女は数日後に死んだ。伯の話によれば、羞恥心からか、自尊心からか、フランドルの女領主は医者の診察を受けるよりも死ぬことを望もうとした。娘は父親と同様に、一種の名誉のために死ぬところであった(一四八三年〔ママ〕三月二八日)」(HF3, 461)。

第8章　死のロンド

死の舞踏（15 世紀末の版画）

参考資料　『革命史』(三) テルミドールの反動

ロベスピエール(一七五八―九四)が恐怖政治下において行った大規模な粛清は、かえって彼自身の支持基盤を狭くし、その地位を危うくすることになる。戦局が好転し、ヴァンデの反乱が鎮圧され、国内外の危機が過ぎ去るにつれ、恐怖政治の必要性は感じられなくなっていった。独裁政権に対する反感は次第に高まり、ロベスピエール失脚の陰謀が準備される。

一七九四年七月二七日(テルミドール九日)、国民公会においてロベスピエールは同志たちとともに糾弾され、逮捕される。ロベスピエールの影響下にあるパリのコミューンは、逮捕の報を聞いて蜂起する。彼らはロベスピエールの身柄を奪回すると、市庁舎に武装してたてこもる。市庁舎にはロベスピエールの支持者たちが集結し、一方、国民公会側もそれに対抗すべく武装勢力をかき集める。こうしてパリは一触即発の事態に陥る。

しかしその晩、ロベスピエールは武装蜂起をためらう。その間に憲兵隊が市庁舎に侵入し、ロベスピエールと同志たちを逮捕する。ロベスピエール自身は顎を銃で撃たれ重傷を負う。翌日、ロベスピエールはサン＝ジュスト(一七六七―九四)、クートン(一七五五―九四)らとともに裁判にかけられ、全員がその日のうちに処刑される。こうして恐怖政治は終わりを告げる。しかしそれは同時に、恐るべき反動の到来を意味していた……。

はじめに――大革命の終焉

大革命はいつ終わりを迎えるのか。歴史家により意見はさまざまである。一九世紀に書かれたいくつかのフランス革命史を比べてみよう。ミニェの『フランス革命史』（一八二四）は一八一四年まで、ティエールの『フランス革命史』（一八二三―二七）は一七九九年ブリュメール一八日まで、ビュシェとルーの『フランス革命議会史』（一八三四―三八）は一八一五年まで、ルイ・ブランの『フランス革命史』（一八四七―六二）は一七九五年の国民公会の終焉までを扱う[1]。

それに対して、ミシュレの『フランス革命史』（一八四七―五三）はテルミドール一〇日のロベスピエールの処刑をもって閉じられる（ちなみにラマルチーヌの『ジロンド派の歴史』（一八四七）も同じ時点で終わる）。テルミドールの反動をもって大革命が終わるという解釈自体は、われわれの目から見て必ずしも特殊なものではない。しかしカミーユ・ジュリアンが指摘する通り、この終わりには何かしら唐突なところがある。

ミシュレは多分最も苦しんだ者である。一八四九年のカトリック反動は、その時代のすべての自由派に対してと同じく、彼に対して心の痛手を与えた。それから政治的迫害がやって来た。

彼は一八五一年にコレージュ・ド・フランスの職を、一八五二年には古文書館の職を失う。仕事もほとんど慰めとはならなかった。彼は『革命史』の完結を急ぎ、唐突に、きちんとした結論もなく、テルミドール九日で終了する（一八五三年）。彼にとっても、ティエリと同様に、歴史はもはや不信と悔恨しかもたらさない。(2)（『一九世紀フランス歴史学注解』）

ジュリアンによれば、ミシュレは歴史に二重の意味で苦しめられた。一方で、彼の時代の歴史は彼の民主的な希望を裏切った。一八四八年の共和政はルイ・ナポレオン・ボナパルトのクーデタによってあっけなく崩壊した。他方で、恐怖政治は歴史家にとって依然として解決困難な問題であった。彼は正義の名による犯罪をいかに正当化すべきか分からなかった。こうしてミシュレは実生活においても研究においても、歴史の方向性を見失いつつあった。

確かにこの作品は結論を欠いている。著者自身がそのことを認め、結論を将来に先送りしている。「この本の結論はそれ自体一冊の本になるだろう。それをここで数ページにまとめることは、それを不明確に、不毛にすることになるだろう。それは別個に、自由なかたちで、過去を通じて未来を先取りするようなかたちで、発表されるだろう」(HRF2, 991)。ミシュレは二〇年後に刊行する『一九世紀史』において、この約束を実現しようとしたのかもしれない。

しかし、われわれは目の前に『革命史』を締めくくるロベスピエールの死をもっている。ともかくこの物語を分析しなければならない。『フランス史』のいくつかの巻は、ルイ九世、シャルル六世、ルイ一一世など、特定の個人の死で閉じられる。彼らは社会の運命を体現する特権的個人であり、彼らの死の中にひとつの時代の終焉が集約される。ロベスピエールの死も同様に、大革命そのものの終わりを象徴するのだろうか。だとすればどのような方法で？　われわれはこの人物の死を通じて、大革命の死の意味を探ることにしよう。

1　ロベスピエールの死

最後の決断

マクシミリアン・ロベスピエール（一七五八―九四）の人格とその功罪については、今日にいたるまで多くの議論がなされてきた。一方で、この「清廉の士」は革命の理想の体現者として称賛される。他方で、彼は恐怖政治の最高責任者として糾弾される。ミシュレによれば、ロベスピエールは革命の理想と公安の必要に引き裂かれた不幸な存在である。歴史家は、彼がダントンもデムーランも殺すつもりはなかったと「誓う」。「われわれは、この残酷な考えが初めて頭に浮かんだ時、彼が震え上がったことを少しも疑わない。彼の評判のために一日の休みもなく働いた、この愛すべき優しい善良な仲間を！（中略）私は主張する。誓ってもよい。彼は胸を引き裂かれる思いだった」（HRF2, 761）。一七九三年以降、状況は否応なくロベスピエールを独裁へと引きずってゆく。この全能の暴君は、実は自らの運命の奴隷にすぎなかった。「これほど速く進むことに動揺し、不安を覚えながら、彼はそれでも進んでいった。彼は走り、飛んだ……。天空の流れ星のような、あるいは大砲の弾のようなものすごい速さで。宿命が彼を運び去った」(HRF2, 859)。

テルミドール九日(一七九四年七月二七日)、ロベスピエールはクーデタにより議会で糾弾され逮捕される。しかし、彼はすぐに仲間たちの手によって救出され、市庁舎に連れてゆかれる。こうして心ならずも反逆者となった彼は、武力蜂起を余儀なくされる。周囲は蜂起の命令書に署名するよう彼に迫る。しかし最後の瞬間に、彼の良心は暴力的手段に訴えることに異議を唱える。彼は署名を拒絶する。

意見は大きく分かれていた。

サン＝ジュスト、クートン、コフィナル、ほとんど全員が行動を望んでいた。ロベスピエールは待とうとした。何と言われようと、彼には彼なりの理由があった。役割を変え、法に対する戦争を始めること、それはこの瞬間に全人生を抹消し、これまで糧とし力としてきた理念を自らの手で抹殺することではないだろうか……。他方で、彼は手紙でクートンを呼び出し、多くの友を危険に巻き込んだ！……「それではわれわれはもはや死ぬしかないのか？」とクートンは言った。

この言葉が一瞬彼を動揺させたようだった。彼は、蜂起への招集がすでにきちんと記された、コミューンの印のある書類を取ると、ゆっくりと、楷書で、今でも見ることができる三文字を書いた。Rob……。しかしここに来て、彼の良心が異議を唱えた。彼はペンを投げ捨てた。「さあ書くのだ」、と人々は彼に言った。「——《しかし誰の名において》?」この言葉で彼はおのれの破滅を確定した。しかし歴史における、未来における救済もまた。彼は偉大な市民として死んだ。

(HRF2, 979-980)

悲壮な瞬間である。ロベスピエールの決断は、彼自身の破滅を決定すると同時に、歴史における彼の救済をも確定する。多くのミシュレ的聖人と同様に、ロベスピエールの物質的な敗北は精神的な勝利を意味するのである。[3]

十字架の道行き

深夜、憲兵隊が市庁舎に侵入し、メルダという若い憲兵がロベスピエールに発砲してそのあごを砕く。ロベスピエールと仲間たちは、ひとり残らず逮捕あるいは殺害される。重傷を負いながら、ロベスピエールはあらゆる試練を黙って耐え忍ぶ。人々は彼をオテル・デューまで歩かせて晒しものにする。「すでにパリの世論は明白に示されたので、決定的な勝利者となった両委員会は、ロベスピエールに、包帯を替えるという口実で、すでに他の怪我人たちがいるオテル・デューまで、不要で過酷な行進をさせた。こうして彼は通りで、喜びを表明する公衆のあいだで晒しものにされ、それからコンシエルジュリー監獄に送られた」(HRF2, 987)。他の歴史家たち、例えばラマルチーヌはこの治療に何ら特別な意味を認めていない。「オテル＝デューに運ばれると、外科医たちは傷口を調べ包帯をした」[4]（『ジロンド派の歴史』）。ミシュレはそれを侮辱のための「口実」と見なすとで、この行程をキリストの十字架の道行きに比すべき最後の試練にする。

ロベスピエールはサン＝ジュスト（一七六七—九四）、クートン（一七五五—九四）らの仲間たちとともに裁判にかけられ、全員が死刑を宣告される。彼らはその日のうちに断頭台で処刑される。荷車が彼らを革命広場に運んでゆく。

五時から六時にかけて、サン＝ドニ通り、ラ・フェロヌリ通り、サン＝トノレ通り全体にわたって、荷車がのろのろと陰鬱に行進する間、おぞましい晒しものが行われた。いくつかの意味でおぞましいものだった。群集の楽しみに提供されたのは、死者たちや瀕死の者たち、惨めな血まみれの身体であった。立った状態にしておくため、荷車の鉄格子に縄で、彼らの脚や腕や胴体や揺れる頭を縛りつけた。パリの硬い敷石が一歩ごとに荷車を揺らし彼らを痛めつけた。（中略）

反動の波があまりに速く激しく押し寄せてきたため、両委員会は監獄の人員を三倍にする必要があると判断した。死刑囚の通り道には、恐怖政治の犠牲者の身内と称する者たちが押し寄せ、ロベスピエールに吼えかかり、この陰気な葬列において古代の復讐の女神の合唱を演じた。

真の悲劇をとりまくこの偽りの悲劇、計算ずくの叫び声や作りものの激怒の合奏こそ、白色テロの第一幕であった。

おぞましいのは、法外な値で貸し出された窓であった。長らく身を隠していた見知らぬ顔が、白日の下に出てきた。金持ちと娼婦の群れが、あれらのバルコニーに誇らしげに姿を見せた。公衆の感情の激しい反動をよいことに、彼らの残忍な怒りが大胆に示された。特に女性たちが許しがたい光景を見せた。夏だからといって恥ずかしげもなく肌を出し、胸に花を飾り、ベルベットに肘をつき、サン=トノレ通りに身を乗り出し、男たちを後ろに従え、甲高い声で叫んだ。「死ぬがいい！　断頭台へ行け！」　(HRF2, 988)

荷車の行進はおぞましい見世物となる。公衆は血まみれの身体を眺めて喝采する。さらに観客は自ら見世物に参加し、「古代の復讐の女神の合唱」を演じる。この偽りの悲劇は、大革命の死という真の悲劇から民衆の目をそらせることになるだろう。昨日まで身を隠していたブルジョワたちは、今日は窓際に姿を現して大革命の終焉を祝う。彼らは明日には白色テロを推進するだろう。この祝宴において女性たちが特に大きな役割を演じていることも記憶にとどめておこう。

ロベスピエールはあらゆる侮辱を驚くべき平静さで受け止める。この処刑台への行進もまた、彼にとっての十字架の道行きであり、この最後の試練を通して彼は過去の過ちを洗い清める。革命広場において、全員が処刑台の上でストイックな態度を示す。ロベスピエールはキリストのように「苦杯を飲み」、しっかりした足取りで処刑台にのぼる。サン＝ジュストは、シャルロット・コルデーのような荘重な沈黙をもってこの世を去る。われわれはここに再び輝かしい受難を目にするように思う……。

ロベスピエールは世界に存在するあらゆる苦杯を飲み干した。彼はついに目的地に、革命広場に達した。彼はしっかりした足取りで処刑台の階段を登った。誰もが同じように、自らの意志と熱烈な愛国心と誠実さに支えられ、平静な態度を示した。サン＝ジュストはずっと前から、死と未来を抱いてきた。彼は立派に、荘重に、単純に死んだ。フランスはこのような希望を失ったことを決して忘れることはできないだろう。彼の偉大さは彼独自のものであり、何ひとつ幸運に頼ることなく、彼だけがその力で法の前に剣を震え上がらせることができただろう。

忌まわしいことを伝えねばならないだろうか。断頭台の助手が（シャルロット・コルデーを平手打ちにしたのと同一人物か？）、ロベスピエールに対する復讐の怒りと熱狂を広場に見てとると、群集に媚びた卑しく下劣な態度で、彼の砕かれたあごを支えている包帯を引きちぎった……。彼はうめき声を上げた……。彼の顔は一瞬蒼白になり、醜くゆがみ、口が大きく開かれ、砕かれた歯がこぼれ落ちる……。それから鈍い音が……。あの偉大な人物はもういない。

(HRF2, 989)

いや、ここで「忌まわしいこと」を伝えなければならない。死刑執行人のひとりが公衆の血の渇きを癒すために、ロベスピエールのあごを支えていた包帯を乱暴に引きちぎる。血まみれの口が開き、苦痛に醜くゆがむ……。この恐ろしい映像は、偉大な人物の記憶を永遠に血の染みで汚すであろう。

2 狂乱のロンド

輪になって踊る女たち

ロベスピエールの血まみれの口はわれわれに何を伝えようとしているのか。ここにはヴェルニョの力強い歌も、ロラン夫人の誇り高き言葉も、シャルロット・コルデーの高潔な沈黙もない。この底知れぬ暗い深淵から漏れるのは、決して言葉にならないうめき声だけである……。これこそが乱暴に中断された革命の、あるいは無残に引き裂かれた共和国のイメージであろうか。他の歴史家たち、例えばラマルチーヌは、死刑執行人のこの行為に特別な意味を認めていない。「刃を放す前に、死刑執行人たちは彼の頬を覆っていた包帯を取り去った。布が斧の刃を妨げないように」(5)(『ジロンド派の歴史』)。ミシュレはこのような即物的な説明を拒絶することで、この場面を一層暴力的なものにする。歴史家はこの陰惨なイメージで何を表現しようとしているのか。

ロベスピエールの最後の道行きをもう一度検討しよう。血まみれの身体を眺める野次馬の中で、女性たちが特に重要な役割を演じている。窓際に姿を見せる高等娼婦たちの他にも、ロベスピエールが間借りしていたデュプレー家の前で輪になって踊り狂う女たちがいる。彼女たちはこの家の壁を牛の血で汚す。晩には監獄に押し寄せてデュプレー夫人を絞め殺すだろう。

彼らには何ひとつ容赦されなかった。役者たちはアソンプシオン街に着くと、デュプレー家の前である場面を演じた。怒り狂った女たちが輪になって踊っていた。牛の血の桶を持った子供がちょうど居合わせた。彼はほうきで血のしずくを家に投げつけた。ロベスピエールは目を閉じた。

その晩、同じ酔いどれ女たちが、デュプレーのおかみさんのいたサント・ペラジー監獄に駆けつけ、自分たちはロベスピエールの犠牲者の未亡人であると叫んだ。彼女たちは恐れをなした看守たちに扉を開けさせ、老女を扼殺しカーテンの横木に吊るした。(HRF2, 989)

この輪になって踊る「怒り狂った女たち」とは、そして走り回る「酔いどれ女たち」とは何者か。ロベスピエールの死を理解するために、これらのイメージを解読しなければならない。確かにこの場面は物語の背景の小さなひとこまにすぎない。しかし歴史家の想像力は、こうした細部においてより自由に活動するものではないだろうか。この女たちは、すでにラマルチーヌの『ジロンド派の歴史』に姿を見せている。ミシュレとラマルチーヌの記述はほぼ同じであるが、細部に小さな、しかし注目すべき違いがある。

彼はある職人の家に住んでおり、その父親と母親と子供たちはすでに牢獄にいた。その家の前で女たちの一団が行列を止め、荷車の周りを輪になって踊った。牛の血でいっぱいの肉屋の桶を手にした子供が、そこにほうきを浸すと、家の壁に血のしずくを投げた。ロベスピエールはこの停止のあいだ目を閉じて、彼が不幸をもたらした、この友人たちの家が侮辱されるのを見ないようにした。これが、この三六時間の責め苦における彼の唯一の感情的な身振りであった。

同じ日の晩、これらの復讐に怒り狂った女たちは、デュプレーの妻が投獄されていた監獄に侵入し、彼女を扼殺すると、カーテンの横木に吊るした。(6)

ミシュレの記述には、ラマルチーヌにはない「酔いどれ女たち bacchantes」という表現が登場する。この語は語源的には、古代神話のバッカス神 Bacchus の巫女を意味する。また、「怒り狂った女たち furies」という表現が両方に出てくるが、大文字の Furies はローマ神話の復讐の女神フリアイを意味する。ミシュレはこのように、古代神話に起源をもつ語を多用することにより、この場面に神話的な性格を与えようとする。「役者たちは…演じた」という表現も、古代演劇（特にエウリピデスの『バッカスの信女たち *Les Bacchantes*』）との関連を示唆するように見える。

バッカスの巫女

バッカス神はミシュレの歴史において特別な重要性をもつ。彼にとって、東方の宗教の流入は西洋文明にとっての大きな脅威であった。なぜならそれは東洋の西洋への侵入、自然の文明への反動を意味するからである。東方の宗教の礼拝は一般に、没我的狂乱と自己破壊衝動によって特徴づけられる。信者は自らの身体を傷つけ、流れる血を人前に晒し、狂乱状態に陥る。ミシュレは『世界史序説』において、東方の宗教がバッカス祭を通じてローマに侵入しようとした様子を物語る。

これらの信仰、これらの宗教は、ローマに簡単に侵入したわけではない。ローマはバッカス祭における、自然に対する酒神祭的崇拝の最初の現れを、嫌悪をもって退けた。少し後に、キュベレの化粧をした僧侶たちが、善き女神のライオンを連れてきて、狂熱的な踊りや下品な幻惑で民衆を驚かせ、自らの腕や脚を切り刻み、その傷を面白がってみせた。彼らの神は怪しげなアティスであり、彼らは笑いと涙によってその死と復活を祝った。（IHU, 235）

バッカス祭のイメージは、ミシュレの歴史において重要なライトモチーフとして繰り返し登場する。『中世史』から、フランチェスコ会の創始者、アッシジの聖フランチェスコ（一一八一／二―

一二二六）の肖像を見よう。あらゆる生き物を愛し、「法は滅びよ、恩寵は生きよ」と説いたこの聖人のうちに、歴史家は何かしら不穏なものを見出す。この聖人は演劇に対する奇妙な嗜好をもっていた。彼はさまざまな奇妙な出し物を考案し、ついに自らキリストの受難を演じるにいたる。

ヨーロッパを股にかけたこれらの気違いじみた公演や、熱狂的な巡回は、バッカス祭やキュベレの僧侶の無言劇にしか比べるものがなく、多くの混乱を引き起こしたものと思われる。それらは、古代の酒神祭の公演を特徴づけていた流血的性格を免れていなかった。圧倒的な劇的才能は、聖フランチェスコをイエスの完全な模倣へと押しやり、その生涯と誕生を演じるだけでは満足しなかった。彼には受難も必要だった。晩年に、彼は荷車に乗せられて通りや四辻に行き、脇腹から血を流し、自らの聖痕によって主の聖痕をまねた。

この熱烈な神秘主義は女性によって熱狂的に歓迎された。彼女たちはそれと引き換えに、大いに恩寵の賜物の分配に与った。（HF1, 554）

ミシュレは聖フランチェスコの受難劇の中に、バッカス祭の再来を見出す。彼の教えはとりわけ女性によって熱烈に歓迎される。バッカスの巫女のように、彼女たちは流れる血に敏感に反応する。そして忘我的恍惚のうちに神の恩寵を受け取るのである。

死の舞踏

文明に対する自然の侵入を意味するバッカス祭は、ミシュレにとって災厄の原初的イメージである。『フランス史』において、死の時代が訪れるたびにこのイメージは繰り返し登場する。『中世史』から、一四世紀に全ヨーロッパを襲った黒死病を取り上げよう。ドイツにおいて、教会に見放された民衆は絶望のあまり狂熱的苦行に身を委ねる。これらの「鞭打教団員」はやがてオランダに、ついでフランスに渡る。

しかし民衆における陶酔は、狂乱であった。教会が彼らを追いやった自己放棄から、司祭たちに対する軽蔑から、彼らは秘蹟なしで済ませた。彼らは広場で血まみれの苦行を行い、熱狂的に走り回った。住民全員が旅立ち、神の怒りの風に押されるように、当てもなく進んだ。彼らは赤い十字架をもっていた。広場で肌脱ぎになり、聞いたこともない賛美歌を歌いながら、鉄鋲のついた鞭で自らを打った。彼らはどの町にも一日と一夜しかとどまらず、一日に二度自らを鞭打った。これが三三日半続くと、彼らは自分が洗礼の日のように清浄になったものと思った。(HF2, 196)

イタリアでは、ボッカチオ(一三一三—七五)の『デカメロン』が、黒死病に襲われたフィレンツェの恐慌を証言する。ミシュレはその一節を引用する。「何人かは閉じこもり、最高に洗練された食物と最上のワインで非常な節制をして身を養った。病人についてのいかなる知らせも聞こうとはせず、音楽や、大してお金のかからない何かで気を紛らわせた。別の者は、反対に、最高の療養は飲むことと、歌いに行くことと、すべてを馬鹿にすることであると断言した。彼らはそれを言葉どおり実行し、昼夜家から家へと渡り歩いた」(HF2, 197)。死の恐怖から逃れるため、ある者は外界から隔絶された空間に閉じこもり、別の者は祝祭の狂乱の中にわれを忘れる。

黒死病の恐怖はサン＝ギー(聖ウィトス)の舞踏病という奇妙な現象を引き起こした。街角で人々は突然手を取り合い、輪になって踊りだす。観客もわれ知らず踊りだし、いつしかその輪に加わる。踊りは次第に激しくなり、ついには疲れ果てて死ぬまで続けられる。この混沌のロンドにおいてあらゆる秩序は崩れ去る。健常者も病人も、貴族も民衆も、一緒になって踊り狂う。この現象は伝染病のように広がり、やがて全ヨーロッパに拡大する。(7)

確かに、一四世紀に多くの国において、踊りは無意志的で狂熱的なものとなった。鞭打教信者の激しい行列はその最初の例である。大規模な疫病や、生存者に残されたひどい神経的な打撃は、容易にサン＝ギーの踊りに転じた。これらの現象は、よく知られている通り、伝染性のものだった。痙攣の光景は、魂の中に痙攣とめまいしかないだけに、一層強く作用した。こうして健常者も病人も区別なしに踊った。通りや教会で、互いに激しく手を取り合い、ロンドを作るのが見られた。ひとりならずの者が、はじめは笑ったり冷静に見物したりしていたのが、ついに目が見えなくなり、頭が回転し、自分自身も回転し、他の者と一緒に踊りだすのだった。ロンドは数を増して絡み合い、次第に大きく、盲目に、急速になり、狂ったように何もかも打ち壊し、まるで巨大な蛇が刻々とふくれ上がり身をよじるかのようだった。この怪物を止めるすべはなかった。しかし輪を断ち切ることはできた。何人かの踊り手に足や拳で襲い掛かり、電気の連鎖を断つのだった。この乱暴な不協和音が調和を破り、彼らは自由になった。さもなければ、彼らは疲れ果てるまで回り、死ぬまで踊ったことだろう。(HF2, 466)

ここにヨーロッパにおける死の代表的イメージである「死の舞踏（ダンス・マカーブル）」が誕生する。ミシュレの歴史において、「死の舞踏」は重要なモチーフとして災厄のたびに繰り返し姿を現す。すでに見たように、『中世史』では、一五世紀のアルマニャック派とブルゴーニュ派の内乱の時代に、さまざまな王侯貴族や数多くの無名の死者たちが「奇妙なロンド」を形成する。『近代史』においても、一六世紀初頭、イタリア戦争のさなかに「死の舞踏」は再び姿を見せる。そこでは無益な戦争が繰り返され、皇帝や国王たちがコメディア・デラルテ風の道化芝居を演じては次々とこの世を去ってゆく。(8)

生の狂熱

奇妙なことに、こうした死の時代のさなかに、しばしば官能の異常な高まりが認められる。明日知れぬ不安の中で、人々は争って肉体の喜びに身を委ねる。一四世紀の黒死病の後、生の反動は異常な多産となって現れる。「ギヨーム・ド・ナンジ〔一二世紀の年代記作家〕の後継者によると、『生き残った者は、男も女も、集団で結婚した。生き残った女はとてつもなく妊娠した。不妊の女はいなかった。あちらでもこちらでも妊婦しか見られなかった。彼女たちは同時に二人、三人を出産した』。それは、マルセイユのペストや恐怖政治の後のように、大きな災厄の後に必ずやって来る、生の激しい喜び、跡取りの大饗宴であった」(HF2, 198-199)。

死の現存が官能を一層激しいものにする。一五世紀にパリで「死の舞踏」が見世物として上演された時、舞台にはイノサン墓地が選ばれた。「死者たちの舞踏の見世物はパリでは一四二四年に、イノサン墓地で行われた。この狭い広場は、大都市が何世紀もの間ほとんどすべての住民を注いできた場所であるが、最初は墓地であると同時に、ごみ捨て場であり、夜には盗賊たちが出入りし、晩には浮かれ女たちが墓の上で生業を行うのだった。(中略)これが死の舞踏の立派な舞台であった」(HF2, 467-468)。愛と死が交錯するこの墓地ほど、この不吉な饗宴にふさわしい舞台はないだろう。

『近代史』においても、一六世紀のフィレンツェのペストにおいて、死の恐怖が官能をかき立てる。明日をも知れぬ状況が女性たちを束の間の快楽に押しやる。疫病に襲われ廃墟となった街をさまよう年老いたニコロ・マキアヴェリ(一四六九—一五二七)は、街なかで偶然に出会った黒衣の美しい未亡人の傍らで甘美な死を見出す。(9)

おぞましい上におぞましいこと！　死が取りもち女となる！　別の場所、サンタ＝マリア＝ノヴェラ教会の、大礼拝堂の大理石の段のところで、彼は長い服を着たひとりの魅力的な未亡人を見つける。この女神についての神話的で念入りな描写がそれに続く。これは官能的で陰鬱な作品であり、老人と努力の匂いがする。キューピッドも、ヴィーナスも、ヘスペリデスの園の黄金の林檎も、そのすべてを温めはしない。この死の偶像が座る大理石の墓石もこれほど冷たくはない。

マキアヴェリは彼女のそばで雄弁を振るう。それはあまり必要ではない。彼女はまず慰めを得る。彼は年齢の違いを認めるが、それでもやめない。彼がもっていると主張する財産、心遣いと友情、美女が必要とするのはそれだけである。彼女は大人しく連れて行かれる。修道士が駆けつける。しかし契約はなされた。マキアヴェリは言う、「私の心は今や彼女のもとにある。私の魂は彼女の黒い服の中にとどまる」。

彼の生命もまたそこにとどまる。ひと月かふた月後、彼は死ぬ。　(HF4, 392)

一八世紀のマルセイユのペストにおいても、同じ官能の高揚が認められる。画家ミシェル・セール（一六五八―一七三三）は無数の死体を前に異常な創作意欲に襲われ、憑かれたように死の情景を描き続ける。彼もマキアヴェリと同様に、死の魅惑にとらえられた創作者であった。そして、亡き妻の墓を開いて「死の魅惑」を告白するミシュレ自身も、同じ感性の持ち主であることは言うまでもない。

信じられないことに、感覚を逆なでするこれらの恐ろしいものが、想像力を鎮めるどころか、それを奇妙にかき立てた。もし『雅歌』の言うように、愛が死のごとく強いならば、芸術についてもそう言えるだろう。勇猛な画家セールは、恐れるどころか、すべてを正面から見据え、他人が避けるものを探し求め、賞賛し、写し取った。他人がおぞましいと思うものを、彼はすばらしいと思い、時に崇高で、常に感動的だと思った。(中略)

死の官能をもつ不健全な絵画である。それはペストの魂そのものである。フィレンツェ、ヴェネチア、あるいはマルセイユで、ペストは貪欲に恋をしていた。死は生の狂熱を産み出した。マルセイユの未亡人たちは災厄を利用し、毎月のように再婚した。娼婦たちは客の言い値で商売した。まるで、フィレンツェで尼僧たちが遊郭で自らの純潔の復讐をしたように。

(HF11, 264-265)

死の瀬戸際に追いつめられた生命は、束の間の官能の歓びに盲目的に身を委ねる。その意味でこの「生の狂熱」は、瀕死の生命の最後のあがきにほかならない。

3　大革命の死

二つの虐殺

ふたたび『革命史』に戻ることにしよう。ここにもまた「死の舞踏」は姿を現す。それは疫病のように広がり、人々を血の陶酔に沈め、さらには盲目的な虐殺へと追いやる。われわれはここで、グラシエールの虐殺と九月虐殺という二つの事件を取り上げよう。これらはいずれも、革命派の手によって行われたなかば無差別的な虐殺であり、大革命の歴史に消しがたい血の染みを刻印した事件である。

まず、一七九一年一〇月のグラシエールの虐殺を見よう。ローマ教皇領アヴィニョンは革命を機にフランスへの併合を決議し、一七九一年九月に憲法制定議会はこれを承認する。しかし、革命派と教皇派の間にはその後も激しい確執が続く。一〇月一六日、革命派のレキュイエ（一七四七—九一）は、教皇派に扇動された群衆によって教会の中で惨殺される。それはまるで異教の神に捧げられた生贄の獣のようであった。「吠え立てる暴徒たちに投げ与えられた彼を、人々は聖母の方へ、祭壇の方へ引きずっていった。まるで偶像の足元で打ち殺される牛のように、彼がそこで倒れるように」（HRF1, 805）。人々は彼にありとあらゆる暴力を振るった後、生きることも死ぬこともできない中途半端な状態に彼を打ち捨てる。

ちょうどその時、町のラッパ手が入ってきて、ラッパを吹いて人々を黙らせ、宣戦を告げようとした。何千人もが叫ぶ「さあ、さあ！」の恐ろしい声がラッパ手を黙らせた。この膨大な群集は、一ヶ所にかたまって、横たわる身体の上に吊るされたようだった。男たちは彼の腹に蹴りを入れ、石をぶつけた。女たちははさみで、彼が自らの呪詛の償いをするように、残酷な怒りをこめて、それを言った唇を切り取った。

このぞっとする拷問のさなか、もはや人間の形態をとどめない、この何だか分からない血まみれのものから、なおも弱い声があがった。それは止めを刺してくれるように懇願していた。恐ろしい笑い声が上がった。そして人々はもはや手を出そうとはしなかった。彼が死を心ゆくまで味わえるように。

(HRF1, 806)

レキュイエの殺害は、果てしなく続く暴力の連鎖を引き起こす。殺害の後、今度は革命派が血の渇きに感染する。彼らは復讐のため、一六日の夜から一七日にかけて、かつての異端審問所であるグラシエールの塔において、教皇派の囚人たちを虐殺する。一七日の午後、彼らはレキュイエの葬儀を執り行う。虐殺の血まみれの手で行われたこの葬列は、殺害の場面以上におぞましいものとなる。そこでは、ロベスピエールの行列のように血まみれの遺体が見世物にされ、聖フランチェスコの受難のように人々は血の興奮に包まれる。

葬列は町の大部分を歩き回った。遺体は単なる血まみれの塊となり、見るに耐えないほどおぞましい状態であるにもかかわらず、顔を露わにして葬られた。サヴルナン神父は傍らを歩き、狂信的なカプチン僧の大げさな身振りで、涙を流して復讐を叫んだ。マンヴィルは見るも恐ろしかった。彼のメロドラマ的苦悩は、血を乞うかのようだった。停止するたびに、彼は遺体の頭を持ち上げ、無残に切り取られた唇を示した。そして嗚咽して逃れるので、遺体はまた倒れるのだった。(HRF1, 815-816)

虐殺を生み出した血の狂熱は強い伝染性をもつ。「何ということだ！　すでに言ったように、これはひとつの始まりだった。犯罪の残酷さ、人々の想像力が受けた動揺が、それを伝染性にした。(中略)この呪われた事実が永遠に悼まれ続けるように。それは、穏健革命派も反革命派も、自由の友もその敵も、区別なく入り混じり死んでゆく、あれらの人間の大殺戮の最初のものである。一〇月一六日の虐殺は、九月虐殺のおぞましい原型なのだ」(HRF1, 818)。最初に教皇派、ついで革命派をとらえたこの狂熱は、やがてフランス中に広がってゆく。グラシエールの虐殺は、後に続く数々の内戦と虐殺の序幕となる。「陰鬱な歴史がここに始まる。われわれはひととき、恐るべき入口を示す苦悩の石の上に腰を下ろした。これは地獄の扉、血ぬられた扉である。それが今開かれ、世界はそこを通る」(HRF1, 819)。

続いて一七九二年九月の九月虐殺を見よう。四月にフランスはオーストリアに宣戦するが、たちまち戦局は悪化し、八月にオーストリア・プロイセン連合軍がフランス領内に侵入する。連合軍接近の報を聞いて、パリは恐慌に陥る。九月二日から数日にわたり、群集がアベイ、カルム、シャトレ、コンシエルジュリーなどの監獄を襲い、反革命容疑者を虐殺する。ここにも死の舞踏に特有の伝染的性格が認められる。群集はいつしか血の陶酔にとらえられ、手足がひとりでに動き出し、ついには虐殺に身を投じる。

虐殺に恐るべき性格を与えることになったのは、場面が狭かったため、見物人たちが行為に巻き込まれ、血や死者に触れそうになり、虐殺者たちを動かす磁気の渦巻きに包まれたようになったことである。彼らは死刑執行人と一緒に酒を飲み、死刑執行人になった。この夜の場面の恐ろしい幻惑的効果、あれらの叫び、あれらの不吉な照明が、まず彼らを魅惑し、一ヶ所に釘付けにした。それからめまいが来て、ついに頭がとらわれ、脚と腕がそれに続いた。彼らは動き出し、この恐ろしいサバトに加わり、他の者たちと同じようにした。(HRF1, 1063-1064)

革命派の手によって行われたこの二つの虐殺は、反革命派に格好の批判の口実を与えることになる。「これらの出来事の結果は計り知れない。それらは無実のフランスに対する激しい異論を生み出した。大革命は両手を広げ、素朴に愛と善意をもって、私心のない真の博愛をもって世界に向かう。世界は後ずさり、いつも九月とグラシエールの一言でフランスを押しのける」(HRF1, 818-819)。

処刑台の変貌

二つの虐殺は、大革命のイメージを大きく損なっただけではない。それらはより深刻な影響を大革命そのものにもたらした。これ以降、血の陶酔が革命運動の内部に侵入し、その正義を少しずつ侵してゆく。その時、断頭台は意味を転じる。それはもはや正義の行使される場所でも、受難の崇高な舞台でもなく、バッカスへの供物が捧げられる血まみれの祭壇となる。

この変化は決定的に重要である。なぜならミシュレにとって、革命の正当性は処刑台の権威によって大きく左右されるからである。例えば、歴史家は共和派とヴァンデ派の大義を比較するに当たり、それぞれが敵を処刑するやり方を問題にする。なるべく迅速な死を与えようとする共和派と、できるかぎり死を長引かせようとするヴァンデ派、この違いこそが何よりも雄弁に革命の正義を裏づける。「共和派は流血を行う時、これほど高度な意図をもってはいなかった。彼らは敵を根絶したい、ただそれだけだった。銃殺刑や溺死刑は死を短縮する手段であり、人間の犠牲ではなかった。ヴァンデ派は反対に、共和派の兵士を詰め込んだ井戸やかまどや、人間の生き埋めや、その恐るべき《数珠》によって、神の心にかなう行いをしていると信じていた」(HRF2, 460)。

したがって、処刑台が清廉であるかぎり、大革命は権威を保つことができる。しかしそれが血によって汚された時、恐怖政治はもはや弁明をもたない。この取り返しのつかない変化はいつ始まったのか。一七九三年七月のシャルロット・コルデーの処刑において、マラ派の大工が切られた首に侮辱を与える。しかし公衆はこの冒瀆を許さず、当局は男を厳罰に処した。

首が落ちた時、死刑執行人の助手をしていたマラ派の大工が、首を乱暴につかみ、民衆に見せると、不埒にもそれに残酷に平手打ちを与えた。恐怖のおののきとざわめきが広場を走った。人々は首が赤くなったのを見たような気がした。おそらく単なる光の効果であろう。一瞬動揺した群集は、シャンゼリゼ大通りの木立を漏れる太陽の赤い光線を目に受けたのだ。パリのコミューンと革命裁判所はこの男を投獄して公衆の感情を満足させた。(HRF2, 509)

一七九三年一〇月のジロンド派の処刑の際、処刑台はすでに少しだけ変質している。死にゆく者たちのストイシズムは公衆に強い印象を与えない。これと対照をなすのが、敵軍との内通により有罪判決を受けたキュスチーヌ将軍(一七四〇—九三)の処刑である。一七九三年八月に行われた彼の処刑は、家族感情の発露によって激しい反応を引き起こす。

〔ジロンド派の〕審理に立ち会った者や処刑の見物人は同様に感動した。しかし、本当のことを言えば、印象はパリではかなり希薄だった。この重大で恐ろしい出来事は、それに比べてはるかに瑣末なキュスチーヌ事件がかき立てたような興奮をもたらしはしなかった。ストイックな死はほとんど心を動かさなかった。大衆はこれらの悲劇を、単に感性の点から判断しただけだった。老将軍が灰色の口ひげの上に流す涙、彼の心からの信仰と聴罪司祭の抱擁、子としての憐憫から彼を励まし擁護してきた興味深い義理の娘、そうしたすべてが、人間の本性と弱さが織りなす胸を打つ絵画を形づくり、感動と動揺を与えるのだった。（HRF2, 619）

恐怖政治の圧迫により、人間の意志は次第に磨り減り、感性に主導権を譲る。公衆の趣味は確かに変わった。彼らはいまや荘厳な悲劇よりも涙もろいメロドラマを好むのである。

感性の反動

キュスチーヌ事件への公衆の反応は、やがて大革命を揺るがすことになる感性の反動を予告している。この場面に「聴罪司祭」と「義理の娘」が並んで姿を見せるのは偶然ではない。『司祭、女性、家族』が示すように、ミシュレにとって司祭と女性の組み合わせほど不吉なものはない。『革命史』においても、一七九三年のヴァンデの反乱をはじめとする多くの反革命運動の中で、両者の共謀は重要な役割を果たす。「司祭、女性、ヴァンデ」と題された章においてミシュレはこう述べる。「女性と司祭、それがすべてである。ヴァンデであり、内戦である」（HRF1, 1145）。男性よりも感情的な存在である女性は、犠牲者への同情から容易に反革命の側へ傾く。

われわれの確信をいえば、彼女たちは司祭たち自身よりも、より真摯にそしてより激烈に狂信的であった。彼女たちの熱烈な感性、有罪無罪を問わず大革命の犠牲者に対する痛々しいほどの憐憫、タンプル塔の国王や、王妃や、幼い王太子やランバル夫人の悲劇的伝説によって引き起こされた興奮、ひと言でいえば、女心がもつ憐憫と本性の深い反動が、反革命の現実的な力となった。彼女たちは、自分たちを導くように見える者たちを支配して動かし、聴罪司祭たちを殉教の道へ、夫たちを内戦へと押しやった。(HRF1, 1153)

女性たちは、望むと望まざるにかかわらず革命運動にブレーキをかける。ミシュレの目には、女性は男性を破滅に誘う甘美で危険なイヴである。どれほど多くの革命家たちが、愛情ゆえにその意志を鈍らせ、自らの身を危うくしたことか！　こうして一七九三年に、あの愛と死の交錯が再び姿を現す。「これが、われわれが語るべき血塗られた時代を絶対的に支配する新しい力である。大革命の活力をひそかに解体し破壊する、柔らかい力、恐ろしい力である。共和主義の習俗の厳格な外観の下で、恐怖政治と処刑台の悲劇のあいだで、女性と肉体の愛が九三年の王となった。(中略)九三年に愛はありのままの姿を見せた。すなわち死の兄弟として」(HRF2, 446-447)。

感性の反動に支えられ、反革命は急速に勢いを増す。一七九四年三月二四日のエベール(一七五七一九四）の処刑は、革命の正義がどこまで権威を失ったかを示している。『デュシェーヌ親爺』によって多くの者を糾弾し断頭台に送った彼が、今度は自ら断頭台に上るのを見て、公衆は笑い転げる。処刑はもはや滑稽な見世物でしかない。

忘れっぽい公衆よ！　彼の死は一種の祝祭となった。あれほど断頭台について語った《デュシェーヌ親爺》本人が、どんな顔をして出て来るのか、人々は興味津々だった。これもまた見世物だった。朝から投機をする者が現れた。荷車、ベンチ、足場など、この楽しい見世物を助けるために何もかもが用意された。広場は劇場となった。人々は高い金を払い、一日中立ったままで待っていた。それらすべては奇妙な冗談まじりに大声で貸し出された。周囲には一種の市が立ち、シャンゼリゼ大通りには香具師や商人が出て、人々でにぎわった。三月のよく晴れた陽気な日だった。

(HRF2, 782)

こうして大革命は、恐怖政治下で抑圧されていた感性の盲目的な反動によって覆される。ロベスピエールの行列の傍らで輪になって踊る女たちは、反動の決定的な勝利をわれわれに告げている。彼はバッカス神の生贄として、バッカスの巫女たちによって八つ裂きにされたのである。テルミドールの後、パリには見せかけの平和と繁栄が訪れる。しかしそれはナポレオン帝政というさらなる悲劇を導くものでしかない。

パリは再び陽気になった。確かに飢饉はあった。しかし、ペロン小路は輝き、パレ・ロワイヤルには人が溢れ、劇場は満員だった。それから《犠牲者の舞踏会》が開かれ、恥知らずな贅沢が大饗宴において偽りの喪を繰り広げていた。

この道を通って、われわれはフランスが五〇〇万の人間を葬った巨大な墓に向かったのである。

(HRF2, 990)

この陽気さも、舞踏会も、大饗宴も、すべてが「死の舞踏」の再来を告げている。ジャコバン派の恐怖政治から解放された民衆は、今度はバッカスの饗宴に身を委ねる。人々は血の陶酔にとらえられ、われ知らず踊りの輪に加わり、果てしなく踊りつづける。ついにめまいに襲われ、帝政の巨大な墓に身を投じるまで。

バッカスの再来

ロベスピエールはキリストのように、十字架の道行きにおいてあらゆる侮辱をストイックに耐え忍ぶ。これが、自らが引き起こした恐怖政治に対する彼の償いである。しかしその受難は、最後の瞬間に乱暴に断ち切られる。彼の行列を取り巻く狂熱的な祝祭は、破壊と混乱をもたらすバッカス祭の再来である。行列の傍らで輪になって踊る女たちは、恩寵の神に仕える巫女たちにほかならない。

ミシュレはこのように、革命を押しつぶす宿命の力を強調することで、革命家たちの無実を証明するとともに、革命それ自体を擁護しようと試みた。しかしこのことは、人間の自由に基盤を置いていたミシュレの従来の歴史観に決定的な打撃を与えたように思われる。なぜならこの説明に従えば、歴史は人間の意志を超えた強大な力に支配されていることになるからである。そこでは、人間は自らの解放者であるというヴィーコの教えはもはや通用しない。これ以降、歴史はミシュレにとって、果てしない十字架の道行きにも似たものとなる。

ミシュレは晩年に、『人類の聖書』（一八六四）においてバッカスの神話をいま一度取り上げる。この神は時代と地域により、男性、女性、大人、子供とさまざまに姿を変える。しかしそのいずれにおいても、常にどこか不吉な様子をたたえている。「そしてまさにそこから、ディオニュソス、《バッカス・サバシウス》、さまざまな神々が置かれた巨大な物置小屋、偽りの使者、偽りの解放者、暴君たちの神、死の神が出てきた(10)」。

歴史家は紀元前四世紀における古代ギリシア世界の黄昏を物語る。女性たちは何か恐ろしいものが到来する予感に苛まれながら、何ひとつ手を打つことができず、ただ陰鬱な饗宴に身を任せる。やがてマケドニアのフィリッポス（位前三五九—前三三六）が北方から侵入し、アテネとテーバイをカイロネイアの戦いで破るだろう。さらにアレクサンドロス（位前三三六—前三二三）がテーバイを徹底的に破壊するだろう。ギリシア世界はこうして暴君の支配下に置かれるだろう。

人々は、大きな不幸が、恐ろしい混乱が来るだろうという予感を抱いた。女たちの心は締め付けられた。カイロネイアの悲嘆が前もって彼女たちに重くのしかかった。アレクサンドロスが三万人のギリシア人を一日で売り払った、テーバイのおぞましい最期が前もってのしかかった。彼女たちは危険を感じ、恐れながら、それでもそれを準備した。陰鬱な饗宴から、それが何だか知らずに嘆いていたあれらの不幸が訪れようとしていた。すなわち、崩壊、廃墟、奴隷、そして野蛮な勝利、生きた饗宴、暴君が。(11)

しかし暴君とは誰だろうか。アレクサンドロスか、それともボナパルトか？　古代ギリシアの状況は奇妙なほどテルミドールの状況に似通っている。テルミドールの女たちは、不吉な予感に苛まれながらも、なすすべもなくただ饗宴にわれを忘れる。こうして彼女たちは、ジャコバン派の恐怖政治から自分たちを解放した「偽りの解放者」に進んで身を委ねる。彼女たちの死のロンドは、フランスの来るべき不吉な運命を予言している。

注

(1) フランソワ・フュレによれば、大革命は現代社会の起源に位置づけられてきたがゆえに、明確な終わりをもたない。「アンシャン・レジームには終わりがあって生誕がない、というのと同じ理由によって、大革命には生誕があって終わりがない。一方は年代的に負の定義を、つまり死という定義を被っている。他方はあまりに巨大な約束であるため、際限のない柔軟性を示している。たとえ短い時期においても、大革命に『日付を与える』

ことは容易ではない」(François Furet, *Penser la Révolution française*, Gallimard, « Folio/Histoire », 1989, p. 16)。とはいえ、左翼的な革命史学の伝統においては、ロベスピエールの失墜に重点を置く傾向が強かった。「この点において、コシャンは二〇世紀の左翼的な大学歴史学と同じ立場に立つ。なぜならコシャンもそれと同様に、何よりもまずジャコバン現象に興味を抱くからである。彼は分析精神によって、大学歴史学が暗黙のうちに好んで特権化する時期、ロベスピエールの没落によって終わる時期を選択する」(*Ibid.*, p. 121)。

(2) Camille Jullian, *op. cit.*, p. LXXXI-LXXXII.

(3) ロベスピエールの最後の決断については、ミシュレはラマルチーヌの『ジロンド派の歴史』を参照しているように思われる。「そのあいだロベスピエールはコミューンにおいて、ずっと平静を保とうと努めていた。(中略) コミューンの会議に来てからは、彼は周囲で起こっている騒動に対し無関心を装った。サン＝ジュストとクートンは彼に向かい、独裁を命じる民衆の叫びに応え、一晩だけ全権を振るい翌日には粛清を受けた国民公会の手に権利を返すよう懇願した。「民衆は、暴君たちと君の敵たちを粉砕するために、君のただ一言を期待している」とクートンは繰り返した。「民衆にせめて、何をなすべきかを指示する声明を出してくれ」。「だが誰の名において?」とロベスピエールは尋ねた。「圧制を受けた国民公会の名において」とサン＝ジュストは答えた。「セルトリウスの言葉を思い出すのだ」とクートンは言った。/「ローマはもはやローマにはあらず、われのもとにあり!」/ロベスピエールは答えた。「いや、私は国民の代表が一市民に服従する例を示したくない。民衆によらなければわれわれは無だ。われわれは自分たちの意志を民衆の権利と置き換えてはならない」。「それでは、われわれは死ぬしかない!」とクートンは叫んだ。「その通りだ」とロベスピエールは冷静に答えた。彼は叛徒として勝利するよりも、犠牲者として生命を捧げることを決意したかに見えた。そして彼は黙って会議テーブルの上に肘をついた。「よろしい、君がわれわれを殺すのだ」とサン＝ジュストは言った。ロベスピエールの目の前に、パリのコミューンの印のある一枚の紙があった。この書類は会議のメンバーのひとりが手短に書いた蜂起への呼びかけであった。ロベスピエールは同僚たちに責めたてられ、ページの下部に途中まで署名した。それから、躊躇と不決断によって筆を止めると、署名を終えることなく、書類をつき返してペンを投げ捨てた。この態度はロベスピエールの友人たちを破滅させたが、それでもそれは彼らの目にロベスピエールを貶めはしなかった」(Alphonse de Lamartine, *op. cit.*, t. VI, p. 173-174)。

また、ミシュレは『革命史』の一八六八年の序文において、『フランス革命史』(一八四七—六二)の著者ルイ・ブランの批判に反駁しつつ、この部分の執筆の事情を暴露している。「彼が署名しかけて途中でやめた、法に反する武力蜂起への招集については、もしそれが彼がまだ勢力をもっていた深夜一二時になされたものならば、高潔な躊躇によるものと説明できる。証人はひとりもいない。——あるいは、彼がもう見放された一時頃になされたものならば、絶望によるものと説明できる。私はこの時代に最もふさわしい解釈に従った。それはこの時代の記憶に敬意を払う解釈であり、私の後でルイ・ブランが従った解釈である」(HRF1, 19)。われわれはここから、ミシュレの歴史学において想像力が果たす役割をある程度推測することができる。

(4) Alphonse de Lamartine, *op. cit.*, t. VI, p. 181.

(5) *Ibid.*, p. 184.

(6) *Ibid.*, p. 183.

(7) 鞭打教団の賛美歌にせよ、『デカメロン』の歌にせよ、「死の舞踏」にせよ、これらの死の狂騒においては常に音楽が大きな役割を演じる。ミシュレは音楽のもつ「ディオニュソス的なもの」に非常に敏感であった。一四一三年のカボシュの乱(アルマニャック派とブルゴーニュ派の内戦中に起きたパリ市民の反乱)において、シャルル六世の王太子ルイ(一三九七—一四一五)は虐殺のただなかで音楽にわれを忘れる。「シャルル六世の長男、最初の王太子は、ハープとスピネットの疲れを知らぬ奏者であった。彼は多くの音楽家を抱えていたが、さらに手伝いにノートルダムの聖歌隊の子供たちを呼び寄せた。彼は昼夜歌い、踊り、《バレエ》を踊った。それはカボシュの乱の年であり、その間に彼の友人たちは殺されていった。彼自身もまた、歌い踊りすぎて自分自身を殺した」(HF2, 466)。

ポルトガル王ペドロ一世(位一三五七—六七)は、亡妃イネス・デ・カストロの死を悼むあまり、激しい音楽と舞踏に身を委ねる。「最も陰鬱な時代における見せかけの陽気さは、われわれの歴史に固有のことではない。ポルトガルの年代記の伝えるところでは、国王ドン・ペドロは、死に至るまでイネスの喪に服した深い悲しみの中で、踊りと音楽の奇妙な欲求を感じたものだった。もはや彼の好きなものはただふたつ、処刑と音楽会だけであった。音楽会は、金管楽器の耳をつんざくばかりに激しいものでなければならなかった。その突き刺すような音は暴君のように支配し、内面の声を黙らせ、身体を自動人形のように揺り動かすのだった。彼はわざわざそのために銀の長いトランペットを手に入れた。時折、眠れない時に、彼はトランペットと松明をとり、街なかに踊りに行くのだった。すると民衆も起き上がり、同情からか、南国人特有の乗りからか、民衆も国王も一緒になって踊り始め、国王が飽き果てて、夜明けに疲れ果てて宮殿に戻るまで踊り続けた」(HF2, 466)。

(8) ミシュレはイタリア戦争の戦乱の時代をナンセンスなコメディア・デラルテとして描き出す。ここには後に見る「笑劇としての歴史」の典型例が認められる。「未来だと? 誰に分かろう? 現在見られること、それはある死の舞踏であり、そこでは死にかけた国王たちが、一緒に去ってゆこうとしている。少なくとも三人、〔アラゴン王〕フェルディナンド〔二世〕、〔フランス王〕ルイ一二世と〔皇帝〕マクシミリアン〔一世〕。戯曲はよくない、しかし役者たちはすばらしい。年老いた《マラーノ》〔非改宗ユダヤ人〕のフェルディナンドほどのアルパゴン〔守銭奴〕があるだろうか? グラナダとアメリカの黄金にかけて自分が破産したと誓い、もはや軍隊を養おうとせず、婿であるヘンリ八世を手玉にとって利用する。彼の金と兵士を使って自分のためにナヴァールを征服し、イングランド王を追い返す。イングランド王、このカピターノ〔威張り屋〕は、アザンクールに繰り出して毒舌を吐きちらし、何ひとつ行わず、全員の、とりわけ皇帝の手で身ぐるみ剥がれる。マクシミリアン、この名高い狩人は、金を追いかける〔産業の〕騎士であり、ルイ一二世に平和を売りつけながら彼に戦争を仕掛ける。ヘンリ八世には将来の結婚を売りつけ、とりわけ自分自身を売りつけ、イングランドの俸給を受け取って自分のために戦争をする。本物のカッサンドロ〔老人役〕はルイ一二世、このお人好しは、ボルジアのようにふるまったため、イタリアでもフランスでも、いたるところで折檻を受けることになる。ミラノにとどまればベルンの熊〔スイス軍〕のかぎ爪で殴られ、同時にイングランドの番犬に背中を噛まれる」(HF4, 193)。

(9) ミシュレはここでマキアヴェリの生涯を語るに当たり、以下の伝記を参照しているように思われる。A. F. Artaud, *Machiavel, son génie et ses erreurs*, Paris, Firmin Didot, 1833, 2 vol.

(10) *Bible de l'humanité*, Éditions Complexe, « Bibliothèque Complexe », 1998, p. 240.

(11) *Ibid.*, p. 248.

第9章　瀕死の肉体

ヴァランティーヌ・バルビアニの墓
(ジェルマン・ピロン)

参考資料 『近代史』（一） 一六世紀

シャルル八世（位一四八三―九八）が一四九四年に開始したイタリア戦争は、ルイ一二世（位一四九八―一五一五）、フランソワ一世（位一五一五―四七）に引き継がれ、フランスにルネサンスをもたらす。一五一九年にスペイン王カルロス一世がカール五世として神聖ローマ皇帝に即位すると、スペイン・オーストリア・ネーデルラントからなる大ハプスブルク帝国が成立し、包囲されたフランスは苦戦を強いられる。

ルターの「九五か条の論題」（一五一七）に始まる宗教改革は全ヨーロッパに拡大する。フランスではアンリ二世（位一五四七―五九）が新教徒を激しく弾圧する。彼は一五五九年のカトー＝カンブレジ条約で旧教国スペインのフェリペ二世と和解しイタリア戦争を終結させるが、直後に騎馬試合の事故で急死する。

アンリ二世の死後、王妃カトリーヌ・ド・メディシスの三王子が次々と即位する。フランソワ二世（位一五五九―六〇）の時代にギーズ一族らの旧教勢力とコリニー提督らの新教勢力が対立を深め、シャルル九世（位一五六〇―七四）の時代に宗教戦争が勃発する。一五七二年、両派の和解のため王女マルグリット・ド・ヴァロワと新教徒アンリ・ド・ナヴァールの婚礼がパリで行われるが（「緋色の婚礼」）、そこで新教徒の大虐殺が勃発し（「サン＝バルテルミーの虐殺」）、内戦はやがて全国に波及する。

シャルル九世の死後、国王アンリ三世（位一五七四―八九）、旧教派のアンリ・ド・ギーズ、新教派のアンリ・ド・ナヴァールが権力を争う（「三アンリの戦い」）。アンリ三世はアンリ・ド・ギーズを暗殺させるが、自らも旧教徒の手で暗殺される。結局アンリ・ド・ナヴァールがアンリ四世（位一五八九―一六一〇）として即位しブルボン朝を開く。彼は一五九八年にナントの勅令によって宗教戦争を終結させるが、一六一〇年に暗殺される。

はじめに——『近代史』再評価のために

一八四八年の二月革命と一八五一年のルイ・ナポレオン・ボナパルトによるクーデタは、同時代の歴史家たちに強い衝撃を与えた。これらの事件は彼らの実生活に影響を与えただけでなく、彼らの歴史観をも大きく揺さぶった。カミーユ・ジュリアンはそこに、ひとつの時代の終焉を認める。(1)

三〇年近く自信をもって平穏に学問に専念してきたあれらの歴史家たちは、一八四八年の革命によってちりぢりになり始め、それは一八五一年の革命によって完了する。

シャトーブリアンは一八四八年に死んだ。ティエリはその年に書くのを止めた。彼の『第三身分の歴史』はルイ一四世の治世の終わりまで進んでいた。彼の歴史理論を狂わせ彼の政治的友人を破滅させた、この民衆革命によって魂を砕かれ、彼はペンを落とした。彼は歴史が一八三〇年で終わったと思っていた。それは再び始まろうとしていた。彼にはもはや歴史が理解できなかった。彼はもはや死ぬしかなかった。自分の肉体は「少しずつ死んでゆく」と彼は言った。一八五六年、彼は死んだ。(2)

(『一九世紀フランス歴史学注解』)

七月王政に文明の到達点を認めたオーギュスタン・ティエリは、この体制の崩壊後、もはや歴史を理解できない。こうして彼は歴史家として筆を折る。マキアヴェリが祖国フィレンツェとともに死んだように、ティエリは自分の信じた体制とともに死んだのである。それに対して、七月王政に批判的であったミシュレは、一八四八年の革命を熱烈に歓迎した。しかし新しい共和政は一八五一年のクーデタによってもろくも崩れ去る。ミシュレもティエリと同様に、同時代の歴史によって裏切られたのである。しかしミシュレは、祖国を失ったミケランジェロのように、失意の中を生き続けなければならなかった。(3) 彼はナポレオン三世に対する忠誠の誓いを拒絶したために公職を罷免され、執筆活動のみで生きることを余儀なくされる。彼はこうした逆境の中で『革命史』を完成させ、ルイ一一世の死において中断していた『フランス史』に再び取り掛かる。

この『近代史』は長らく、不当にも——とわれわれは言いたいのだが——批評家や研究者から軽視されてきた。これは『中世史』ほどの学問的厳密さも、『革命史』のような政治的理念もなく書き上げられた凡庸な作品であると。ジュリアンもここに歴史家の明らかな凋落を読みとる。

とはいえ彼は二年後に、「ルネサンス」の巻によって、一八四四年に中断した『フランス史』に戻ってくる。しかしミシュレは新しい巻において、最初の巻のような熱意をもはやもたない。たえず称賛していた彼が、今後はことさらに歯ぎしりをすることになる。彼の「ルネサンス」は一六世紀の弁護であると同時に中世に対する乱暴な攻撃である。彼の「宗教改革」には力強い感情があるが、長すぎるし、意図的な称賛の匂いがする。王権についての諸巻は延々と続く中傷である。論争家が決定的に優勢になる。預言者は幻覚にとらわれる。ミシュレはしだいに物語らなくなる。われわれに見てとれるのは、彼が資料を読まなくなり、あるいは正しく読まなくなり、さまざまな資料の中で自分を見失い、提示するよりも評価するようになり、多くの証拠を集めるよりもひとつの事実から結論を出すようになったことである。(4)

ジュリアンによれば、ミシュレはティエリと同じく現実の歴史によって追い越された。一八四八年の共和政の崩壊後、ミシュレはもはや歴史を理解できない。彼は古文書館を罷免され、史料を自由に使えなくなる。彼はナポレオン三世に対するルサンチマンのために盲目となり、歴史家としての節度を失う。ミシュレはこれ以降、歴史家というよりは論争家となり、王権と教会に対して果てしない中傷を浴びせ続ける。

たしかに『近代史』は一見、感情的な発言に満ち満ちた、学問的厳密さと政治的公平さに欠ける作品のように見えるかもしれない。しかし、この変化を単に歴史家の衰退のしるしとして片付けるだけでは十分でない。なぜならそれはある程度まで、ミシュレ自身による意識的なふるまいだからである。ここには、困難な状況に追い込まれながら、なおも歴史記述の新たな可能性を模索する歴史家の姿が認められる。われわれはそのようなミシュレの新しいスタイルを解明し、その批判的射程を探ることにしよう。

1　歴史への異議

奇妙な問い

ミシュレは「ルネサンス」の巻によって、一〇年前に中断した『フランス史』を再開する。この巻の序説において、歴史家はある奇妙な問いを投げかける。

なぜルネサンスは三〇〇年遅れて到来したのか。なぜ中世は死後三世紀のあいだ生き延びたのか。（HF4, 97）

ルネサンスが三世紀遅れて来たとはどういうことか。一三世紀にルイ九世がその精神的威光によって築き上げた王国の統一は、後継者たちの失政によって失われた。「一三世紀に封建的専制の解体において生まれかけていた統一は、本当は、国王たちの不手際によって再び失われた。彼らは第二の封建制を作り出してしまったのだ。ルイ一一世は奇跡的な忍耐と狡知によってこの過ちを償い、額に汗してこれを押しつぶした」（HF4, 115）。「第二の封建制」とは言うまでもなくブルゴーニュ公国を指す。歴史家は、百年戦争と内戦の混乱がなければ、フランスはずっと早く統一を達成し近代を迎えていただろうと主張するのである。

しかしこの問いの奇妙さは別のところに存在する。歴史家はここで、想像上の可能性に基づいて現実の事実を批判している。はたして歴史家は、歴史に異議を唱える権利をもつのだろうか。ミシュレ以降、歴史学が実証科学としての性格を強めるにつれ、歴史家が事実から離反し想像力を働かせることは非科学的な態度と見なされるようになる。二〇世紀の批評家ポール・ヴァレリーはこのような実証主義的傾向を批判し、歴史家が「もし」と口にする権利をあらためて主張した。なぜなら、現実の歴史とは異なる別の可能性に対する歴史家の欲望だけが、歴史学を可能にするからである。

この《もし》という小さな接続詞は、多くの意味に満ちています。おそらくそのうちに、われわれの生活と歴史を最も緊密に結びつける秘密が宿っています。この言葉は、過去についての研究に、現在を決定づける焦燥と期待感を伝えます。それは歴史に小説や物語の力を与えるのです。(中略)

もし歴史からこの生きられた時間という要素を取り除いてしまえば、その実体そのもの、……《純粋な》歴史というか、《事実》、すなわち私がお話しした打ち消しがたい事実だけから構成されるような歴史とは、まったく意味のないものとなるでしょう。なぜなら、事実はそれ自体では意味をもたないからです。時にこう言われます、《これは事実である。事実に敬意を表しなさい》。これは《信じなさい》というのと同じです。信じなさい、なぜならここでは人間は介入せず、物自体が話すのだから。《これは事実である》[5]。（「歴史についての講演」）

このヴァレリーの姿勢に比べても、ミシュレの態度は非常に大胆なものだ。それは歴史家が歴史を正面から否定するに等しい。確かに、シャルル突進公に対して贖罪となる死を提案した時、あるいはジロンド派の死に際して見えざる光と聞こえざる声を書き込んだ時、ミシュレは歴史家が想像力を働かせる権利を行使していた。しかしここでは問題ははるかに重大である。それは単に一個人や一事件に対する批判ではなく、三世紀の歴史全体に対する批判なのだ。ミシュレ自身、かつてこれほど大胆に歴史に異議を唱えたことはなかった。

ドクトリネールへの批判

この挑発的とも言える姿勢は、ミシュレの歴史観の根本的な変化に起因している。仕事と現実の両面において、一七九三年と一八五一年の二つの破局を目撃した歴史家にとって、歴史の歩みは一層、紆余曲折に満ちたものとなる。『近代史』において、歴史は障害物に満ちた迷路として姿を現す。ミシュレはこの迷路のただ中で、先行世代の歴史学に対して死の宣告を投げつける。彼は「宗教改革」の巻において、ドクトリネールの歴史学が、それが基盤としてきた立憲王政とともに崩れ去ったと宣言する。このような歴史学は、現実の不正に目をつぶり、圧制を進歩の名において許容するものであった。

最近、学問の世界において非常に重大な出来事が起こった。われわれはそのことを自分に認めなければならない。

フランス史は崩壊した。

私が言うのはドクトリネールの歴史学、われわれの時代がある学派への信頼から糧としてきた歴史学、ほぼ公認のものとなった歴史学のことである。力強く大胆な手が、そのシステムが立脚する基盤を奪い去った。（中略）

一八一五年に誕生した歴史学派は、われわれの敗北はすべてこのイニシエーションの順当な階梯であるとわれわれに教えた。力による勝利はすべて正当化された。哲学はそれ以上のことをした。それは次のような標語を唱えた。「勝利は神聖である、成功は神聖である」。（HF4, 468）

ミシュレは、そのような歴史学に理論的根拠を与えた同時代の哲学に対しても、正面から宣戦を布告する。人類の進歩の名において勝利と成功を擁護したのは、言うまでもなくクーザンである。「お分かりでしょう。諸国民の戦いが悲しむべきものであるとしても、敗者がわれわれの憐憫を誘うとしても、われわれの最大の共感を勝者のためにとっておかなければなりません。なぜならいかなる勝利もまちがいなく人類の進歩をもたらすからです[6]」（『哲学講義』）。

歴史家の党派性

『近代史』において、ミシュレの態度はかってなく挑発的になる。彼は「旧教同盟とアンリ四世」の巻において、自らの歴史が「党派的」であると宣言する。この発言は、実証主義が影響力を増し学問における「不偏不党性」が重視される一九世紀後半において、きわめてスキャンダラスなものとなる。ミシュレはここで、歴史家が判事の役割を担うべきことをあらためて宣言する。

私は宣言する、この歴史は不偏不党ではまったくない。それは善と悪の間で、賢明かつ慎重な中立を守ろうとはしない。それどころか、この歴史は党派的であり、率直かつ大胆に権利と真実に味方する。もしそこに、著者がこれこれの世論や権力のために物語や判決を和らげ弱めたところが一行でも見つかったなら、著者はこの著作全体を抹消してもよい。

こう言われるかもしれない。「何だと！　他の者は誰も誠実ではないのか。あなたひとりが誠実さを独占していると主張するのか」。——私の考えはそうではない。私はただこう言いたいのだ。どんなに立派な者も、ある種の事柄やある種の人物に対しては敬意を払った。しかし世界の判事である歴史は、反対に、敬意を捨てることを第一の義務とする。(中略)

だからここにはいかなる手加減も、いかなる和解の手筈も、いかなる妥協もない。権利を曲げて事実に合わせるような、あるいは事実を和らげて権利に合わせるような、いかなる配慮もない。

諸世紀の総体と、人類の活動の全体的調和において、事実と権利がついには一致することについては、私は反論しない。しかし細部において、世界の戦いにおいて、歴史哲学という宿命論の阿片を与え、手心を加えて偽りの和平を結ぶことは、生の中に死を置くことであり、歴史と道徳を殺すことであり、無関心な魂にこう言わせることである。「誰が悪なのか、誰が善なのか」。(HF5, 465)

ミシュレはここで「事実」と「権利」を、すなわち歴史において起こったことと起こるべきであったことを峻別する。すでに見たように、歴史哲学は歴史的事実の中に神の判決を見出すことで、両者の間に予定調和的な一致を想定するものであった。ミシュレはこのような態度を宿命論として断固拒絶する。たとえ「事実」と「権利」が大局において一致するように見えても、細部においては決して一致しない。歴史上の災厄は、巨視的には人類の進歩によって償われるかもしれないが、微視的には永遠に償われない。ところで、クーザンの「歴史的楽天主義」はまさに細部や例外を排除したところに成立するものであった。「みなさん、この世界ではすべてが完全に正しいのです。幸福と不幸は然るべきやり方で分配されています。幸福は美徳にしか与えられず、不幸は悪徳にしか課されないのです。私は大体のところを話しているのです。もし例外があるとすれば、それは別にして」[7](『哲学講義』)。

この拒絶は歴史家の役割を根底から変更する。もし「事実」と「権利」が一致するならば、歴史家は歴史の判決を伝えるために、事実を物語るだけでよいだろう。しかし両者の間にずれがあるならば、歴史家はありのままの歴史だけでなく、ありうべき歴史についても語らなければならないだろう。『近代史』においてミシュレが「しだいに物語らなくなる」のはこのためである。歴史家は、歴史の判事として歴史そのものに異議を唱え、自らの判決を下すことをあらためて宣言するのである。

2　宿命の女王

歴史の重さ

『近代史』は「ルネサンス」の巻によって始まる。ミシュレにとってルネサンスは天才たちの活躍に彩られた、輝かしい革新の時代である。そこではラブレー（一四八三―一五五三）の作品に聞かれるような、巨人たちの豪放な笑いが響き渡る。「彼の深遠で計算された作品を通して、子供の笑いのように、揺籃の子守唄のように、そうしたすべてがやって来る」（HF4, 438）。これらの天才たちの活躍を描く歴史家の筆致は、おのずから驚異と賛嘆に満ちたものとなる。このことは、この部分の構想が一八四〇年代にある程度できていたという、執筆の事情とも関係があるのかもしれない（ミシュレのコレージュ・ド・フランスにおける一八四〇年と一八四一年の講義はルネサンスにあてられていた）。

ミシュレはまた、宗教改革の創始者ルター（一四八三―一五四六）を真の民衆的天才として高く評価する（彼はすでに一八三五年に『ルター回想録』という伝記的な選文集を刊行している）。彼はさらに、宗教戦争において信仰の自由のために戦った新教徒たちに満腔の敬意を表明し、彼らの殉教を共感をもって物語る。「私の心は宗教革命の偉大さに締めつけられ、殉教者たちの姿に感動させられた。私は彼らの感動的な起源にさかのぼり、その英雄的行為の跡をたどり、彼らが火刑台に至るまで見届けずにはいられなかった」（HF5, 55）。

しかし、一五七二年のサン＝バルテルミーの虐殺のあたりでミシュレの筆致は急変する。それまでの高揚した調子は失われ、文体は苦渋に満ちたものとなる。彼は歴史の重さを嘆き、執筆を続けることの困難を訴える。はたして歴史家に何が起こったのか。

歴史はなんと重いことか！　一六世紀のあの大いなる息吹、以前私にルネサンスの飛躍をもたらしたあの息吹は、なぜ私を突然見捨ててしまったのか。なぜ毎朝テーブルにつく時に、息切れがして、この作品を続ける気力が起きないのか。

それはまさしく、私がこの恐るべき世紀の大きな流れを忠実に追ってきたからである。ここ何巻かにおいて、私はすでにあまりに活動し戦った。私は過酷な戦いにすべてを忘れた。私は殺戮の中にあまりに深く身を沈めた。そこに腰を落ちつけ、もはや血だけで生きていた。

しかし、ひとたびサン＝バルテルミーの穴に落ち込むと、歴史に入り込むのはもはや単なる恐怖ではない。それは万事にわたる卑俗さであり、惨めさと平板さである。すべてが色褪せ、すべてが卑小になる。歴史家がやる気を失っても驚くには当たらない。（HF5, 292）

歴史家をうんざりさせるのは、サン＝バルテルミー後の内戦の激しさや迫害の残忍さではない。むしろ時代全体を支配する精神的な卑小さである。「この時代の特徴は、《人物が消えた》ことである。行動の秘密を、かぎりなく小さいもののうちに、下のほうでわきかえり、ひしめきあい、活動する昆虫たちの闇の世界に、探さなければならない」（HF5, 321）。宿命の支配下において、強い意志をもった英雄的な人物は姿を消す。歴史の重さは、それを動かすもののかぎりない軽さから来ている。われわれは『近代史』を論じるに当たり、ルネサンスと宗教改革の部分を割愛して、この時代から始めることにしたい。それはこの「重さ」が以後の『近代史』全体の基調となるからである。

ヴァランティーヌ・バルビアニの墓

サン＝バルテルミーの時代とはいかなる時代か。ミシュレはこの時代の精神を説明するために、ひとつの芸術作品を取り上げる。彫刻家ジェルマン・ピロン（一五三七―九〇）によるヴァランティーヌ・バルビアニの墓である。サン＝バルテルミーの虐殺の直後、ミラノ出身の大臣ルネ・ド・ビラーグ（一五〇六―八三）は、亡き妻ヴァランティーヌの墓碑の制作を彫刻家に依頼する。ヴァランティーヌは夫の愛に恵まれなかった不幸な妻であった。ミシュレはこの墓碑の中に、秘められた死への欲動を見出す。「より悪いことには、ここにはギャラントな死がある。ジェルマン・ピロンの熱烈で洒落た執拗なのみは、激しく生命を彫り求めながら、生命を荒削りするあまり、死体に到達した」(HF5, 300)。ミシュレの歴史において、芸術家はしばしば時代の忠実な証言者となる。この墓は死の時代の記念碑となるだろう(二〇世紀にはフィリップ・アリエスが『死を前にした人間』(一九七七)において墓碑に関する体系的研究を行うことになる)。

しかしこの墓は真の傑作と言えるだろうか。そこには、傑作と呼ばれる作品が普通備えている「不死性」がない。「墓はそれとは異なり、実に悲壮な、見事な出来である。この熱烈な天才は、そこに人生の六年間を、恐るべき労働と自らの魂を注いだ。並はずれた意志による彫刻であり、陰鬱な大理石の小説である。そこには作家が時代を憂慮しながら、理想の慰めもなく、生きて年老いるのが感じられる。不死性の特徴などひとつもない」(HF5, 300)。芸術家は生きた身体にではなく、生命なき亡骸に永遠性を与えてしまった。それはいわば、不死となった死なのである。

完成した墓碑は、半横臥像、正面の浅浮彫り、ならびにいくつかの装飾からなる。死の魅惑にとらえられた彫刻家は、ひじをついた優美な女性像、浅浮彫りの死体裸像(トランジ)、そして骨壷を次々と彫り上げてゆく。それは人間が死後に通るべき変貌、肉体が次第に腐敗し、崩壊し、虚無へと帰してゆく過程である。

芸術家はこの石から離れられないようであった。女性を彫った後、衣装に取り掛かり、そこでのみをすり減らした。しかし衣装を完成し、細部まで念入りに磨き上げ、さらに大法官の宿命の百合の花を彫りこみ、すべてを仕上げても、ピロンはなおもそれを手放すことはできなかった。

彼は再び彫り始め、彼女がいわばのみによって抹殺されるまで彫り続けた。そのために、彼女はもはや女性であることをやめねばならなかった。彼は浅浮彫りで、肉体が死後おそらく一ヶ月後になるであろう姿を作りあげた。それは陰鬱なほど峻厳で性別をもたない、半ば男性化した死体であり、ただその胸がこの悲痛な物体が何であったかを不愉快に思い起こさせる。それでもまだ十分ではなかった。女性の下には、死体と、蛆虫が……。その下には何が？虚無が。――小さな壺、貧弱な骨壺（ルーヴルでは誤って取り去られた）が生の最後の姿を伝え、美しい貴婦人、立派な貴婦人、哀れなイタリア女性から、わずかばかりの灰しか残らないと告げていた。

知的で情熱的な作品。しかし衝撃的で、耐えがたく、意図的な醜さをもつ、自然に対する計算された侮辱……。たくさんだ、残酷な芸術家よ。たくさんだ、もう彼女を許してやれ。女性と美のためにお許しを……。いや、彼は容赦ない……。一六世紀の宿命の女王であり、この世紀をあれほど成熟させ、あれほど堕落させた女性は、この償いを耐え忍ぶだろう。死が統治し、死があらゆる感覚によって感じ取られるように。女性であろうと死体であろうと、彼は彼女を最後の屈辱において追及し、彼女を嘔気に委ねる。――じめじめした墓のむっとする匂いを、

やがて来るべき腐敗の時の嫌悪感とともに、おぞましい石の中に閉じ込める。(HF5, 301-302)

どれほど美しい女性も、永遠にその美を保つことはできない。いつか彼女は死後の変貌という最後の屈辱を受け入れなければならない。ヴァランティーヌ・バルビアニの墓はその意図的な醜さによって、永遠の若さというわれわれの幻想を打ち砕く。哀れな女性はその物質的存在をいつまでも人目に晒さなければならない。不滅の魂を誇る人間にとっての何という屈辱！　肉体の美しさを誇る女性にとっての何という償い！(8)

カトリーヌ・ド・メディシスの死

しかしこの作品はどういう点で時代を代表する作品であるのか。そして夫に愛されなかったこの不幸な女性は、なぜこのような劫罰を受け入れなければならないのか。このテクストの真の意味は、「一六世紀の宿命の女王（王妃）」がサン＝バルテルミーの虐殺の張本人である王妃カトリーヌ・ド・メディシス（一五一九―八九）を示唆することに気付かなければ、理解することはできない。ビラーグはカトリーヌの側近であり、虐殺の首謀者のひとりであった。このような解釈が美術史的に正当なものかどうかはさておき、ここにはきわめて独創的な歴史記述のスタイルが認められる。

フィレンツェのメディチ家出身のこの小柄な王妃は、誰に対しても一種の嫌悪感を与えずにはすまなかった。なぜなら、その身体からは死の匂いが発散していたからである。彼女は両親から、この世紀の病（すなわち梅毒）を受け継いでいた。彼女の病んだ血から、フランスを内乱の海に沈めた三人の国王、フランソワ二世（位一五五九―六〇）、シャルル九世（位一五六〇―七四）、アンリ三世（位一五七四―八九）が生まれる。こうして彼女はその身体とともに、フランスに災厄を持ち込んだのである。

それは肉体的な問題であった。しかし精神的重要性をもっていた。人々はそこに死の匂いをかいだ。彼女の夫は本能的に後ずさった。まるでイタリアの墓から生まれた蛆虫に対するように。

彼女の父親は世紀の病に非常に深く侵されていた。それゆえ病を伝染された母親は、結婚の一年後に夫と時を同じくして死んだ。娘自身は生きていたのだろうか。死者の血のように冷たい彼女は、当時の医学が出産を禁じる年齢になるまで、子供をもてなかった。

一五四四年一月二〇日に望まれていた災厄が生まれた。腐敗した王、幼いフランソワ二世である。彼は耳垂れで死に、われわれに内戦を遺した。

続いてひとりの気違い、聖バルテルミーの狂人シャルル九世が生まれた。続いてひとりの変態、アンリ三世、フランスの堕落が。

(HF5, 78-79)

シャルル九世の死に続く「三アンリの戦い」において、国王アンリ三世、旧教派のアンリ・ド・

ギーズ（一五五〇―八八）、新教派のアンリ・ド・ナヴァールが権力を争う。アンリ三世はライヴァルのアンリ・ド・ギーズを暗殺させる。この知らせを聞いたカトリーヌは、すべての非難が自分の上に降りかかってくるであろうことを予見する。彼女はブルボン枢機卿シャルル（一五二三―九〇）に自らの無実を訴えるが聞きいれられない。絶望した彼女は悔しさのあまり息絶える。

それでも彼女は起き上がり、ブルボン枢機卿のもとへ行くと、なされたことについて身の潔白を証明し、変わらぬ感情を誓おうとした。老人は、涙と叫びとすさまじい激怒をもって彼女を迎えた。それは老人や子供がもつあの痙攣的な怒りだった。「奥様、奥様、またあなたの仕業ですか……。あなたは私たち全員を死なせるつもりですか！」（中略）

彼女がいくら抗議しても、誓っても、彼は気にも止めず、耳も貸さなかった。彼女は、もうおしまいであり、誰ももはや彼女を信じないであろうことを見て取った。彼女の発したすべての言葉は彼女のもとに戻って来て、喉元にとどまり、彼女を窒息させた。彼女は立ち去った。すでに微熱があったのだが、哀れな彼女は回復しなかった。彼女の賛美者であるブラントーム〔回想録作家。一五三八―一六一四〕は、「彼女は悔しさのあまり死んだ」とあけすけに言っている。

(HF5, 404)

彼女の葬儀において、象徴的な出来事が起こる。遺体がひどい悪臭を発したため、教会から運び出さなければならなかった。「宿命の女王」の肉体は、死後になってもその物質的存在をアピールするのをやめない。遺体は二一年後にようやくサン＝ドニの王家の墓所に到着する。(9) ハインリヒ四世、ミラボー、ロランの例が示すとおり、遺体の放置は歴史の懲罰を示唆する。

パキエ〔歴史家。一五二九―一六一五〕が言うには、最も不快だったのは、ブロワでのように香を炊くのに必要な準備がなかったので、遺体がやがて教会の中で猛烈に匂いだし、夜中に運び出さねばならなかったことである。人々は、そこに居合わせた人の手を借りて、用心のため、誰も思いがけない場所に遺体を埋葬した。

二一年後になってやっと、彼女の遺骨はサン＝ドニの、アンリ二世の壮麗な墓に届けられた。この墓は、それだけで一種の礼拝堂をなしており、そこで彼女は古典的様式で、つまり全裸で彫られている。(HF5, 405)

ヴァランティーヌ・バルビアニの死体はわれわれの目の前で崩壊する。カトリーヌ・ド・メディシスの身体は生きながら死の匂いを放つ。二つの陰鬱なイメージは相互に呼応し合い補完し合う。二人の創作者は「宿命の女王」をそれぞれの方法で糾弾する。彫刻家ピロンはそののみによって、腐りゆく身体を永遠に固定する。歴史家ミシュレはそのペンによって、死臭を放つ身体を歴史に書きとめる。肉体を晒された女たちは、こうして歴史の懲罰を受け入れるのである。

コリニーの死

サン＝バルテルミーの時代とは、精神が物質によって支配される時代、人間の意志が宿命によって押しつぶされる時代である。このような時代においては、偉大な英雄さえも自らの宿命に抗うことは難しい。われわれは新教勢力の指導者であるコリニー提督（一五一九―七二）の死において、そのことを検証することにしよう。ミシュレにとってコリニーこそ正真正銘の英雄であり、正義を体現する人物である。「それは法のキリストである。彼は残酷さをもたず、正義を引き受け、そして権利と神の敵たちを罰することを引き受け、そのあらゆる結果を受け入れるであろう」（HF5, 227）。彼はキリストのように自らの悲劇的な運命を受け入れ、英雄的な最期を遂げる。「したがって、世間の目から見ても、この偉人は成功した。その勝ち誇った死によって、彼は望んだ以上のものを得た」（HF5, 57）。

数々の戦場をくぐりぬけ、満身創痍となりながらも、コリニーは不屈の意志でもって戦いを続ける。サン＝バルテルミーの日、暗殺者たちは病床の彼に襲い掛かる。コリニーはトマス・ベケットと同様に、敵に囲まれてもいささかも臆する様子を見せない。死を前にしたその平静な態度は、逆に暗殺者たちをおびえさせる。しかしこの場面には崇高な受難にふさわしからぬ何物かが存在する。提督は剣で討たれるのではなく、酒に酔った野獣のような者の手で殺されるのである。最後の一言が彼の無念をにじませる。

アタンが後に語ったところでは、死を目の前にしてきわめて平静でいる人間を見て、彼らは肝をつぶした。アタンは強烈な印象を受けたので、数日後に家に帰った時も、彼はまだ恐怖に青ざめていた。

ドイツ人のベーメは、興奮して槍で扉を破ると（おそらく酒で度胸をつけていた）、他の者より決然とした態度を見せた。彼は進み出ると思い切って言葉を発した。彼は分かりきったことを尋ねた。「提督だな？」

コリニーは静かに言った。「若いの、おぬしは怪我をした老人の相手をしに来たのだ……。それに、どのみちもう長くはない」。こうして、自分は病気であり、自然の手で討たれ、すでに死んで人間の手を離れたも同然だと告げたのである。

ベーメは、ひどい罵声をあげて神を否定し、手にもった、尖った薪のような太い槍を提督の腹に突き刺した。コリニーは、下等な野獣にこんな風に打ち倒され、剣の一撃さえ受けなかったことに貴族の心を痛め、倒れながら彼にこう言い放った。「これがせめて人間だったら……。この下司め！」

(HF5, 249-250)

続く場面において、われわれはさらなる侮辱を目にする。暗殺を命じた二人の貴族、アングレーム公（アンリ二世の庶子。一五五一―八六）とアンリ・ド・ギーズは、投げ落とされた彼の遺体に足蹴をくれる。さらに彼の首は切断されローマに送られる。コリニーの受難はまだ終わらない。首のない彼の遺体は得体の知れぬ者たちに投げ与えられる。歴史家は彼の肉体が切り刻まれる様子を克明に描き出す。

しかし町にはすでに別のかたちで知らせが届いていた。コリニーが殺され、首が切られ、「この王の取り分」がルーヴルに運ばれると、祝宴の残り物がごろつきどもに豪勢に与えられた。子供たちや貧民たち、すなわち子供でも大人でもなく、ひげもなく年齢もなく、まるで性別さえないように思われる、男女にして女男、どぶから生まれた私生児たちが、兵士たちをかき分けて提督の中庭に押し寄せ、死体を見つけると、大喜びでそれを奪い去った。首が欠けていたが、他の部分があれば御馳走には十分だった。彼らは刃物をふるい、長いあいだフランスの剣、神の聖なる剣をもっていた蒼白い手を切り取った。局部を切り取り、パリの中をもち歩いた。子供たちは胴体に縄をかけて、赤く染まったどぶの中を、セーヌの河岸まで引きずってゆき、胴体はしばらくの間そこに残っていた。しかし今度は別の物好きどもが現れてそれを奪い取り、モンフォーコンに吊るした。奇妙な、侮辱的なやり方で、背を梁に乗せ、腹を上にして、首と両足がそれぞれの側でふらふら揺れるようにした。

遅れて来た他の連中は、もうすることがないので、その下で火を焚いて、せめて豚の丸焼きのように黒焦げにしようとした。何人かは腹を抱えて笑っていた。

(HF5, 250-251)

まさに悪夢である。身体は八つ裂きにされ、火あぶりにされ、むさぼり食われる。この「年齢もなく、性別もない」貧民どもとは何者なのか。現実のものとは思われないこれらの異形の者たちの出現は、歴史の中に神話的次元を開く。これはロベスピエールの最期と同じように、東方の神々の受難であり、バッカスの饗宴なのだ。

しかし、これは本当にミシュレが言うような「勝ち誇った死」なのだろうか。いや、われわれはこれを真の受難と見なすことはできない。なぜならコリニーの死はロベスピエールの最期と同様に血の染みで汚されているからである。この殉教の光景は、ジャンヌ・ダルクやシャルロット・コルデーの場合のように、観衆を畏怖と驚嘆で打ちのめしはしない。観衆はみな血の陶酔に酔いしれ、果てしない饗宴に身を委ねる。したがって、ここには死に引き続く復活は訪れない。コリニーの暗殺後、虐殺は全国に拡大し、フランスは終わりなき内戦の時代を迎える。

3 勝ち誇る身体

身体の現前

ミシュレの歴史において、身体の現前は自由に対する宿命の優位を意味する。すでに見たように、ジャンヌ・ダルクやシャルロット・コルデーは、身体的条件から解放された超越的な存在として描かれていた。それに対して、アッシジの聖フランチェスコ、レキュイエ、ロベスピエールらの血まみれの肉体は、いずれも宿命の勝利を暗示していた。『近代史』において身体のイメージが圧倒的になるとすれば、それは近代が宿命の支配する時代であるからにほかならない[10]。

ここにおいて、自由の宿命に対する漸進的勝利という、ミシュレの初期の歴史観は崩れ去る。それと同時に、彼の歴史において重要な役割を果たしてきた「受難」の図式は無効となる。そこではもはや、死と復活の弁証法的関係を保証するものなど何もない。すでに『革命史』において、恐怖政治が進展するにつれ、革命家たちの受難は次第に困難になっていった。ロベスピエールの血まみれの死は受難の不可能性を暗示していた。『近代史』において、受難の図式は歴史の表舞台から姿を消す。そこではコリニーのような真の英雄さえ、血の穢れから逃れることはできない。

そもそも、人間は健康な時は身体を意識しない。身体が気になるのは体調が悪い証拠であり、それゆえに身体の現前はそれ自体すでに不吉な兆候なのである。身体は傷つき、血を流し、苦痛を感じることで、自己の存在を主張する。精神が身体を支配するばかりでなく、時に身体が精神を支配することを見せつける。身体は虐げられることで、精神に対して勝ち誇るのだ。われわれは『近代史』におけるそのような身体の諸相を取り上げることにしよう。

迫害される身体

『近代史』には、コリニーの他にも数多くの殉教者が存在する。たとえ無名であれ、信仰のために生命をなげうったこれらの人々はやはり聖人の名に値する。しかしミシュレの描く彼らの死の物語は「受難」を構成しているだろうか。ここでもわれわれは『近代史』に付きまとう身体の現前にぶつかることになる。

宗教改革の初期において、ミシュレは幾人かの偉大な殉教者の姿を描き出す。その中から、アンリ二世（位一五四七—五九）の仕立屋を取り上げよう。彼は、アンリ二世が異端撲滅のために一五四九年に創設した「火刑裁判所」の最初の犠牲者である。彼は試練を受けながら、カトリック勢力の庇護者であるディアーヌ・ド・ポワチエ（一四九九—一五六六）に大胆不敵な言葉を投げつける。寵妃に対する侮辱に激怒した国王は、彼を火あぶりにするよう命じる。

ロレーヌ枢機卿が試しに選んだのは、国王の仕立屋だった。ディアーヌはそれが彼女の目の前で、彼女の寝室で行われることを望んだ。その効果は予想をはるかに超えるものであった。哀れな男は、国王の権威に敬意を払いながらも、あらゆる瑣末な論議から巧妙に身を守った。しかし彼は譲歩するどころか、英雄的な態度で、古代の預言者から想を得て、何か言うために前に出たこのイゼベルに言った。「奥様、あなたの邪悪さと穢れでフランスを堕落させただけで十分でしょう。神の事柄に触れるのはおやめなさい」。

国王は、思いがけない不敵な言葉に打たれ、怒りに跳び上がると、彼が生きながら火あぶりになるのを見届けると誓った。彼はそこに行き、恐ろしさのあまり病気になった。男は、このおぞましい処刑において、何も感じないかのように身じろぎもせず、鉛のような目を、断固とした重苦しい視線を、神の判決のように国王の上に据えた。国王は青ざめて後ずさると、窓から離れた。彼はもう一生決して処刑は見ないと言った。

(HF5, 100-101)

ディアーヌを、イスラエル王アハブを惑わした王妃イゼベル(『列王記』)になぞらえることで、歴史家は殉教者を神話的次元に置く。ここに、肉体が滅ぶことで精神が勝ち誇る、典型的な受難が成立する。死刑囚が向ける確固たるまなざしに、国王は耐えられない。ここで真に拷問を受けているのは、実は国王自身の方なのだ。

しかし、このような英雄的な殉教者は『近代史』においてはむしろ例外である。そこに見出されるのはむしろ、ひたすら受動的に迫害を耐え忍ぶ犠牲者たちの姿である。[11] 宿命の支配下において、人間は反抗よりも忍従を選ぶ。アンリ二世の治世における迫害の光景を見よう。この場面でも、処刑台上で恐怖に泣き叫び苦痛に身もだえる身体の現前が、受難の成立を妨げている。これらの殉教の光景は、観客を畏怖と驚嘆で打ちのめすどころか、逆に彼らのサディスティックな欲望をかき立てるばかりである。人々は血の陶酔に酔いしれ、この陽気なカーニヴァルに、バッカスの饗宴に身を投じる。

おぞましい光景がこの狂乱を盛りたてた。二月二七日、腐りかけた遺体が掘り返され、ノートルダムの広場に運ばれた。それは若き聖人で、熱狂的殉教者で、英雄的な子供である徒弟モレルの遺骨であった。国王のギリシア語印刷工の弟で、学者の家に育った彼は、判事たちを動揺させ困惑させた。彼はちょうどその時に死んだので、何人かは毒殺だと噂した。ひと月後、人々は骨と肉とぼろぼろの切れ端となったこの哀れな亡骸を、地中から引きずり出した。非情にも、そして恥知らずにも、それを広場に晒しものにした。それは群集へのごちそうであった。死者は笑いと嘲弄を浴びながら燃やされた。

それはカーニヴァルであった。人々は楽しんだ。処刑台や火刑台に押し寄せた。観衆みずから、処刑を指揮し取りしきった。彼らは、死刑囚が火刑になる前に絞め殺されることを許さなかった。彼らには完全無欠な見世物が、叫び声や、涙や、苦悶に歪む表情や、激しい身もだえが必要であった。多くの裁判官はそれだけに死刑判決を下すのを嫌がった。処刑は祝祭となり、火刑台は劇場となり、拷問は笑劇（ファルス）となり、観衆は飽くことなく求め続けたからである。裁判官たちは裁判を長引かせた。被告たちはいつまでも監獄にいた。　(HF5, 131-132)

この例にあるとおり、迫害を受けるのは生者ばかりではない。墓場は荒され、遺体は掘り返され、人々の目に晒される。しかしなぜ死者を鞭打つのか、彼らはもはや痛みを感じないのに。それは、ヴァランティーヌ・バルビアニの墓が示すように、あるいはコリニーの遺体が示すように、崩壊する身体を晒すことが、魂に対する最大の侮辱になるからである。迫害者たちは死者を鞭打つことで、生者をも拷問に掛けるのである。

暗殺される身体

「三アンリの戦い」においてアンリ・ド・ギーズを暗殺させたアンリ三世は、自らもカトリック教徒の手によって暗殺される。この非情の世界において、暗殺は暗殺を呼び、憎悪の連鎖は果てしなく続いてゆく。結局、ひとり生き残ったアンリ・ド・ナヴァールが王位を継承し、アンリ四世（位一五八九―一六一〇）としてブルボン朝を開く。彼は数年間の忍耐の後、カトリックに改宗してパリ入城を果たすと、一五九八年にナントの勅令でプロテスタントを許可し内戦を終結させる。しかし彼はその後も数々の陰謀と戦い続けなければならなかった。

アンリ四世の寵妃ガブリエル・デストレ（一五七三―九九）は、メディチ家出身のマリー・ド・メディシスを王妃の座につけようとするカトリック勢力にとって大きな障害であった。復活祭の時期、妊娠中の彼女はザメの館に引きこもり、そこで急病に倒れる。国王は急いで駆けつけるが、彼女が死んだという偽りを聞かされて引き返す。「彼女は生きていた。国王が執拗に求めたならば、彼女にもう一度会い、最後の言葉を聞きとどけ、裁きを行うことを約束したことだろう」（HF6, 55）。彼女は最後の瞬間に愛する者から引き離され、冷淡な他人に囲まれて孤独な死を迎える。誰ひとり死の真相を追究しようとはしなかった。親族は係わり合いになることを恐れて沈黙し、国王も調査を命じようとはしなかった。

その間、混乱の中、この主人のいない屋敷に、誰もが思いのままに出入りした。人々は恐怖に十字を切りながら、この思いがけない光景を見た。フランスで一番の美女が、突然おぞましく恐ろしい姿になり、目が裏返り、首が肩の上にねじまがっているのを見た。誰もこれが自然死だとは思わなかった。多くの者が心に思った。「悪魔のしわざだ!」医者にとってはまさに好都合な説明、糾弾を受けそうなすべての者にとっても好都合な説明であった。医者は抜かりなくこれを利用し、帰り際に遺体に最後の視線を投げかけ、すべてを洗い流すこの言葉を発した。「コレハ神ノ手ナリ」。

彼女は臨終の秘蹟を受けなかった。そして信心深い人々がこういう場合にいつも言う残酷な言い方によれば、「犬のように死んだ」。(HF6, 55-56)

残酷なことに、醜く変わり果てた犠牲者の身体は人々の晒しものになる。「非常にきらびやかな身なりと、ひと月前に死んだかのような恐ろしい顔とが、残酷な対照をなしていた。扉は開いていた。二万人もの人がやって来て、ベッドのそばを次々と通り過ぎた」(HF6, 56)。歴史家自身もまた冷徹なまなざしで、その身体を遺体解剖にいたるまで追い続ける。「彼女は解剖され、子供が死んでいるのが見出された」(HF6, 56)。その視線には、ジャンヌ・ダルクやシャルロット・コルデーに対するような節度ある抑制は感じられない。

『近代史』には、同様に政争に巻き込まれ、罪なくして命を奪われるか弱い犠牲者の姿がたびたび描かれる。例えば、ルイ一四世の義妹であり愛人であった「マダム」ことアンリエット・ダングルテル（一六四四―七〇）。あるいは、ルイ一五世の寵を受けたネール家の姉妹のひとり、ヴァンティミル侯夫人（一七一二―四一）。これらの美しきヒロインたちの不幸は、単にその非業の死ばかりではない。変わり果てた彼女たちの亡骸は、人々の視線に晒されて死後も屈辱を耐え忍ぶ。歴史家はこれらの身体を冷徹なまなざしで描き出すことで、地上に正義が存在しないことをわれわれに訴える。「コレハ神ノ手ナリ」、すべてを洗い流すこの言葉の中に聞こえるのは、歴史的事実の中に神の判決を認める歴史哲学のこだまではないだろうか[12]。

処刑される身体

ガブリエルの死後、アンリ四世は（呪われたメディチ家の血を引く）マリー・ド・メディシス（一五七三―一六四二）を王妃に迎える。こうしてカトリック勢力は宮廷に影響力を保持することに成功する。ミシュレが同時代の最大の偉人と見なした人物、宗教戦争を終結させた英雄、多くの女性に愛されたこの美丈夫も、たび重なる苦労の中で次第に気力を失ってゆく。一六一〇年、アンリ四世は白昼に馬車上で暗殺される。誰にも気付かれることのない孤独な死。ミシュレの筆致は意外なほど淡々としている。まるで国王が暗殺以前からすでに重要性を失っていたかのように。

晴天であった。馬車の幌はすべて開いていた。国王は馬車の奥で、モンバゾン氏とデペルノン公の間に座っていた。デペルノンは国王に手紙を読ませていた。ラ・フェロヌリ通りで、まぐさ車とワイン車が道をふさいでいた。ルーヴル宮から後をつけてきたラヴァイヤックは、追いついて隅石に飛び乗り、国王を刺した……。「やられた！」国王は叫んで腕を上げた。そこに二度目の刃が来て心臓を貫いた。国王はたちまち死んだ。デペルノンはその上にマントを掛け、怪我をしただけだと言い、遺体をルーヴル宮につれ戻した。(HF6, 122-123)

暗殺には、王妃と腹心のコンチーニ（一五七五―一六一七）が関与していたと思われる。しかし、陰謀の存在はもみ消され、暗殺の真相はふたたび闇に葬られる。暗殺犯フランソワ・ラヴァイヤック（一五七八―一六一〇）は裁判の結果、四つ裂きの刑を宣告される。彼は国民の誰もが国王暗殺を望んでいると吹き込まれていた。しかし処刑の日に監獄の出口で彼を待っていたのは、民衆の凄まじい怒号であった。ラヴァイヤックは最後の瞬間に自らの過ちを悟り、孤独と絶望の中で死を迎える。「あまりにも恐ろしい呪詛の嵐が巻き起こったため、これまで民衆を味方だと思っていたこの惨めな男は、憤怒の海に落ち込み、完全に茫然自失した。彼は自分がどれほどだまされていたのかを理解した」(HF6, 128)。

ラヴァイヤックの処刑は残忍を極めるものであった。グレーヴ広場において、死刑執行人は公衆の面前で死刑囚を拷問し、最後の自白を引き出す（この調書は裁判後に姿を消す）。次に、死刑執行人は死刑囚の手足を四頭の馬につなぎ、四方に引っ張る。しかしここで死刑囚の身体は思いがけない抵抗を示す。死刑執行人はいくら努力しても、この身体を死なせることができない。結局、馬を取り替え、さらに従僕たちが剣でめった刺しにすることで、ようやくとどめを刺すことに成功する。

ラヴァイヤックを再び四つ裂きにし始めた時、ことがゆっくりと運んだので、多分早く終わらせるために派遣されたひとりの紳士が、逞しい馬を提供した。馬は一跳びで大腿部をもぎ取った。それ以降、胴体はあらゆる方向に引きずりまわされ、杭にぶつかった。その間も彼はまだ生きていた。死刑執行人はとどめを刺そうとしたが、方法がなかった。従僕たちは柵を飛び越え、剣をもっていたので、変わり果てた胴体にこのご立派な剣を百度も突き通した。ごろつきがぼろを奪っていった。死刑執行人だけが残され、その手にはもはやシャツしかなかった。あちこちの四辻で肉を焼いていた。王妃はルーヴル宮から、スイス兵が彼女のバルコンの下で一切れの肉を焼くのを見ることができた。(HF6, 128)

『近代史』には、同様に凄惨な処刑の場面が二つある。ひとつは、宗教戦争の時代にカトリックの党首フランソワ・ド・ギーズ(一五一九—六三)を暗殺した狂信的な新教徒、ジャン・ド・ポルトロ(一五三三—六三)の処刑。もうひとつは、一七五七年にルイ一五世をナイフで傷つけた、ロベール・フランソワ・ダミアン(一七一五—五七)の処刑。これら三人の死刑囚は、処刑に先立ってさまざまな態度を示す（そこには歴史家の彼らに対する判決が読み取れる）。しかし、それに続く処刑の場面はどれも驚くほど似通っている。いずれの例においても、身体に加えられるすさまじい拷問によって、死刑囚の精神は死に絶える。しかし彼らの血まみれの身体は、死刑執行人の努力に逆らっていつまでも生き続ける。まるで人間の意志の無力をわれわれに突きつけるかのように(13)。

ミシュレの歴史において、処刑台はしばしば歴史の法廷としての役割を果たしてきた。プルタルコスによれば、死を前にした態度は人間の真の姿を開示する。しかしここではもはやそのような開示的機能は働かない。死刑囚の身体に加えられる暴力は、完全に精神の声を封じてしまう。ここには、聖人のストイックな態度もなければ、臆病者の上げる恐怖の叫びもない。あるのはただ、いかなる意志も感情も示さない、血まみれの肉のかたまりにすぎない。この沈黙した物体を前に、歴史家はいかなる判決を下すことができるだろうか。そこではもはや処刑台は単なる殺戮の道具にすぎない。

メメント・モリ

『近代史』において、身体は絶対的な権力を振るう。鞭打たれ、血を流し、痛みを感じることで、身体は勝ち誇る。ミシュレは身体の専制をわれわれに見せつけることで、われわれを歴史哲学の予定調和的な楽園から引きずり下ろす。歴史家はこうして、宿命の支配を肯定する歴史的楽天主義の無責任さを告発するのだ。ジェルマン・ピロンがヴァランティーヌの崩壊する身体に魅入られたように、ミシュレも人々の傷ついた身体の上に執拗な視線を注ぐ。歴史家は「宿命の女王」の肉体を人目に晒すことで、彼女に贖罪を強いる。しかし歴史家はなぜ、無実の犠牲者に対しても同様の試練を課すのだろうか。無残な肉片と化した彼らの肉体を白日のもとに晒すのは、残酷なふるまいではないだろうか。

しかし、それはまさに歴史家が歴史の正義を要求するためにほかならない。ここで再び近代における宗教弾圧の様子を見ることにしよう。ルイ一四世の時代、一六八五年にナントの勅令が廃止されて以降、竜騎兵による迫害は一層残酷なものとなる。頑強な抵抗に出遭った彼らは、犠牲者の意志を打ち砕くためにあらゆる種類の拷問を考案する。「血が彼らを陶酔させた。彼らは無数の拷問を考案した」(HF9, 397)。一六八五年の迫害はこうして血の陶酔と狂熱的な笑いに彩られる。

九三年の恐怖政治は、戦争のただなかに、敵の目前に、貧窮と飢饉のさなかにありながら、野蛮ではあったが、少しも偽善的ではなかった。そして一六八五年の悪魔的な陽気さを少しももたなかった。女性たちはギロチンにかけられたが、侮辱はされなかった。彼女たちは清らかなまま処刑台に登った。ロラン夫人は称えられた。コルデー嬢は刃の下で純潔であった。酔払った助手が彼女の首に手を触れると、群衆の間に反乱がおこり、新聞は大騒ぎした。コミューンは彼を裁判にかけた。(HF9, 398)

一六八六年、フランス・サヴォワ連合軍によるアルプス地方のヴァルドー派(一二世紀にピエール・ヴァルドーが創始した宗派で異端とされた）への弾圧が行われる。軍隊が到着してある村に「宿営」を求める。村の男たちは全員戦地に送られ、村には女、子供、老人だけが残される。その時、無差別的な虐殺が始まる。歴史家はこのバッカスの饗宴の上にかがみこみ、肉体に加えられるサディスティックな暴力をひとつひとつ克明に描き出す。拷問は楽しい見世物となり、虐殺の現場には狂おしい笑いが巻き起こる。犠牲者は血の染みに汚されて、敗北を勝利に変える最後の手段である「受難」の機会を失うのである。

サン＝マルタンの谷間は完全に開かれており、いかなる防御もなかった。人々が友好的に連隊を迎えに行くと、連隊は殺害し、略奪し、乱暴を働いた。他所では、二人の将軍、フランス人のカティナ〔一六三七―一七一二〕と、サヴォワ公の伯父であるサヴォワ人のガブリエルが和平を約束し、男たちを武装解除して繋ぎとめると、トリノへ送った。残された女、子供、老人が兵士たちに与えられた。老人と子供については、苦しませる以外に何か手があるだろうか。彼らは手足をばらばらにして遊んだ。順序だてて、一度棄教を拒絶するたびに手足をひとつずつ火あぶりにした。多くの子供をつかまえ、二〇人までゆくと、ボール遊びのように崖から突き落とした。彼らはそれが跳ね返る様子を見て、軽い者は弾んで跳ね返り、他の者は谷底で鉛のようにつぶれるのを見て、腹を抱えて笑った。ある者は途中で岩に引っかかり腹が裂け、それでも死に切れず、ハゲワシの餌食になるのを待った。変化をつけるために、老人の皮を剝ぐことにした（ダニエル・ペランク）。しかし皮膚が肩にくっついて頭まで剥がれないので、生きながらうめく体の上に大きな石を乗せて、狼のえさにした。ヴィットリア家の姉妹は、殉教者として彼らの責め苦に抵抗したので、ベッド用の藁で生きたまま焼かれた。抵抗した他の者たちは溝の中に埋められた。ある女性は、けりをつけるために、剣で地面に釘づけにされた。ある女性は剣で切り刻まれ、手足を切り落とされ、この恐ろしい胴体は血の海の中で陵辱された。

（HF9, 440-441）

この地獄絵図を描き終えた後、ミシュレは架空の読者に向かって二人称で語りかける。この残酷な描写に耐え切れず、虐殺の細部を省略してくれという読者の要求を、歴史家は「メメント」という言葉でもって拒絶する。「メメント・モリ（死ヲ想エ）」は、来るべき死を常に胸に抱いて日々を生きよという教えであった。今日、それは記憶の義務を呼びさます言葉となる。

《メメント》。もし歴史がこれらの忌まわしい記憶を覆い隠すならば、それは暴君たちにとってあまりに都合のよいことになるだろう。繊細な人たちや利己主義者たちは多分こう言うだろう。「これらの細部を遠ざけてください。そうしたことは大まかに、上品に、節度をもって描いてください。あなたは私たちの神経を混乱させます」。われわれはそれにこう答えよう。あなたがたが苦しむなら結構なことだ。あなたがたの凍りついた魂がついに何かを感じるなら結構なことだ。公衆の無関心と早すぎる忘却、これこそが不幸を永続させ新たにする災厄なのである。苦しみ、記憶せよ。《メメント》。(中略)
これらの犯罪がかつて償われた様子はまったくない。いかなる声も上がらなかった。スイスも、オランダも、ドイツも一言も発しなかった。誰もが憤慨する以上に恐れおののいた。各人が自分自身のために震え上がった。(HF9, 441)

彼らの忠告に従い、細部を省略して美しい殉教者伝を作り上げるのは歴史家にとって困難なことではないだろう。「事実」と「権利」は細部においては一致しないが、全体においては一致するかに見える。歴史哲学は両者の間に「偽りの平和」を打ち立て、細部を全体のために犠牲にするものであった。しかしミシュレはこのような妥協を断固として拒絶する。それは宿命の名のもとに現実の不正に目をつぶることに手を貸すだけであろうから。

読者に対して直接話しかけることにより、ミシュレは歴史学の対象とわれわれ自身の距離を問い直す。彼の目にはこれらの犯罪は決して過去の問題ではない。なぜならそれらはいまだかつて償われていないから。神の判決を信じない歴史家は、これらの罪に対して人間の判決を下すことを引き受ける。いまここで告発しなければ、それらは永遠に償われることはないだろう。歴史家は読者にこれらの「忌まわしい記憶」を押し付けることで、過去の犯罪だけでなく、われわれの忘却と無関心をも糾弾するのである。

注

（1）ギゾーは一八四八年の革命によりイギリスに亡命し、翌年帰国するが政界に復帰することはなかった。ティエールは一八五一年のクーデタの後スイスに亡命し、翌年帰国するがしばらく政界から遠ざかる。キネは一八五一年のクーデタの後、ミシュレ同様コレージュ・ド・フランスを罷免され、一八七〇年までベルギーで亡命生活を送る。

（2）Camille Jullian, *op. cit.*, p. LXXX.

（3）イタリア戦争のさなか、マキアヴェリ（一四六九―一五二七）とミケランジェロ（一四七五―一五六四）は祖国フィレンツェをメディチ家の手に委ねるという過ちを犯す。「ふたりともさまよった。ふたりとも、陰鬱な時代をとりまく様々な幻想の中で、絶望の中に希望を探し求めた。彼らはメディチ家によって祖国を救えると、下劣さでもって力を作り出せると信じた。しかしそうではなかった。そして神はこのような考えを罰した」(HF4, 391)。彼らはそれぞれのやり方でこの過ちを償う。すでに見たように、マキアヴェリはペストに襲われた祖国とともに死ぬことによって。そしてミケランジェロはさまよえるユダヤ人のように苦悩の中を生き続けることによって。「彼は土地を失い、以来影のようにさまよった。彼はさらに三〇年の間、骨の折れる労働に苦しみながら生きることを宣告された。無理強いされた『最後の審判』の制作においても、空しく理想を追求したサン＝ピエトロ寺院においても、ヴィットリア・コロンナに捧げるソネットの労作においても。そこで彼はこんな希望を洩らす。偉大な芸術家である自然が、天地創造以来目指してきた作品をヴィットリアのうちに完成し、ようやく自由に死ぬことができる。こうして彼は世界の終わりに挨拶する」(HF4, 392)。

（4）Camille Jullian, *op. cit.*, p. LXXXII.

（5）Paul Valéry, « Discours de l'histoire », *Œuvres*, Gallimard, « Bibliothèque de la Pléiade », 2 vol., 1957- 1960, t. I, p.1132-1133.

（6）Victor Cousin, *op. cit.*, p. 274.

（7）*Ibid.*, p. 242.

(8) ミシュレは妻ポーリーヌの遺体を掘りおこした際の一八三九年九月四日の『日記』において、すでに身体の腐敗が人間にもたらす「屈辱」と「償い」に言及している。第一章を参照されたい。

(9) 実はこのサン=ドニの裸像こそジェルマン・ピロン制作の「本物の」カトリーヌ・ド・メディシス像であるが、ミシュレはこちらの端正な彫像にはほとんど関心がないようである。

(10) アンシャン・レジームにおける身体の支配を示すもうひとつの重要な要素は、妊娠である。一六〇〇年にリヨンでアンリ四世と結婚した王妃マリー・ド・メディシスは、妊娠することで自らの地位を確かなものにする。「どうであれ、望みどおりの結果が得られた。/国王は教皇の手で結婚した(ドサ)。/イタリアとオーストリアの血がフランス王家に入った。/大公〔マリーの叔父、トスカーナ大公フェルディナンド・デ・メディチ。位一五八七—一六〇九〕の意志、その政策、その実際的命令はただちに文字通り叶えられた。この大公はカトリーヌ・ド・メディシスと彼女の長期間の不妊がもたらした危機を覚えていたので、姪との別れ際にただひと言こう言った。『妊娠することだ』」(HF6, 70)。

ルイ一三世妃アンヌ・ドートリッシュもまた、妊娠することで危機的状況を逃れる。「しかしここでは何ひとつ自然とは関係ない。『神の子』は国家理性の子である。(中略)一六三〇年〔ママ〕にリヨンで起きたことが、一六三八年にパリで起きた。子供は、母親がもし妊娠しなければ破滅だと思った瞬間に現れた。彼女を救うためにわざわざやって来たのだ。解くことができない結び目を断ち切ったのは、女性の《最後ノ手段》であり、《機械仕掛ケノ神》である」(HF6, 338)。二人の王妃はカトリーヌ・ド・メディシスと同様に、身体を通じて王国の運命を左右する。ミシュレはいずれの場合においても子供(後のルイ一三世とルイ一四世)の正統性に疑問を呈している。

(11) ミシュレは、宗教改革はその崇高な精神にもかかわらず社会を変革できなかったと考える。それは、宗教改革がキリスト教の恩寵の原理に忠実だったあまり、人間の自由意志を否定するにいたったためである。「キリスト教は抵抗を禁じ、発明を禁じた。——少なくとも魂の根本において、道徳的宗教的観念において。(中略)以上が宗教改革の早すぎる衰退の主要原因である。(中略)それはほとんど、殉教と天上の王国しか与えなかった」(HF5, 469-470)。

（12）「ムッシュー」こと王弟オルレアン公フィリップ（一六四〇―一七〇一）の妃アンリエットは、イングランド王チャールズ二世（位一六六〇―八五）の妹である。彼女もまたガブリエルと同様に突然の病に倒れる。ミシュレによれば、それはおそらくルイ一四世の親英政策に反対する党派による毒殺であった。彼女は誰からも見放され、深い孤独の中で息絶える。「マドモワゼル〔モンパンシエ嬢。一六二七―九三〕は、宮廷中を引き連れて到着した。彼女は、誰ひとり悲しむ者はおらず、ただムッシューひとりが少し驚いているのを見出した。彼女はマダムが小さなベッドに寝ているのを見た。髪は乱れ、寝巻ははだけられ、死者の表情をしていた。彼女はすべてを、特に死の進行を、感じとり、目撃し、判断した。彼女は言った、『ねえ、私はもう鼻がないの。とれてしまったの』。実際、それはすでに死後一週間の死体の鼻のようだった。にもかかわらず、人々は医者たちの言葉で満足した。『何でもありませんよ』。人々は平静で、笑う者さえあった。マドモワゼルは憤慨し、ただひとり勇気を出して、せめて聴罪司祭を呼んで、魂を救わねばならないと言った」（HF9, 288-289）。

ルイ一五世の寵姫ネール嬢は新教徒の擁護者であった。オーストリア継承戦争（一七四〇―四八）のさなか、カトリック勢力にとって邪魔な存在である彼女は謎の急死を遂げる。「ネール嬢は、怪しからぬことに、不信者や新教同盟の味方であり、オーストリアや立派な人々の敵であった。《神の手》が彼女を打ったのは、カトリックのオーストリアや、フルーリーの予言によれば『天使たちに守られるべき』可哀想なマリア＝テレジアを救うための偉大な一撃であった。神はこういう時に奇跡を惜しまない」（HF11, 493）。ガブリエルの場合と同様、すべては「神の手」に帰せられた。彼女の遺体は葬儀もなしに打ち捨てられ、宮廷人たちの悪ふざけの的になる。「とにかく彼女の遺体（まだ息がある？）は運び出され、隣の館に放り込まれた。これが彼女にふさわしいやり方だった。そして葬儀もなく、彼女は車置場に投げ込まれた。人々はデスマスクをとる前に、彼女の口が痙攣で開いているのに気付いた。屈強な男が二人がかりで頭をつかんで締めつけ、ようやく力ずくで口を閉じた。入ってきたごろつきどもにはそれが愉快で滑稽に見えた。この馬鹿者どもは、国王をヴェルサイユから遠ざけたのは彼女だと思っていた。彼らはこの死体にありとあらゆる無作法を行った。その上で花火や爆竹をし、『シヨワジーの女王』にできるかぎりの侮辱を与えた」（HF11, 494-495）。

（13）ポルトロはグレーヴ広場において、群集に向かって「誇り高い言葉」を発した後、四つ裂きの刑に処される。

「四肢は、あるいは四つの骨は、四匹の馬で引かれることになっていた。四人の男が馬に乗り、拍車を入れ、すさまじい勢いで綱を引き哀れな四肢を引っ張った。しかし筋肉は持ちこたえた。死刑執行人は巨大な斧を届けさせて、肉を上下からざくざくと刻まなければならなかった。それで馬たちはやっとやり遂げた。筋肉はきしみ、裂け、激しい鞭の一撃で破けた。胴体は生きたまま地面に落ちた。しかし、いつかは終わらせなければならないので、死刑執行人は首を切らなければならなかった」(HF5, 196)。

ダミアンはグレーヴ広場において、訊問と拷問を驚くべき忍耐力でもって耐え忍んだ後、四つ裂きの刑に処される。「彼は頑丈だった。四頭の逞しい馬も彼を四つ裂きにすることはできなかった。馬を二頭増やしたが、やはり駄目だった。死刑執行人はいらだって、あるいは哀れみを感じて(そのために罰せられた)、上がってくると委員たちに『関節に切れ目を入れること』を要求したが、はじめは『もっと苦しませるために』拒絶された(バルビエ、VI、五〇)。それではあまりにもあっけないことになっただろう。グレーヴ広場の四辻を高額で借りた、数多くの上品な愛好者たちや立派な貴婦人たちも、それでは元が取れなかっただろう。委員たちも、国王に対する愛情が足りないように見えただろう。しかしながら、ついには、日が暮れるまでに片付けるために、切れ目を入れることが許可された。最初に二つの腿が、次に片方の肩が引きちぎれた。／彼は六時一五分、日暮れ頃に死亡した(一七五七年三月二八日)」(HF12, 153)。

第10章　陽気な死

太陽神に扮するルイ 14 世
（アンリ・ド・ジセー）

参考資料　『近代史』（二）　一七世紀

アンリ四世の死後、ルイ一三世（位一六一〇―四三）が幼少のため王母マリー・ド・メディシス（一五七三―一六四二）が摂政に就任する。一六二四年に宰相に就任したリシュリュー枢機卿（一五八五―一六四二）は、一六二八年にラ・ロシェルの新教徒蜂起を鎮圧して宗教問題を収束すると、一六三〇年の「してやられの一日」で王母勢力を退け独裁権力を掌握する。彼は国内では地方長官制度を確立して中央集権化を進め、対外的には三十年戦争（一六一八―四八）で新教勢力を支援して神聖ローマ帝国を牽制する。

ルイ一四世（位一六四三―一七一五）が即位すると、国王幼少のため、王母アンヌ・ドートリッシュ（一六〇一―六六）が摂政に就任する。宰相に就任したマザラン枢機卿（一六〇二―六一）は、対外的には一六四八年のウェストファリア条約によって三十年戦争を終結させ（これにより神聖ローマ帝国は事実上解体される）、国内では反王権反乱である「フロンドの乱」（一六四八―五三）を鎮圧して絶対王政を完成させる。

マザランの没後、ルイ一四世は親政を宣言し、「太陽王」として絶対王政の頂点を築く。彼は壮大なヴェルサイユ宮殿を造営し、宮廷では華やかな古典主義文化が開花する。財務総監のコルベール（一六一九―八三）は重商主義政策を推進する。しかし、フランドル戦争（一六六七―六八）・オランダ戦争（一六七二―七八）・アウグスブルク同盟戦争（一六八八―九七）など、絶え間ない戦争は王国の財政を圧迫する。また一六八五年にはナントの勅令が廃止され、新教徒への激しい弾圧が再開される。

はじめに——絶望の笑い

一六一〇年のアンリ四世の死後、ルイ一三世の治世とルイ一四世の幼年期において、宰相のリシュリューやマザランが中央集権化を推し進め、絶対王政を確立する。ルイ一四世の治世は絶対王政の絶頂であり、古典主義文化の最盛期となる。一八世紀の啓蒙思想家ヴォルテールは『ルイ一四世の世紀』(一七五一—五六)において、それをアレクサンドロス時代のギリシア、カエサルとアウグストゥスの時代のローマ、ルネサンスのイタリアと並ぶ黄金の世紀と呼んだ。

しかしミシュレの見解は大きく異なる。彼によればこの世紀において、リシュリューやコルベールの改革の下においてさえ、フランスは貧窮への坂道を転がり落ちていった。「財産はもとより、生活物資さえも、この世紀においてはたえず減少していった。フランスはリシュリューのもとで栄光ゆえにやつれてゆき、コルベールのもとでも太りはしなかった。私は一七〇九年にフランスを探し求めたが、もはやかじられた骨しか残っていなかった」(HF6, 234)。

しかし歴史家が嘆くのは、物質的困窮よりもむしろ精神的な平板化である。一六一六年、ルネサンスの最後の息吹を伝えるシェークスピア(一五六四—一六一六)とセルバンテス(一五四七—一六一六)が、陰鬱な予感を抱きながら死ぬ。これらの巨人たちとともに、豊穣な創造力と自由奔放な想像力の時代が終わる。あの巨人たちの笑い、ラブレーの豪放な笑いは影をひそめる。後に続くのは陰鬱で単調な時代である。そこでは真面目くさった小人たちが小賢しい知恵を競いあうだろう。

それに、無力は時代の特徴であった。何かが死に絶えつつあると誰もがはっきりと感じたが、やって来るものは感じられなかった。

シェークスピアとセルバンテス、前世紀から今世紀まで生きのびたたくましい天才たちは、死の思想の明確な予感を抱いた。彼らは自分自身の死と戯れ、何ひとつ悔いることはなかった。

（中略）

シェークスピアやセルバンテスとともに旅立ったのは、いわば自由な空想力である。散文と良識による真面目なルネサンスが始まろうとしていた。ポール＝ロワイヤルの連中が、いかめしいジャンセニスムが、信仰の中に理性を置こうとするご立派な努力がやって来た。

(HF6, 286-287)

それでは笑いは永遠に失われたのだろうか。いや、やがて死のような沈黙の中からある別の笑いが湧き起こる。それは絶望の根底から生まれる笑い、あらゆるものを侮蔑し嘲弄する悪魔的な笑いである。一七世紀半ば、反王権反乱であるフロンドの乱が吹き荒れる中、民衆は戦争と飢餓に苛まれ瀕死の状態にあった。その時、マザランを攻撃する「マザリナード」と呼ばれる一連の風刺文書が作成される。そこに充満する黒い笑いは、追いつめられた民衆の絶望の表現にほかならない。「忘却し、すべてを嘲笑し、苦しみながら救済を求めず、自分自身を馬鹿にし、笑いながら死ぬ、これが当時のフランスだった。歌は続き、喜劇がやってくる。大いなる慰安はわれわれの喜劇作家である」(HF6, 435)。

興味深いのは、この笑いが歴史家にも伝染したように見えることだ。そこではかぎりなく深刻な状況が、かぎりなく軽薄な調子で語られる。歴史家はまるで死者に鞭打つかのように、地上の悲惨を残酷に笑い飛ばす。

フロンドは、それなりの理由から、フランス史において最も楽しく最も愉快な時代のひとつであるとされている。それは活発で軽妙な国民性が、言いがたいおかしさをもって輝いた時代であった。百巻もの冗談とは、笑うための文学とは、図書館いっぱいの悪ふざけとは、愉快なことではないか！　しかもそれが毎日見られるのだ。以下は若き学者フェイエ氏が最近図書館で発見したもののいくつかである。

「われわれが（ランス、シャロン、ルテルなどで）目撃したものを言い表す言葉も、書き記すペンも、聞き取る耳もまったくありはしない。いたるところに飢餓と死が、墓のない死体がある。生き残った者は、畑でわずかばかりの腐った燕麦を集め、泥のようなパンを作る。彼らの顔は真っ黒で、もはや人間ではなく、幽霊のようだ……。戦争はいたるところに平等を敷い

た。貴族はわらの上で物乞いもできず死んでゆく……。人々はトカゲや、一週間前に死んだ犬を食べる……」。(中略)
非情なことだ。弱者に対する執拗で容赦ない戦争である。女性に対する恐るべき狩りである。ランスの街なかで、美しい娘が兵士たちに一〇日間街路を追いかけまわされ、それでも捕まらないので、銃で撃ち殺された。アンジェ近郊で、アレスで、コンドンで、ロレーヌ地方の街道のいたるところで、女も子供も誰もが兵士の一団によって死ぬまで乱暴された! 彼女たちは自らの血に溺れて息絶えた。
これ以上楽しいことがあろうか? (HF6, 404)

われわれはすでに幾度かこのような黒い笑いを耳にしてきた。一五世紀の内戦の時代における死のロンドや、恐怖政治下の断頭台を取り巻く狂騒は、いずれもこのような狂おしい笑いに彩られていた。しかし『近代史』において、この笑いは歴史全体を覆いつくすかに見える。歴史家自身さえその渦の中に呑み込まれてしまう。このことははたして何を意味するのか。

ヘイドン・ホワイトは『メタヒストリー』(一九七五)において、一九世紀ヨーロッパにおける歴史記述を形態論的に分析する。ホワイトの読解は、歴史作品を文学作品と同等に取り扱い、「何が書かれているか」ではなく「いかに書かれているか」を問題にするという点で画期的なものである。彼はまず、あらゆる物語はプロットの形態によって四つのジャンルに分類されるという、ノースロップ・フライの理論を援用する。[1] そしてさらに、一九世紀を代表する四人の歴史家、ミシュレ、ランケ、トクヴィル、ブルクハルトをそれぞれ「ロマンス」、「喜劇」、「悲劇」、「風刺」の四ジャンルに当てはめる。したがってミシュレは「ロマンス」の歴史家、すなわち、歴史を善と悪の戦いとしてとらえ、善の勝利をストレートに謳い上げた、理想主義的で素朴な歴史家ということになる。

しかし、世界に《戦い》がある以上、この統一は、記述すべき状態というよりもむしろ達成すべき目標ということになるだろう。これはミシュレにとって二つのことを意味する。ひとつは、歴史家は、すべてのものがそれを目指して戦っているこの統一の実現を助けるような方法で歴史を書かなければならないということ。もうひとつは、歴史の中に現れるすべてのものは、最終的にはこの目標の実現のためにどれだけ貢献したか、あるいはその実現をどれだけ妨げたかによって評価されなければならないということである。そこでミシュレは、物語形式としてロマンスのプロット構成を用いることで、歴史の過程を、完全な善と激烈だが結局は一時的な悪との抗争として理解し、その意味を読みとろうとした。[2]

われわれはここで別の仮定を立ててみたい。ミシュレが「風刺」の歴史家であるとしたら？ あの黒い笑いを武器にして歴史学そのものを嘲弄する、道化師のような歴史家であるとしたら？ 自らの命をなげうって相手と刺し違える、過激派のような歴史家であるとしたら？ もしそうなら、われわれはここで、ミシュレの知られざるもうひとつの顔をかいま見ることになるかもしれない。

1　王なる身体

ルイ一三世の排泄物

ルイ一三世（位一六一〇―四三）の治世を語るにあたり、ミシュレはある奇妙な史料を取り上げる。アンリ四世の治世において、侍医たちは王太子ルイ（後のルイ一三世）の健康をできるかぎり詳細に記録することを思いたつ。「この子供は肉体的に精神的にどのようなものであろうか。幸運なことに、彼の侍医がわれわれに完全に教えてくれる。昼も夜も子供から離れず、医者は彼の諸機能の日記を、彼の夕食の全メニューを、そして毎晩の消化の結果を、（二ツ折版六巻に）書き記した。もし精神が身体から発するならば、それについて研究することができるだろう（注参照）」（HF6, 125）。侍医たちはこうして子供の排泄物を毎日観察し、詳細に記録する。ルイ一四世の晩年まで続くことになるこの膨大な『日記』は、アンシャン・レジームのグロテスクな記念碑となるだろう。

来る日も来る日も排泄物を観察し記録し続けるとは、何という馬鹿げた務めであろうか！　しかし驚くべきことに、侍医たちの情熱が伝染したかのように、ミシュレはわれわれの目の前で一心不乱にこの『日記』に読みふける。この奇妙な熱意はどこから来るのだろうか。彼はこの部分の注において、この史料が自分にどれほど役立ったかを力説する。

《ルイ一三世の消化に関する日記》。個人の神格化に基づく偶像崇拝的政府においては、この点は重大である。私はくどくど言うつもりはない。人は笑うであろう、そしてこれほど悲しいことはない。——歴史家、政治家、生理学者、調理人にとって、この巨大な記念碑は大いに研究する甲斐があるだろう。繊細な筆跡の二ツ折版、全六巻。ヴォグリヌーズ領主、国王侍医エローによる『リュドヴィコトロフィー』（コルベール文庫、一二六〇一―一二六〇六）。（HF6, 245）

ミシュレによれば、この時代、フランス国民は二重の意味で宿命に支配されている。第一に、絶対王政下において、社会の運命は完全に君主の個人的な意志に依存する。すなわち個人性が一般性を支配する。第二に、君主が虚弱な肉体をもつ場合、彼の精神は彼の肉体の影響を受ける。すなわち物質性が精神性を支配する。この二重の宿命から、馬鹿げた、しかし重大な結果が導かれる。すなわち、全国民の運命が一個人の健康状態に左右される。なんという喜劇的な、そして悲劇的な状況！

こうしてミシュレは排泄物の中に歴史を探し求める。クーザンは歴史的事実の背後に神の意志を認めたが、ミシュレはもはやそこに消化の結果しか見ない。一国の運命が一個人の腹具合にかかっているとすれば、歴史はグロテスクな笑劇（ファルス）にすぎないであろう。それはまさに笑いごとである。しかしこの陰鬱な笑いは、歴史哲学の予定調和的な御都合主義を打ち砕き、その楽天主義を動揺させるにちがいない。国王の侍医たちに負けない熱心さでこの『日記』に読みふけるミシュレの姿は、どこかフローベールの『ブヴァールとペキュシェ』の主人公たちを思わせる。二人の主人公が学問を学べば学ぶほど真理から遠ざかってゆくように、歴史家が努力を重ねれば重ねるほど彼の歴史学は崩壊してゆくのである。それはほとんど自殺行為と言えるような、歴史家の歴史そのものに対する捨て身の攻撃なのである。

偶然の支配

ルイ一三世の治世を支える宰相リシュリュー（一五八五—一六四二）も、国王と同じく虚弱な肉体の持ち主であった。同じ弱点をもつ二人の間には、敵意と共感の混じり合った奇妙な絆が生まれる。枢機卿の強大な権力は、実は国王と彼自身の虚弱な健康に支えられていた。強さが弱さに依存するという奇妙な逆説！

それは二人の病人の奇妙な結婚であった。国王は、リシュリューなしでは王国は滅びると思っていた。そしてリシュリューは、国王が死ねば数日も生きられないと分かっていた。特に国王の弟にこれほど憎まれた彼は、ルイ一三世と同時に死ねるように調整しなければならなかった。そしておそらくその点において、彼は最も国王の気に入ったのである。国王は陰鬱で、人を信じず、意地悪で、リシュリューにほとんど好意をもっていなかったが、それでも常にこう考えることができた。「もし余が死ねば、こいつは縛り首だ」。（HF6, 258）

三十年戦争（一六一八―四八）は、この時代を支配する物質的原理を明らかにする。カトリックの皇帝とプロテスタント諸侯の間に起きたこの戦争は、決して宗教的大義にもとづく戦いではなかった。「三十年戦争に入った時点で、人間の歴史は終わるように見える。もはや人間も国民もなく、事物と要素があるだけである」（HF6, 251）。リシュリューはカトリックの枢機卿でありながら、神聖ローマ帝国を牽制するためにプロテスタント勢力を支援することをためらわない。帝国側の傭兵隊長ヴァレンシュタイン（ヴァルトシュタイン）（一五八三―一六三四）も、宗教的信念のために戦ったわけではない。彼は時代の流れを見抜くことに長けた、巧妙な投機家にすぎない。

ヴァルトシュタインは賭博者であった。彼は時代の熱狂に、賭博の熱狂に投資した。そして彼は兵士にすべてを賭けさせた。生命も、名誉も、血も。それはヴァランタン〔・ド・ブーローニュ。一五九四―一六三二〕やサルヴァトール〔・ローザ。一六一五―七三〕の暗くぼんやりした絵画に見ることができる。

運命、幸運、冒険、偶然、好機、この何だか分からないもの、心も目もなしに進む乱暴な力、これが当時の偶像であった。世界の神は宝くじであった。

ルターは言う。「ときおり、神はゲームに退屈し、カードをテーブルの下に投げ捨てるように見える」。

ヴァルトシュタインはまさに、生きた宝くじであるがゆえに成功した。彼は自分自身を運命のイメージに作り上げた。彼は何の理由もなくある男を絞首刑にした。何の理由もなく金持ちにした。彼の見方ひとつで、人は運命の車輪の上になり、下になった。偉大になり、死んだ。そしてそれゆえに誰もが彼のもとに向かった。誰もがおのれの運を知ろうとした。(HF6, 253)

こうして偶然が世界の神となる。兵士たちは賭博熱にとり憑かれ、一か八かの冒険に身を委ねる。人間の生命はもはやカード一枚の重さもない。それはさいころのひと振りでたやすく失われるチップにすぎない。このような時代においては、リシュリューのような政治的天才さえも、運任せの賭博者にならざるをえない。「時代の最も真剣な人間であり、幸運の女神には何ひとつ任せまいと努めた、政治の計算機のようなリシュリューも、しかし人生を概ね偶然のゲームとして考えているようであった」(HF6, 254)。宿命の支配下においては、歴史を左右するかに見える大人物も、実は偶然の糸に操られる木偶人形にすぎないのである。

リシュリューの小便

リシュリューは三十年戦争において、新教勢力のスウェーデン国王グスタフ・アドルフ(位一六一一―三二）を支援する。ミシュレはグスタフを当時のヨーロッパ最大の英雄として評価する。「彼は、もはや法も神もないこの恐ろしい三十年戦争において、神の報復者、判事、正義そのもののように見えた」（HF6, 288）。それは彼の目には救世主にも比すべき存在である。「神話が英雄について語っていたすべてのことが、ここで文字通り達成された。すなわち、世界を救い、若くして裏切られて死ぬこと」（HF6, 305）。

グスタフが連勝を続けるのに乗じて、リシュリューは宮廷で絶対的な権力を掌握する。彼が政敵であるモンモランシー伯（一五九五―一六三二）を処刑すると、宮廷中が恐怖に震えあがる。しかし、勝利の絶頂においてリシュリューの運命は急転する。彼はボルドーで突如膀胱炎に襲われ、小便ができなくなる。この知らせは、ハプスブルク家出身の王妃アンヌ・ドートリッシュを狂喜させる。枢機卿の勝利を祝うための饗宴において、人々は彼の遠からぬ死を祝い、陽気に踊り狂う。しかしこの祝宴は、二つの知らせによって突然中断される。

運命の奇妙な変転である。それはわれわれを最良の瞬間に、花の冠をかぶった祝祭のさなかにとらえ、われわれの首を折って楽しむ。リシュリューの激烈な感情、恐ろしいほどの懸念、彼がなした努力、不安まじりの果敢さ、そして何にも増して、希望がもたらす苦悩、それらすべては彼よりも強かった。彼はボルドーで発作を起こした。

この病気と闘うすべはなかった。膀胱の炎症、小便のできない状態は、死の訪れの第一歩か

と思われた。(中略)

王妃はこれほどやすやすと解放されて、陽気に旅を続けた。もし彼自身が出席していたら台無しになったであろう、枢機卿の祝宴をたっぷりと楽しみながら。ラ・ロシェルでは、凱旋門、槍試合、海戦、舞踏会や音楽会など、信じられぬほどの贅沢があった。大変な陽気さであった。なぜなら彼は死んだと、あるいは死にそうだと言われていたから。人々は踊った。(中略)

舞踏会は続かなかった。世界を変えてしまうほどの二つの知らせを聞いて、陽気だった宮廷は突如真剣に返った。リシュリューが小便をした。そしてグスタフ・アドルフが死んだ(一六三二年一一月一六日)。(HF6, 304)

グスタフ・アドルフはリュッツェンでヴァレンシュタインの軍隊を破るが、そこで戦死を遂げる。この重大な知らせは、リシュリューの小便の知らせと同時に届けられる。偉大な英雄の死と老人の小便が歴史において同等の役割を演じるとは、人類にとって何という皮肉であろう！　ここにおいても、かぎりなく悲劇的な状況がかぎりなく喜劇的な調子で語られる。近代においては救世主の死さえ、もはや崇高な受難劇ではありえないのである。

リシュリューの死

長年の政治的闘争がリシュリューの肉体をしだいに蝕む。遠からぬ死の予感が、この偉大な人物に崇高な後光を与える。「敵たちが望んでいたこの死の二重の危険性こそが、まさに彼を強力で恐ろしいものにした。彼は時おり、まるで死を目の前にしているかのように話し、ふるまった。その時、彼が他所にあれほど熱心に探し求めた崇高なものが、おのずから訪れるのだった」（HF6, 258）。そしてついに最期の日が訪れる。

これが、死にゆく者が公益のために予見し、準備しうるすべてのことだった。彼に残されたのは、もはや人間に共通の大いなる営みから解放されることだけだった。彼は非常に立派にやりとげ、その生涯にふさわしい死を迎えた。カトリック神学者として、異説論駁家として、確固たる信仰によって（世界の何物よりも愛する）自著に栄誉をもたらしながら。サン＝トゥスタッシュの司祭が立会い、彼に敵を許すよう促した時、彼はこの高貴な、そして私が思うに、真実な言葉を述べた。「私には国家の敵のほかには敵はなかった」。（HF6, 366）

リシュリユーは、万人から憎まれ、あれほど献身した国王にさえ疎まれ、孤独のうちに死ぬ。「彼はあまりに恐れられて死んだので、どこでも、外国でさえも、彼が死んだと口にする者はいなかった（モングラ）。（中略）国王は彼を憎んでいた」（HF6, 368）。これが、王国を再建するために生涯を捧げた者に対する報酬であった。彼の唯一の慰安は、公益のためだけに尽くしたという確信であった。歴史家はここで一人称で介入し、この言葉を「真実」であると明言することで、この偉人に対するはなむけの言葉とする。

ルイ一三世はリシュリューの後を追うように死ぬ。しかし彼はすでにそれ以前から、政治的には死んだも同然であった。廷臣たちはとうに国王を見限り、王妃アンヌ・ドートリッシュの側についていた。

それにすべてが彼の手を逃れていった。彼が北部軍を与えたばかりのアンギャン〔後のコンデ親王ルイ二世〕は、ひそかに王妃の手先となっていた。サン＝ジェルマンとパリにおいて、人々は王妃のためにスイス衛兵とフランス衛兵を扇動した。人々は国王が息絶える前から、ムッシュー〔王弟ガストン・ドルレアン〕が一番に住みつくことのないように、彼女に宮殿に住むよう提案した。国王がついに死んだ時（一六四三年五月一四日）、彼が死んだ城はすでに王妃のものであり、高等法院と都市もそうであった。女性の王がすべてを支配した。(HF6, 368)

リシュリューはフランス王国をオーストリア勢力から守るために一生を捧げた。しかしその努力は王権の中枢において裏切られる。結局、ハプスブルク家出身の王妃がすべてを支配することになる。

2　いかさま師の勝利

愛の宝くじ

ルイ一四世（位一六四三―一七一五）が幼少のため摂政に就任した王母アンヌ・ドートリッシュ（一六〇一―一六六）は、か弱い女性への共感を利用して人心を掌握する。それはテルミドールに比すべき感性の反動の時代である。意志は死に絶え、感情がすべてを支配する。摂政の心をつかんだ者は、すべてを手に入れることになるだろう。こうしてふたたび偶然が世界の神となり、恋のルーレットが回り始める。フランスの運命はひとえに女心の気まぐれにかかっている。

スペイン人の摂政は一五年の統治を花咲く道によって始めた。サリカ法〔女系相続を禁じるフランク族の法律〕についてあれほど話していたこの奇妙な国民が、喜んで女性の尻に敷かれた。この外国女性がなぜ、どのように愛されたかも知らずに。

彼女は女で、つらい思いをした。人々の心はあらかじめ感傷的になっていた。彼女はか弱かった。誰もがそれに乗じようとした。それはギャラントな統治になるだろう。はたしてお気に入りは誰になるのか。この愛の宝くじは無限の夢をふくらませた。誰であろうと新たなコンチーニとなった者は、歳をとって信仰や心遣いやより堅固な絆を求めるようになったスペイン女性のそばで、先任者以上のものになるだろう。彼女がしまいに貞節にでもなれば、フランスの破滅にどれほど貢献するだろうか？（HF6, 369）

宰相マザラン（一六〇二—六一）はこうして「愛の宝くじ」の当選者となる。ミシュレによれば、彼は幸運な賭博者、あるいは巧妙ないかさま師であった。ちょうどこの頃、フランスはロクロワ（一六四三）、ノートリンゲン（一六四五）、ランス（一六四八）で勝利を重ね、ウェストファリア条約（一六四八）によって三十年戦争を有利なかたちで終結させる。一方で、戦争は王国の財政を圧迫し、「フロンド」と呼ばれる反王権反乱を引き起こす。マザランはこの最大の危機を、無敵の戦略家チュレンヌの力を借りて乗り切る。彼はここでも無類の幸運ぶりを発揮するのだ。

フロンドの喜劇

フロンドの乱においては、まずパリの高等法院が王権に反旗をひるがえし（高等法院のフロンド、一六四八—四九）、後にはコンデ一族が、そしてさまざまな地方権力とパリ高等法院が、権力争いを繰り広げる（貴族のフロンド、一六五〇—五二）。数年間にわたり、戦乱と飢餓が国内に吹き荒れる。それは民衆にとってまれに見る過酷な時代であった。

しかしすでに見た通り、それを描くミシュレの筆致はきわめて軽薄なものである。とりわけフロンドの第二幕は喜劇的な時代として描かれる。そこでは女性たちが武器を取り、男性たちを尻目に活躍する。「ヒーローは舞台を去り、舞台はヒロインたちのものとなる。われわれは女性たちがほとんど男性ぬきで、内戦を行い、統治し、陰謀し、戦うのを見ることになる。人類にとっての大いなる実験である」（HF6, 397）。主役は男勝りの「グランド・マドモワゼル」ことモンパンシエ嬢（一六二七―九三）、ルイ一三世の弟である「ムッシュー」ことガストン・ドルレアン（一六〇八―六〇）の娘である。彼女は王妃になりたいという野心のあまり、従弟のルイ一四世に刃向って大コンデ（コンデ親王ルイ二世。一六二一―八六）に味方する。「だから彼女は賢明にも、国王と結婚する最上の手段は国王を倒すことだと想像した。コンデはマザランを追放し、この勇気ある同盟者に報いるため彼女をフランスの王座につけるであろう」（HF6, 407）。歴史はまたも女心の気まぐれに動かされる。それはギャラントリーと暴力が入り混じった奇妙な時代であった。阿鼻叫喚の中で優雅な茶会が催され、地獄絵図の中で恋のさやあてが演じられる。

彼〔チュレンヌ〕によってではないが、パリの周辺がどのような状態にあるかは知られている。三つの軍隊によって何度も略奪され、荒廃し、飢え、侮辱され、無数の人間と馬の死体が悪臭を放っていた。パリの貴婦人たちは鼻に栓をして、死肉をかき分けて、これらの軍隊におやつを食べに行くのだった。マドモワゼルがコンデを訪問する際、チュレンヌは大砲を沈黙させた。しかしこれらの粋なはからいも戦争の恐怖を減らしはしなかった。「五年前から収穫もぶどうの採り入れもない(フェイエを参照)。われわれが出会った人間たちは非常に衰弱しているので、トカゲのように堆肥の上を這っている。彼らは夜は獣のように身をひそめ、昼は日向で陽を浴び、すでに多くの蛆虫に蝕まれている。彼らが死体に交じって横たわっているのが見られる。遠ざかる力もないのだ。実際に目撃しなければ口にできないことだが、彼らは自分の腕や手を食べ、そして絶望して死ぬ」。(HF6, 424)

一六五一年、サン＝タントワーヌ街の戦いにおいて、モンパンシエ嬢は窮地に陥ったコンデを救うため、バスティーユの砲台を国王軍に向けて発射する。コンデは命からがらパリ市内に帰還するが、彼の立場は危ういものとなる。「コンデにはただひとつのチャンスしかなかった。血の一撃を与え、恐怖によって立ち直り、ムッシューを巻き込むこと」(HF6, 413)。コンデは自らの覇権を示すため、軍隊を率いて議会に乗り込み大虐殺を繰り広げる。モンパンシエ嬢は虐殺後の市内を馬車で通り抜ける。「深夜だった。すべて終わった。彼女は生者にはほとんど会わず、荷車に積み上げられた死者たちに出くわした。死者たちは無造作に投げ込まれ、硬直した手足があちこちに飛び出していた。彼女は言う、『私はただ馬車の中で席を替えた。手足が私の鼻先にぶつからないように』。夜はとても美しく、ひどく暑かった。下着姿の女商人たちがこれまた簡素な衣装の仲間たちと門のところで話しているのを見て、この感じやすい娘は大笑いした」(HF6, 416)。

たくさんだった。パリ市民はコンデとマザランの両方に愛想を尽かし、両者を追放する。そして今までの経緯はすっかり忘れたかのように、若き国王を熱烈に歓迎する。「あれほどの無用な騒動で公衆の精神は疲れきっていた。当分のあいだ喜劇はおしまいだった。人々はろうそくを吹き消し、茶番劇（ファルス）が演じられた。観客は追い出されて幸せだった。彼らはあくびをして寝に行った。芝居の道化役者たち、誹謗作家や風刺作家や雇われの笑い屋は、もはや身過ぎができず、やがてより金になるマドリガルに転じ、韻文でため息をつき、国王のバレエのために韻を踏んだ」（HF6, 420）。騒がしい喜劇の後には退屈な茶番劇が続く。マザランもほとぼりが冷めた頃には戻ってくるだろう。

マザランの死

マザランはこうして絶対王政の頂点を築き、名宰相として歴史に名をとどめる。しかしミシュレによれば、彼は自分の手では何ひとつ行わず、単にリシュリューの蒔いた種を刈り入れたにすぎない。「幸運な賭博者である彼は、出来合いの勝負を手に入れた。（中略）リシュリューが耕し、マザランが刈り入れた。一方は行政と軍隊と海軍を作り、ロクロワの前日に死んだ。他方はすべてを駄目にしながら、すべてに成功した」（HF6, 434）。他人の功績を自分のものにしてしまう詐欺師的才能は、死の間際においても十全に発揮される。

ビダソアで大条約〔一六五九年のピレネー条約〕に署名した時のマザランほど陽気なものはない。

彼はパリにむけてこう書く。「すべて終わりそうです。バスクの国に長居するつもりはありません。彼らがクジラを捕るのを見たり、バスク語を学んだり、彼らのように飛び跳ねたりして楽しまないかぎりはね」。

しかしこの軽業師は、これらの喜びのさなかに、痛風に締めつけられた。胸が固まった。彼は病床で普段の生活を続けた。病人のベッドはカードで覆われ、賭博テーブルとなり、官職を売る勘定台となった。カードと秘蹟が交互に行われた。これらの盗みに対して彼が思いついた唯一の償いは、すべてを国王に与えることであった。無論国王が断ることは分かっていた。この拒絶で彼はすっかり安心し、心安らかにゲームと勤行を続けた。誰もがそれを教訓とし、彼がよき最期を迎えることと思った。少なくとも、その生涯にふさわしい最期を。彼はいかさまに生き、いかさまに死んだ（一六六一年三月九日）。 (HF6, 434)

マザランは、いかさま師としての役割を見事に演じ切り、心安らかに最期の時を迎える。ここではもはや、『中世史』に見られたような、地上の勝利者が非業の死を遂げるという歴史の弁証法は成立しない。リシュリューとマザランの死の対照は、宿命の支配下における人間の努力の虚しさをわれわれに示すのである。

3　ルイ一四世の世紀

太陽王の肛門

マザランの没後、ルイ一四世は親政を宣言する。その治世は絶対王政の絶頂であり、古典主義文化の黄金時代である。しかしミシュレによれば、それは何の希望も見出せない、不毛で単調な時代である。陰鬱な圧制の下で笑いは死に絶える。この時代の最強の精神である喜劇作家のモリエール(一六二二―七三)さえ、その退屈さに耐えられない。「ルイ一四世はひとつの世界を葬った。彼のヴェルサイユ宮殿のように、彼は夕陽の方を向いている。(中略)喜びや、ルネサンスに聞かれたような神々の笑いや、ひとつの世界が始まるのを目にした英雄たちや偉大な発明家たちの笑いは、もはやガリレイ以来聞かれなかった。この時代の最強の者、たくましい喜劇役者のモリエールは憂鬱で死にそうだった」(HF9, 186-187)。

太陽神アポロンに扮して踊るルイ一四世の姿は、絶対王政の栄光そのものを体現するかに見えた。しかしそれはみせかけにすぎない。国王侍医たちの『日記』は、国王の政策が体調によって大きく左右されたことを伝えている。全能の国王は実は、ルイ一三世やリシュリューと同様に、自らの身体の奴隷にすぎなかった。「侍医たちの日記が年々われわれに明かしてくれる、ルイ一四世の健康は、彼の政治活動の変化を反映している。退却の年は不安定で病気がちであり、ナイメーヘンの和約〔オランダ戦争後の和約〕の際は若々しく力強く見える」(HF9, 360)。王座に君臨していたのは、実は精神ではなく身体であった。こうして全国民の運命はひとえに一個人の健康状態に依存する。「この国王にして、このフランスあり。フランスは彼の健康のあらゆる変化の影響を被った。追放は国王の病気とともにひどくなった」(HF10, 27)。

ミシュレは太陽王の身体にまつわる奇妙なエピソードを紹介する。その権力の絶頂で、彼はある不愉快な出来事にぶつかる。肛門(「太陽肛門」?)に腫瘍ができたのである。何者も逆らうことのできない全能の国王に、自然は平然と挑戦する。手術は急を要した。しかしそれは国王の身体の秘密を全世界に晒すことになるだろう。

国王は身近に大胆な反対者をもっていた。――人間か? いや、誰ひとりそんな思い切ったことはしなかった。――しかし自然は行った。彼がヴェルサイユの天井画に自らの姿を、人間以上のもの、美と若さと生命の太陽として見ている間に、この厚かましい自然は彼に言った。「おまえは人間だ」。自然はあえて、誰もが辱められる部分において彼をとらえた。彼は膝に腫瘍ができて我慢していた。自然はもうひとつを肛門に作った。外科治療のほかに治療はなく、それは最新の、したがってきわめて重大な手術で、必ずやヨーロッパ中に響き渡り、外科は大勝利をなしとげ、大胆な執刀医を称えて永遠のファンファーレを鳴らすであろう。彼はモリエールのあの人物のように、《有名な病人》に、高名な犠牲者に、有名な患者になるであろう。秘密はまだ守られていた、しかしまもなく発覚するだろう。それを待つ間ほどいらだたしいものがあろうか。まる九ヶ月の間、彼はことの発覚を恐れ、抵抗し、尻込みした。それなりの理由から、ヨーロッパがそれを笑うだろうと、そして笑いによって大胆になるだろうと考えた。

(HF9, 439)

こうして再び黒い笑いが巻き起こる。病める肉体を晒すことは、全能を誇る絶対君主にとって何たる屈辱であろうか。痔が勝利者であるヘンリ五世から英雄の威光を奪ったように、肛門の腫瘍は太陽王の栄光を曇らせる。絶対王政の権威は、実は自然の気まぐれひとつで崩れ去る脆いものにすぎない。パスカルは『パンセ』において、「クレオパトラの鼻」が歴史を左右することに「人間の虚しさ」を見出した(3)。ミシュレもまた、肛門の腫瘍に振り回され、人々の笑いに脅えるルイ一四世の姿によって、絶対王政の権威の虚しさを示すのである。

コルベールの死

ルイ一四世のもとで、財務総監のコルベール(一六一九―八三)は王国の財政を立て直すため、さまざまな改革に着手する。しかし、彼がいかに努力を重ねようと、常にそれを上まわる新たな出費がやって来るのだった。繰り返される戦争、ヴェルサイユ宮殿の造営……。それはまるでシジフオスの試練であった。疲れ果てた巨人はついに倒れる。

彼は国民の破滅ゆえに死んだ。何もできず、希望を失ったがゆえに死んだ。人々は彼に馬鹿げた争いを吹きかけた。

国王は、彼の反対にもかかわらず行われたヴェルサイユ宮殿の費用のことで彼を責めた。国王はルーヴォワ〔陸軍卿。一六三九―九一〕の名を挙げ、彼が兵士や農民に無給でやらせた石積みや塹壕の工事を挙げた。まるで、宮殿の芸術的建築がそれらと同じであるかのように。国王は、ヴェルサイユの鉄柵のことで彼に争いを吹きかけ、止めを刺した。コルベールは帰ると床につき、二度と起き上がらなかった。

彼は嫌われ、呪われて死んだ。民衆の侮辱を避けるため、夜中に埋葬しなければならなかった。人々は歌を、《暴君》の死についての《ポン・ヌフ》〔流行歌〕をつくった。　(HF9, 373-374)

コルベールは破滅した国民と共に死ぬ。彼は、ミシュレの歴史において社会と運命を共にするあれらの特権的人物のひとりである。しかし皮肉なことに、誰ひとり彼の超人的な努力を理解しようとはしなかった。彼は一身を捧げた国王に非難され、懸命に救おうとした民衆の呪詛を浴びながら、孤独な死を迎える。

死にゆく彼に浴びせかけられた膨大な呪詛の声は、彼を死の床で混乱させた。国王から手紙が来た。彼は読もうとさえしなかった。

彼は言った。「もし、この男のためにしたことを、神のためにしたのであれば、私は救われると確信できるのだが。しかし私はどこに行くのか分からない……」。

英雄よ、われわれは知っている！　あなたは栄光の中へ行き、フランスの心の中にとどまる。大いなる諸国民は、時がたてば神のように判断し、神のように公平に、結果よりも努力や意志の偉大さにより、仕事を評価するであろう。（HF9, 378）

宿命の支配下において、人間の努力は必ず報われるとはかぎらない。コルベールは誰からも正当な評価を受けることなく死んだ。リシュリューは少なくとも、公益のために尽くしたという確信をもっていた。それに対してコルベールは、自らの魂の救済さえ信じられない。ミシュレはここで突然、この人物に向かい二人称で語りかけ、死後の名声を約束する。歴史家の介入なしには、コルベールの救済はありえないのである。

スカロンの笑劇

ルイ一四世は王妃マリー＝テレーズ（一六三八―八三）の死後、マントノン夫人（一六三五―一七一九）と秘密裡に結婚する。夫人は大詩人アグリッパ・ドービニェ（一五五二―一六三〇）の孫娘であり、作家ポール・スカロン（一六一〇―六〇）の未亡人であった。彼女はその教養の豊かさと信仰の篤さから、国王の庶子たちの養育係を任されていた。数多くの美女と浮名を流した国王が、この自分より年上の目立たない女性を選んだことは周囲を驚かせた。これを「美徳の勝利」と評する者もあるが、ミシュレによれば夫人は単に真面目なだけの凡庸な女性にすぎない。

スカロンは小説『ロマン・コミック』で知られる喜劇作家である。彼はフロンドの精神を受けついだ、あの悪魔的な笑いの使い手である。ミシュレは皮肉を込めて、彼の最高傑作はマントノン夫人と国王の結婚であると述べる。風刺作家の妻の足許にひざまずく絶対君主とは！

誰がまだ笑っているのか。誰がフロンドの精神を守り続けているのか。たぶんただひとりの男が。マレの陰鬱な館で、マリオン・ドロルムと若きニノン〔いずれも一七世紀の宮廷の高名な才女〕の近くで、グロテスクなホメロス、いざりのヴェルギリウスであるスカロンが、『ロマン・コミック』を書いている。この執拗で大胆な笑い手は、自らの粗末なベッドの上で、自らの破滅の上で、世界の破滅の上で笑い続ける。（中略）

それに、スカロンの最高の笑劇は、彼がその重要性に気付かずに作った笑劇である。私が言うのは彼の結婚のことである。彼が養い、彼が育てた若きオービニェ嬢（間違いなく自分のために準備した美しい小さな淑女）、自分が彼女を偉大な国王のために準備していると前もって知ったならば、彼はどれほど笑ったことだろう！　国王にとっては残念なことだ、それを考えるのが三〇年遅すぎた！　スカロンに先を越されなければならなかった。
もし彼がヴェルサイユの礼拝堂の丸天井に見られる二つの碑文を前もって読んだならば、この哀れな男はどうなっただろう。その碑文はこの時代の二つの宗教を見事に言い表している。《国王》が国民の神となり、《スカロン夫人》が国王の神となる！

Intrabit in templum suum dominator.　国王はその寺院に入るであろう。

Rex concupiscet decorem tuum.　汝の美は国王を願望と欲望で満たすであろう。

そんなわけで群集はルイ一四世の晩年に、ラシーヌの言うように、スカロンの笑劇をしつこく要求し上演させたのである。人々はこのフロンドの復讐を見るために彼の霊を呼び出した。スカロンは戻ってこなかった。彼は笑いすぎたことだろう。彼は、こうした発作の際にひっくり返って頭を割ったアレティーノ〔イタリアの作家。一四九二―一五五六〕と同じ運命を辿ったことだろう。彼はもう一度死んだことだろう。

(HF6, 420)

スカロンが笑い死にするほど滑稽な事態！　しかしこれは笑いごとではすまない重大な結果をもたらした。ミシュレは、イエズス会が結婚の許可と引き換えにマントノン夫人を動かしたと、そしてそれが国王にナントの勅令廃止（一六八五）を決意させたと考える。「イエズス会は望みのものを手に入れた。それは彼女と彼らの間の契約であった。彼女は服従し、かぎ爪に接吻し、《追放を勧めた》。彼らは危険を承知で《結婚に同意した》。しかし彼らはそれを自ら行うのではなく、相手がなすにまかせた。おそらく、後になって（国王が後悔したならば）国王自身が彼らにそう強いたのだと言えるように」（HF9, 389）。その結果が、前章で見たプロテスタントへの凄絶な迫害なのである。

笑劇としての歴史

ミシュレの歴史において時折噴出する黒い笑いは何を意味するのか。ここでジョルジュ・バタイユによる『魔女』への序文（一九四六）を取り上げよう（『文学と悪』（一九五七）所収）。バタイユによれば、人間のうちには危険を冒しても死に向かおうとする狂おしい衝動が存在する。それは、死にできるかぎり近づくことで、生を一層強烈に感じることができるからである。このような衝動は、生の「強烈さ」を求めるかぎりにおいて、しばしば生の「持続」を求める「善」と衝突し、「悪」に結びつく。人間の芸術活動はすべて、悲劇にせよ喜劇にせよ、常にこのような死との戯れを背後に隠している。

われわれが自分たちの生から排除しようと望みながら、諸芸術という婉曲な手段でそこに連れ戻すこれらの諸要素は、最終的にどれほど重みのないものであろうと、やはり死のしるしであることに変りはない。われわれが笑ったり泣いたりするのは、賭けの犠牲者か秘密の受託者になったわれわれの目に、一瞬、死が《軽い》ものに見えるからにほかならない。それは、死が吹き込む恐怖がわれわれと無関係になったということではない。ただ一瞬、われわれは恐怖を超越したのである。（中略）笑いは次のことを教えてくれる。すなわち、賢明に死の諸要素を逃れる時、われわれはただ《生を保存する》ことしか目指していないが、叡智が逃れるよう命じる領域に入り込んでゆく時、われわれは《生を生きる》のである。というのも、笑いの狂気は単に表面的なものにすぎないからだ。笑いは、死との接触に燃え上がり、死の空虚を示すしから存在の強烈な意識を引き出し、遠ざけなければならないものを――乱暴に――導入することによって、生を保存することしか知らない者たちが生を閉じ込めてしまった袋小路から、われわれを一時的に解放するのである。(4)

笑いもまたこのような死に向かう衝動のひとつである。われわれは死を前にして笑う。笑うことで死を一瞬だけ超越する。たとえ直後に迅速な死が訪れ、笑顔がそのまま凍りつくにせよ。ミシュレは『魔女』（一八六二）において、カトリック教会によって「悪」の烙印を押された魔女のサバトの中に、人々に忌み嫌われる汚辱の儀式の中に、封建的圧制に対する民衆の反抗のしるしを見出す。魔女はサタンの笑いでもって、領主と教会の権威に挑戦を投げかけるのだ。「彼女は出発の際に笑い声を上げた、あまりに恐ろしいどっという笑い声を。――そして矢のように消え去った」(5)。『フランス史』においてたびたび沸き起こるあの黒い笑いもまた、死の間際まで追いつめられた民衆の最後の抵抗の試みにほかならない。

そして歴史家もまた、同じ黒い笑いを共有する。とりわけ『近代史』において、この笑いはすべてを覆うかに見える。そこでは英雄や殉教者の勇気ある死さえ、笑いの材料にしかならないのだ。宿命の支配下において、歴史は笑劇（ファルス）としての様相を呈する。ブルジョワ精神が勝ち誇る第二帝政において、カール・マルクスはルイ・ナポレオンの到来をひとつの笑劇と見なした。「ヘーゲルはどこかで述べている、すべての世界史的な大事件や大人物はいわば二度現れると。彼はこう付け加えるのを忘れたのだ、一度目は悲劇として、二度目は笑劇として、と」（『ルイ・ボナパルトのブリュメール一八日』）。ミシュレが同じ時代に自らの歴史を笑劇として描いたのは決して偶然ではない。それは現実の歴史によって裏切られた歴史家の、ぎりぎりの抵抗の試みなのである。

ミシュレの歴史作品を「ロマンス」に分類したヘイドン・ホワイトも、実はこのようなミシュレの調子の変化を意識していた。ミシュレが一八三〇年に確立した歴史観は、その後の現実の歴史によって裏切られた。一八五一年以降の状況はどう見ても、自由の勝利を示すものには見えなかった。その時、歴史を下降の相においてとらえる「悲劇」の調子や、底辺においてとらえる「風刺」あるいは「アイロニー」の調子が、ひそかに彼の作品に忍び入る。

ミシュレは自らの歴史の《プロット》を、開示のドラマとして、闇の力と闘い自らを解放する精神の力の解放のドラマとして、ひとつの贖罪として構成した。そして彼は歴史家の職務は、贖われたものの保護者を務めることであると考えていた。（中略）しかしミシュレは、歴史の大きな解決点を、「民衆」が大革命において革命を抑圧する諸勢力を解体することによって完全な自由と完全な統一を手に入れた瞬間に置いたため、革命の英雄的局面における理想が、もともとそれを育ててきた社会階級や政治的指導者の間で影の薄いものになるにつれて、彼の歴史作品の《調子》はますますメランコリックに、ますます哀歌調にならざるをえなかった。(6)

(『メタヒストリー』)

ミシュレは結局、『フランス史』の終点に位置するはずの大革命を「悲劇」としてしかとらえることができなかった。「ミシュレは大革命までのフランス史をロマンスのプロットで構成したが、彼はそれに続く大革命の解体をより大きな悲劇として意識し、その中に前述のロマンスを埋め込んだ(7)」。それでは、「ロマンス」はより大きな「悲劇」の中に吸収されたのだろうか。いや、ホワイトは、ミシュレが最終的に人間の進歩についての信念と希望を回復したと、したがって「悲劇」はより大きな「ロマンス」の中に再び回収されたと考える。「こうして歴史の全過程を貫くロマンスのプロット構造は、無傷のまま残された。悲劇とアイロニーの状態は、過程全体の一局面としてその中に埋め込まれ、彼自身の歴史書が燃やし続けようとする大革命の炎の中で解消される(8)」。

しかし、われわれは冒頭において『フランス史』を未完の作品としてとらえようと決意したのだから、このような最終階梯の誘惑を退けることにしよう。われわれはホワイトがしたように、この作品をどうしてもひとつの形式に還元しようとは思わない。むしろ「ロマンス」や「悲劇」や「風刺」

の入り混じった多様性こそ、ミシュレの特性と言えるのではないだろうか。それこそが、ミシュレが歴史家の「二重性」と呼んだものではないだろうか。ミシュレが『近代史』においてたびたび用いる嘲弄的な姿勢を、単なる一時的な逸脱と見なす者、心にもないポーズと見なす者は、そこにある人形の比喩、命なき玩具を可愛がる幼子の比喩が姿を見せることを意外に感じるにちがいない。

フロンドがこの言語を作った。この言語が巨人のジャーナリスト、ヴォルテールを作った。ヴォルテールが新聞と近代ジャーナリズムを作った。（中略）

この恐るべき分析の兵器は、すべてを解明し、すべてを破壊し、すべてを粉々にし、いかなる形式主義も、法も、教義も、王位も打ち砕く。その名は《話す理性》である。

これほどの破壊兵器だけに、ボシュエの美しく壮麗な叙唱の間でさえ、忍び笑いがなされなかったかどうか、私には確信がない。フランスはだまされやすく、だまされにくい。おそらくどちらも真実であり、正しいと主張できる。子供は大切そうに人形をあやし（真剣でさえある）、キスをして可愛がる。しかしそれが木でできていることはちゃんと分かっている。（HF6, 436）

歴史家はこうして自らを「マザリナード」の後継者として位置づける。ミシュレにおける「風刺」のモードは、決して一時的な見せかけのポーズではない。それは歴史学の本質をなすあの「二重性」の一部である。それはミシュレの人道的な共和主義者の顔の下にある、もうひとつの悪魔的な顔なのである。

注

（1）フライは『批評の解剖』（一九五七）において四つの物語の筋（ミュトス）を四季の循環の相によって説明する。すなわち、事物を上昇の相においてとらえる春のミュトス《喜劇》、天上の世界を歌い上げる夏のミュトス《ロマンス》、下降の相においてとらえる秋のミュトス《悲劇》、地上の悲惨を見つめる冬のミュトス《アイロニー》または《風刺》。

（2）Hayden White, *Metahistory. The Historical Imagination in Nineteenth-Century Europe*, Baltimore and London, The Johns Hopkins University Press, 1975, p. 150.

（3）「人間の虚しさをよく知りたいと思う者は、愛情の原因と結果を考えるだけでよい。原因は『何だか分からないもの』（コルネイユ）である。その結果は恐るべきものである。あの『何だか分からないもの』が、認められないほどわずかなものが、地上全体を、王侯たちを、軍隊を、全世界を動かすのだ。クレオパトラの鼻。それがもっと短ければ、地球の全表面は変わっていただろう」（Blaise Pascal, *Œuvres complètes*, t. II, Gallimard, « Pléiade », 2000, p. 674-675）。また『パンセ』には同じ主旨の「クロムウェルの小石」に関する断章もある。

（4）Georges Bataille, *La littérature et le mal*, Gallimard, « Folio/Essais », 1990, p. 52.

（5）Jules Michelet, *La Sorcière*, Chronologie et préface par Paul Viallaneix, « GF Flammarion », 1966, p. 139.

（6）Hayden White, *op. cit.*, p. 152.

（7）*Ibid.*, p. 153.

（8）*Ibid.*, p. 155.

第11章　生ける屍

マントノン夫人
（ピエール・ミニャール）

参考資料　『近代史』㈢　一八世紀

ルイ一四世（位一六四三―一七一五）の晩年、フランスは深刻な危機を迎える。一六八五年のナントの勅令廃止以降、多くの新教徒の商工業者が迫害を逃れて国外に亡命し、国内産業は衰退の一途を辿る。スペイン継承戦争（一七〇一―一四）は長期化し、国民に重い負担を強いる。さらには大規模な飢饉が起こり、多くの死者をもたらす。老いた国王は息子の王太子夫妻、孫のブルゴーニュ公夫妻に先立たれ、失意のうちに晩年を送る。

ルイ一五世（位一七一五―七四）が即位すると、国王幼少のためオルレアン公フィリップ（一六七四―一七二三）が摂政に就任する。摂政は悪評高い放蕩者で、摂政時代（一七一五―二三）はルイ一四世の時代と対照的な軽佻浮薄な習俗で知られる。摂政は財政再建のためにジョン・ローの「システム」という経済政策を導入するが、これが過剰な投機熱を引き起こした末に破綻し、財政は深刻な打撃を受ける。

ルイ一五世は成人後、ポーランド継承戦争（一七三三―三八）、オーストリア継承戦争（一七四〇―四八）に介入する。さらに長年のブルボン対ハプスブルクの対立に終止符を打ち、「ペチコート外交」でオーストリア・ロシアと結ぶと、七年戦争（一七五六―六三）に介入する。しかし結果は惨憺たるもので、フランスはイギリスとの競争に敗れ、海外植民地の大半を失う。一七七〇年、オーストリアとの和解のしるしに王太子ルイとオーストリアの皇女マリー＝アントワネットの婚礼が行われる。王太子がルイ一六世（位一七七四―九二）として即位した時、王国の財政は破綻寸前であった。

はじめに——生と死の中間状態

ルイ一四世（位一六四三—一七一五）の晩年、フランスは瀕死の状態にあった。一六八五年のナントの勅令廃止の結果、多くのユグノーの商工業者が国外に移住し、フランスの産業は壊滅的な打撃を受けた。スペイン継承戦争（一七〇一—一四）の長期化は王国の財政を強く圧迫した。新教徒は激しく迫害され、とりわけ南仏セヴェンヌ地方のカミザールの乱（一七〇二—〇四）の弾圧は過酷を極めた。国民は恐怖のあまり生きた心地さえせず、静かに忍従を続けるばかりであった。

生きている死、あるいは死んでいる生。このどっちつかずの惨めな中間状態を描くよう私は宣告された。それは、七二年にわたるこの統治を語り尽くし、永遠とも思われるこの世紀を終わらせ、《ウニゲニトゥス》という奇怪で乱暴な幽霊を葬るためである。きちんと埋葬されなかった死者たちの陰鬱なカーニヴァル。彼らは夜明けが近づいてもまだ練り歩き、狂ったように走り回り、通りがかりの者になおも悪さをする。

三つの穴蔵を覗いてみよう。私の言うのは、ルイ一四世がこの頃にほとんどいつも住んでいた奥の間である。私の言うのは、サン＝タントワーヌ街の陰気な「イエズス会」であり、そこではこの会の三人の過激派、ドゥーサンとラルマンとトゥルヌミヌが、テリエが国王に求めていた暴力的措置を準備していた。最後に、自然と天才に対する侮辱となる、カンブレーの屋敷を見よう。そこでは勅書の立役者である臆病なフェヌロンが、哀れな姿を晒して不毛に動揺している。

(HF10, 359)

埋葬されない死者たちは、生と死の境界をいつまでもさまよい続ける。ジャンセニスムを断罪する教皇勅書「ウニゲニトゥス」(一七一三)は時代錯誤の産物であり、中世の幽霊にすぎない。それは滑稽でグロテスクな、死の舞踏の再来である。人々は狂ったように踊り続ける、しかしそれでも彼らは死んでいるのだ。

死者たちが墓穴から出てくる一方で、生者たちは地中に身を隠そうとする。ミシュレとともに「三つの穴蔵」を覗いてみよう。年老いたルイ一四世はマントノン夫人とともにヴェルサイユ宮殿の奥の間に閉じこもる。イエズス会の神父たちはサン=タントワーヌ街の本拠地でひそかに陰謀をめぐらせる。ルイ一四世の孫のブルゴーニュ公の教育係であったフェヌロンは、宮廷を追われた失意を胸にカンブレーの屋敷に引きこもる。彼らはいずれも、暗く閉ざされた空間に自らを葬った生ける屍にほかならない。

この生と死の中間状態とはどのようなものか。それはレキュイエやラヴァイヤックが陥った、肉体的な瀕死状態ではない。ここで瀕死状態にあるのは精神の方である。宿命の支配下において、人間の意志は死に絶え、魂は自殺へと向かう。それは文字通りの死ではない。しかしこの中途半端な生は、時に死そのものよりも恐ろしい。そしてミシュレの歴史において、これらの生ける屍たちは好んで自らを密室に閉じ込める。こうして「監獄」は『近代史』における特権的なイメージとなる。

1　死の望み

エスコリアル

ミシュレの歴史において、絶望に打ちひしがれた者たちは進んで閉ざされた空間に身を隠す。『中世史』において、『デカメロン』のフィレンツェ市民たちはペストが吹き荒れる外界に背を向けて扉を閉ざす。シャルル突進公はグランソンとモラの敗戦の後、ただひとり自室に閉じこもる。『革命史』において、マラは好んで暗闇に身を潜める。ロベスピエールは、ダントンが処刑場に運ばれる間、閉めきった家の中で恐怖に震える。

『近代史』において、監獄のイメージはさらに支配的になる。一六世紀、スペイン絶対王政の最盛期を築いたフェリペ二世（位一五五六―九八）は、宗教裁判所による過酷な新教徒弾圧を行った。国王はマドリード近郊に宮殿であり修道院でもあるエスコリアルを建設する。聖ロレンソに捧げられたこの建物の外観は、この聖人が処刑された火刑台を模していた(1)。しかし建物の内部は外観以上に陰鬱なものであった。

ブリュッセルやアントワープの広場はアルバ公〔一五〇七―八二。ネーデルラント総督として過酷な弾圧を行う〕の処刑台を人目に晒していた。エスコリアルは完成すると、その灰色の壁でドン・カルロスの人知れぬ処刑をおびえるヨーロッパの目から隠した。（中略）

一五六八年一月二四日、彼は教皇に手紙を書く。「私は神の恩恵に感謝し、私自身の血より宗教の救済を望み、わが肉とわが一人息子を犠牲にした」。ドン・カルロスはどうなったのか。スペインの歴史家たちは彼が《自然に》死んだと断言する。

フェリペ二世の全生涯はまるでひとつの犠牲であった。夜も昼も閉じこもり、書類しか目にせず、会議にさえ出席せず、手紙でしか連絡せず、彼は現実に生きていたのだろうか。公文書の上に彼の大きな書体の書き込みが見られなければ、それすら疑われるところである。しかしながらこの幽霊は若いフランス女性を妻にしており、彼女は憂鬱で死にそうであった。

灰色のなだらかな平原にあるマドリードはまだ陽気すぎた。処刑台と殺人にふさわしい不吉な風景の中、点在する岩の間に、スペイン王の別荘エスコリアルが一〇年かけて建てられた。宮殿であり、修道院であり、墓であるこの場所に、彼は自らを生きたまま葬った。(HF5, 270)

エスコリアルの外部では弾圧の嵐が吹き荒れる。ネーデルラントの広場には、死刑囚の叫び声や見物人の罵声が響きわたる。反対に宮殿の内部では沈黙が支配する。それは外部の騒音よりも恐ろしい、死の沈黙である。フェリペの命により王太子ドン・カルロス（一五四五―六八）はひそかに処刑される。(2) 教会の権威のために父親は息子を犠牲にする、アブラハムがイサクを犠牲にしたように。王妃エリザベート・ド・フランス（一五四五―六八）も、憂鬱のあまりその短い生涯を終える。そして、自室に閉じこもり、生者たちと一切の交渉をもたず、機械的に死の宣告を送り続けるフェリペ自身もまた、墓の中に自らを葬った生ける屍にすぎない。こうして死者が死者の上に君臨する。生ける屍たちの牢獄であるエスコリアルは、巨大な牢獄と化したスペイン全体の縮図なのである。

モンテーニュの城館

同じ頃、フランスでも宗教戦争の嵐が吹き荒れていた。その激動を経験したミシェル・ド・モンテーニュ（一五三三―九二）は、地上のすべてに絶望し、もはや人生に嫌悪しか感じない。「より真実で歴史を反映しているのは、モンテーニュの『エセー』である。それは人々の魂を満たす失望、倦怠、嫌悪を伝えている。『もはや何もいらぬ、何もかもたくさんだ』」(HF5, 444)。サン＝バルテルミーの虐殺の年に、病身の作家は生涯の作品を完成させるため、自らの城館に閉じこもる。

誰が話しているのか。それは病人である。彼自身の言葉によれば、一五七二年、サン＝バルテルミーの年に家に閉じこもり、まもなく来るであろう死を待ちながら、気晴らしに脈を計ったり、夢想する自分を観察したりする。彼は友情を知った。他の者と同じように、高貴な青春の飛翔を知った。そのすべてが終わり、消え去った。今日、彼は何も望まない。(HF5, 445)

この閉ざされた空間において執筆された『エセー』は、外界に背を向けた魂の孤独な自画像である。著者はそこで自分自身のことしか語らないと断言するが、この閉鎖的な姿勢それ自体が、当時の社会を支配する絶望的な無力感を反映している。ミシュレはこの本に対し、称賛と嫌悪の入り混じった複雑な感情を表明する。「私としては、この洗練された作家に対して深い文学的称賛を抱いているが、それでもやはり、読むたびに胸が悪くなるような気分を感じると言わなければならない。それはまるで病人の部屋のように、こもった空気に薬局の陰鬱な匂いが染みついている。(中略)この本は無関心と懐疑の福音書である」(HF5, 446)。

修道院

一六一〇年のアンリ四世の暗殺後、深刻な飢餓がフランスを覆う。絶望した民衆は運命に逆らうことなく、黙って死を受け入れる。「この貧窮において、死はひとつの望みとなる」(HF6, 155)。人々は現世の不幸に目を閉ざし、来世に静かな休息を探し求める。その時、アルコールとタバコが世界を支配する。「この時代から、人々はしだいに飲酒の幻影や喫煙の夢想という蛮行に耽るようになった。ふたつの新たな悪魔が生まれた。アルコールとタバコである」(HF6, 162)。衣食住や嗜好品といった日常生活に対するミシュレの関心は、二〇世紀歴史学の社会史的な問題意識を先取りするものである。

裕福なブルジョワや貴族にとってさえも、死はひとつの望みとなる。彼らは行き場のない次男や娘たちを教会の手に委ねる。この時代にフランス各地に建造された修道院は、これらの見捨てられた娘たちの墓標である。「この世紀の記念碑は、各地に建てられた巨大な死の避難所である。そこでは倦怠が彼女たちを音もなく殺すだろう」(HF6, 154)。地上の喜びを奪われた娘たちは、進んで死の解放に身を任せる。ある者は倦怠にむしばまれ、静かに衰弱してゆく。別の者は反対に、血の衝動に突き動かされ、狂乱状態に陥る。

そこに厳格に閉じ込められた娘たちは、解放を求めてすぐに死んでいった。そしてこの迅速な死によって、家族の非道さを激しく弾劾していた。彼女たちを殺したのは苦行ではなく、倦怠と絶望であった。最初の熱意が過ぎ去ると、(五世紀にすでにカシアヌス〔修道士〕によって描かれた)修道院の恐ろしい病、重くのしかかる倦怠、《午後の》憂鬱な倦怠、えもいえぬ物憂さのうちに錯乱をもたらす柔らかな倦怠が、彼女たちを急速にむしばんでいった。別の者たちは狂乱したようになった。あまりに強烈な血が彼女たちの息を詰まらせたのだ。(HF6, 174)

これらの狂乱する娘たちは、時に教会の掟に逆らい、すすんで悪の誘惑に身を委ねる。一七世紀に再び盛んになる悪魔崇拝もまた、宗教的圧政に対するこうした反動の表れである。「死の王であるサタンは、聖職者の大恐怖のもとで自由の王となる。すべてが火刑台で燃え上がり、鉛の空が震える人々の上にのしかかり、世界が神に見捨てられたと感じた時に」(HF6, 156)。

悪魔憑きの女たち

絶対的な権威をもつ司祭にとって、血の衝動に悩まされるこれらの修道女を征服するのは容易なことであった。息苦しい牢獄を逃れようと空しくあがく娘たちは、この「偽りの解放者」に喜んで身を任せた。とはいえ、狂乱の発作が昂じると、もはやスキャンダルを隠しておくことはできなかった。彼女たちは白日のもとに引き出され、「悪魔憑き」として裁判にかけられた。時には世俗裁判所が事件に介入し、聖職者の腐敗を暴露した。「世俗裁判所は再び魔女裁判の機会をとらえて、聖職者の習俗を正そうとした。それは修道院の閉ざされた世界に厳しい視線を投げかけた。稀な機会であった」(HF6, 172)。魔女裁判は、世俗権力が教会権力の管轄に侵入し、牢獄の壁を破る貴重な機会となった。

一七世紀の有名な三つの魔女裁判、プロヴァンス、ルーダン、ルーヴィエの事件は、いずれもこの種の事件であった。ミシュレが『魔女』(一八六二)においてふたたび取り上げるこれらの事件には、同一の構造が認められる。「三つの事件は完全に同一である。常に好色な司祭がおり、常に嫉妬深い修道僧と狂乱した修道女がおり、彼女によって悪魔が話をし、最後には司祭が火あぶりになる」(HF6, 321)。それは牢獄を逃れようとする娘たちの絶望的な反抗の試みである。彼女たちは肉体の秘密をさらけ出すことで教会の偽善を暴き、邪悪な司祭を告発する。しかしこの反抗は不十分なものだ。彼女たちはいずれも完全に解放されることなく、牢獄に囚われたままで終わる。

ここではプロヴァンスの事件を取り上げよう。指導者ルイ・ゴーフリディはマルセイユのウルスラ会の若い修道女マドレーヌをわがものにする。彼女は精神の安定を失い、やがて修道女全員が狂乱状態に陥る。「全員が恐怖にとらえられ、ひとりならずが恋の虜となった。想像力は高揚した。頭はぐるぐる回った。五、六人が涙を流し、叫び、唸り声を上げ、悪魔にとらえられたように感じた」(HF6, 174)。こうして「悪魔憑き」のスキャンダルが発覚する。

教皇の宗教裁判官であるミカエリス神父は、ゴーフリディを告発するためにグロテスクな見世物を演出する。修道女のマドレーヌとルイーズが、互いに罵声を投げ合いながら自分の罪を告白し、指導者を悪魔として告発するのである。「彼女〔マドレーヌ〕は激昂してこう言った。自分はサバトに行った、自分はそこで女王であり、そこで崇められ、王に身を任せた……。——どの王に? ——ルイ・ゴーフリディ、魔術師たちの王に」(HF6, 175)。彼女たちは人前で、現実のあるいは空想の性的体験を告白する。若い娘にとって、肉体の秘密を晒すのは何という屈辱であろうか! しかしそれは決して無駄ではない。なぜならこの屈辱と引き換えに、彼女たちは牢獄から出ることができたのだから。そして好色な指導者を司法の手に引き渡すことができたのだから。やがてエクスの高等法院が事件に介入し、ゴーフリディは生きたまま火刑に処される。彼女たちはこうして長かった幽閉生活の復讐を遂げるのである。

しかしこの解放は不完全なものだ。確かに司法権力はマドレーヌを修道院の外に連れ出したが、それはあくまで彼女を利用して邪悪な司祭を処罰するためにすぎなかった。人々はマドレーヌをより自在に操るため、彼女を今度は地下納骨所に閉じ込める。彼女の精神は恐怖のあまり死に絶え、彼女は魂のない殺人の道具と化す。


大司教区の副司教は、この宮殿には(エスコリアルに見られるような)スペインで《腐らせ場 *pourrissoir*》と呼ばれる暗くて狭い納骨所があると言った。昔はそこに無名の死者たちの古い遺骨を置いて朽ち果てさせたものだった。人々はこの墓のような洞穴に、震える娘を連れ込んだ。彼女の顔に冷たい骨を押しつけて悪魔ばらいをしたのである。彼女は恐怖で死にはしなかった。しかしそれ以降、彼女は他人の思いのままになった。人々は望みどおり、良心を死なせ、残された道徳感や意志を抹殺することに成功した。

彼女は、完全に思いのままになる従順な道具となった。おべっかを使い、主人たちの顔色をうかがう道具となった。(HF6, 183)

ゴーフリディの死後、マドレーヌは家族にさえ見捨てられ、聖職者の監視下にとどめ置かれる。「前者は、少なくともその影は、教皇領にとどめ置かれた。誰かが彼女にこの不吉な事件のことを話させることを恐れたためである」(HF6, 185)。結局、彼女の捨て身の反抗は彼女自身を救うことはなかったのである。(3)

2 監獄の時代

地下牢の支配

ルイ一四世(位一六四三—一七一五)の時代に、監獄はフランス全体を覆いつくすかに見える。一六七〇年代以後、聖職者の権力はかぎりなく大きなものになる。「われわれは、司祭は決して有罪とならない聖なる時代に入る」(HF9, 357)。聖職者の手による正義は、法の原理ではなく恩寵の原理によって司られるがゆえに一層恐ろしい。多くの教会の地下には「平安 *in pace*」と呼ばれる秘密の地下牢が存在していた。「恩寵の世界、気まぐれな恣意の世界は、法を罷免し、金色の調度や、絵画や、『鏡の間』や、そこにある無数の照明において勝ち誇って君臨していた。この世界は国家の監獄をひそかな基盤にしていた。これらの監獄はまだ明るすぎたので、その下にさらに深い地獄を、教会の暗い《平安》をもっていた」(HF9, 358)。それはまさに死の平安であった。

この暗く湿った牢獄は、ミシュレ的聖人が受難を遂げる処刑台の対極にある。白日のもとに置かれた処刑台では、死刑囚は民衆に囲まれ、人々は殉教者の伝説を語り伝える。それに対し、秘密の地下牢においては、囚人は孤独な死を余儀なくされる。時には死の解放さえ得られず、幽閉されたまま永遠に忘れ去られる。ここから、ミシュレが『革命史』の序説で述べた「封印状」の恐怖が始まる。「国王はとても善良なので、首をはねさせたりはしなかった。それはもう習俗に合っていなかった。しかし彼はただひと言でバスティーユに投獄し、そのまま《忘れて》しまうことができた」(HRF1, 67)。

一六八五年のナントの勅令廃止の後、監獄とガレー船は逮捕された新教徒で溢れかえる。逮捕者が多すぎたので、他の施設を監獄に転用しなければならなかった。病院や、修道院や、売春婦療養施設に、犯罪者、貧乏人、新教徒、売春婦、あらゆる種類の人間がでたらめに放りこまれた。これらの施設の衛生状態は恐るべきものであった。「そこにはあらゆる伝染病がはびこり、それは山のようなごみと感染のせいでいつまでも続いた」(HF9, 401)。そこに収容された囚人たちは、神の名において地獄の責め苦を与えられた。「ぞっとするほど恐ろしい慈善だった。『神の家』『慈善』『憐憫』『よき牧者』などの優しい名前を見ても、誰ひとり安心しなかった。病人たちはそこに連れてゆかれるのを恐れ、身を隠して死んだ」(HF9, 401)。権力の形態は変わりつつあった。圧倒的な力で民衆を震え上がらせる「殺す権力」から、福祉の名で民衆を真綿でくるむように支配する「生かす権力」へ。ミシェル・フーコーの指摘する監獄の時代が近づきつつあった。

サン＝シール

信仰心篤きマントノン夫人（一六三五—一七一九）は一六八六年にサン＝シールに女子寄宿学校を創設する。一六八九年にギュイヨン夫人（一六四八—一七一七）がそこを訪問し、静寂主義（キエティスム）の教義を伝える。それは一七世紀スペインの神秘主義者モリノス（一六二八—九六）が創始した神秘思想であり、没落期のスペイン国民が抱いた死の望みの表現であった。「このスペインの神学は、死への愛と自殺への嗜好のうちに、社会を表現していた。自己放棄、絶望による救済、これらの教義は瀕死の国民の実際の声であった」（HF10, 200）。それをフランスに伝えたギュイヨン夫人は、不思議な魅力の持ち主であった。彼女に魅せられた者は生きる意欲を失い、そのまま理由もなく死んでいった(4)。

多くの者がわれ知らず彼女に従った。ラコンブ神父もそのひとりだった。彼女は彼に指導されていると思ったが、実は彼女の方が彼を指導していた。彼女のそばにいると、彼は聖人だった。彼女から離れると、彼は気を失い、いわば何者でもなくなった。彼女は何年ものあいだ監獄に耐えたが、監獄はラコンブには致命的だった。彼は憂鬱のあまり死にそうだった。彼の頭は衰弱し、ついに、愛に絶望しどうにかなりそうだと手紙に書いた（これはおそらく彼の生涯の秘密だった）。彼女は微笑んで言った、「彼は気が狂いました」。その通りだった。彼は狂ったまま死んだ。

（HF10, 101-102）

マントノン夫人、フェヌロン（一六五一―一七一五）、そして寄宿生たちはたちまち彼女の虜となった。「しかし、ちょうどその時ギュイヨン夫人が現れ、メゾンフォール嬢、サン＝シール、マントノン夫人にいたるまで、あらゆる者の心を奪った。静寂主義の自由放任で投げやりな姿勢、この愛による自殺は、自分の運命のために何ひとつできない従順な囚われの女たちの心に、見事なまでにかなったのである」（HF10, 114）。メゾンフォール嬢は寄宿生のひとりで、フェヌロンの教え子であり、マントノン夫人のお気に入りであった。

この頃、ルイ一四世の孫であるブルゴーニュ公ルイ（一六八二―一七一二）の教育係に就任したフェヌロンの前には、洋々たる未来が開けているかに見えた。この野心家の聖職者は、さらにパリ大司教位を手に入れるべく、マントノン夫人の機嫌を取り結ぼうとする。「彼は彼女に騙されてはいなかったが、それでも彼女に奉仕した。彼は少しずつメゾンフォール嬢を彼女の望むところに導いた」（HF10, 150）。夫人の望みとは、この若い娘に修道女の道を選ばせることであった。彼女ははじめ抵抗するが、結局、敬愛するフェヌロンのために現世を捨てることを受け入れる。

メゾンフォール嬢はこの慎重な態度を見習わなかった。すべてを失ったのだから、もう何も構うことはない。女子修道院長がサン＝シールで細かくいかめしい規則を言い渡した時、彼女は馬鹿にして、そのつまらなさに憤慨した。

貴婦人たちのほとんどは一六九三年一二月に誓願をたてた。一六九四年にメゾンフォール嬢は最後の一歩を踏み出し、経帷子の下に身を置いた。フェヌロンはこの日、宗教的な死の幸福を説教していた。彼女はそれを、ひとえに彼のために受け入れたのだ。パリの大司教位は当時空席だった。

メゾンフォール嬢は、全能の貴婦人のそばで信頼を得てフェヌロンを支持するため、われに返り、彼の望み通りにして、決定的に身を委ねた。(HF10, 157)

こうしてフェヌロンは自らの野心のために若い生命を犠牲にする。この「宗教的な死」もまた、あの生と死の不吉な中間状態にほかならない。若い娘は地上の喜びを断念し、サン゠シールに生きながら自分自身を葬るのである。

ルイ一四世の晩年

スペイン継承戦争(一七〇一—一四)はルイ一四世の晩年に暗い影を落とした。カルロス二世(位一六六五—一七〇〇)の死によるスペイン・ハプスブルク家の断絶に伴い、ルイ一四世の孫に当たるフェリペ五世(位一七〇〇—四六)がスペイン王位を継承する。これに皇帝レオポルト一世(位一六五八—一七〇五)が異議を唱え、第二子のカールを対立候補に立てる。やがてこれがフランスを中心とする勢力と、オーストリア・イギリス・オランダなどの対抗勢力との全面戦争に発展する。

しかし、永遠に続くかと思われたこの戦争は、レオポルトの後を継いだ皇帝ヨーゼフ一世（位一七〇五―一一）の死と弟カールの皇帝即位によって唐突に閉じられる。新皇帝カール六世（位一七一一―四〇）がさらにスペインを手に入れれば、かつてのカール五世の時代のような、スペイン・オーストリアにまたがる大帝国が成立するだろう。しかし誰もそのような帝国の再来を望みはしなかった。

こうしたすべてが終わるべき時が来た。何の理由もなく老衰を長引かせる、この年老いた世界を擦り切れるまで使ううちに、こちらまで年老いてしまうだろう。すべてが終わった。どうしたらよいのか？　何の考えも出てこない。こうした時、（ルター風に言えば）神はゲームに退屈しカードをテーブルの下に投げ捨てる。

カードとは、国王、王妃、廷臣たちである。二、三年のうちにすべて姿を消す。まずは皇帝〔ヨーゼフ一世〕が、そしてスペイン王位要求者であった弟のカールが皇帝になる（そのことがしまいに戦争を終わらせる）。そしてほぼ一斉に、アン女王とブルゴーニュ公夫妻と、数知れぬヨーロッパの王侯たちが。

(HF10, 330)

ここで再び賭博の主題が回帰する。王侯たちは風に吹き飛ばされるカードのように次々とこの世を去る。皇帝ヨーゼフ一世、イギリスのアン女王、そしてルイ一四世の孫のブルゴーニュ公夫妻。

ひとりの国王（カルロス二世）の死によって始まったスペイン継承戦争は、ひとりの皇帝（ヨーゼフ一世）の死によって唐突に終了する。偶然の連続によって全世界が振り回されるのだ。

晩年のルイ一四世にはつぎつぎと不幸が降りかかる。一七一一年に息子の王太子が死亡する。翌年には後継者として期待された孫のブルゴーニュ公と公妃が疫病で急死し、さらに五歳になる男児もその後を追う。結局、国王のもとに残されたのは、二歳になる男児（後のルイ一五世）だけであった。国王は生きる意欲を失い、虚しく日々を送るばかりであった。「この陰鬱な世紀は一二年間、つまりブルゴーニュ公の死まで生き延びた。しかし、今度こそおしまいだった。実際、戦争もおしまいだった。それは活力を失った。ついにこの治世が、七二年にわたる長すぎる治世が終わろうとしていた。ルイ一四世はそれでも一七一五年までは生きているように見えた」（HF10, 342）。

アンシャン・レジームの奇妙な史料である国王侍医の『日記』は、ルイ一四世の晩年になってついに放棄される。「誰もが自分のことを考え、もしもの時に備えた。明らかに国王は衰えていた。自分自身も年老いたファゴンは、アンリ四世の時代に国王の侍医たちが始めた日記をもう続けていなかった。この大いなる記念碑はそこで止まった。数年間にわたって私は白いページしか見出せない。その最後の巻はほとんどすべて空白である」（HF10, 371）。『日記』に残された空白のページは、老いた国王がもはや生ける屍でしかないことを証言している。太陽王の長すぎた世紀は、このグロテスクな記念碑とともに終わろうとしていた。

三つの穴蔵

冒頭で見た「三つの穴蔵」に戻ることにしよう。フェヌロンの暮らすカンブレーの屋敷、国王とマントノン夫人のいるヴェルサイユ宮殿の奥の間、サン＝タントワーヌ街にあるイエズス会。そこにひっそりと閉じこもる、生ける屍たちの姿を覗いてみよう。

第一の穴蔵を見よう。その後カンブレー大司教に就任したフェヌロンは、異端とされる静寂主義との関係をボシュエに批判され、さらに教皇からも断罪される。宮廷を追われた彼は、野望を断たれた失意を胸にカンブレーの屋敷に引きこもる。ある日、熱心な静寂主義の信者であるモンブロン夫人が彼のもとを訪れる。指導を求めるこの熱烈な魂を前にして、フェヌロンの乾ききった魂は何を言うべきか分からない。彼は彼女に指導を拒絶しながらも、彼女が自分のもとを離れることを許さない。こうして二つの魂は、互いに近寄ることも遠ざかることもできない永遠の袋小路にとらわれる。メゾンフォール嬢を魂の死に追いやったフェヌロンは、こうして自らも魂の死を経験する。

彼はそのことにひどく狼狽した。（中略）彼女は頼み、懇願した。彼が告解を聴いてくれなければ死んでしまうだろう。夫はそんな状態の妻を見て、自らフェヌロンに頼みに来た。何たることか、求められたものを彼はもはやもたない。もはや何を言うべきか分からない。この（最高の聖者にとっては甘美で官能的な）魂の王国は、衰弱した空虚な状態に到達した。苦しまぎれに彼が見つけたのは、彼女にこう繰り返すことだった。「聖体拝領をなさい」。――「でも、準備も告解もなしに？」――「いいから聖体拝領をなさい」。聖体パンを詰め込むとは、この繊細な人物にしては、随分粗雑な一時しのぎである！　ああ、彼女には別のものが必要だった。彼女は絶望した。彼女は遠くへ立ち去ろうとした。彼が解放されて満足したと思われるだろうか。それどころか、彼は怒り出した。彼女を引き止め、そばに置きながら、彼女のために何もしようとはしなかった。彼は彼女にとどまるよう命じた、なぜなら他の誰も彼女を理解できないから。嘆かわしい不毛な光景である。二つの魂が空しくこすりあい、どこまでもすり減ってゆく。心の死を通り越し、動揺を続けながら、静まることも、互いに離れることも、完全に生きることも死ぬこともできないままに。

(HF10, 360-361)

第二の穴蔵に移ろう。一七一二年のブルゴーニュ公夫妻の死後、ヴェルサイユにはルイ一四世とマントノン夫人、そして幼い王太子（後のルイ一五世）が残される。しかし二人の老人とひとりの赤ん坊にとって、この壮大な宮殿はいかにも広すぎた。ヴェルサイユにおいてもフォンテーヌブローにおいても、きらびやかな居室の背後に、窓もなく暗く閉ざされた小部屋があった。マントノン夫人は静寂を求めてしばしばそこに逃げ込んだ。しかし年老いた国王はどこまでも彼女につきまとう。皮肉なことに、墓の中にも安息はないのだ。こうして彼女は国王との永遠の蜜月を耐え忍ぶ。

それではヴェルサイユに移ろう。大広間の背後にいくつかの暗い小部屋がある。フォンテーヌブローでも同様である。《黄金の門》の方にある輝かしい見事な寝室の背後に、窓のない暗く陰気な寝室がある。マントノン夫人はこの種の隠し部屋に光を逃れに来るのだった。しかし国王から逃れることはできなかった。彼はそこにいて、ほとんど彼女から離れなかった。彼女は年老いて疲れ果て、少し耳も遠くなり、すべてにうんざりしながらも、国王がうるさくつきまとうのを最後まで耐えなければならなかった。フェヌロンと同じく、彼女も償いをしていたのだ。(HF10, 361)

ルイ一四世の健康状態が危うくなると、マントノン夫人、イエズス会士のル・テリエ（一六四三―一七一九）、国王の庶子のメーヌ公（一六七〇―一七三六）の三人は、国王の死後に権力を手にするための陰謀を画策する。彼らは瀕死の国王に遺言状を書かせ、有力者のオルレアン公フィリップではなく、イエズス会の庇護者であるメーヌ公が実権を握るよう手配する。準備が終わると、彼らは用済みになった国王を無造作に打ち捨てる。「この最後の危機において、本性が現れた。どれほど偽られた魂も、いくらかの真実を見せるものだ。テリエ、マントノン夫人、メーヌ公は自らの姿を照らし出した。彼らは国王から望みのものを手に入れた。それは彼らにとってただの死体にすぎなかった。寝室でミサを唱えさせすらしなかった。ある衛兵隊長は憤慨し、司祭たちを自らの義務へと呼び戻した」(HF10, 384)。

しかし誰もが長年の統治にうんざりし、オルレアン公が新しい空気をもたらすことを望んでいた。

「彼が革新と解放をもたらすことを誰もが待ち望んでいた。メーヌ公とマントノン夫人ならば、七二年間の重苦しい治世をさらに続けたことだろう。そのことが摂政に味方した。監獄が、テリエによって幽閉されたひとつの世界が、摂政のために祈った。高等法院は摂政のもとで、言葉と行動と建言権を取り戻すことができるだろう」(HF10, 387)。国王の死後、高等法院は遺言状を無視し、オルレアン公を摂政として承認する。権力の座についた摂政は手はじめに監獄を開放する。長かった監獄の時代が終わりを告げようとしていた。

このように穏やかなやり方で、彼は実質的に宗教的自由を宣言し、ジャンセニストを解放した。翌日、彼は監獄を空にした。

敗退したイエズス会は、故人がイエズス会士であったことを示すことでせめてもの慰めとした。彼らは埋葬の前に、故人の周りで、仲間うちで行うささやかな儀式を行った。そして、遺体がごくわずかなお供によってサン＝ドニに向かう間、心臓は故人の意志によりサン＝タントワーヌ街の《イエズス会本部》に運ばれた。六人の神父が(廷臣はひとりもいなかった)、ただの四輪馬車で自分たちのところへ、彼ら以外の誰も欲しがらなかったこの心臓を運んだ。

(HF10, 393)

争いに敗れたイエズス会は、国王の心臓を手に入れることで自らを慰める。こうしてルイ一四世の心臓は、この第三の穴蔵に永遠に囚われることになる。

3 肉体の反抗

解放の時代

ルイ一四世の治世が監獄を体現するならば、それに続く摂政時代（一七一五―二三）は解放を象徴する。摂政となったオルレアン公フィリップ（一六七四―一七二三）は、自堕落な放蕩者として評判の悪い人物であった。しかしミシュレはこの自由人（リベルタン）の中に革命精神の先駆者を見出す。「彼が勅令で述べた高貴な言葉は、憲法制定議会の法律に再び見出されるであろう言葉である。それは一七八九年の精神である」（HF11, 35）。人はしばしばこの時代の享楽的な習俗を非難する。しかしそれは同時に精神的解放の証しでもある。不道徳な人間が急に増えたわけではない。ただ、それまで厚い壁の向こうに隠されていたものが突然表に出てきたにすぎない。

おざなりに語られがちなこの時代を判定するには、ルイ一四世の死後、良きにつけ悪しきにつけ、自由の爆発があったことを考慮しなければならない。すべてが白日のもとに姿を現した。ルサージュの『びっこの悪魔』のように、悪魔が屋根を取り払い、壁を透明にすると、突然すべてが見えてくる。無数の事実が表沙汰になる。夜間にヴェルサイユからパリへ人目を盗んで外出し、《簡易宿》の凄まじい饗宴においてなされてきたことが、今では昼間に自宅で行われる。醜聞や風評、悪徳の衒いと誇示、これが摂政時代であった。(HF11, 80)

アルコールとタバコが一七世紀の死の望みを反映するように、コーヒーは一八世紀の啓蒙の精神を象徴する。「コーヒーはきわめて頭脳的な節度ある飲み物であり、アルコールとは反対に明晰さを増大させる。(中略)コーヒーの三つの時代は近代思想の三つの時代である。それらは輝かしい《精神の世紀》のそれぞれの重大な時期を指している」(HF11, 162)。人々は長い眠りから目覚めたように、何か新しいものを探し求める。当時創業された数多くのカフェにおいて、人々はジョン・ロー(一六七一―一七二九)の考案した「システム」について語りあった。摂政はこの経済政策を取り入れ、フランスの財政に革命を起こすかに思われた。

ベリー公妃の死

摂政の娘のベリー公妃(一六九五―一七一九)は、父親以上にこの時代の解放の精神を体現する。彼女が多くの愛人をもつことは周知の事実であった。彼女はさらに父親と近親相姦の関係にあると噂されていた。ミシュレはこのふしだらな女性に奇妙な共感を表明する。彼女は自らの不道徳を率直に示すことで、ルイ一四世時代の偽善的な社会を糾弾したのである。「彼女は身持ちが悪かった。

しかしそれは、当時流行していた偽善的で受動的なやり方ではなかった。彼女は悪において大胆であり、すべてをさらけ出した。おそらくは実際以上のものをさらけ出した。彼女の短い生涯はひとつの自殺であった。彼女は時代の流儀を少しももたなかった。彼女はおそらく破滅を望み、妊娠を繰り返すことで自分を殺し、抹殺したのである」(HF10, 348)。

しかし偽善的な社会は彼女の大胆さを許そうとはしなかった。一七一八年に人々はヴォルテールの『オイディプス王』を上演することで、近親相姦の父娘を罰しようとする。「『オイディプス王』の上演の時ほど宮廷が陽気に輝いたことはなかった。人々は摂政を侮辱できると思った」(HF11, 157-158)。公妃自身、いつまでも反抗的な姿勢を貫き通すことはできなかった。一七一九年四月に子供を出産した時(ミシュレは摂政の子供である可能性を示唆する)、彼女は危険な状態に陥る。司祭たちはこの機に乗じて、彼女自身の口から近親相姦の秘密を聞き出そうと、告解の機会をうかがう。秘密が露見することを恐れる摂政は、何とかして彼らの要求を拒絶しようとする。(5)

激しい苦痛が来た。彼女は危険な状態であった。しかし彼女は苦痛よりも恥辱に苦しんだ。不安であったが、何とか気を紛らわせた。しかし、苦痛に襲われた時、彼女はすべてを隠そうと望んだ。彼女は閉じこもった。摂政はそこにいた。取り乱し、当然の罰を受けて。しかしどれほど残酷な罰だったことか! この死の苦しみの中で司祭たちと交渉しなければならないとは。サン＝シュルピスの主任司祭が高圧的な態度で到着した。そして彼女が告解するよう要求した。彼は扉を破ろうとした。それは彼の権利であった。
この恐るべき司祭のランゲは、この前も後も生涯にわたり善人を装い続けた。しかしここでは仮面を脱ぎ捨てた。（中略）次に起こるであろう場面は予想できた。ランゲは脅しと暴力によって彼女から最も悲痛な告白を引き出し、（松明を燃やし）一種の公然告白をさせるだろう。——あるいは彼女がためらえば、祭服を引き裂き、けたたましく飛び出し、戸口にいる群集の中で叫ぶだろう。「何たることか、みなさん、彼女は地獄に堕ちました！」（HF11, 184-185）

ここで役割は交換される。弱気になった公妃は人々の視線を逃れるために閉じこもる。扉を破り真実を明るみに出そうとするのは、今度は司祭の方である。彼女の肉体の秘密はもう少しで暴かれそうになる……。これが彼女の大胆なふるまいに対する社会の復讐であった。この屈辱的な体験の後、公妃は父親にさえ見放され、深い孤独の中で自殺同然の死を遂げる。しかし最後の瞬間になって、彼女は解放の精神にふさわしい誇り高い態度を取り戻す。彼女はうろたえる周囲の者を尻目に、すべての扉を開け放ち、女王の威厳をもって死を迎える。

七月半ばであった。病人は摂政にさえ見放され、ラ・ミュエットにただひとり残されて、苦痛と絶望からか、あるいは生命を取り戻そうという無謀な試みからか、起き上がってご馳走を食べ、冷たいものをとった。彼女は激しい渇きを覚え、メロンを食べて冷やしたビールを飲んだ

(ビュヴァ文書)。それが命取りになった。彼女は倒れた。

枕元に二人の医者がいた。父親の主治医のシラクは下剤をかけようとした。経験主義医のガリュは燃えるようなエリキシルを処方した。魂についても意見が決まらなかった。シラクは死が近いことを話すのを許さなかった。他の者たちは知らせてしまった。彼女はすぐに覚悟を決めると、すべての扉を開け放たせ、おごそかに秘蹟を受けた。物悲しく陰鬱な様子で気丈にふるまい、しかるべき相手にはキリスト教徒としてよりはむしろ女王として話しかけた。

(HF11, 192)

死後、彼女はなおも辱めを受ける。遺体は解剖され、彼女が再び妊娠していたこと、脳に異常をもっていたことが暴かれる。「サン＝シモン夫人は、遺体の解剖に立ち合うという憂鬱な使命を果たした。哀れな王女は前に述べたように、妊娠して、頭が狂っていることが判明した」(HF11, 192)。それはまるで、社会がこの大胆な反抗者に対して行った最後の復讐のようであった。あるいはそれは、この反逆のヒロインが歴史に名をとどめるために通過しなければならない最後の試練かもしれない。

摂政とデュボワの死

ジョン・ローの「システム」は大成功を収め、フランスに異常なまでの投機熱を引き起こす。彼はまるで幸運の女神の申し子であった。「それに加えて、賭けのための賭け、戦いの刺激、このフェンシングの喜び、こう言うことの虚栄心があった。『私は幸運だ、ついている。私は幸運の女神の息子だ。これが私の運命だ。《私は幸運児だ》！』こう言う権利をもつ者がいるとすれば、それは確かにローであった」(HF11, 144)。

しかし摂政の政敵であるブルボン公は、ひそかに妨害工作を進めていた。一七二〇年、「システム」は突然に破綻し、破産したローは無一物で国外に逃亡する。この最強の賭博師も、実は運命に翻弄される哀れな道化師にすぎなかった。影響は深刻だった。この年にマルセイユで発生したペストは、ミシュレによれば、この精神的打撃から生じたものである。「なぜならペストは、いくつかの点において政治的災厄であり、長年の悲惨と近年の破滅が生んだ娘であり、積み重ねられた苦痛と絶望の後遺症だからである」(HF11, 268)。摂政とその協力者であるデュボワ神父(一六五六―一七二三)は、破滅的な状況を前になすすべもない。絶望のあまり生ける屍と化した彼らは、表面的には何事もなかったようにふるまいながら、黙って遠からぬ死の訪れを待つ。デュボワは病気の進行を隠しつつ、面会を断って閉じこもる。

二人の死者が王国を統治していた。より正しくは、そのふりをしていた。摂政とデュボワはつねに二つの発作の間で、いつでもすぐに死にそうであった。デュボワは忙しく活動するふりをして、尿道と膀胱の刺激に苛立ちながら、面会を断って閉じこもった。緊急の要件でも会う方法はなかった。彼自身の用事（帽子を買うこと〔枢機卿位の獲得〕）と、スペインとの結婚〔ルイ一五世とスペイン王女の縁談〕と、後で話すオルレアン家の用事以外、ほとんど何もしなかった。卒中の麻痺状態の摂政はさらにひどかった。（HF11, 276-277）

摂政もまた愛人とともに「小さな家」に閉じこもる。しかしそれは静かに愛を育むためではなく、内面の空虚を隠しながら死の解放を待ち望むためである。ちょうどサン＝バルテルミーの虐殺後、罪の意識に苛まれるあまり、激情の中に死を求めたシャルル九世のように。(6)

私が思うに、彼が伊達男や恋する男のふりをしたのは、まさしく自然に挑戦して、遠からぬ死を否定する必要があったからである。だからこそ、貧乏のあまり母親の従僕の給料さえ払えなくなった時に、彼はオトゥイユに《小さな家》を建てさせたのである。それも誰のために？昔からの愛人、彼がもう飽き飽きしていた、なじみのパラベール夫人である。彼女はしばしば彼との暇な夜のおつとめを果たすのだった。

彼が彼女の腕の中で死ぬのは十分ありうることだった。（HF11, 277）

彼らは二人とも病状を隠し、突然の死によってすべてのしがらみから逃れようとする。一七二三年にデュボワが先に逝く。「閲兵式が彼を殺した。以前からの膿瘍が血管の中で破裂したのだ。彼は病気を隠すことでそれを悪化させた。彼は評議会に行った。大使たちにはパリに行くつもりだと伝えた。手術が必要となった。死がそのすぐ後からついて来た」（HF11, 336-337）。同じ年に摂政もその後を追う。「死の二日前、ルイ一四世の昔の主治医であったマレシャルは彼に向かい、そのうちに発作に遭うおそれがあるから、腕と脚に刺絡をする必要があると言った。最後の日、一二月二日にも、シラクが同じことを言った。彼はそのつどかたくなに拒絶した」（HF11, 338）。こうして彼らはいずれも自殺同然の最期を遂げる。しかしそれはベリー公妃の最期とはひとつの点で異なっている。彼らは閉じこもる身振りによって、運命に対する敗北を自ら認めているのだ。

プリー夫人の死

ベリー公妃の物語は、牢獄に囚われた肉体の絶望的な反抗を示している。宿命の重圧の下、ある者は黙って死を受け入れることを拒絶し、暴力的な生の狂熱に身を委ねる。それは決して将来を見据えた建設的な戦いではなく、しょせん追い詰められた野獣の一時的な悪あがきにすぎない。しかしそれでもこの死物ぐるいの抵抗は、バタイユの言葉を借りれば、「生を生きる」ことで一瞬だけでも死を超越しようとする試みなのである。

こうしたバッカスの饗宴に加わるのは、多くの場合女性である。彼女たちは永遠の倦怠から逃れるため、破滅を覚悟で刹那的な快楽に身を任せる。一七世紀の修道院における「悪魔憑き」の女たちもまた、このような反逆者の系譜に属していた。『近代史』において、ミシュレはしばしばこのような汚辱にまみれたヒロインの姿を共感をもって描き出す。それはかつてのジャンヌ・ダルクやシャルロット・コルデーのような処女的な理想像とは大きく異なる。しかし晩年の歴史家は彼女たちの中に、宿命の絶対的な支配に対するぎりぎりの抵抗の可能性を見出しているように見える。

これらの反逆のヒロインの中でも、プリー侯夫人（一六九八―一七二七）はとりわけ悪魔的な存在である。彼女は、摂政の政敵であり「システム」を破綻させた張本人であるブルボン公ルイ・アンリ（一六九二―一七四〇）の愛人である。彼らはサドの『悪徳の栄え』の主人公、ジュリエットとサン＝フォンのように、自らの欲望を満たすためにあらゆる犯罪に手を染める。「それはアグリッピーナかメッサリーナか〔両者ともローマのクラウディウス帝妃で、悪女として知られる〕？ 多分そのどちらでもあり、満たされない巨大な空虚を抱えている。何がこの深淵を埋めることができるのか。男性的な悪徳である、激怒か復讐か。大混乱か。あるいは狂乱のヴィーナス、快楽による絶命か」(HF11, 375)。

この悪魔的なカップルは摂政の死後、一時的に政治の実権を握る。しかし一七二六年にブルボン公はルイ一五世の寵を失い、公はシャンティーに、プリー夫人はクルベピーヌに追放される。果てしなく続く単調な日々において、彼女は檻に閉じ込められた野獣のようにもがき苦しむ。倦怠を逃れるため、彼女はペトロニウスのように放蕩の中に死を求める（タキトゥス『年代記』によれば、ネロ帝の寵を失った享楽家のペトロニウスは饗宴の中で自らの命を絶った）。彼女は馬鹿騒ぎを演じた後で猛毒をあおる。しかし死にきれず、瀕死の身体を人目に晒す。

彼女はクルベピーヌで、ノルマンディーの倦怠の荒野で暮らすことを余儀なくされた。彼女は当初みごとなまでにストイックな態度を見せた。実は彼女は自らの心をさいなみ、そのことを隠してはおけなかった。

ライオンもトラも決して檻の中でこれほどもがきはしなかった。彼女は怒り狂い、歌を作った。彼女は死にたいと思い、最後は激しい放蕩によって自分を殺そうとした。無駄であった。健康と若さと美貌を失っただけだった。《最後の時に》、彼女はまだ荒野に愛人と女友達をもっていた。それはデファン夫人という、邪悪で堕落した雌猫そのもので、二人の女友達は毎日優しくじゃれ合いながら爪で傷つけ合った。愛人は立派な若者で、彼女がどんなに意地悪にしてもあくまで彼女を愛そうとした。彼女の心は乾ききり、最後の罰として、彼女は愛によっても人生に立ち直れないのだった。自尊心が彼女をむしばんだ。もはやローマ風に、ペトロニウス風に死ぬことしか望まなかった。三日前に、彼女はまたも喜劇を演じ、三〇〇行の詩を暗記して朗誦した。彼女は若者にダイヤモンドを与えた（情愛や心の弱さを見せないように、あまり高価でないものを）。そして彼にこう言った、「ルーアンに用事に行ってちょうだい。私が死ぬところを見ないで」。彼が出発すると、最後の茶番（ファルス）に司祭を呼んで告解を馬鹿にし、そして猛毒をあおった。

しかし話によると、なかなか死にきれず、ひどく苦しんで身をよじったという。

(HF11, 392-393)

時代の悪徳を一身に背負ったようなこの凶悪な犯罪者に、ミシュレは奇妙な同情を寄せる。彼女は歴史家の目には、民衆の生き血をすする当時の権力者たちよりもはるかにましな存在であった。『回想録』の著者であるダルジャンソン侯（一六九四—一七五七）は、若い頃に出会った彼女の面影を終生胸に抱き続けた。

フランスの生んだ最高の人物のひとり、ダルジャンソンは、若い頃彼女に魅了されたと告白している。彼はオルレアン家に熱心に仕えており、それゆえプリー夫人とは対立する立場であった。（中略）ある朝、彼女は彼に会見を許し、イタリア風に、私的な秘められた化粧室で、愛人か友人のように彼を迎えた。彼女は当時、破滅に傾きかけ、絶望的な戦いのさなかにあった。すでにやつれ、病の炎に青褪めながらも、彼女はまだ美しかった。その大胆さと、危機的状況と、死の接近によって美しかった。ダルジャンソンは心打たれた。別の者ならば機会に乗じたことであろう。彼はひざまずいた……。そして哲学はサタンに称賛を捧げる。いまだに混沌としたこの世紀は、この悪の天使のうちに、嵐の精神を、よく自然の出産の前触れとなる溶岩の泡立ちを認める。

ダルジャンソンは笑おうとしたができなかった。軽薄であろうとしたができなかった。彼の告白から、ひとつの接吻が（それ以上の何の好意もなく）どれほど彼をとらえ、つなぎ止めたかがよく分かる。彼女が（ひとつの死体へと）変貌してゆく間、彼はそばを離れなかった。彼は哀れみを抱いた。助言をした。無駄であった。万人に呪われながら、それでも彼女は彼にとっては「気の毒なプリー夫人」なのである。（HF11, 394）

ここでもサタンは悪の化身であると同時に、解放の精神の象徴である。プリー夫人はその破滅的な生活によって、偽善的な社会に挑戦を突きつける。死の魅惑に捉えられたダルジャンソンは、彫刻家ジェルマン・ピロンのように、変貌する身体を見つめ続ける。変わり果てた肉体を晒されて、プリー夫人は最後の贖罪を受け入れる。この試練を通過することで、彼女は歴史に名をとどめることが許されるだろう。

ルイ一五世の死

摂政時代の終焉は、解放から監獄への逆戻りを意味している。「摂政時代からフルーリー〔ルイ一五世の宰相。一六五三—一七四三〕とルイ一五世に移ると、太陽の下からヴェルサイユの奥の間に移ったようだ。厚い壁の奥に隠されたこの部屋には、空気と日光は井戸のような小さな中庭から入ってくるだけである」（HF11, 357）。幼くして即位したルイ一五世（位一七一五—七四）は、民衆の偶像崇拝の対象であった。「救世主、治療者、大衆にとっての生きた奇跡、それがこの王家の子供、断絶した家系にただひとり残された孤児であった。そのことで誰もが優しい気持ちになった」(HF11, 379)。しかし「最愛王」と呼ばれたこの子供は、やがて専制君主となり、民衆の憎悪の的となる。とはいえこの暴君の素顔は、親族や側近たちに操られる気弱な人間にすぎなかった。
一七六〇年代にショワズール（一七一九—八五）が政治の実権を握ると、脅威を感じた王太子夫妻は彼を牽制しようとする。一七六二年に王太子が、一七六五年に王太子妃が病死する。国王はショワズールによる毒殺を疑うが、自らの身の危険を案じ、調査を命じようとはしなかった。死の恐怖に脅える国王は、人間不信に陥り、秘密の地下室に身を隠す。生ける屍となった彼は、すべてを忘れるために暗い穴蔵の中で小児愛に溺れる。

しだいに彼は、ねずみのように地下に身を隠し、暗闇を求めて暮らすようになった。彼は「鹿の園」〔ポンパドゥール夫人がルイ一五世のために作った娼館〕を憎むようになった。彼はしばらくの間ショワズールの警察を欺こうと思い、オリエント風に、絶対に秘密を守る小姓たちを穴（礼拝堂付近の小部屋）の中に置いた。九歳の子供を買い、少なくとも一三歳までこの墓の中に置いていた。彼は小さな家畜のように、この可愛い生物（女の子だった）の世話をして養った。侍女は置かず、彼自身がその子に奉仕した。同時にその子を教育し、お祈りを教え、甘やかし、叱りつけ、可愛がり、しつけをした。敬虔にして淫猥な、奇妙な教育である。子供はいらだって、時折こう言った。「大嫌い」。それゆえにこの囚われの仔ライオンは一層国王を引きつけたようである。国王が彼女に残した財産から判断するかぎり（リシュリュー）。しかしこの恥ずべき秘密においては、子供であることがすべてだった。彼女は大きくなり、ある朝女になり、妊娠した。彼はもう彼女を手許に置こうとはしなかった。（HF12, 314-315）

その後ショワズールは失政を重ね、次第に影響力を失う。追い詰められた彼は、イギリスとの戦争によって起死回生を試みようとする。その頃、国王はデュ・バリー夫人（一七四三—九三）という、美しい、しかしこの上なく愚かな女性に心を奪われていた。一七七〇年、側近たちは彼女を利用して、国王にショワズールを追放させる。「しかし平和は奇妙な救世主によって勝利を収めた。フランスはデュ・バリー夫人によって戦争から救われた」（HF12, 323）。この頭が空っぽな女性がフランスの救世主、現代のジャンヌ・ダルクとなる！　ここでも歴史は笑劇としての様相を呈する。一七七四年、ルイ一五世はついに死去する。

この死は喜劇であった。彼が天然痘に襲われると（六四歳だけに危険であった）、実に奇妙な議論が起こった。権力の座にある信心家たちは秘蹟を行うことを恐れた。それは国王をおびえさせ、殺しかねなかった。反対に、不信心家たちは国王を地獄に送るために秘蹟を望んだ。無神論者のリシュリュー〔回想録作家。一六九六—一七八八〕が信心家たちの指導者となり、パリ大司教を途中で止めることを引き受けた。彼は大司教を引き止めてこう言った。「猊下、もし告解させる者が必要なら、私をどうぞ。みごとに告解してごらんにいれます」。ボーモン〔パリ大司教。一七〇三―八一〕は聖人のような人物であったが、ここで決心が鈍った。彼は、宗教にこれほど有用な国王をおびえさせるのが怖くなり、秘蹟を引っ込めた。

しかし国王は秘蹟を求めた。彼は自分が死につつあるのを感じていた。彼はデュ・バリー夫人を遠ざけ、聖体拝領をし、しかるべき態度で死んだ。五月一〇日の二時、この五九年間の統治は終わった。そしてフランスは「最愛王」を失うという喜びを得た。（HF12, 333）

ルイ一五世の治世はこうして喜劇的な幕切れを迎える。そしてついにアンシャン・レジームの最後の君主であるルイ一六世の治世が訪れる。

フランスの破産

『近代史』においては社会全体が監獄となる。宿命に打ちひしがれ、民衆は黙って死の解放を待ち望む。それだけではない。圧制者たちも生ける屍となり、密室に自らを閉じ込める。重苦しい倦怠の中で、一部の者は――大抵は女性であるが――進んで生の狂熱に身を委ねる。彼女たちは生と死の境界にとどまり続けるよりも、生命を一瞬のうちに燃やし尽くすことを選ぶのである。自らの欲望をさらけ出すことで、彼女たちは偽善的な社会に挑戦を投げかける。しかしこの反抗は不完全なものだ。彼女たちはせいぜい死の中にしか解放を見出せないだろう。歴史家は彼女たちに贖罪を課すかのように、その変わり果てた身体をわれわれの目に晒す。この試練によって浄化され、彼女たちはサタンの娘として歴史に名を残すことが許されるだろう。

『近代史』の終わり近くで、われわれはフランスそのものの死を目撃する。王国の財政はしだいに悪化し、ついに破綻する。フランスは破産者として死んだのだ。フランスの古い習慣では、破産者は負債を逃れるために厳しい試練を通過しなければならなかった。滑稽な格好で晒し者となり、全員の笑いものにならなければならなかった。未亡人が夫の負債を逃れるためには、さらに屈辱的な試練が課せられた。公衆の面前で夫の遺体を侮辱し、結婚を否定しなければならなかった。

破産 banqueroute という言葉を決して用いず、ロンバルト人に《バンカ・ロッタ》という卑語を借りた昔のフランスとは、驚くほど大きな違いがある。ブルジョワ的厳格さをもつわれわれの昔の習慣は、そういう事態に陥った者たちに残酷なしるしをつけた。破産者は、おぞましい晒しものにならなければ、そこから抜け出すことはできない。彼は、狂った頭に狂人の緑の帽子をかぶり、裸に近い姿で、シャツを風になびかせて広場に行き、席について石を三度叩くだろう。

もし未亡人が死んだ夫の負債を払わないというのならば、彼女は恥知らずにも結婚を否定しなければならない。夫が埋葬される前に、衆目の前でその亡骸を侮辱し、その鼻先に家の鍵を投げつけるのだ。

すばらしい忠告者たち！　誠実な騎士たち！　これが彼らの意見なのだ……。いつわりの破産者である国王もここに来て、緑の帽子をかぶり、飢えた者たちを嘲笑い、フランスの遺体の上に鍵を投げつけるがよい。

(HF12, 490)

ルイ一六世（位一七七四—九二）は破産した王国の最後の相続者となった。なすすべを知らない若き国王は、君主としての責任を放棄する。彼は配偶者であるフランスを見捨てるのだ。この場面は、われわれがこれまでに見てきた不吉な死の要素を集約している。フランスの遺体が配偶者に見捨てられるのを見て、人々は笑い転げる。遺体は埋葬されることなく、生と死の境界に永遠にとどまり続ける。遺体は衆目に晒されたまま、腐乱して朽ち果てる。この中途半端な死からはいかなる復活も望みえないだろう。フランスが完全な死を迎えるには、大革命が瀕死の王国にとどめの一撃を加える必要がある。民衆はその時、国王が放棄した夫としての権利を要求するだろう。その時古いフランスは死に絶え、新しいフランスが共和国として復活を遂げるだろう。

しかし歴史家は本当にこの復活を信じているのだろうか。『近代史』はミラボーが三部会に当選する場面で閉じられる。この勝利は大革命の到来を予告するものである。しかしこの場面は、復活を予言するにしてはあまりに暗い調子に貫かれている。

彼はエクスやマルセイユだけでなく、フランスにおいて選ばれたと言える。彼はフランスの両腕に運ばれて三部会に到着した。

この強靱で鋭敏な精神は、勝利の絶頂において、おそらく内心で自分自身を判断し、ある種の悲哀を感じた。自分は、民衆の信頼によってこれほど称揚され神格化されるに値するだろうか。

人々は彼のうちに何を称賛していたのか。天才であり、とりわけ力である。彼の勝利は、強者の崇拝への道を開くものではないだろうか。

そしてもし弁論家が神になるなら、これほど未熟で野蛮な国民において、勝利によって神格化された隊長は何になるのだろうか。

彼がエクスに来た時、民衆は彼を連れてゆこうとした。彼は涙に暮れて言った。「人間はこうして奴隷になるのだ！」

(HF12, 543-544)


ミシュレはミラボーを歓迎する民衆の興奮のうちに、力の崇拝へ向かう危険な傾向を予見する。彼は『革命史』の一八四七年の序文において、すでにこのような傾向を指摘していた。「大革命は、滅びてしまわないように、共謀した世界に対して恐ろしい暴力的な努力をせざるをえなかった。忘れっぽい世代は、その努力を大革命そのものと見なした。そしてこの混同から、結果として、重大で深刻な病が現れた。それはこの民衆においては癒しがたい病である。すなわち、力の崇拝である」(HRF1, 2)。この崇拝が、「神格化された隊長」すなわちナポレオンの到来を招き、フランスを破滅に導くことになる。歴史家の視線は大革命を通り越して、その先にある帝政時代に向けられている。われわれは次章において、ミシュレの最後の作品である『一九世紀史』を取り上げ、民衆がいかにして奴隷になったかを確認しよう。

注

(1)「七里の距離から、すべて花崗岩で造られた陰鬱な建物が見渡せる。壁には飾りとなるいかなる彫刻もない。美しさはひとえにドームの大胆さにある。建物のつくりは火刑台のかたちをしている」(『近代史概要』)(*Précis de l'histoire moderne*, p. 105)。

(2) シラーの戯曲『ドン・カルロス』(一七八七)は、このフェリペによる王太子殺害説から着想を得ている。また、ランケは『ドン・カルロス』(一八二九)においてこの説に反駁している。

(3) ルーダンの事件においては、好色な司祭ユルバン・グランディエを破滅させるため、修道士たちによって「忌まわしい茶番劇(ファルス)」が仕組まれる。修道女たちが悪魔憑きの女を演じ、グランディエを告発するが、やがて何人かが自己嫌悪に襲われて真相をぶちまける。結局、彼女たちは地下牢に投げ込まれ、グランディエは生きながら火あぶりになる。「事態はもうどうにもならなかった。修道女たちさえ彼らから逃げていった。人間の血を流させるための、官能の狂乱と恥知らずな叫びのこの恐るべき饗宴の後で、二、三人が弱気になり、自分への嫌悪と恐怖に陥った。彼女たちは何もかも吐き出した。もししゃべれば恐ろしい運命が待っているにもかかわらず、確実に地下牢で(まだ使用されていた。マビヨン参照)生涯を終わるにもかかわらず、彼女たちは教会で、自分たちは地獄行きだ、自分たちは悪魔を装った、グランディエは無実だと言った。/彼女たちは身を滅ぼした、しかし何も止められなかった」(HF6, 326)。

ルーヴィエの事件においては、ピカール神父の欲望の犠牲者である修道女マドレーヌが、プロヴァンスのマドレーヌとそっくり同じ役割を演じる。彼女は人前でグロテスクな「茶番劇」を演じ、あげくに教会の地下牢に放り込まれる。「哀れなマドレーヌに戻ろう。彼女の敵であるエヴルーの聴罪師は、彼女を針で刺させ(針で刺す場所を指示して！　六七ページ）、彼女を獲物としてこの町の司教区の《平安》の底に運び去った」（Note III de *Louis XIV et la révocation de l'édit de Nantes*, Flammarion, « Champs », 1985, p. 320）。地下牢の底で、彼女は絶望のあまり魂のない殺人の道具と化す。「しかしこれ以降、彼女を別の用途に利用して、偽りの証人に、中傷の道具にすることができた。ある男を破滅させたい時はいつでも、彼女はルーヴィエやエヴルーに連れてゆかれた。それは死者を作り出すためだけに生きている、死んだ女の呪われた亡霊であった」（*Ibid.*, p. 321）。やがてルーアンの高等法院が事件に介入し、マドレーヌを地下牢から救い出すが、結局彼女が自由になることはなかった。「マドレーヌは、あるいは彼女の亡骸は、ルーアンの監獄にとどまった」（*Ibid.*, p. 323）。

（4）ギュイヨン夫人とならんで一七世紀のカトリック世界に影響を与えたのは聖母訪問会修道女マリー・アラコック（一六四七―九〇）である。彼女はイエスの訪問を受け、以後サクレ＝クール（聖心）信仰を広めた。「しかし、性と血が豊かなブドウの産地ブルゴーニュにおいて、パレーの聖母訪問会修道女であるひとりのブルゴーニュ娘が、ついに約束の訪問を受けた。イエスは彼女に血を流す心臓の傷に接吻することを許した。／マリー・アラコック（という名前だった）は、早くから修道院の冷たい摂生によって蒼白くやつれはしなかった。若い元気盛りに遅れて修道院入りしたこの哀れな娘は、自らの多血の殉教者であった。彼女は毎月瀉血しなければならなかった。それでもなお彼女は二七歳で神の至福という至高の陶酔を得た」（HF9, 338-339）。ミシュレはブドウと血によって彼女がバッカスの巫女であることを示唆する。この二人の女性はそれぞれ、精神面と物質面におけるカトリックの危険な影響力を示している。「二人の女性（アラコックとギュイヨン）は一六七五年に同じく二七歳だった。彼女たちはカトリックの世界を変えた。一方の精神性と他方の物質性は、見た目は異なるが、どちらも指導を再び活発なものにした」（HF9, 339）。ギュイヨン夫人は修道院におけるあの倦怠のむしばみを、アラコックは血の狂乱をそれぞれ体現する。

（5）この部分はサン＝シモン（一六七五―一七五五）の『回想録』に基づくが、ミシュレはサン＝シモンの公妃に対する態度が偏見に満ちているとして、その記述をかなり自由に解釈している。「この王女の出産と死に関するサン＝シモンのページほど辛辣で激しい憎悪に満ちたものを、私はいかなる言語においても読んだことがない」（HF11, 182）。サン＝シモンによれば、ベリー公妃の妊娠の相手は侍臣のリオンであったが、リオンは彼女の目を盗んで女官のムシー夫人と愛人関係にあった。公妃の容態が悪化すると、ランゲは終油の秘蹟を行うことを提案するが、その条件としてリオンとムシー夫人がリュクサンブールを立ち去ることを要求する。パリ大司教のノアイユ枢機卿もそれに同意する。公妃はこの侮辱的な提案に怒り狂い、秘蹟を拒絶する。摂政は娘と司祭たちの板ばさみとなり苦悩する。結局、ランゲは別人の手で秘蹟が行われないよう四日間戸口で見張り続けたという。

(6) サン＝バルテルミーの虐殺の後、シャルル九世(位一五六〇―七四)は良心の呵責に苛まれ、愛人マリー・トゥーシェとの激しい愛の中に死を探し求める。「彼にとって効きめのあるものがふたつあった。音楽とこの物静かなフランドル女性である。最も恐ろしいふたつの時期に、彼は彼女のうちに逃げこんだ。彼女との間に生まれた唯一の子供は、絶望の中で懐胎された。それは、自分が虐殺を望んでいたと言わされた日のことである。そのすぐ後で、サン＝バルテルミーの亡霊と幻影に囲まれて死ぬ時に、彼はなおも彼女を来させ、彼女のうちに自殺を求め、愛によって自分を殺した」(HF5, 218)。

第12章　死の勝利

1808年5月3日　ナポレオン軍によるマドリード市民の処刑
（フランシスコ・デ・ゴヤ）

参考資料　『一九世紀史』テルミドールからワーテルローまで

テルミドール九日の後、激しい反動の嵐が吹き荒れ、南仏を中心に白色テロが進展する。一七九五年の四月と五月にパリで民衆蜂起が起こると、国民公会は叛徒を徹底的に弾圧し、機会に乗じてモンターニュ派の残党を処刑する。一七九五年一〇月、テルミドール派を中心とする総裁政府（一七九五―九九）が成立する。一七九六年にバブーフらは政府転覆の陰謀を企てるが、事前に逮捕され処刑される（「平等派の陰謀」）。

一七九五年一〇月、若き司令官ナポレオン・ボナパルト（一七六九―一八二一）がヴァンデミエールの王党派蜂起を鎮圧する。彼は一七九六―九七年のイタリア遠征に勝利して人心を掌握すると、一七九八年にはエジプト遠征に出発する。翌年に急遽帰国すると「ブリュメールのクーデタ」によって統領政府（一七九九―一八〇四）を開き、自ら第一統領に就任する（一八〇二年に終身統領）。一八〇二年にアミアンの和約で対英関係を安定させると、内政改革に取り組み、強力な中央集権体制を確立する。

彼は一八〇四年にナポレオン一世として皇帝に即位し、第一帝政（一八〇四―一四）を開始する。彼はヨーロッパ制覇を企て、一時的にヨーロッパの大部分を支配下に収める。しかし制海権を握ったイギリスの抵抗、数次にわたる対仏大同盟の結成、スペインの反乱などの障害に遭う。一八一二年に大陸封鎖令を破ったロシアに遠征するが、冬将軍に遭い軍隊は全滅する。一八一三年のライプチヒの戦いで連合軍に敗れ、一八一四年に退位し、地中海のエルバ島に流される。

同年ルイ一八世が帰還し、王政復古（一八一四―三〇）が成立する。ボナパルトは一八一五年にエルバ島を脱出し「百日天下」で復権を試みるが、ワーテルローの戦いで連合軍に敗北し、今度は大西洋のセント＝ヘレナ島に流される。

はじめに――終わりなき歴史

一八六七年に『フランス史』の最後の巻を刊行した時、ミシュレは『フランス人の歴史』(一八二一―四四)をあと一歩で完成できなかった歴史家シスモンディ(一七七三―一八四二)と自分自身を比較して、自らの幸運に感謝する。(1)「人間のこの短い生涯のうちにこのような仕事がなしとげられるのはまれなことである。この世紀の偉大な労働者のひとりであるシスモンディ氏は、なしとげられないという悲哀を舐めた。より幸運なことに、私は十分に生きながらえ、この歴史を八九年まで、九五年まで書き続け、この長い歳月を横断し、ついにこの叙事詩に、それを説明する至高のドラマを結びつけることができた」(HF12, 195)。ここに『フランス史』と『革命史』がひとつになり、大革命を終点とするフランス史が完結したのである。

一八六九年にミシュレは『フランス史』に新たな序文を付し、誇らしげに生涯の作品の完結を宣言する。「約四〇年にわたるこの労作は、ある一瞬から、七月の閃光から着想された。あの記憶すべき日々に大きな輝きが起こり、私はフランスをかいま見た」(HF1, 11)。その瞬間に若き歴史家は、一七八九年の大革命を、あるいはその延長線上にある一八三〇年の七月革命を到達点とする祖国の歴史を着想したのである。その目標を達成した今、彼は自らの作品に別れを告げる。「よろしい、わが偉大なるフランスよ、おまえの生命を見出すために、ひとりの人間がわが身を捧げ、死者たちの大河を何度も渡らねばならなかったとしても、彼はその慰めを得ているし、なおもおまえに感謝している。そして彼の最大の悲しみは、ここにおまえを去らねばならないことである」(HF1, 27)。しかし、この別れは束の間のものであった。まもなくミシュレは、大革命後の時代を対象とする『一九世紀史』に取り掛かる。なぜ彼は、一旦終止符を打ったはずの『フランス史』に戻ってきたのだろうか。

この頃はフランスにとって激動の時代であった。プロイセンとの関係は次第に悪化し、一八七〇年七月に普仏戦争が勃発する。フランス軍は九月にスダンで大敗を喫し、ナポレオン三世は捕虜となる。帝政政府は崩壊し、臨時国防政府が成立、九月から翌年一月にかけてパリ包囲戦が行われる。二月にヴェルサイユ仮講和条約が結ばれ、アルザス・ロレーヌのドイツへの割譲が決定される。三月には国防政府への不満からパリ・コミューンの蜂起が起きるが、政府は五月に「血の週間」と呼ばれる激しい弾圧によってこれを鎮圧する。ミシュレが再びペンを取った背景にはこのような状況があった。ロラン・バルトは当時の歴史家の心境をこう説明する。

こうした理由で、一八六九年の大いなる序文は、『フランス史』(一三巻、三六年、二〇世紀にわたる)の堂々たる完結を告げるものであり、《イテ・ミサ・エスト》〔ミサの終祭文〕の荘厳さをもって響きわたるのである。二つの時間は重なり合い、大革命はついになしとげられ、それを準備した諸世紀につなげられ、いまや歴史家は死ぬことができる。それこそミシュレがしようとしたことである。しかし残酷なことに、彼はどうすればよいか分からない猶予の五年間を苦しまなければならなかった。悲劇的なまでに無用な五年間。より悪いことに、理解不可能な五年間。彼は長い苦渋の叫びでそれを満たすことしかできなかった。最後の三巻（『一九世紀史』とその黙示録的な序文）によって、歴史は終わった、自分はもはや機械化された世界の最後の人間にすぎないと激しく抗議しながら。[2]（『ミシュレ』）

『フランス史』を大革命まで続けることで、ミシュレはついにフランスの歴史と彼自身の歴史を結びつけることに成功した。過去と現在は結び合わされ、歴史の円環は閉じられた。長年の使命をなしとげた今、歴史家は心置きなく死ぬことができる。しかしミシュレは死を待ちながら、なお五年の歳月を、祖国を襲う激動を眺めながら生き続けなければならなかった。フランスの歴史は最終段階に達したという彼の確信は裏切られた。ミシュレは不可解な歴史の流れに対し、否認の叫びを投げ続けるしかなかった。『一九世紀史』はこの苦渋の叫びにほかならない。

カミーユ・ジュリアンもまた、ミシュレが長く生きのびすぎたと考える。同世代の他の歴史家と同じく、ミシュレもまた歴史の流れに追い越された。歴史家は一八三〇年に確立した理論によって、その後の歴史を説明することができなかった。ジュリアンはミシュレの晩年の作品にほとんどページを割いていない。「彼は一八六九年に『フランス史』の序文を書き、自らの作品について正当な自負と公正な判断をもって語った。一八七〇年以降、フランスの悲嘆が、年齢による疲労が、再び彼を打ちのめした。彼は三年のあいだに『一九世紀史』の三巻を書いたが、今度こそ衰退はどうしようもなかった。彼はギゾーと同じ年、一八七四年に七六歳で死んだ[3]」(『一九世紀フランス歴史学注解』)。ジュリアンの目にも、ミシュレは歴史家としてはすでに死んでいたのである。

われわれはこれらの意見に異議を唱えようとは思わない。確かに、同時代の歴史はミシュレの予想を大きく裏切って進展した。いかなる歴史家も歴史的存在であり、歴史の流れに追い越されることは避けがたい。しかしミシュレは困難な状況に陥りながらも、最後まで歴史を書くことを断念しようとはしなかった。それはあるいは、時代に取り残された歴史家の無益な抵抗にすぎないのかもしれない。しかしわれわれは、歴史家が歴史の流れにいかにして抗おうとしたか、最後まで見届けることにしたい。

一八七一年八月、ミシュレは二〇年前に罷免されたコレージュ・ド・フランスへの復職を願い出る。しかしヴェルサイユ臨時政府のジュール・シモン内閣はこれを拒絶する。『一九世紀史』の第一巻の前言において、失意の歴史家は自らの過去を振り返る。一八四七年、彼のコレージュ・ド・フランスの講義はギゾー内閣によって中断された。一八五二年、彼はルイ・ナポレオンへの忠誠の宣誓を拒絶してコレージュ・ド・フランスと古文書館の職を罷免された。一八七一年、パリ・コミューンの蜂起において彼の住居は火災にあった。そして同年、彼の復職願いは拒絶された。

これは不平ではない。
一八四七年にギゾー内閣によって講義を中断され、
一二月二日に罷免され（退職金も年金もなく）、
コミューンによって家を焼かれ、
そしてヴェルサイユ政府によって再び自分の職から追われながらも、
私は不平を言うつもりはない。なにしろ、私には何も不足していないからである。政府も諸党派も、一致団結して私の独立を精一杯宣言することで、私に報いてくれた。
私は十分それに値する。私は少しも変わらなかった。自分の教壇をもたないにせよ、それでも私には自分の法廷がある。高くゆるぎないその法廷から、嵐の中で諸革命の強風がすべてを動かし巻き上げるのを、はっきりと見ることができる。そこから、国王に対する、諸国民に対する、そして諸革命自体に対する、最後の審判が下される。最終判決と、宣告と、大いなる剣が下される。（H19S, 55）

ここにバルトのいう「長い苦渋の叫び」を聞き取ることは不可能ではない。しかしここに単に個人的な不平の声を認めるだけでは十分ではない。序文や前言において自らの私生活について語ることが、歴史家ミシュレの常套手段であることを忘れてはならない。彼はここで、自分が二五年間に被った数々の不正を数え上げる。彼の個人的体験を通して示されるのは、歴史のあり方そのものである。宿命の支配下において、人間はもはや努力に対する正当な報酬を期待できない。ミシュレは二〇年前に不当に奪われた地位を要求したが、その願いは拒絶された。しかしそれは決して無駄ではない。なぜなら奪われた地位を要求することで、歴史家はわれわれの目の前で、歴史に異議を唱える権利を実践してみせたのだから。ミシュレはここでもまた、自らの人生を例に引いて、歴史哲学の宿命論を拒絶してみせるのである。

1　テルミドール以後

モンターニュ派の死

『革命史』はロベスピエールの処刑において、バッカスの巫女たちが繰り広げる死のロンドによって閉じられた。この血の饗宴は復活なき死を暗示していた。すでに見たように、ミシュレはこの作品の結論を先送りにしていた（これも彼が『フランス史』に戻ってきた理由のひとつにちがいない）。二〇年後に出版された『一九世紀史』の中に、われわれはその結論を見出すことができるだろうか。ここで、テルミドール九日の後に革命運動がいかにして終焉を迎えたのかを確認しよう。

一七九五年五月二〇日（プレリアル一日）、飢饉の恐怖が民衆蜂起を引き起こす。民衆が国民公会に侵入した時、議員のフェロー は同僚たちを救おうとして、怒り狂った民衆に虐殺される。「議会を守るため、彼は敷居に横たわって言った。『私の体の上を行くがよい』。しかし止めることはできなかった。(中略) 彼は倒れた。人々は彼の上に飛びかかり、殴りつけ、髪を引っ張った。ミゲリという狂女が彼の上を歩いた。『こいつの首を切れ』という声を聞いたある酒屋が、首を切り、群集に投げ与えた」(H19S, 168)。切られた首が人々の目に晒されると、群集はめまいにとらえられる。「首は槍の先につけられて、錠前屋や鬘師や牛飼いなどによって運ばれた。無理やりそれを持たされた者たちは、たちまちめまいにとらえられ、しばしば恐ろしい茶番劇(ファルス)を演じた」(H19S, 169)。血の陶酔は伝染し、死の舞踏は拡大し、バッカス祭は最高潮を迎える。

反動派は混乱を利用して、民衆を扇動したという理由で六人のモンターニュ派議員を逮捕させる。その後、国民公会は蜂起を徹底的に弾圧し混乱を収束させるが、反動派は勢いに乗じてモンターニュ派の根絶に乗り出す。「血の反動は次第に強まり、ついにプレリアル八日には、ブルターニュの要塞に監禁されていたロムと仲間たちが、暴動のために創設された特別軍事法廷に連行され裁かれることが可決された。それはすなわち殺されるということであった」(H19S, 176)。こうして六人の囚人はあらかじめ仕組まれた裁判において死刑を宣告される。「世論の波が、人々の意見と称されるものが彼らをあまりに激しく責めたて、裁判を傍聴する群集があまりに激昂していたので、彼らを弁護しようとする証人はほとんどいなかった」(H19S, 179-180)。

六人は監獄で自殺を図り、互いに短刀で突き合う。しかし三名は死にきれず、血まみれの姿で生と死の境界をさまよい続ける。ただひとりブルボット(一七六三—九五)は、処刑台上で最後まで毅然たる態度を示す。しかし彼のストイックな死は、驚くべき無関心によって迎えられる。

したがって殺すのは三人だけでよかった。ブルボットは最後に処刑された。見事なまでの無関心と英雄的な快活さを最後まで守り、革命広場を微笑みで支配しながら。（中略）

彼らは完全に見捨てられて死んだ。二日に民衆はカルーゼルで、彼らのために何も言わなかった。法廷では、傍聴人のあいだにいかなる同情のしるしもなかった。そして処刑の際、広場はほとんど無人であった！

彼らの弁護原稿は読まれなかった。彼らの妻や近親者に宛てた手紙は（野蛮なことに！）投函すらされなかった。すべては、彼らの血に錆びた二本のナイフとともに、八〇年近くも古文書館の黄ばんだ書類の中に眠っていた。六九年になってやっと、クラルシーというこれらの聖遺物に最初に触れるにふさわしい熱意ある若者がそれらを発掘し、立派な歴史を書いて彼らに贖罪の記念碑を立て、遅ればせながらわれわれの負債を払ったのである。（H19S, 181）

六人の議員は誰からも見放され孤独な死を遂げる。彼らはこうして一度は永遠の忘却を宣告される。しかし歴史家の執念は時を越えて眠れる事実を呼び覚ます。ただ歴史家だけが、歴史の不正をただすことで彼らの孤独を解消しうるのである。

白色テロ

ミシュレは『革命史』の末尾で、恐るべき反動の到来を予言していた。「ひと息ついて、目をよそへ転じよう。『一日の労苦は一日にて足れり』。これに引き続く、議会を押し流した盲目的反動、議会がヴァンデミエールになってようやくそこから立ち直った反動について、ここで語るべきではない。そこではおぞましさと滑稽さが互角に戦っている」(HRF2, 990)。おぞましさと滑稽さ、すなわち恐怖と笑いの共存は、笑劇としての歴史の特徴である。

『一九世史』においてミシュレはようやくこの反動を取り上げる。テルミドールの後、議会を支配した王党派は、白色テロを南仏で大々的に展開する。王党派の凄まじい暴力は、ヴァンデミエール一三日(一七九五年一〇月五日)に若きナポレオン・ボナパルトが王党派の蜂起を粉砕するまで続くことになる。

この連中の残酷さは、ヴァンデミエール一三日にいたるまで、ますます激しいものになっていった。彼らはまずジャコバン派を殺し、次にテルミドール派を殺した。ついには殺したいという欲求が昂じるあまり、ジロンド派を滅ぼすにいたった。マルセイユではバルバルーの友人たちが断頭台にかけられた!

判決は茶番劇(ファルス)であった。エクスでは革命派たちが亡命者によって、イギリス将校となったトゥーロンの裏切り者によって裁かれた。しかし大抵の場合は、裁判の手間も省かれた。真昼間に、残酷なやり方で殺人が行われた。ヴァルレアではモリケ夫人が「蹴り殺された」。マルセイユでは人殺しのボセが拘留されたファッシに言った。「この箱の中のかみさんの耳が見たいか？　そこに行って見せてやろう」。七、八人の女性が裸にされ、残忍なやり方で下腹部を燃やされた。
(H19S, 208)

ここでも恐怖と笑いが交錯する「茶番劇」が演じられる。これらの犯罪行為は裁かれるどころか、知られてさえいない。「白色テロについては何ひとつ知られることはないのだろうか。——ない。——なぜ？　——なぜならそれはまだ続いているから」(H19S, 153)。こうして歴史家は裁かれざる犯罪の裁きを求めて、われわれに記憶の義務を訴え続ける。

バブーフの死

グラッキュス・バブーフ（一七六〇—九七）は、ミシュレによれば、テルミドール後のパリ市民の精神を誰よりも忠実に体現する。「バブーフは反ジャコバン派であったが、まもなくテルミドール派も非常に厳しく批判するようになる。私の目には、彼こそこの時期におけるパリの真の代弁者、ショーメットの偉大なるパリの代弁者であり、九三年のコミューンの最も純粋な部分の正統的な復活であった」(H19S, 86)。一七九六年、バブーフはダルテ（一七六五—九七）らとともに総裁政府転覆を企てるが、計画が露見して逮捕される（「平等派の陰謀」）。一七九七年の選挙に大勝した王党派は、勢いに乗じて二人の囚人を処刑することにする。

ついに王党派は勝利し、足場を固めた。なぜ人身御供を行うのか？　バブーフに不利な材料としては、彼の夢想とつまらない反故以外、何ひとつ見つからなかった。実のところ、彼は傲慢な態度と無謀な脅しによって、それらの反故をより重大なものにしてしまった。

そんなことはどうでもよい。これらの偽の議員のため、でたらめに選ばれやっと席についたばかりの三分の一のために、快適なことが行われた。多くの土地所有者や、投機家や、どうでもよい肩書きをもった他の者たちにとっても快適なことが。すなわち、こう言って彼らの胸のつかえを取り除いたのである。「安心してください……。いまや未来は平和で雲ひとつありません。何も心配することはありません。バブーフは殺されました」。

彼はダルテとともに死刑を宣告された。彼らはプレリアルの死刑囚たちと同じことをした。つまり、互いを短刀で突いたが、重傷を負っただけで、翌日断頭台にかけられた（九七年五月二六日）。

(H19S, 363)

ミシュレによれば、バブーフの陰謀は空想的なもので、王党派にとって現実的な脅威ではなかった。彼らはただ、自分たちの勝利を祝うためのささやかな饗宴を求めたのである。二人の囚人は生贄としてバッカス神に捧げられる。彼らはプレリアルの死刑囚たちと同様に、血まみれの姿で生と死の境界をさまよい続ける。こうして王党派は血の陶酔のうちに大革命の終焉を祝うのである。

モンターニュ派の死、白色テロの犠牲者たちの死、バブーフの死。大革命の終焉を集約するこれらの死の物語には、われわれがこれまでに指摘した、不吉な死のあらゆる要素が認められる。血の陶酔、死の舞踏、血まみれの身体、生と死の境界、茶番劇（ファルス）、孤独な死……。それはまるで、ロベスピエールの死におけるバッカス祭の興奮がいまだ冷めやらず続いているかのようである。しかし悲劇はまだ終わりではない。やがてより大きな破局が訪れようとしていた。

2　暴君の到来

奇跡の待望

『革命史』の末尾において、バッカスの巫女たちは暴君の到来を予言していた。それは軍人の姿で現れる。ヴァンデミエール一三日（一七九五年一〇月五日）、若き司令官ナポレオン・ボナパルトはパリの王党派蜂起を鎮圧する。何がこの「偽りの解放者」を生み出したのか。ミシュレは一八四七年の『革命史』序文において、民衆が大革命において「力の崇拝」に陥ったと述べていた。恐怖政治と戦争の脅威によって精神的に追い詰められた民衆は、一気に状況を打開してくれるような救世主の到来を探し求めた。

しかし災厄の根源に戻るなら、一八〇〇年以前にきわめて悲劇的なことが起こった。それはめまいであり、一種の精神錯乱であった。恐怖政治と全面戦争の悪夢が精神を動転させ、理性と平衡感覚を失わせ、そしてとりわけ感情に飢えた状態にしたのである。人間性の与えるすべてのものを無理やり使い尽くした後では、何らかの蜃気楼が、彼方に見える何らかの夢が必要であった。人々は何をおいても奇跡を求めた。(H19S, 59)

民衆を王権の偶像崇拝から解放するはずの大革命は、民衆を新たな偶像崇拝へと押しやった。民衆の過大な期待が奇跡の到来を可能にする。「ボナパルトについて真剣に検討すれば、次のことが証明されるだろう。すなわち、(彼の成功が奇跡であるどころか)これらの状況においてもし彼が成功しなければ、それこそ奇跡であったろうということが」(H19S, 60)。奇跡はそれを待ち受ける者にのみ訪れる。民衆は自ら作り上げたこの救世主を熱烈に歓迎した。

賭博者の再来

民衆の偶像崇拝に支えられ、この新たな救世主は急速に権力を掌握する。今後民衆の運命はただひとりの独裁者の手に握られる。そのとき民衆を主人公とする歴史は、個人を主人公とする伝記に席を譲る。こうして個人性が一般性に、物質が精神に、宿命が自由に対し勝利を収める。一九世紀は大いなる宿命の世紀となるだろう。

歴史はここで深淵に陥るように見える。歴史は、一般的で集団的な大問題や、諸観念や、諸国民から、個人へ、純粋な伝記へと転落する。（中略）

観念と抽象の美しい鏡はここで突然崩れ落ち、まるで物質性の果てしない深淵に沈み込むように見える。人間精神は、あらゆる観念、あらゆる理論、あらゆる言語を忘れてしまったかに見える。哀れな脳髄の中で、ただひとつの言葉がすべてに置き換わる。フランス語ですらない、ゆがめられたただひとつの言葉、すなわち《ブオナパルテ》。（中略）

しかし、世界を巻き込んだ知性の失墜を見るのはたしかに興味深いが、この偉大な奇跡の人が、幻影と昏迷の奇跡を起こす巧みな奇術師が、その驚くべき経歴においてどのように形成されたかを観察するのはそれに劣らず興味深い。——さらば学問よ、思想よ、国民よ、さらば祖国よ！　それらはすべて延期された。私は専念しよう……ひとりの人間に。（H19S, 218-219）

ミシュレは「ブオナパルテ Buonaparté」の名が民衆の心を奪ったと主張する。「イタリアの情熱の対象は、いつの時代においても、運命の未知なるもの、宝くじ、よい運命《ヨキ運命》のチャンスであった。（中略）しかし運命の変転のゆえに、成功や、勝利の運命（ヨキ運命）や、大当たり、よい分け前すなわち《ブオナ・パルテ》といった名前がしばしば好まれた」（H19S, 224-225）。「よい分け前 Bonne Part」とは、宝くじの大当たりのことである。こうしてふたたび偶然が世界の神となる。フランスの民衆は争って自らの運命をこの賭博者に委ねるだろう。

こうしてミシュレはわれわれの目の前で、一心不乱に語源研究に没頭する。しかし彼は本当に、一国民の運命が一個人の名前のうちに予言されていたと考えているのだろうか。ここで重要なのはむしろ、歴史学の無力を宣言する歴史家の身振りそのものである。民衆の運命がひとつの名前に左右されるならば、歴史学は単なる語呂合わせか、姓名判断に等しいものになるだろう。ミシュレは歴史の背後に偶然の神を置くことで、そこに善なる神を想定する歴史哲学の御都合主義を浮き彫りにする。歴史家は、歴史学それ自体を疑問に付すこの自虐的な身振りによって、神の名においてすべてを容認する歴史哲学と刺し違えるのである。

偽りの巨人

ミシュレは、同時代の歴史家が描く英雄的なボナパルト像を激しく批判する。彼は例えばティエールの『フランス革命史』（一八二三—二七）（一七九九年ブリュメール一八日までを扱う）についてこう述べる。「この戦争を可能にし、自らイタリア遠征を開始した勇敢な軍隊の御用商人たちは、ここに登場するに値する。何人かは私の若い頃にまだ生きており、私は彼らと知り合うことができた。ティエール氏も一八二六年に彼らから話を聞くべきだったろう。しかし彼の若き想像力は一編の『イーリアス』を作り上げてしまった」（H19S, 241）。ミシュレはナポレオン神話を打ち砕くため、ボナパルトから巨人の仮面を引き剥がし、哀れな小人の素顔を暴露する。

彼の外面的な行動や目覚しい活躍しか見えない人々は、彼がフランスやヨーロッパ以上に家族に気をとられているとは思ってもみなかった。王位を望む女たちの野心や、彼に子供がないので継承と相続を夢見る兄弟たちの野心が、彼に無数の軋轢を与えた。マレンゴの戦いからアミアンの和約まで、ポーリーヌ〔妹〕がサン＝ドマングに出発するまで、彼は病気を温め、ポーリーヌが出発した時に発病した。

その死体のような黄ばんだ顔色（イタリア人の美しい濃褐色ではなく）が彼の特徴であった。また彼は激しい苦痛のせいで、ただ廊下を横切るために、秘書に支えてもらわなければならなかった。それは彼が父親から受け継ぎ、彼自身の命を奪うことになる胃癌のせいであろうか。母方の故郷（サルテーヌ）でよく見られる皮膚病のせいであろうか。この年にもっと女性が身近にいれば、彼はこの病気を薬で抑えていたことであろう。

一八〇〇年、マレンゴの戦いの後、彼はまだ病気ではなかった。ただ彼は、多くの情熱と多くの計画によって激しく興奮していた。彼はヨーロッパの審判者となり、完全な別人として、残酷で怒り狂った新しいボナパルトとして姿を現した。残忍な獣が彼のうちで吼えているようだった。暴君が姿を現した。

(H19S, 481)

この偽りの巨人は、絶対王政の君主たちと同様に、二重の宿命に支配されていた。一方で、ボナパルトの政治的決断は、家族の野心のために絶えず左右されていた。こうして個人性が一般性に打ち勝つ。他方で、両親から病気を受け継いだ彼は、常に身体の不調に悩まされていた。こうして物質性が精神性を支配する。ボナパルトが完全にこの二重の宿命に屈した時、彼のうちに暴君が誕生する。

3　大量死の世紀

機械主義の支配

すでに見たように、ミシュレは『革命史』の末尾において、テルミドール以後に来るであろう悲劇を予告していた。「この道を通り、われわれはフランスが五〇〇万の人間を葬った巨大な墓に赴いた」(HRF2, 990)。ボナパルトの治世は、絶え間ない戦争により無数の命が失われる大量死の時代である。しかし暴君に対する偶像崇拝だけがこの災厄を招いたわけではない。それに拍車をかけたのは、一九世紀における機械主義の浸透である。ミシュレは『一九世紀史』第一巻の序文において、この世紀になって時間の歩みが急変したことを指摘する。

今日最も重大でありながら、最も看過されている事実のひとつは、時間の歩みが完全に変わったことである。それは奇妙なやり方で歩調を倍にした。(七二年の人並みの)一生の間に、私は二つの大きな革命を目にした。それらは昔ならおそらく二千年は間を置いて起きたであろうものである。

私は大規模な土地革命のさなかに生まれ、最近、死を前にして、大規模な産業革命が起こるのを目にした。

私はバブーフの恐怖のもとに生まれ、死を前にインターナショナルの恐怖を目にした。

(H19S, 57)

一八三一年の『世界史序説』において、ミシュレは「人類という船」が激流の中を進む姿を示した。歴史家はその恐るべき速度にめまいを感じながらも、人類の最終的な勝利を確信していた。『革命史』以降、ミシュレはより積極的な役割を歴史家に割り当てる。歴史家はもはや歴史の運動を「理解する」だけでなく、その流れを変えようとする者となる。しかし、一八七一年の歴史家は、なすすべもなくこの激流に呑まれてしまう。彼にはもはや自分の位置も、船の行く先も分からない。そこでは歴史の連続性それ自体が疑問に付される。

過去は未来を含んでいると考える者、歴史は常に同じ水をたたえ変わりなく流れる大河であると考える者は、ここで考え直すべきである。しばしばある世紀が前の世紀に対立し、時に激しい否認を突きつけることを見るべきである。一八世紀がルイ一四世の死において、思想と個人的活動の翼に乗って軽快に前進したのと同じだけ、われわれの世紀は巨大機械（工場と兵営）によって大衆を盲目的に縛りつけ、宿命の中へ前進したのである。（H19S, 57-58）

巨大機械の支配する社会とはどのようなものか。ミシュレは、一九世紀の社会を構成する三つの巨大なシステムを指摘する。「一般に、このきわめて物質的な歴史は、三語ですっかり言い表せるだろう。《社会主義》、《軍国主義》、《産業主義》。互いに生み出しあい破壊しあう三つのもの」（H19S, 58）。これら三つのシステムは互いに対立し矛盾するようでいて、実はひそかに支えあい補いあう。ミシュレはそれを説明するために、ヨーロッパの景観を指し示す。

ある世紀を理解するためには、その全体像を見なければならない。もし今世紀をその一般原理である《機械》において、そしてまず人間機械である《連隊》において捉えなければ、今世紀の驚くべき諸事実はほとんど理解できないであろう。

私がヨーロッパについて何も知らないと仮定して、一八〇〇年ころにそれを上方から、例えば気球の上から眺めたとしよう。私の目に留まるのは何だろう。西ヨーロッパのどこでも似たような現象が見られる。私はフランスにおいては、膨大な群集が兵営と呼ばれる巨大で陰鬱な巣箱に引き寄せられるのを見るだろう。そしてイギリスにおいては、やはり大勢の群集が工場と呼ばれる退屈な住まいの中に詰め込まれるのを見るだろう。

私は、どちらの側においても、罪人だけが入るはずの監獄を見たような気がするだろう。

(H19S, 58)


フランスには兵営が、イギリスには工場が見える。しかしこれら二つの景観はどれほど似通っていることか！　どちらの側においても、人間は巨大な建物に閉じ込められ、その生活は厳格な規律によって管理される。そこでは個人はもはや巨大機械に組み込まれたひとつの歯車にすぎない。イギリスの産業主義とフランスの軍国主義は、こうした集団システムの最も完成された形態を示している。二〇世紀にミシェル・フーコーが分析する「監獄＝工場＝兵営」という近代社会の構造を、ミシュレは歴史家の直観によって暴き出し、それに対して本能的な危機感を表明する。

集団システムの起源

このような事態は偶発的に生じたものではない。近代における産業の発達と行政の中央集権化が、必然的にこのような集団システムをもたらした。文明の進歩そのものが、はからずも監獄としての社会を実現したのである。ミシュレはすでに『近代史』において、機械主義の脅威を予告していた。その起源は一七世紀にさかのぼる。「フランスは、リシュリュー、マザラン、ルーヴォワのもとで機械化の道を進んだ。機械が王位につき、人間は抹殺された。人間は財産においても魂においても平均化の最終段階に進んだ」(HF6, 235-236)。とりわけルイ一四世の治世（監獄の時代！）において、三人の非凡な人物によって重要な革命がなしとげられた。ヴォーバン、チュレンヌ、コルベール、彼らはそれぞれの領域において合理化を押し進め、結果的に殺人的なシステムの形成に貢献することになる。

ヴォーバン元帥（一六三三―一七〇七）は、軍事改革によって戦略に大きな進歩をもたらした。彼は技術革新によって、戦争を短期化し被害を少なくできるものと思っていた。しかし実際には、威力を増した砲撃は敵の兵士を殺すのみならず、周辺地域の住民の命をも危険に晒すようになる。機械の導入はこうして戦争の被害を倍増し、戦場を阿鼻叫喚の地獄に変える。

攻城兵器と城壁による戦争は、築城術と砲撃術の完成によって始まる。奇妙なことに、人類の友であるはずのヴォーバンが、自分の技術の論理的進歩に従うことで、そして陣地を攻撃し防御するための不変の規則を発見することで、戦争による最悪の被害を作り出した。おそらく彼は殺人的な発明をするごとに、誰もがするように、野戦が短くなるので流される血も少なくなるだろうと自分に言い聞かせ心を慰めた。しかし、この規則がひとたび広く知られ用いられるようになると、陣地は科学的に爆撃され、何度も攻略され、交互に戦略対象となり、それが果てしなく続くのだった。その上（ヴォーバンは思ってもみただろうか？）、戦争は性質を変えた。爆撃は城壁地帯を越え、兵士たちの頭上を越えて、武器をもたない住民を粉砕しにゆく。それは女子供のいる地域の、家々の屋根から地下室まで突き抜け、爆発し、殺害し、破壊し、四肢をばらばらにし、頭を吹き飛ばすのである。彼らは絶望し、自分たちの防衛者に対して武装した。彼らは兵士たちに降伏を強いた。兵士たちは彼らを抑えつけるため、彼らを虐殺し、敵がそうするより前に街を略奪した。恐怖の中の恐怖！　この地獄に落とされた者たちは、互いに引き裂きあい、それから悪魔に痛めつけられ、貪り食われるのだ。(HF9, 326-327)

ヴォーバンの最期を見よう。スペイン継承戦争のさなか、彼は民衆の負担を軽減するためにルイ一四世に税制改革を進言する。しかし彼の提案は拒絶され、彼の著書『王国十分の一税案』は発禁となる。「ヴォーバンは危険な狂人として寵を失った。彼の著書を差し押さえよとの命令が出た。彼はフランスの破滅を見た六週間後に死んだ」(HF10, 294)。彼はこうして社会の殉教者として死を遂げる。

チュレンヌ元帥（一六一一―七五）は三十年戦争、フロンドの乱、そしてルイ一四世の数々の戦争で活躍した不敗の名将である。この冷静沈着な戦略家はきわめて短期間で軍隊を組織するすべを心得ていた。この軍隊はイエスの見た悪霊に似ている。「わが名はレギオン、われらは多きがゆえなり」。各個人は機械の部品のように、全体の中に一分の隙もなく統合される。しかし、内部では完全に規律のとれたこの集団は、外部に対しては絶対的な自由を許されていた。その勝利と栄光は住民の多大な犠牲の上に成立していた。

われわれは三十年戦争において、将軍と軍隊の完全な一体化である《軍団となった人間》という現象を指摘した。それがなされると、力の怪物が出現するのが見られる。いかなる代償によってそれに成功したのだろうか。軍隊の内部においては完璧な規律を敷くこと、しかし住民への暴力については絶対的に寛容であること、以上の二つの条件によってである。偉大で冷静な戦略家は、この野蛮時代の方法によって、自分の軍隊を何度も作り上げた。（HF9, 330）

オランダ戦争（一六七二―七八）において、チュレンヌはこの恐るべき軍団を率いてアルザスで次々と勝利を重ねる。しかしこれらの劇的な勝利も、フランスの没落そのものを食い止めることはできなかった。「すでに目に見えるものになってきていたルイ一四世の没落を覆い隠すには、この大胆さと巧みさの驚異が必要であった」（HF9, 331）。チュレンヌはやがて戦いの中で命を落とす。財務総監のコルベール（一六一九―八三）は、国家財政を立て直すために時に強硬な手段に訴えた。彼は沿岸住民の海兵登録制度を作り上げ、強引に海軍を急造する。しかしこの制度は、民衆に前例のない過酷な犠牲を強いることになる。

彼が行った海軍の急造ほど大がかりですさまじいものは、歴史上に存在しない。それは物質的な膨大さと、精神的な暴力性において、驚くほど恐ろしいものである。コルベールはフランスに、(徴兵制以前は)決して求められなかったような、きわめて過酷な犠牲を求めた。私の言うのは《兵役》制度のことである。そこでは沿岸の全住民が登録され、番号を与えられ、最上の年齢において、いつでも出撃できる態勢に置かれる。どんな時でも国家によって徴発されうるのである。これほど急激で、(すでに見たように)これほど過酷なガレー船の配備は、おぞましいものであった。(HF9, 375)

コルベールは同様の熱意をもって産業の育成にも取り組んだ。しかしあまりに性急な改革は、かえってその自然な成長を妨げることになる。「この産業創造の偉大さについては存分に語られているが、その失墜、その急速な衰退については十分に語られていない」(HF9, 376)。また、彼の死後、兵士を強制的に徴集する国王民兵制が施行され、農業に大きな打撃を与える。「最後に、この闘牛における瀕死の獣のように疲弊した農業の上に、殺し屋のマタドールがやって来た。《登記》である」(HF10, 180)。

三人の改革者はそれぞれのやり方で機械化を推進し集団システムを創造した。それらはいずれも彼ら自身の思惑を超えて、民衆の平和な生活を脅かすものとなる。一旦動き出した巨大機械は、人間をつぎつぎと呑み込み、否応なく押しつぶしてゆく。一七世紀に誕生したこれらのシステムは、一八世紀にさらに巨大化し、一九世紀には社会全体を覆うことになる。

名前なき死者たち

一九世紀に完成を見た巨大機械は、恐るべき勢いで死を生産してゆく。『一九世紀史』において、ミシュレはふたたびこれらの犠牲者に言及する。「恐ろしいことだ！　手始めに三〇〇万の死者、さらに一八一五年と一八七〇年にフランスの埋葬があり、そして明日には、フランスとロシアの間で押し潰されるドイツの埋葬があるだろう」(H19S, 59)。歴史家の危機感は、一八七〇年の普仏戦争を目撃したことで一段と強められる。『一九世紀史』において、ミシュレはいよいよこの大量死の時代を描くことを迫られる。そのとき彼はこれらの死者たちについてどのように語ろうとするのか。

まず、ボナパルトの名声を決定づけたイタリア遠征を取り上げよう。そこでは死者たちは名前をもたず、ただその数を示す数字だけが現れては消えてゆく。不確実な数字を含めて、モンテノッテでは「四千の死者」(H19S, 243)、ロディでは「一二〇〇の死者」(H19S, 250)、カスティリョーネでは「六千の死者」(H19S, 262)、アルコレでは「八千から一万の死者」(H19S, 320)、リヴォリでは「三万の人間がそこで死んだ」(H19S, 323)、チロルでは「捕虜にするか殺したのはたった三千」(H19S, 327)。

帝政時代に入ると、数字はさらに大きなものとなる。「連合軍はアウステルリッツの広大な平原を二万七千の死者で覆ったと言われる。それに八千のフランス兵が死んだ」(H19S, 552)、フリートラントでは「二万のロシア兵と一万のフランス兵が打ち負かされ」(H19S, 577)、ワグラムでは「二万二千のフランス兵と、同じだけのオーストリア兵がそこで死に」(H19S, 614)、スペインでは

「二万二千の人間が虐殺されたと言われ」(H19S, 617)、モスクワとライプチヒでは「一〇〇万の人間が死んだ」(H19S, 634)。

しかしこれらの数字も、ヨーロッパ諸国による植民地政策の犠牲者の数に比べれば、いかに小さなものに見えることか!

かつて死が地球上においてこれほど勝利を収めたことはなかった。なにしろ、ナポレオンがたった一〇年の間に(一八〇四―一八一四年)、彼自身の数字によれば一七〇万のフランス人と、おそらくは同数のドイツ人、ロシア人などを殺したのに対し、イギリスはある有名な裁判において、総督のひとりを、一年間に飢餓で何百万人ものインド人を殺した罪で訴えたのである。この事実ひとつを見ても、この一〇〇年間に二億人の人間の上に知らないうちに統制もなく行われた植民地の専制がどのようなものかを判断することができるだろう。(H19S, 57)

一九世紀において死は勝ち誇る。集団システムの支配のもと、死の舞踏は急速に拡大し、フランスからヨーロッパへ、さらに全世界へと広がってゆく。この圧倒的な死の奔流を前にして、歴史家はなすすべもなく立ちすくむ。そこではもはや、ひとりひとりの死者の顔を見分けることはできない。死者はもはや名前をもたず、忘却の中へ次々と流れ去り、何ひとつ記憶を残さない。

最後の人間

この死の勝利に抗うすべはないのだろうか。歴史家はこの絶望的な状況に、どのように立ち向かおうとするのだろうか。『一九世紀史』が未完に終わった以上、断定的な結論を下すことは控えるべきだろう。ただ、われわれは最後に、晩年のミシュレの心境を示すひとつの手がかりに触れておきたい。彼は『一九世紀史』の第三巻において、ボナパルト時代を代表する芸術作品として、グランヴィル（一七四六―一八〇五）の『最後の人間』という著作を取り上げる。サン＝バルテルミーの時代のジェルマン・ピロンのように、ミシュレの歴史において芸術家はしばしば時代の証人としての役割を果たす。この本はいかなる点でこの時代を代表する傑作であるのか。[4]

フランスはこの時代に数多くの戦争に明け暮れた。しかしこの激動の中で、一八〇〇年から一八〇六年まで奇妙に平和な一時期があった。それは一般には、ボナパルトが内政に専念した時期と見なされている。彼はこの間に、行政・法制・教育・財政等あらゆる分野で改革を行った。一八〇二年には終身統領に就任し、さらに一八〇四年には皇帝に即位し帝政を開始した。しかしミシュレは意外にも、ボナパルトはこの間に何ひとつ行わなかったと断言する。

よく知ってほしい。マレンゴからアウステルリッツまで、フランスは途方もなく退屈していた。今日、人々は、ボナパルトお抱えの歴史家たちを信じて、彼の創造とされるものや、ローマ帝国で発掘されたぼろぼろの古い衣装が、多くの効果を生んだと考えている。大間違いだ！

あれらの衣装や肩書き（十年執政、終身執政、帝国）が変わるたびに、人々はこう言った。「分かった！　分かった！」ブリュメール以来、彼がどこに進んでいるかはよく分かっていた。彼の法律や憲法はほとんど読まれなかった。（H19S, 496）

完全に空虚な六年間。歴史は唐突に歩みを止める（激流の中の奇妙な停滞！）。民衆は死ぬほど退屈する。それはかつて修道院で娘たちが経験した、人間を内部からむしばむ死の倦怠である。この倦怠はただ文学の領域においてのみ何物かを生み出した。「ボナパルトの時代に、独創的といえるものがただひとつだけある。それは新しいジャンル、《倦怠の文学》である」（H19S, 501）。シャトーブリアンの『アタラ』（一八〇一）と『キリスト教精髄』（一八〇二）、コンスタンの『アドルフ』（一八〇二）、スタール夫人の『デルフィーヌ』（一八〇二）と『コリンヌ』（一八〇七）などはいずれも、ミシュレによればこうした倦怠の産物なのである。

グランヴィルはただひとりこの倦怠の時代と正面から格闘した詩人である。彼は世界の終末の予感に苛まれながら、最後の希望を黙示録的作品である『最後の人間』に託そうとした。しかし結局、不幸な詩人は作品を最後まで完成させることなく自ら死を選ぶ。「グランヴィルは書き、自殺する。これこそ清廉で率直な者である。――彼はすべての饒舌家を黙らせるにちがいない。／グランヴィルの『最後の人間』は、着想において現代のいかなる作品よりもはるかに優れている。実際にできた作品は生彩を欠くものであるが、そのことによって一層、真実の特徴を示している。それは明らかに絶望から着想された（一七九八―一八〇四年）」（H19S, 502）。

グランヴィルは貧しい貴族の家に生まれ、司祭の教育を受ける。彼は大革命の激動に巻き込まれ、恐怖政治下において妻帯を余儀なくされる。革命後、彼は妻帯司祭として激しい迫害を受け、夫妻は世捨て人のように閉ざされた家の中に身を隠す。すべてに絶望した彼を、一編の詩の構想だけが生につなぎ止めていた。「グランヴィルはこの死の誘惑に長いあいだ抵抗した。彼は仕事によって戦い、希望にしがみついた。偉大な思想の宿る魂は死んではならないのだと自分に何度も言い聞かせながら」（H19S, 505）。彼はこの作品の下書きを発表するが、反響は皆無であった。「この《忘却》、この沈黙が著者にとってとどめの一撃となった。運命によって彼の有罪判決は確定した」（H19S, 509）。絶望した詩人は運河に身を投げる。

ミシュレはこの作品の要約を『一九世紀史』第三巻の補遺に置く（以下の引用はグランヴィルのテクストではなくミシュレの要約による）。未来において子供が誕生しなくなり、人類は絶滅の危機に瀕している。ただ、世界で唯一の若い世代のカップル、「最後の人間」とその妻の存在だけが人類存続の希望である。しかし、神は人類の祖アダムに、地上に戻って最後の人間に地上の愛を断念するよう説得することを命じる。彼らの子孫は人類の諸悪をいたずらに長引かせ、地上にさらなる不幸と悲惨をまき散らすだけであろうから。最後の人間はアダムに説得され、この身を切るような犠牲を受け入れる。彼は妻を置いて黙って旅立つ。こうして人類は滅亡し、彼らを守護してきた大地の精も死ぬ。「そして彼〔大地の精〕とともに暗闇は終わった。月よりも優しく太陽よりも輝かしい陽光、自由でひとつの星に限られない陽光が、天空を黄金色に彩った。それは永遠の夜明けであった」(H19S, 661)。

『最後の人間』において、人類の滅亡は神の意志の実現であり、地上の悲惨からの人類の解放を意味する。しかしミシュレはこの結末を必ずしも救済とは見なしていないように見える。彼の共感は、死を受け入れる主人公よりも、むしろ最後まで死に抵抗する大地の精に向けられている。この解釈がグランヴィルの意図に沿うものであるかどうかはともかく、このことはミシュレの歴史の終末に対する姿勢を示唆するものとしてきわめて興味深い。

> 彼の詩の主題は《最後の人間》である。あるいは世界の死と言ってもよい。それは、時間の終わりに到達し、疲れきり死の宣告を受けた、大地の精の最後の戦いの物語である。精は宣告に逆らって生に執着し、生きるために人間たちの愛を守ろうと、なおも愛させようと努力する。なぜなら、地上に愛し合うカップルがいるかぎり大地は終わらないのだ、そう崇高な詩人は言う。
>
> グランヴィルはこの死の詩を生涯にわたり温め続けた。(H19S, 505)

大地の精は神の意志に逆らい、主人公たち二人を必死で守ろうとする。なぜなら人類の死は彼自身の永遠の死を意味するからである。最後の人間とその妻が死を受け入れた後も、大地の精はなおも死に抵抗する。人類が死に絶えた地球の上で、大地の精は死神を相手に絶望的な戦いを繰り広げる。大地の精は言う、「死は人間にとっては何でもない。人間は不死となり生まれ変わることを知っている。ところがおれは、生まれ変わりはしない。おれは死など恐れない、恐ろしいのは虚無だ。何だと！　おれがもう存在しない、おれが二度と存在しないだと！」（H19S, 660）来世の復活をもたない大地の精は、あくまでも現世の生に執着し、世界の終わりを拒絶する。ここにあるのは、無益と知りつつ最後まで抵抗を試みる、永遠の反逆者としてのサタンのイメージである。あるいはそれは、『フランス史』の完結を断念し、歴史に対して永遠に異議を唱え続けることを選んだ歴史家自身の姿かもしれない。

注

（1）シスモンディは晩年に病気と老齢のために『フランス人の歴史』（全三一巻、一八二一―四四）の続行を断念し、最後の数巻を人手に委ねなければならなかった。彼は自身の手になる最後の巻、第二九巻（一八四二）の「私の結論」においてこう記す。「ひとりの著者が二四年間働き続けたあげくに、最初に設定していた到達点を目の前にして筆を止めるということが、どれほど無念なことかお分かりいただけると思う。あとほんの数ヶ月同じ努力をすればそこに到達できると分かっているのだから」（Simonde di Sismondi, *Histoire des Français*, Paris, Treuttel et Würtz, 1821-1844, 31 vol., t. XXIX, p. 510-511）。

（2）Roland Barthes, *Michelet par lui-même*, p. 22.

（3）Camille Jullian, *op. cit.*, p. LXXXII.

（4）『一九世紀史』のグランヴィルに関する章は大部分、ミシュレが一八五一年に書いた『黄金伝説』のための草稿を再録したものである。

ミシュレの死

ミシュレの墓
（ペール＝ラシェーズ墓地）

ミシュレの全生涯は、自らの人生と歴史とを結びつけようとする努力の連続であった。幼少期から死の観念にとりつかれた彼は、私的体験と歴史家の職務を結びつけることで、祖国の中に失われた家族を回復しようとした。歴史家は民衆に歴史を与えることで、民衆への負債を返すと同時に、失われた家族と和解することができるだろう。その時、ミシュレと家族は、歴史家と民衆は、生者たちと死者たちは、想像の祖国の中でひとつになるだろう。ミシュレは最晩年にいたるまで、この目標を忘れることはなかった。

歴史はこれらの相続者のいない栄光を受け取り新たにする。歴史はこれらの死者たちに新たな生命を与え、彼らを復活させる。歴史の正義はこうして同じ時代を生きなかった者たちを結びつけ、一瞬だけ現れて消えていった何人かの人々に償いをする。彼らはいまやわれわれとともに生き、われわれは自分が彼らの親族であり友人であると感じている。こうして生者たちと死者たちの間に、ひとつの家族が、ひとつの共通の都市が作られる。

(『一九世紀史』第二巻への序文) (H19S, 268)

ミシュレはこの目標のために「歴史の祭司職」に全身全霊を捧げようとした。彼がたびたび口にする著者と作品の同一視は、歴史のために私生活を抹消することであり、歴史家と歴史との一体化を意味する。「私の人生は本書の中にあった。それはその中で過ぎ去った。本書は私の唯一の出来事であった」(『フランス史』序文)(HF1, 14)。その時、死は歴史家の理想となる。死だけが歴史家の個人的要素を消し去り、民衆との完全な同一化を可能にするだろう。「友よ、言ってほしい、いまや私が何を恐れるというのか。私自身の中で、そして歴史の中で、あれほど何度も死んだこの私が。——そして私が何を望むというのか。歴史を通じてあらゆることに参加する機会を、神が私に与えてくれたというのに」(『民衆』序文)(P, 70)。

しかしこの目標の達成は困難をきわめた。ミシュレが一八三〇年に打ち立てた歴史像は、その後の歴史の進展の中でもろくも崩れ去った。彼が人類の到達点と称えた七月王政は保守的な政権にすぎなかった。彼が歓呼の声で迎えた一八四八年の共和政はたちまち崩壊した。ミシュレは公職を追われ、ペンだけで生活を支えることを余儀なくされる。現実の歴史に裏切られた歴史家は不屈の意志で仕事を続けたが、時に挫折感に襲われずにはすまなかった。『われらの息子たち』(一八六九)において、晩年の歴史家は自らの全生涯を否定するかのような告白を漏らす。「私は民衆に生まれた。私は民衆を心に抱いていた。民衆の古い時代の記念碑は私を恍惚とさせた。私は四六年にかつてないほどに民衆の権利を示し、六四年には民衆の長い宗教的伝統を示すことができた。しかし民衆の言語、その言語に、私は近寄ることができなかった。私は民衆に話させることができなかった」[1]。

おそらくはこのような挫折感こそが、ミシュレを『フランス史』の完結に安住させることなく、『一九世紀史』の執筆へと向かわせたものである。同時代の歴史を扱ったこの作品は、ある意味でフランスの歴史と彼自身の人生を結びつけるはずのものであった。すでに見たように、彼は第一巻への序文の冒頭で自らの誕生と遠からぬ死に言及する。まるで自分自身の生涯を歴史の中に書き入れようとするかのように。「私はバブーフの恐怖のもとに生まれ、死を前にインターナショナルの恐怖を目にした」(H19S, 57)。歴史家はこの作品のあちこちに個人的な記憶を挿入する。そこには、父の経営する印刷所の閉鎖、母の病気、父の死など、家族の歴史がさりげなく書き込まれる。

そこにはミシュレ自身の誕生も記されるはずであった。『一九世紀史』の第二巻への序文の草稿を取り上げよう。ミシュレは注のひとつにおいて、自分自身の出生を取り巻く状況を説明する。

(あれほど多くの不幸が続くことになる)この幸福の瞬間、世界共和国が花咲くように見えたこの祝福された瞬間に、母は私を懐妊した(九七年一二月)。スイスをはじめとする多くの国が自由に向かって飛び立とうとしていた。私にはひとりの兄がいたが、父の危機が母に与えた動揺がもとで死んでしまった。[父はあるビラを、多分読みもせずに印刷し、糾弾された。]父は印刷業の真の殉教者であった。私の真面目な母は、彼[父]より年上で心配性であったので、最初の子供が死んでいなければ、新たに子供を欲しいとは思わなかっただろう。それから、フリュクチドールの共和国の勝利と、われわれの周囲に作られたあれほど多くの姉妹共和国の誕生の後、未来は保証されたかに見えた。母は（冬に）私を懐妊したが、すでに私の誕生の時（九八年八月二一日）には状況は暗くなり、チューリヒの大勝利まで再び晴れやかになることはなかった。それを喜ぶ間もなく、エジプトからわれわれのもとに災厄（一五年間にわたる戦争と二度の侵入）が帰ってきた。私の陰鬱な少年時代は、廃墟と家庭の不幸のあいだで、この呪われた時代の中で展開した。私はひとつのことをはっきりと覚えている。彼が統治する間、空は鉛のヴェールに覆われた、暗いドームのように見えた。（H19S, 270）

ボナパルトのイタリア遠征が一七九七年一〇月のカンポ＝フォルミオ条約の締結によって閉じられた後、ヨーロッパは平和を取り戻したかに見えた。ミシュレの母が懐妊したのはその時である。ミシュレはこうして自らの誕生を、世界共和国のはかない希望に結びつける。しかし平和の幻想は長くは続かなかった。一七九八年五月、ボナパルトはエジプトに遠征する。八月に子供が生まれた時には、社会はすでに不吉な予感に包まれていた。翌年一一月にボナパルトはブリュメールのクーデタによって権力を掌握する。ミシュレは誕生した瞬間からボナパルトの専制と対立するよう定められていた。

ミシュレの究極の目的は二つの時間を結びつけることにあった。歴史家は歴史の中に自らの存在を書き込むことにより、この目的を達成しようとしたかに見える。彼はこの画竜点睛によって過去と現在の連続性を証明し、歴史の円環を閉じようとした。しかし、ミシュレは結局、一旦書いたこの注を削除する。(2) それはなぜだろうか？　歴史家は絶望のあまり、最後の瞬間に生涯の目的を断念したのだろうか。あるいは、彼はあえて作品の完結を放棄することで、終わりなき歴史を生きることを選んだのだろうか。それとも……。――真相は誰にも分からない。早急な結論を下すのはやめよう。テクストは永遠に開かれたものとして存在する。われわれはただ、最後まで迷いながら苦闘を続ける、年老いた歴史家の姿を想像するにとどめよう。

とはいえこの闘いは過酷なものであった。長年にわたる過労がミシュレの身体を蝕んでいた。普仏戦争の敗北は彼の愛国心を痛めつけた。講和条約締結直後の一八七一年二月二八日、ミシュレは軽い卒中の発作を起こす。パリ・コミューン勃発後の四月三〇日、二度目の発作が起こり、一時的に右手と発話の自由を失う。そして「血の週間」開始直後の五月二二日、深刻な三度目の発作が起こり、再び右手と発話の自由を失う。三日後にようやく回復するが、筆跡は二度と元に戻らなかった。『一九世紀史』の三巻はこのような満身創痍の状態で執筆された。

一八七四年二月九日、ミシュレは南仏の港町イエールにおいて心臓発作で死ぬ。『一九世紀史』第四巻の執筆に取り掛かったところであった。カミーユ・ジュリアンは、ミシュレはフランスの破滅のせいで死んだと述べる。ミシュレの歴史において、社会と運命を共にすることは聖人に許されたひとつの特権であった。祖国の殉教者としての崇高な死！　ミシュレにとってこれ以上の称賛の言葉はないだろう。

一八三〇年と一八四八年の革命と同様に、一八七〇年のさまざまな出来事は、歴史文学やあれらの作家の生涯や作品に余波をもたらした。彼らのうちの誰ひとりとして、われわれの惨憺たる敗北や体制の変化に苦悩し心配しない者はなかった。ミシュレは一八七四年に、フランスのために耐え忍んだ苦悩によって死んだといっても過言ではない。(3)

(『一九世紀フランス歴史学注解』)

しかし、われわれはあえてミシュレの死に関するもうひとつの証言を取り上げよう。そこでは死の様子がより間近から克明に観察されている。われわれはミシュレの晩年の流儀にならって、その年老いた身体を晒すことにする。

彼は突然心臓発作に襲われて倒れた。それは四日間続いた。私はこの最後の病状について、遠い昔に聞いた、どこにも発表されていない言い伝えを取り上げよう。医者がミシュレを診察に来た。

「きれいなシーツを敷いて、下着を換えるように」と彼は言った。

ミシュレはこの言葉を聞いて飛び上がった。

「下着、先生、下着ですって。下着とは何だかご存知ですか。農民の下着、労働者の下着……。下着、重大なことです……。私はそれについての本を書きたい……」。

「落ち着いて、ミシュレさん、落ち着いて!」と医者は言った。

彼は死んだ。そして彼がその名を聞いて興奮したこの下着が、彼の遺体を包んだ。

われわれの知るところでは――印象深いことに――、彼の遺体は棺に入れられる前に、イエールの彼の家の、湾と島々に臨む窓辺に、花の中に横たえられ、二日間陽光の下に晒された。(4)

(ダニエル・アレヴィ『ジュール・ミシュレ』)

汚れたシーツの上で錯乱して死ぬミシュレ、南仏の陽光の下に晒されるその身体――これもまた彼の死の一側面である。どちらの物語が彼の最期にふさわしいかは、読者の判断に委ねることにしたい。

注

(1) *Nos fils*, *Œuvres complètes*, Flammarion, t. XX, 1987, p. 497-498.

(2) 同じ序文において、ミシュレが自分自身の死に言及した次の文章も削除された。「私はもうすぐ死に、私自身が長年の仕事とともに、私が歴史を書いている一九世紀のひとつの思い出、ひとつの事実となるだろう」(H19S, 268)。

(3) Camille Jullian, *op. cit.*, p. CXIII.

(4) Daniel Halévy, *Jules Michelet*, Hachette, 1938, p. 188.

付論　ミシュレの復活

リュシアン・フェーヴル

ロラン・バルト

ミシュレの死を見届けた後で、少し視点を変えて、死後のミシュレについて語ることにしよう。とはいえわれわれはジェルマン・ピロンのように、遺体の腐敗の過程を凝視することに嗜虐的な喜びを見出すわけではない。それどころか、ミシュレは今も生きている——生ける屍としてではなく、奇妙なほど生命力に満ちあふれて。彼が死んでから今日にいたるまで、その作品について多くの言葉が語られてきた。そのいくつかをここで拾い上げることにしよう。無論、これは研究史とか受容史と呼びうるほど体系的なものではない。それでもこれらの言葉は、さまざまな角度からその作品を照らし出すことで、この歴史家の思いがけない相貌を浮かび上がらせてくれるにちがいない。

まず、ミシュレ以降の歴史学の進展を追うことにしよう。第三共和政下において歴史学は大学制度の中に取り込まれ、文学とは切り離された独立した専門分野として確立されてゆく。それは、歴史学が特殊技術をもつ専門家の手によって独占されることを意味する。シャルル＝ヴィクトル・ラングロワ（一八六三—一九二九）とシャルル・セニョボス（一八五四—一九四二）は、ソルボンヌの学生向けの教科書として『歴史学研究入門』（一八九八）を刊行する。歴史家を志す者は誰でも、このマニュアルで共通の方法論を学ばなければならない。彼らはここで自然科学（ニュートンやラヴォワジエ）をモデルにしつつ、歴史学を実証的な科学として確立しようとする。そこでは実証主義以前の歴史は、非科学的な過去の遺物として切り捨てられる。こうしてミシュレは明快な死亡宣告を受け、いまや芸術作品としてのみ存在を許されることになる。

要するに、歴史学は一八五〇年頃までは、歴史家にとっても公衆にとっても、いまだ文学の一ジャンルであった。歴史家が自らの著作を少しも変更せずに数年ごとに再版し、大衆もそれを許容していたことが、そのよい証拠である。ところで、いかなる科学的作品も、絶えず改訂され、点検され、最新の情報に通じるものでなければならない。学者は本来、自らの作品に《変更ナシ》の形態を与え、末代まで読まれ続けることを望むものではない。彼らは個人的な不死を望んだりはしない。彼らの研究の成果が後の研究によって修正され、時には変更されて、人類の科学的遺産をかたちづくる知識の総体の中に組み入れられれば彼らには十分である。誰もニュートンやラヴォワジエを読みはしない。彼らの作品によって膨大な量の研究が生み出され、それが彼らの研究に取って代わり、早晩それら自体も別の研究によって取って代わられる、ニュートンやラヴォワジエの栄光にとってはそれで十分なのである。永遠の若さをもつのは芸術作品だけである。大衆はそのことをよく知っている。ビュフォンが文章家としてどれほど優れていようと、誰も彼から博物学を学ぼうとは思わない。しかしこの同じ大衆が、オーギュスタン・ティエリやマコーリーやカーライルやミシュレからは、喜んで歴史を学ぼうとする。そして大作家たちが歴史を主題にして書いた著作は、現代の知識からすれば明らかに時代遅れであるにもかかわらず、死後五〇年たってもそのまま再版されている。明らかに多くの人々にとって、歴史においては形式の方が内容よりも重要であり、歴史作品は常に、もっぱらとは言わないが、何よりもまず芸術作品なのである。(1)

無論、すべての歴史家がこのような実証主義志向を抱き、過去の歴史学に冷淡な視線を注いだわけではない。一部の歴史家たちは史学史的な問題意識から、あるいは祖国の伝統に対する愛国的な敬意から、過去の歴史家たちの仕事に注目した。カミーユ・ジュリアン（一八五九—一九三三）は『一九世紀フランス歴史家選集』（一八九七）に付された『一九世紀フランス歴史学注解』において、一九世紀史学史のコンパクトな見取り図を作ると同時に、ミシュレをはじめとする先達の業績に対して熱烈な敬意を表明する。自らも大部な『ガリア史』（一九〇七—二八）の著者であるジュリアンの文章は、フランスの歴史学的伝統を支える強い愛国的感情を反映している。「最後に、歴史家は自らの作品がつまらない好奇心を満足させるという以上の高貴な重要性をもっていることを忘れてはならない。われわれが語った作家たちはみな、フランスの名声を高め、真実という共通遺産をより豊かなものにした。彼らは自らの活力と知性によって人類に敬意を表したのである。ティエリ、テーヌ、フュステル・ド・クーランジュは、『戦場の傷痍兵』と同じだけ祖国に貢献した。彼らは学問のために自らの力と生命を注いだ。彼らは人間として自らの義務を果たしたのである」(2)。

『ルヴュ・イストリック』の創始者であるガブリエル・モノー（一八四四—一九一二）は、ミシュレの直弟子である。彼はいわばミシュレの「使徒」として、師の遺稿を整理し、その後のミシュレ研究の基礎を築いた。彼の『ジュール・ミシュレの生涯と思想（一七九八—一八五二年）』（一九二三）は最初の本格的な伝記的研究である。モノーは多くの未刊行資料を用いてミシュレの生涯を詳細に再現する。本書はモノーの死により一八五二年の時点で中断された。にもかかわらず、本書は長いあいだミシュレの最良の伝記としての権威を保ち続けた。

私は『フランス史』の最初の二巻を読み返したところである。私は、最初にそれを読んだ第五学年の一一歳の時と同じように感動し驚嘆した。そのとき私は初めてこう思った。「ぼくは歴史家になるのだ」。時折、これらの巻が古くなり時代遅れになったと言う声を耳にする。そう言う者たちは、これらを読んでいないか、忘れてしまったか、あるいは、フランス史に初めて生命を与えたこれらの書物に彼ら自身が負うすべてのものを認めたくないのである。それらは歴史の理解の仕方において、何かを永遠に変えてしまった。ミシュレの同時代人たちはそれを感じた。われわれがそれを認めないとしたら、われわれは恩知らずになるだろう。(3)

ミシュレの『フランス史』は長いあいだ、ブルジョワ的教養の一環として広く読まれ続けた。ジャン＝ポール・サルトル（一九〇五―八〇）の小説『嘔吐』（一九三八）において、『フランス史』は主人公ロカンタンの昔の恋人であるアニーの少女時代の愛読書として登場する。それはブルジョワ家庭の財産目録の一部であり、それが父の死後叔父の手に渡ったことに彼女は激怒する。この本の挿絵に強い啓示を受けた彼女は、後年、そこに示された「完璧な瞬間」を自らの手で実現しようとして失敗する。一方、ロカンタンの方は歴史書を執筆するという野心を断念する。この二つの挿話はいずれも、実存の意識化がもたらした挫折を示している。つまり、観念と実存の乖離を意識した者はもはや、人生の意味や歴史の方向性を信じることはできない。ミシュレのような歴史学はもはや、実存に気付かない鈍感な人々（すなわちブルジョワ）にとっての無難な教養にすぎない。

「そう、私はあのカフェで、それについてあなたに話したわ。それに関して、小さい時にもっていたミシュレの『フランス史』の大型本について話したことがあった。その本はこれよりもずっと大きくて、紙はキノコの内側みたいに青白かった。匂いもキノコみたいだった。父が死んだ時、叔父のジョゼフがそれを見つけて、全部の巻をもって行った。その日のことよ、私が叔父を豚野郎と呼んで、母に鞭で打たれ、窓から飛び降りたのは」。

「そうそう、君は確かに『フランス史』について話した……。それを屋根裏部屋で読んだんだね？　ほら、覚えているよ。さっき、ぼくが何もかも忘れたと言って責めたけれど、そうじゃないことが分かっただろう」。

「お黙りなさい。あなたがちゃんと思い出したように、私はその大きな本を屋根裏部屋にもっていった。それには挿絵がほとんどなくて、多分一巻に三、四枚だった。でもどの挿絵も丸々一頁を占めていて、その裏側は空白だった。それはとても印象的だった、なにしろ他のページは文章がたくさん入るように本文が二段組になっていたから。私はそれらの挿絵が大好きだった。挿絵をすべて覚えていて、ミシュレの本を読み返すたびに、五〇ページも前からそれを待っていた。それをまた見つけるのが、いつも奇跡のように思われた。おまけに、実に凝っていて、挿絵に描かれた場面はその前後のページの文章とは決して関係がなく、三〇ページも先の出来事を探さなければならないの」[4]。

二〇世紀初頭、歴史学は大学制度において、実証主義的な方法論の中に次第に硬直化していった。リュシアン・フェーヴル（一八七八—一九五六）とマルク・ブロック（一八八六—一九四四）は一九二九年に『アナール』を創刊し、それまでの歴史学の制度的な枠組みを打ち壊そうとする。彼らは、人類学・民族学・社会学・地理学といった周辺諸学と提携することで歴史学の枠組を拡大し、「全体史」を構築することを提唱する。そのような動向の中でミシュレは新たな脚光を浴びる。フェーヴルが前の世代の実証主義的な歴史学を激しく批判し、ミシュレの再評価を声高に訴えたのである。ここでは一九四二年度のコレージュ・ド・フランスにおける講義である『ミシュレとルネサンス』（一九九二）を取り上げよう。フェーヴルによれば、かぎりなく多様でかぎりなく複雑な歴史を理解するには、厳密な論理の積み重ねではなく、一気に核心を突くような大胆な直観が必要である。そしてミシュレこそ、歴史学の領域や方法についての約束事にとらわれることなく、すべてを同時に把握しようとした最初の歴史家なのである。

歴史はさまざまな色の糸が何十本も絡み合った大きな糸玉であり、それらの糸によって、人間の《全体》史が、文学や芸術、理論的学問や実践的活動、政治・法律・経済の体系、倫理、宗教、多様な構造の社会を同時に含む全体的な歴史が、織りなされているのです。歴史家の関心は、そこから一本の糸をより分けて注意深く端から端までたどってゆくことではありません。彼の関心は、反対に、ある時代にさまざまな糸がどのように、どんな順序やどんな配分で、混じりあい絡みあって、固有の文明を織り上げているかを見ることです。(中略)

退けるべき誤った問題があります。扱うべき真の問題があります。さらに付け加えましょう。従うべき偉大な歴史家がいます。歴史の織物から芸術や文学といった一、二本の糸だけでなく、《同時にすべての糸を》天才的な鋏さばきで力強く断ち切った最初の歴史家。さらに言えば、歴史学を、真の歴史学を最初に創った歴史家。真の歴史学とは、たとえそれがどれほど綿密で方法的なものであろうと、人間精神の一面を他の面から切り離して分析するだけのものではありません。またそれは、際限のない一般化や、乱雑な一般化や、形式主義的な一般化や、幼稚な本質の探究や、抽象的な言葉遊びでもありません。それは、言葉のあらゆる意味において総合である歴史学です。私はこの言葉をでたらめに選んだわけではありません。ミシュレ自身がこう記しています。「ベルトロ〔化学者。一八二七―一九〇七〕は化学において名言を残した。『人間は自分が作り直したものしか理解できない』。この言葉は私の方法そのものだ。だから私は歴史を《復活》と名づけた(5)」。

「異端ハ存在シナケレバナラナイ」[6]と叫んだフェーヴル、歴史を「科学」ではなく「科学的に行われる研究」[7]としか呼ばなかったフェーヴルは、歴史学の制度的な固定化を何よりも嫌った（『歴史のための闘い』）。そのような彼の目に、自らをコレージュ・ド・フランスの「他所者」と呼んだミシュレは、まさに永遠の異端者として姿を現す。フェーヴルは本書において、単にミシュレを現代歴史学の源流に位置づけるだけでなく、ミシュレが生きた一九世紀の知的環境そのものを膨大な知識で再構成してみせる。そしてミシェル・フーコーを思わせる系譜学的な観点から、ミシュレの中に今日の歴史学の「起源」を探るのではなく、歴史学の「誕生」そのものを見出すのである。「考えてもみてください。ミシュレが歴史学に関心をもつことなどありえなかった。なぜなら歴史学は――われわれが歴史学と呼び、ミシュレの注意を引いたにちがいないものは――、彼が二〇歳の時には存在していなかったのですから」[8]。

同じ頃、ジョルジュ・バタイユ（一八九七―一九六二）も『魔女』への序文（一九四六）において、ミシュレの歴史学の深層にある人類学的・民族学的な水脈の広がりを指摘する。ミシュレは『魔女』において、中世の異端信仰の内にキリスト教普及以前の民間信仰の名残を見出し、そこに虐げられた民衆の反抗のしるしを読み取ろうとした。これはまさに二〇世紀の歴史人類学への道を開くものである。さらにバタイユは、ミシュレの異教的饗宴に対するひそかな共感を探り当て、彼の共和主義者の顔の下に隠された悪魔的な顔を浮き彫りにする。「明らかにミシュレを導いたのは《悪》のめまいであった。それは一種の錯乱であった」[9]。

この無意味の祝祭にそれにふさわしい価値を認めたことは、ミシュレの栄誉である。彼はその祝祭のもつ、身体的である以上に心情的な、人間らしい熱気を復元した。彼がサバトを「偉大で恐るべき反抗」である中世のジャックリーに結びつけたことが正しいかどうかは分からない。しかし魔術の儀式は虐げられた者たちの儀式である。征服された民族の宗教はしばしば、征服後に形成された社会において魔術となる。中世の夜の儀式はおそらくある意味で、古代人の宗教的儀式の延長である（いかがわしい面は保たれている。つまり、サタンはある意味で《よみがえるディオニュソス》である）。つまりそれは、《異教徒たち》、農民たち、農奴たち、支配的な現実の秩序と支配的な宗教的権威の犠牲者たちの儀式なのである。この下層の世界に関することは何ひとつ明らかではない。それでも、ミシュレがそれについて、まるで《われわれの》世界――私たちの心の震えが生命を与える世界――について話すように、希望と絶望をこめて話したことは、彼の栄誉である。その希望と絶望はわれわれ自身の運命であり、われわれはそこに自分自身を認めるのである。(10)

戦後のミシュレ研究の最右翼に位置するのが、『全集』や『日記』や『コレージュ・ド・フランス講義』の編集者であるポール・ヴィアラネである。彼はモノーを継ぐミシュレの「使徒」として、常にミシュレ研究の中心に位置し、数多くの版の校訂を行った。彼の『王道』（一九五九）は、ミシュレの私生活と研究生活の両面からその社会思想の成立過程を丹念に辿った、アカデミスムの立場からの最も重要な研究である。彼はそこで、宗教的ともいえる熱意をもって、ミシュレが築こうとしたあの共通の都市への参入を呼びかける（また、ヴィアラネはミシュレ生誕二〇〇年の折に本格的な伝記研究である『ミシュレ、仕事、日々 一七九八—一八七四年』（一九九八）を刊行した）。

この「王道」において、私はミシュレの後を追いかけた。そして読者にも私について来るよう呼びかけたい。この道はまず、この多感で忠実な人間を子供時代に民衆に結びつけ、彼のうちに消えざる「炎」をともした経験を横切る。次に、そこから豊かな教養という「誘惑の小道」が枝分かれするが、やがてそれらは調和の四辻でこの道と再びひとつになる。それからこの道は歴史の平原を横切る。そこからは数知れない「祖国の子ら」が列になって立ち上がり、生へと立ち返って共通の母を祝う。最後に、「王道」と、互いに和解しそこにひしめく人類のまわりに、「創造」が、さまざまな動物や、そのほかの諸要素の塊を、神秘的な秩序によって並べることになる。(11)

最左翼に位置するのが、ロラン・バルト（一九一五—八〇）の『ミシュレ』（一九五四）であろう。「ヌーヴェル・クリティック（新批評）」の旗手であるバルトは本書で、テマティックと呼ばれる批評方法を確立した。彼はミシュレのテクストの内部において、イデオロギーとテーマという二つの層を峻別する。ミシュレの表面的な政治的・宗教的意見（イデオロギー）の背後には、感性と想像力の織りなす有機的な世界（テーマ）が広がっている。ミシュレはイデオロギーの次元では凡庸な作家にすぎないが、テーマの次元では非凡な天才として現れる。これは、ミシュレのブルジョワ的側面（しばしばマルクス主義の立場から攻撃を受けていた）を否定しつつそのテクストをいかに評価するかという問いに対する、バルトなりのきわめて戦略的な回答である。ミシュレのイデオロギー面をあまりに性急に切り捨てた感は否めないが、そのテクストの重層性を発見し読解可能性を飛躍的に広げたことの意義はきわめて大きい。

テーマは実際のところ《実体的》であり、題材のある種の性質に対するミシュレの態度に関わるものである。歴史的対象は常に、それが引き起こす嫌悪や、魅力や、めまいに還元されうる。（中略）

テーマの実体的性格は二つの帰結をもたらす。まず、テーマは歴史を座礁から解き放つ。例えば、ミシュレは政治的にはいかなる独創的な見解ももっていない。彼は一八四〇年頃のプチブルジョワジーの平均的な考えしかもっていない。しかしテーマの状態に移ると、これらのありふれた考えが特殊な経験となるのである。（中略）ミシュレ的テーマはこのように二つの根源をもつ。すなわち、歴史的根源と実存的根源である。だから、まずミシュレのテーマ系を確立してからでなければ、ミシュレに対する歴史学的批判を行うことはできない。

次に、テーマは価値体系全体を支える。いかなるテーマも中立ではなく、世界のあらゆる実体は幸運な状態か不吉な状態に分かれる。通説とは反対に、ミシュレの道徳は決して修辞的なものではない。それは身体の道徳である。歴史は肉体の法廷で裁かれる。善は滑らかで、流動的で、律動的な性質をもつがゆえに善と宣言され、悪は乾燥と不連続性をもつがゆえに悪と宣言されるのである。(12)

興味深いことに、バルトは本書の冒頭で、サルトルの小説の表題と同じ「吐き気(嘔吐)」という言葉を用いている。「ミシュレの病とは、めまいと吐き気の入り混じった偏頭痛であった(13)」。これはバルトのサルトルに対するひそかなアンチテーゼではなかったか。サルトルが実存の対極に位置づけたミシュレを、バルトは実存の側から捉え直す。「それはまるで、サルトルが『嘔吐』において物事を手放したその場所で、バルトがそれらを拾い上げるかのようである。歴史の虚飾をなぎ払い、バルトはミシュレのテクストを実存の経験の観点から書き直す。まるでロカンタンがペンをとったかのように(14)」(ポール・プティティエ「ロラン・バルトの『ミシュレ』」)。

フェーヴルとブロックが創刊した『アナール』は、フェルナン・ブローデルをはじめとする多くのすぐれた歴史家を輩出し、戦後の歴史学の動向に大きな影響を与えた。「アナール学派」と呼ばれるこれらの歴史家たちは、関心の領域をさらに拡大し、歴史的事件の背後にある不可視の構造や、信仰や習俗といった心性の領域や、数十年単位の長期変動に注目する。彼らにとって、ミシュレはしばしば重要な霊感の源泉となった。例えばジャック・ル・ゴフは「ミシュレの中世たち」（一九七四）において、中世史家の立場からその歴史学の再評価を試みる。ル・ゴフは、ミシュレの中世観が時代を追って変化する様子を丹念に辿りつつ、歴史家と研究対象の関係がどれほど記述内容を左右するかを明らかにする。しかしそれは必ずしも歴史家の主観性を断罪するためではなく、むしろ歴史家の想像力の行使を積極的に擁護するためである。

どんな時代の歴史も、その基盤となる史料のみから作られるのではない。史料が豊かになり、史料批判が洗練され、その緻密な利用がますます求められるのは、ヘロドトス以来の、そしてとりわけミシュレ以来の前進である。しかし、すべてを知ることはできないということ、中世についてすべてを知ることなど決してできないということは、受け入れなくてはならない。空白を埋めようと望んだり、方法もなしに空白に語らせたりするのは危険である。しかし、歴史の沈黙がおそらくあまりに多くの部分を仮説に委ねる古代と、史料の重荷に打ちひしがれた近代のあいだで、中世は幸福な均衡の時代、十分に利用された史料と十分に根拠づけられた想像力が実り豊かに協力しあう時代になりうる。歴史家、とくに中世史家が想像力を用いる権利、それを最もよくわれわれに教えてくれるのは、やはりミシュレである。想像力によって欠如や弱さの上にあれほど偉大な夢の文明を築くことを知っていた時代を、想像力の力に訴えることなしに、いかにして説明し、よみがえらせることができるだろうか。(15)

構造主義の隆盛とともに物語分析の理論が発達し、文学作品のみならず歴史作品に対してもたびたび応用されるようになる。バルトは「歴史の言説」（一九六七）や「現実効果」（一九六八）などの論文において、歴史叙述に緻密な分析を加えた。アメリカではヘイドン・ホワイトが『メタヒストリー』（一九七三）において一九世紀歴史学をフォルマリスムの観点から分析した。歴史作品を現実との整合性においてではなく、もっぱらテクストの内部構造において問題にするホワイトの姿勢は、大きな反響を引き起こした。とりわけ、歴史は厳密な科学ではなく、同じ歴史的事実に対して互いに等価な複数の解釈が可能であるという主張は、多くの歴史家の反発を呼んだ。「私が示したように、歴史研究のもつ非科学的なあるいは原科学的な性質は、歴史家がある特定の話法のモードを――一七世紀の自然科学者にできるようなやり方では――承認できないという点に表れている。歴史学は一九世紀を通じて、人文科学一般と同様に、自然言語のもつ気まぐれに、そしてまたその生産的な能力に結びついたままであった――そして今日でも同様に結びついている。その結果、歴史記述は依然として、同じ一連の歴史的事実について、あるいは同じ一連の歴史的区分について、同じく正当でありながら互いに排他的なさまざまな解釈を創造できるという厄介な状況にあるのである[16]」。

一方、ジャン＝ピエール・リシャールは、そのミシュレ論においてテマティック批評をさらに進展させた。彼は「風のフィアンセ」（一九七四）（『ミクロレクチュール』（一九七九）所収）において、まるで一編の詩を分析するように、『魔女』の短い一節に対して何ページにもわたる詳細な分析を加える。そこでは歴史家とその時代に関する資料はほとんど参照されず、ひたすらテクストのみが丹念に読み込まれる。批評家はこのきわめて密室的な作業によって、ミシュレの歴史叙述の重層的な構造を浮き彫りにし、その無意識的欲望の深層に入り込む。以下の引用において、リシャールはバンヴェニストの用語を用いながら、「レシ」のモードの背後に潜む「ディスクール」のかすかな声に耳を澄まし、さらにサタンの声の中に歴史家自身の声のこだまを聞き取ろうとする。

しかしこの欲望は要するに、歴史の欲望、あるいは少なくとも、ミシュレがしばしば言明していたような、歴史を書こうとする欲望でもあるのではないか？　「死者たちを帰って来させる」という計画の中に、とりわけ「私は死者たちの王であった」という勝ち誇った表現の中に、きわめて個人的な願望のこだまを見出すのは困難ではない。姿を隠し、そしてサタンと二重になりながら、この新たな欲望の舞台の中央に登場するのは筆者ではないだろうか。ミシュレは、第四場以降《ディスクール》による間接的な介入を断念したように見えたが、直接的で匿名の呼びかけを行う《他者》にそのまま言葉を与えるために、実際には絶えずこの声に滑り込み、この声によって自分の存在を自分自身に知らせ、ついにはその声が公然と発する《私》の中に自らを認めるのである。(17)

歴史学の領域に戻ると、ピエール・ノラ編纂の『記憶の場』（一九八四—九二）は、近年のフランスの歴史学における史学史的な問題意識の高まりを示している。それは、「国民の歴史」それ自体の価値を暗黙の前提としてきた、歴史学という制度そのものに対する大規模な再検討である。「フランスのような国では、歴史学の歴史は罪のない作業ではありえない。それは、記憶としての歴史が批判としての歴史によって内部から覆されることを意味する」[18]（ノラ「記憶と歴史のはざまに」）。こうして歴史学の問い直しが進む中で、ミシュレはまさに「記憶の場」の中心として姿を現す。「ミシュレはありうべきあらゆる記憶の場所を超越する。なぜなら万人の中で彼こそが《記憶の場》の魂であり、その軌跡であり共通点であるからである」[19]（ノラ「記憶としての国民」）。記憶それ自体の再検討を課題とする企画の中でのこのような評価は、言うまでもなく両義的なものである。ミシュレの『フランス史』はもはや、今日の歴史学が超克すべき伝統的なフランス史のモデルのひとつにすぎない。「これらのフランス史が書かれる原型となるモデルは、フランス史の絶えざる流れから想像されるほど数多いものではない。われわれはここでそれを示そうとさえした。われわれにとってなお重要であり直接影響をもつものだけを取り上げても、ロマン主義的モデルと、実証主義的モデルと、アナール的モデルがある。要するに、ミシュレとラヴィスとブローデルである」[20]（ノラ「フランス史をどう書くか」）。ノラはこうしてこれらのモデルの先にある「第二段階のフランス史」、すなわち記憶の再検討としてのメタレベルのフランス史を提案する。

歴史学の根本的な再検討が進むこのような状況においては、「フランス史」という概念自体がもはや罪のないものではありえない。現代は「国民の歴史」の創始者にとってはむしろ逆風の時代と言えるかもしれない。実際、近年ミシュレが取り上げられるのはしばしば歴史学批判の文脈においてであり、次のような点において批判に晒されるためである。すなわち、そのナショナリズム、そのヨーロッパ中心主義、そのブルジョワ的性格、その啓蒙的進歩主義、その家父長主義、等々。ここでは、フェミニズムの立場からのミシュレ批判を取り上げよう。テレーズ・モローは『歴史の血』（一九八二）において、ミシュレのテクストをフロイト的に読み解き、その秘められた欲望を明るみに出す。ミシュレの歴史において、フランスはある時は善良な処女・母・乳母として、またある時は邪悪な妖精・魔女・継母として姿を見せる。ここにあるのは、ある時は救済を、またある時は破滅をもたらす両義的な存在としての女性像である。この分析を読んで、ミシュレの性差別的意識に憤るか、そのテクストの重層性に感嘆するかは微妙なところであるが。

女性としてのフランスは、われわれの共通の母である。妖精であり魔女である彼女は、メリュジーヌ〔下半身蛇の妖精〕のように、悪魔と結びつく部分をもつ。歴史がわれわれに読ませるのは、彼女の危機と変貌である。ミシュレはその誕生と、子供時代と、思春期の目覚めに戸惑う青春時代と、大人時代と（月経、破瓜、出産の）血と、そして衰えと老年とを描き出す。しかしまた、シンデレラの下にどのように継母が、悪い妖精が、発情期が目覚めさせる眠れる森の醜女が、隠れているかを描き出す。白い貴婦人〔妖精〕は赤く変わる。性的混乱は社会的混乱を生み、世界の運命は、女性の「悲惨」を一度も知らない処女たちか、殺人と饗宴に酔うバッカスの巫女たちによって紡がれる。だから乙女ジャンヌはフランス女性の伝説に奉仕するのだ。彼女は「誰もが言うように、王国の破滅がひとりの女性の、《薄情な〔dénaturé 不自然な〕母》のしわざなら、救済はひとりの娘から来るであろう」ことを理解する。本当の母はこの優しい母である。《自然な》こと、すなわち同時に処女であり母であり乳母であることを受け入れる母である。彼女は飢えた者にその乳を、その血を与える。彼女だけが共和国と相容れるのである。(21)

歴史叙述の分析はフランスにおいては、ポール・ヴェーヌ『歴史をどう書くか』(一九七一)、ミシェル・ド・セルトー『歴史のエクリチュール』(一九七五)、ポール・リクール『時間と物語』(一九八三―一八五)など、歴史学と哲学にまたがる領域で進展した。ここでは哲学者のジャック・ランシエールの『歴史の名』(一九九二)を取り上げよう。ランシエールは二〇世紀の「新しい歴史学」(例えばブローデルの『地中海』やル＝ロワ＝ラデュリの『モンタイユー』)の中に、物語と論述という二項対立を無効にするような独自の叙述スタイルを発見する。それは、バンヴェニストの指摘する、フランス語特有の「レシ」と「ディスクール」の二重構造を根底から揺さぶるものである。ランシエールはさらに、ミシュレの歴史記述の中に同様の批判的性格を見出し、彼を二〇世紀の歴史学革命の先駆者として位置づける(以下の文中の引用はすべて『革命史』の連盟祭の記述から)。

出来事の物語（レシ）がその意味の物語になるという、この革命を行うのは実はミシュレである。彼は歴史家の姿を示すことによってそれを見事に行う。彼は手紙を示し、その内容ではなく内容の意味を物語る。つまり、物語の内容の《説明》として意味を創出する代わりに、この意味をわれわれに《物語る》のである。学者のディスクールはレシとなり（「私はそのすべてを発見した、昨日と同じく燃えるような熱さで……」）、その結果、レシはディスクールになることができる。そしてその自律的な展開は――バンヴェニストによればこの展開では「誰も話さない」――過去の出来事の記述（「老人がまず指揮をとる……　愛すべき大隊が白いドレスで進む……」）や、その意味の説明（「すべての古い表象は色あせる……　真の象徴が他所に見つかる……　人間にとってのこの象徴、それは人間である」）と同じ声域で行われることができる。そして歴史家はそれらを同じ現在に、すなわち出来事の意味（「そうしたすべては《今日では》色あせ失われる」）の現在に置くことができる。

ディスクールにおける著者の現存と、叙述の自律的展開における著者の不在の交換可能性は、この基盤となるディスクール＝レシにおける現在に結びついている。ミシュレは、新しい歴史学のエクリチュールを特徴づける、この時間システムの革命の先駆者である。彼は、単純過去の叙述の慣例や威光を手放すわけではない。ただ、宣言や解説や格言などの現在と単純過去とを対立させる、その対立のシステムを破壊するのである。(22)

今日のミシュレ研究を牽引するポール・プティティエは、『ミシュレの地理学』（一九九七）において、フェーヴルにならって地理学という分野に注目する。彼女はフーコー的観点から、ミシュレを一八世紀と一九世紀の二つの「エピステーメー」の間に引き裂かれた存在として定義する。「歴史家としての経歴の出発点において、ミシュレは自然哲学と啓蒙哲学という二つの調和しがたい思想体系の影響下にあった。この二つの思想体系は、古典主義時代と近代という二つの《エピステーメー》の交差点において重なり合う[23]」。ミシュレは、二つのシステムのどちらかひとつを選ぶことも、ふたつを調和させることもできなかった。しかしプティティエは、それを矛盾として切り捨てるのではなく、むしろミシュレの総合能力の証しとして受け止める。

ミシュレにおいて、全体性の観念を保持しようと欲することは、彼にとって現実についての《唯一の》全体的視点が存在するということを意味しない。ミシュレが望むのは、人間精神が、ある全体に応じて諸事実を解釈するという野心をもち続け、この全体を構想することをあきらめないことである。何よりもまず、この態度を擁護することが大切である。しかしながら、総合的視点を維持することが必要であり可能であるとしても、この視点はそれを引き受ける主体の位置によって異なることになるだろう。一望監視方式（パノプティスム）におけるような、主体がそこから総体を見渡す唯一の重要地点など存在しない。それぞれの主体が、知によって再建された共観方式（シノプティスム）によって、自らの地点からそれを含むシステムを把握

することができるはずである。（中略）

ミシュレの作品は、人間に総合能力の訓練の機会を与えようとする。その能力なしには人間は自由ではありえないのである。彼の作品に生命を与えるこの野心は、「自由主義的なプチブルジョワの古典的信条」（バルト）を超越するものである。この狭量なイデオロギーを超えて、ミシュレは歴史学の実践によって、権力と個人の関係の変化にともなう、知識が占める地位の変化に立ち向かう。歴史学の実践は、知を放棄することが権力の進展につながることを示すのである。

地理学は諸国家の帝国主義に結びついたものであると言われたが、ミシュレにおいて地理学は知の再征服（レコンキスタ）の使者であるように見える。[24]

ミシュレは歴史の全体を驚くべき総合能力によって把握する。そしてミシュレを読む者もまた、その全体をそのまま受け止めることを迫られる。プティティエが問題にするのは単にミシュレの歴史家としての資質ではない。ここで問われているのはわれわれ自身の総合能力でもあるのだ。

＊

以上の選択はあくまで恣意的なものにすぎない。異なる選択によってまったく別のミシュレ像を描き出すことも可能であろう。とはいえ、とりあえずミシュレが与えた影響の多様性は十分に示されたように思われる。歴史家、哲学者、小説家、批評家など、さまざまな人々がさまざまな角度からミシュレを論じてきた。一九世紀末に実証主義歴史学はミシュレに対して死の宣告を下した。しかしミシュレは二〇世紀になって、歴史学の領域を超えた巨大な存在として、華々しく復活をとげたのである。

これらの、時代も、立場も、領域も異なるさまざまな発言から、何らかの結論を導き出そうとするのは無謀な試みであろう。しかし、われわれは最後にあえてひとつのことを指摘しておきたい。それはミシュレにおける「二重性」あるいは「複数性」とでも呼ぶべきものである。[25] ミシュレはしばしば、二つのもののあいだで引き裂かれた存在として姿を現す。すなわち、歴史と文学のあいだ(ラングロワ&セニョボス)、観念と実存のあいだ(サルトルとバルトの見解の相違)、善と悪のあいだ(バタイユ)、イデオロギーとテーマのあいだ(バルト)、レシとディスクールのあいだ(リシャール、ランシエール)、啓蒙哲学と自然哲学のあいだ(プティティエ)、等々。まるで彼自身が描くダントンの肖像のように、ミシュレは常に内部に矛盾を抱えた定義不可能な存在として現れる。はたしてこのことは何を意味するのだろうか。

われわれはミシュレのうちに、ひとつの二元論的なシステムを探し求めたりするべきではないだろう。そこにあるのはむしろ、歴史学をひとつのシステムに還元することに対する歴史家としての本能的な抵抗である。フェーヴルが言うように、ミシュレは天才的な直観でもって「同時にすべての糸を」断ち切り、歴史の全体を一瞬で把握する。ミシュレのこのような資質は、言うまでもなく両義的なものである。それは一方では圧倒的な博識と驚くべき総合能力を示すが、他方では体系の不在と整合性の欠如をあらわにする。一般に、歴史学をひとつの科学として確立しようとする者にとって、ミシュレはあまり評判がよくない。しかし、フェーヴルやアナール学派の歴史家たちのように、歴史学の地平を開拓しようとする者にとって、それはかぎりなく豊かな霊感の源泉となるだろう。

そもそも、アナール学派と呼ばれるさまざまな歴史家たちの仕事に共通する、明確な原理や方向性があるのだろうか。彼らの仕事はしばしば次のように説明される。「これらの考えを要約すると次のようになるだろう。すなわち、事件史、特に政治史における歴史的事実への批判。そして他のさまざまな社会科学との協同の追求（中略）。そして歴史学の現在に注意して、物語としての歴史の代わりに問題としての歴史を置くこと」[26]（ジャック・ル・ゴフ『歴史と記憶』）。しかし、ポール・ヴェーヌはこれらの仕事に別の角度から光を当てる。それらの革新性は必ずしも、事件から構造への移行とか、政治史から社会史への移行とか、短期から長期への移行といった個々の点にあるのではない。それらに共通するのは、史料を扱う際のある姿勢、すなわち同時代人に不可視なものを可視化しようとする姿勢である。[27]

何が非＝事件史のさまざまな側面に統一性を与えているのかが分かる。すなわち、原資料が押しつけてくる観点との戦いである。アナール学派は、一方では、数量史研究（経済学と人口学）を生み出し、他方では、心性や価値観の歴史研究、歴史社会学の研究を生み出した。一見異質に見えるこれらの仕事のあいだに、どのような類縁関係があるのだろうか。一五世紀の低プロヴァンス地方の物価変動曲線と、同じ時代の時間の知覚についての研究のあいだに。問題の学派の統一性はどこにあるのか。歴史の生成の構造のうちにそれを求めるのはやめよう（そんな構造など存在しない）。この学派が長期持続という時間的リズムを開拓したという事実にそれを求めるのもやめよう。歴史のうちで異なる時間を区別するのは比喩にすぎない。これらのさまざまな研究の統一性は、史料調査のあり方から来るものである。一五世紀の人々における物価曲線と時間の知覚との共通点は、一五世紀の人々がそのどちらも意識していなかったという点にある。そしてこれらの人々の目を通して一五世紀を見ることに満足する歴史家は、彼らと同様にそれを意識できないだろうという点にある[28]。（『歴史をどう書くか』）

歴史の証人は自らの価値観を通してしかその時代を見ない。そして批判意識をもたない歴史家は、その証人の目を通してしかその時代を見ない。こうして素朴なものの見方が受け継がれる。歴史家にとって重要なのは、こうした素朴なものの見方からどれだけ視点をずらせるかということである。ヴェーヌは、唯一無二の正しい歴史学を求めたりはしない。そんなものはどこにもないからだ。歴史学には、真実の出来事を物語ること以外のいかなる条件も存在しない、「歴史の方法は存在しない、なぜなら歴史はいかなる要求ももたないから。真実の出来事を物語れば、それで十分なのだ。歴史は真実しか求めない、その点において、厳密さを求める科学とは異なるのだ[29]」。

もう一度、『フランス史』の一八六九年の序文を思い起こそう。ミシュレはここで先行する二つの流派を批判する。物語派は死者が死者であることに目をつぶり、哲学派は絶対の正義を振りかざす。しかしミシュレはここで、それらに代わる具体的な方法論を提示するわけではない。彼が提示するのはただ、歴史家に不可欠なあの二重性、命なき玩具と知りながら人形を可愛がる幼子の二重性である。ミシュレは自らの歴史学を語る時、いつも物語派と哲学派を引き合いに出したものだった。彼は自らの歴史学を、他の歴史学とのずれにおいてしか示そうとはしなかった。ミシュレはここでも二つのものの間にとどまっている。おそらくミシュレにとって、歴史家は固有の場所をもたない。彼はいわば永遠の異端者として、歴史学に異議を唱え続けるのである。

注

（1）Charles-Victor Langlois et Charles Seignobos, *Introduction aux études historiques*, Éditions Kimé, 1992, p. 243-244.
（2）Camille Jullian, *op. cit.*, p. CXXVIII.
（3）Gabriel Monod, *La Vie et la pensée de Jules Michelet, 1798-1852*, Paris, Honoré Champion, 1923, 2 vol., réimp., Slatkine Reprints, 1975, t. I, p. 268.
（4）Jean-Paul Sartre, *La nausée*, « Folio », Gallimard, 1972, p. 207.
（5）Lucien Febvre, *Michelet et la Renaissance*, Flammarion, 1992, p. 27-29.
（6）Lucien Febvre, *Combats pour l'Histoire*, Armand Colin, « Agora », 1992, p. 16.
（7）*Ibid.*, p. 20.
（8）Lucien Febvre, *Michelet et la Renaissance*, p. 59.
（9）Georges Bataille, *op. cit.*, p. 50.

(10) *Ibid.*, p. 55-56.
(11) Paul Viallaneix, *La Voie royale. Essai sur l'idée du peuple dans l'œuvre de Michelet*, Delagrave, 1959, p. 6.
(12) Roland Barthes, *Michelet par lui-même*, p. 156-157.
(13) *Ibid.*, p. 19.
(14) Paule Petitier, « Le *Michelet* de Roland Barthes » in *Colloque Michelet*, colloque tenu au Collège de France pour le bicentenaire de la naissance de Michelet, Textes réunis et présentés par Laurence Richer, Paris, 1999, p. 66-67.
(15) Jacques Le Goff, « Les Moyen Âge de Michele », dans *Pour un autre Moyen Âge*, Gallimard, 1977, p. 43. 本論は「今日におけるミシュレと中世」という題でフラマリオン版ミシュレ全集第四巻（一九七四）への序文として執筆され、後に『もうひとつの中世のために』（一九七七）に収録された。
(16) Hayden White, *op. cit.*, p. 428.
(17) Jean-Pierre Richard, *Microlectures*, Éditions du Seuil, 1979, p. 78.
(18) Pierre Nora, « Entre Mémoire et Histoire », in *Les Lieux de mémoire*, « Quatro », Gallimard, 1997, 3 vol., t. I, p. 26.
(19) Pierre Nora, « La nation-mémoire », in *op. cit.*, t. II, p. 2209.
(20) Pierre Nora, « Comment écrire l'histoire de France ? », in *op. cit.*, t. II, p. 2229.
(21) Thérèse Moreau, *Le Sang de l'Histoire : Michelet, l'histoire et l'idée de la femme au XIXe siècle*, Flammarion, 1982, p. 9-10.
(22) Jacques Rancière, *Les noms de l'histoire. Essai de poétique du savoir*, Éditions du Seuil, « La librairie du XXe siècle », 1992, p. 100-101.
(23) Paule Petitier, *La Géographie de Michelet. Territoire et modèles naturels dans les premières œuvres de Michelet*, L'Harmattan, 1997, p. 100.
(24) *Ibid.*, p. 270-271.
(25) ロラン・バルトは『魔女』への序文（一九五九）において、この作品中にある小説と歴史の二重性を指摘し、そこに歴史学の新しい可能性を見出す。「私が思うに、『魔女』はミシュレを愛するすべての人の特に好む書物である。それはなぜか。おそらく、『魔女』の中に特異な大胆さがあるからであり、この作品がミシュレのあらゆる魅惑を常軌を逸した様式の上に集めることで、断固として両義性のうちに、すなわち全体性のうちに腰を据えているからである。これは歴史書であろうか？　そうである、というのはその動きは通時的であり、異教の死からフランス革命に至る時間の糸を追っているから。そうではない、というのはこの糸は小説的であり、ひとつの制度に結びつくどころか、ひとつの形象に結びついているから。しかし、まさにこの二重性こそが豊かな結果をもたらす。「歴史」であると同時に「小説」である『魔女』は、現実の新たな切断面を出現させ、歴史的民族学あるいは神話学と呼びうるものを創始する」(Roland Barthes, *Essais critiques*, Éditions du Seuil, « Points Essais », 1981, p. 116)。

（26）Jacques Le Goff, *Histoire et mémoire*, « Folio/Histoire », Gallimard, 1988, p. 329-330.

（27）ミシェル・フーコーもまた『知の考古学』（一九六九）において、二〇世紀の歴史学革命を史料自体の問題化という観点から説明する。「これらの問題は一言で要約される。すなわち、《史料（ドキュマン）》を問題にすること。（中略）手短かに言えば、歴史学は伝統的な形態においては、過去の《遺跡（モニュマン）》を「記憶化する」こと、それらを《史料（ドキュマン）》に変えてこれらの痕跡に語らせることを企てた。これらの痕跡それ自体は、しばしば少しも言葉をもたないか、あるいは、言うこととは別のことを沈黙のうちに語っているのであるが。今日では歴史学は、《史料（ドキュマン）》を《遺跡（モニュマン）》に変えるものであり、人間たちが残したさまざまな痕跡を解読していた場所、それらが何であったかを浮き彫りにしようと試みていた場所で、多くの要素を繰り広げ、それらを分離し、寄せ集め、的確に位置づけ、関係づけ、全体的に構成するものとなる。かつて考古学は、物言わぬ遺跡（モニュマン）の学問、生命なき痕跡の学問、背景なき物体と過去が放置した事物の学問として、歴史学へと向かい、歴史的な言説による復元によらなければ意味をもたなかった。少しふざけて言うならば、今日では、歴史学が考古学へと向かっている――つまり遺跡（モニュマン）の内在的記述へと向かっている」(Michel Foucault, *L'archéologie du savoir*, Gallimard, 1969, p. 13-15)。

（28）Paul Veyne, *Comment on écrit l'histoire*, Éditions du Seuil, « Points Histoire », 1996, p. 295.

（29）*Ibid.*, p. 25.

あとがき

ミシュレの『フランス史』が出版されて長い年月が経過した。それはいまや歴史作品であると同時に歴史的作品でもある。それはすなわち、それがすでに学問的に過去のものであること、そしてそれを読む意義がもはや自明ではないことを意味する。われわれは本書において、まず、このテクストをそれが作られた時代の中に置き直そうとした。さらに、それを単純な思想や理論に還元することなく、矛盾や変化をはらんだ多様性のままに理解しようとした。われわれはこのようにして、それをいわば激動の時代を生きたひとりの人間のコーパス（資料／身体）として把握しようと試みた。

近代歴史学の創世記を生きたミシュレは、同時代の多くの歴史家と同様に、「国民の歴史」を創設することを自らの義務とした。彼は『フランス史』によってそれに半ば成功し、半ば失敗したと言える。成功したというのは、曲がりなりにも一九世紀を代表するフランス史を完成し、いくつかの神話的イメージを国民的記憶として定着させることができたからである。失敗したというのは、その歴史観が時代の中で大きく動揺し、最終的に作品全体に明確な結論をつけることができなかったからである。

とはいえわれわれの目には、この失敗は成功に劣らず興味深い。というのも現代はまさに「国民の歴史」がほころびを見せている時代だからである。ミシュレが直面した問題とは、ある意味で近代そのものの問題であり、幾分かはわれわれ自身の問題でもある。無論、ミシュレがそれに必ずしも有効な解答を与えたとはかぎらない。それでもわれわれはミシュレの苦難に満ちた試行錯誤のうちに、現代に通じる多くの手掛かりを読みとることができるにちがいない。

付論においても述べたように、今日、歴史学は大きな転機を迎えたと言われる。それは、ノラによれば「記憶としての歴史」が「批判としての歴史」によって乗り越えられる時代、ル・ゴフによれば「物語としての歴史」が「問題としての歴史」によって置き換えられる時代である。このような時代に一九世紀の歴史学について論じることは、一見時代錯誤的な試みに映るかもしれない。しかし、むしろこのような時代であるからこそ、われわれは過去の歴史学を、その誤謬や限界をも含めて、虚心に再検討すべきではないだろうか。

とはいえ本当のことを言えば、われわれは歴史学がこのように古い歴史学と新しい歴史学に截然と分けられるとは考えていない。むしろ、すべての歴史学は自らのうちに「記憶」と「批判」、「物語」と「問題」の両方を含むものである。それらが織りなす対立や葛藤こそが、歴史学の生命を生み出しているのである。われわれはミシュレの『フランス史』のうちに、このような対立と葛藤のドラマを読みとろうと努めた。それがどこまで成功したか心許ないが、そこに歴史学の生きた鼓動を少しでも感じていただけたなら本望である。

＊

本書の原案となったのは、筆者が二〇〇〇年三月にパリ第八大学に提出した博士論文「ジュール・ミシュレ『フランス史』における死の物語」（*Le récit de mort dans l'Histoire de France de* Jules Michelet）である。審査員はポール・ヴィアラネ氏、ポール・プティティエ氏、ジャン＝ミシェル・レイ氏、ジャック・ネフ氏、クロード・ムシャール氏の五名であった。とはいえ本書は単なる博士論文の日本語版ではなく、日本の読者に向けて全面的に書き改めたものである。『フランス史』が日本の読者にとって未知の作品であることをかんがみ、本書では引用をなるべく多目にとることにした。読者にとっては、たとえ翻訳であれ、ミシュレのテクストに直接触れることが何よりも重要と判断してのことである。そこには、選文集プラス解説という形式をとった、ジュリアンやバルトの偉大な先例に刺激を受けた部分もある（多くの者が「自分のミシュレ」を編纂したいという欲望に駆られるらしく、フェーヴルからプティティエにいたるまで同様の試みは後を絶たない）。

原書の引用については基本的に筆者自身の訳によるが、既訳がある場合は適宜参照させていただいた。訳語や表記についてはなるべく統一しようと望んだが、慣例に従った部分もあり、必ずしも一貫しているとは言いがたい。また、筆者の無知から来る歴史学的・語学的な誤謬も多々あることと思う。読者のご批判とご鞭撻を乞いたい。

最後に、本書の執筆にあたり指導や助言をいただいた多くの方々に心から感謝の意を表したい。また、出版の機会を与えていただいた藤原書店の藤原良雄社長、ならびに出版助成をいただだいた南山大学には幾重にもお礼申し上げる。また、藤原書店からはミシュレ『フランス史』の翻訳が近々出版される予定である。この機会にミシュレの歴史作品ができるかぎり多くの読者に読まれることを願ってやまない。

二〇〇七年一一月

真野　倫平

3　ヴァロワ朝

フィリップ6世〔位1328–50〕

ジャン2世〔位1350–64〕

〔ブルゴーニュ家〕

シャルル5世〔位1364–80〕　フィリップ大胆公

〔オルレアン家〕

シャルル6世〔位1380–1422〕　ルイ・ドルレアン　ジャン無畏公

〔アングレーム家〕

シャルル7世〔位1422–61〕　シャルル・ドルレアン　ジャン　フィリップ善良公

ルイ11世〔位1461–83〕　シャルル突進公

シャルル8世〔位1483–98〕＝アンヌ・ド・ブルターニュ＝ルイ12世〔位1498–1515〕　○　マリー・ド・ブルゴーニュ

クロード・ド・フランス＝フランソワ1世〔位1515–47〕

アンリ2世〔位1547–59〕＝カトリーヌ・ド・メディシス

フランソワ2世〔位1559–60〕　シャルル9世〔位1560–74〕　アンリ3世〔位1574–89〕　マルグリット・ド・ヴァロワ

4　ブルボン朝・オルレアン朝

アンリ4世〔位1589–1610〕＝マリー・ド・メディシス

ルイ13世〔位1610–43〕＝アンヌ・ドートリッシュ

〔オルレアン家〕

ルイ14世〔位1643–1715〕＝マリー=テレーズ　フィリップ

ルイ　フィリップ(摂政)

〔スペイン王〕

ルイ(ブルゴーニュ公)　フィリップ(フェリペ5世)　○

ルイ15世〔位1715–74〕　○

ルイ　○

ルイ16世〔位1774–92〕＝マリー=アントワネット　ルイ18世〔位1814–24〕　シャルル10世〔位1824–30〕

ルイ=フィリップ〔位1830–48〕

系　図

1　カロリング朝

ペパン(ピピン)〔フランク王,位751-768〕

- シャルルマーニュ(カール大帝)〔位768-814〕
- カルロマン(カールマン)〔位768-771〕

シャルルマーニュ(カール大帝)
|
ルイ(ルートヴィヒ)1世〔位814-840〕

- 〔中部フランク王〕ロテール(ロタール)
- ペパン(ピピン)
- 〔東フランク王〕ルイ2世(ルートヴィヒ)
- 〔西フランク王〕シャルル2世〔位843-877〕

シャルル2世
|
ルイ2世〔位877-879〕

- ルイ3世〔位879-882〕
- カルロマン〔位879-884〕
- シャルル3世〔位898-922〕

シャルル3世
|
ルイ4世〔位936-954〕
|
ロテール〔位954-986〕
|
ルイ5世〔位986-987〕

2　カペー朝

ユーグ=カペー〔位987-996〕
|
ロベール2世〔位996-1031〕
|
アンリ1世〔位1031-60〕
|
フィリップ1世〔位1060-1108〕
|
ルイ6世〔位1108-37〕
|
ルイ7世〔位1137-80〕═══ アリエノール・ダキテーヌ ═══ 〔イングランド王〕ヘンリ2世

アリエノール・ダキテーヌとヘンリ2世の子：
- リチャード1世
- ジョン王

ジョン王
|
○
|
○
|
エドワード2世

ルイ7世
|
フィリップ2世〔位1180-1223〕
|
ルイ8世〔位1223-26〕

- ルイ9世〔1226-70〕
- 〔アンジュー家〕シャルル・ダンジュー

ルイ9世
|
フィリップ3世〔位1270-85〕
|
フィリップ4世〔位1285-1314〕

- ルイ10世〔位1314-16〕
- フィリップ5世〔位1316-22〕
- シャルル4世〔位1322-28〕
- イザベル ═══ エドワード2世

前川貞次郎『フランス革命史研究』創文社, 1956年
ジャック・ル・ゴフほか『歴史・文化・表象』二宮宏之編訳, 岩波書店, 1992年

D　文学・言語学・その他

BARTHES, Roland, *Essais critiques*, Éditions du Seuil, « Points Essais », 1981.（ロラン・バルト『エッセ・クリティック』篠田浩一郎他訳, 晶文社, 1988年）
BARTHES, Roland, *Le bruissement de la langue*, Éditions du Seuil, « Points Essais », 1993.（ロラン・バルト『言語のざわめき』花輪光訳, みすず書房, 1987年）
BATAILLE, Georges, *La littérature et le mal*, Gallimard, « Folio/Essais », 1990.（ジョルジュ・バタイユ『文学と悪』山本功訳, ちくま学芸文庫, 1998年）
BÉNICHOU, Paul, *Le temps des prophètes. Doctrines de l'âge romantique*, Gallimard, 1977.
BENVENISTE, Émile, *Problèmes de linguistique générale*, Gallimard, « Tel », 1976, 2 vol.（エミール・バンヴェニスト『一般言語学の諸問題』岸本通夫監訳, みすず書房, 1983年）
RICHARD, Jean-Pierre, *Microlectures*, Éditions du Seuil, 1979.
SARTRE, Jean-Paul, *La nausée*, « Folio », Gallimard, 1972.（ジャン＝ポール・サルトル『嘔吐』白井浩司訳, 人文書院, 1994年）
TODOROV, Tzvetan, *Nous et les autres. La réflexion française sur la diversité humaine*, Éditions du Seuil, « Points Essais », 2001.（ツヴェタン・トドロフ『われわれと他者』小野潮・江口修訳, 叢書・ウニベルシタス, 法政大学出版局, 2001年）
VALÉRY, Paul, *Œuvres*, Gallimard, « Bibliothèque de la Pléiade », 1957-1960, 2 vol.（『ヴァレリー全集』増補版（全12巻), 筑摩書房, 1977-1978年）
飯塚勝久『フランス歴史哲学の発見』未來社, 1995年
石井洋二郎・工藤庸子編『フランスとその〈外部〉』東京大学出版会, 2004年
石川美子『自伝の時間　ひとはなぜ自伝を書くのか』中央公論社, 1997年
江島泰子『世紀末のキリスト』国書刊行会, 2002年
小倉孝誠『歴史と表象　近代フランスの歴史小説を読む』新曜社, 1997年
工藤庸子『ヨーロッパ文明批判序説　植民地・共和国・オリエンタリズム』東京大学出版会, 2003年
E・R・クルツィウス『フランス文化論』大野俊一訳, みすず書房, 1977年
アーサー・C・ダント『物語としての歴史』河本英夫訳, 国文社, 1989年

岩波文庫 , 1972 年）

FOUCAULT, Michel, *L'archéologie du savoir*, Gallimard, 1969.（ミシェル・フーコー『知の考古学』中村雄二郎訳 , 河出書房新社 , 1970 年）

FURET, François, *Penser la Révolution française*, Gallimard, « Folio/Histoire », 1989.（フランソワ・フュレ『フランス革命を考える』大津真作訳 , 岩波書店 , 1989 年）

JULLIAN, Camille, *Notes sur l'histoire en France au XIXe siècle* suivi de *Extraits des historiens français du XIXe siècle*, Genève, Slatkine Reprints, 1979.

LANGLOIS, Charles-Victor et SEIGNOBOS, Charles, *Introduction aux études historiques*, Éditions Kimé, 1992.（セニョボス／ラングロア『歴史学研究入門』八本木浄訳 , 校倉書房 , 1989 年）

LE GOFF, Jacques, *Pour un autre Moyen Âge*, « Bibliothèque des histoires », Gallimard, 1977.（ジャック・ル・ゴフ『もうひとつの中世のために』加納修訳 , 白水社 , 2006 年）

LE GOFF, Jacques, *Histoire et mémoire*, « Folio/Histoire », Gallimard, 1988.（ジャック・ル・ゴフ『記憶と歴史』立川孝一訳 , 叢書・ウニベルシタス , 法政大学出版局 , 1999 年）

LETERRIER, Sophie-Anne, *Le XIXe siècle historien. Anthologie raisonnée*, Belin, « Histoire Belin Sup », 1997.

NORA, Pierre, *Les Lieux de mémoire*, « Quatro », Gallimard, 1997, 3 vol.（ピエール・ノラ編『記憶の場』（全 3 巻）, 谷川稔監訳 , 岩波書店 , 2002-2003 年）

RANCIÈRE, Jacques, *Les noms de l'histoire. Essai de poétique du savoir*, Éditions du Seuil, « La librairie du XXe siècle », 1992.

RICŒUR, Paul, *Temps et récit*, Éditions du Seuil, « Points Essais », 1991, 3 vol.（ポール・リクール『時間と物語』(全 3 巻), 久米博訳 , 新曜社 , 1987-1990 年）

VEYNE, Paul, *Comment on écrit l'histoire*, Éditions du Seuil, « Points Histoire », 1996.（ポール・ヴェーヌ『歴史をどう書くか』大津真作訳 , 叢書・ウニベルシタス , 法政大学出版局 , 1982 年）

WALCH, Jean, *Les Maîtres de l'histoire. 1815-1850*, Paris-Genève, Champion-Slatkine, 1986.

WHITE, Hayden, *Metahistory. The Historical Imagination in Nineteenth-Century Europe*, Baltimore and London, The Johns Hopkins University Press, 1975.

WILSON, Edmund, *To the Finland Station. A Study in the Writing and Acting of History*, New York, The Noonday Press, Farrar, Straus and Giroux, 1972.（エドマンド・ウィルソン『フィンランド駅へ』（全 2 巻）, 岡本正明訳 , みすず書房 , 1999 年）

〔論文集・雑誌特集号〕
L'Arc, n° 52, 1er trimestre 1973.
Europe, n° 535-536, nov.-déc. 1973.
Revue d'Histoire littéraire de la France, sept.-oct. 1974.
Michelet cent ans après, Presses Universitaires de Grenoble, 1975（*Romantisme*, n° 10）.
Europe, n° 829, mai 1998.
Colloque Michelet, colloque tenu au Collège de France pour le bicentenaire de la naissance de Michelet, Textes réunis et présentés par Laurence Richer, Paris, 1999.
Michelet entre naissance et renaissance,（*1798-1998*）, Centre de Recherches Révolutionnaires et Romantiques, 2001（*Cahier romantiques*, n° 6）.
La Sorcière de Jules Michelet. L'envers de l'histoire, sous la direction de Paule Petitier, Paris, Honoré Champion, 2004.
『現代思想　特集＝ミシュレ』青土社 , 1979 年 5 月号

C　歴史学関係

ARIÈS, Philippe, *L'Homme devant la mort*, Éditions du Seuil, « Points Histoire », 1985, 2 vol.（フィリップ・アリエス『死を前にした人間』成瀬駒男訳 , 1990 年）
BLOCH, Marc, *Les Rois Thaumaturges*, Gallimard, 1983.（マルク・ブロック『王の奇跡』井上泰男・渡邊昌美訳 , 刀水書房 , 1998 年）
BRAUDEL, Fernand, *Grammaire des civilisations*, Flammarion, « Champs », 1993.（フェルナン・ブローデル『文明の文法』（全 2 巻）, 松本雅弘訳 , みすず書房 , 1995-1996 年）
CERTEAU, Michel de, *L'écriture de l'histoire*, « Folio/Histoire », Gallimard, 2002.（ミシェル・ド・セルトー『歴史のエクリチュール』佐藤和生訳 , 叢書・ウニベルシタス , 法政大学出版局 , 1996 年）
CROSSLEY, Cery, *French historians and romanticism. Thierry, Guizot, the Saint-Simonians, Quinet, Michelet*, London and New York, Routledge, 1993.
FEBVRE, Lucien, *Combats pour l'Histoire*, Armand Colin, « Agora », 1992.（リュシアン・フェーヴル『歴史のための闘い』長谷川輝夫訳 , 平凡社ライブラリー , 1995 年）
FEBVRE, Lucien, *La Terre et l'évolution humaine. Introduction géographique à l'histoire*, A. Michel, 1970.（リュシアン・フェーヴル『大地と人類の進化』（全 2 巻）,

liberté », Genève-Paris, 1946.
FEBVRE, Lucien, *Michelet et la Renaissance*, Flammarion, 1992.（リュシアン・フェーヴル『ミシュレとルネサンス』石川美子訳 , 藤原書店 , 1996 年）
GAULMIER, Jean, *Michelet*, Desclée De Brouwer, « Les écrivains devant Dieu », 1968.
HALÉVY, Daniel, *Jules Michelet*, Hachette, 1938.
KAEGI Werner, *Michelet und Deutschland*, Basel, B. Schwabe, 1936.（ヴェルナー・ケーギ『ミシュレとグリム』西澤龍生訳 , 論創社 , 2004 年）
KAPLAN, Edward-K., *Michelet's poetic vision. A Romantic Philosophy of Nature, Man and Woman*, Amherst, University of Massachusetts Press, 1977.
KAPLAN, Edward-K., *Mother Death. The Journal of Jules Michelet, 1815-1850*, translated and edited by Edward-K. Kaplan, Amherst, University of Massachusetts Press, 1984.
MATOSSIAN, Chakè, *Fils d'Arachné. Les tableaux de Michelet*, La Part de l'Œil, 1998.
MITZMAN, Arthur, *Michelet historian. Rebirth and Romanticism in nineteenth century*, New Haven and London, Yale University Press, 1990.
MITZMAN, Arthur, *Michelet ou la subversion du passé. Quatre leçons au Collège de France*, La Boutique de l'histoire, 1999.
MONOD, Gabriel, *La Vie et la pensée de Jules Michelet*（*1798-1852*）, Paris, Honoré Champion, 1923, 2 vol., réimp., Slatkine Reprints, 1975.
MOREAU, Thérèse, *Le Sang de l'Histoire : Michelet, l'histoire et l'idée de la femme au XIXe siècle*, Flammarion, 1982.
ORR, Lynda, *Jules Michelet. Nature, History and Language*, Ithaca and London, Cornell University Press, 1976.
PETITIER, Paule, *La Géographie de Michelet. Territoire et modèles naturels dans les premières œuvres de Michelet*, L'Harmattan, 1997.
PETITIER, Paule, *Jules Michelet. L'homme histoire*, Grasset, 2006.
REMAUD, Olivier, *Michelet. La Magistrature de l'histoire*, Éditions Michalon, « Le bien commun », 1998.
RICHER, Laurence, *La Cathédrale de feu. Le Moyen Âge de Michelet, de l'histoire au mythe*, Éditions Palam, 1995.
VIALLANEIX, Paul, *La Voie royale. Essai sur l'idée du peuple dans l'œuvre de Michelet*, Delagrave, 1959, rééd., Flammarion, 1971.
VIALLANEIX, Paul, *Michelet, les travaux et les jours. 1798-1874*, Gallimard, 1998.
大野一道『ミシュレ伝』藤原書店 , 1998 年

romain jusqu'à la Révolution française, Édition établie, présentée et annotée par Pierre Rosanvallon, Hachette, « Pluriel », 1985.（フランソワ・ギゾー『ヨーロッパ文明史』安士正夫訳，みすず書房，1987 年）

HERDER, Johann Gottfried von, *Idées sur la philosophie de l'histoire de l'humanité*, ouvrage traduit de l'allemand et précédé d'une introduction par Edgar Quinet, Paris, F. G. Levrault, 1827-1828, 3 vol.

LAMARTINE, Alphonse de, *Histoire des Girondins*, Paris, Hachette et Jouvet, 1891, 6 vol.

MIGNET, François-Auguste, *Histoire de la Révolution française depuis 1789 jusqu'en 1814*, onzième édition, Paris, Didier et Firmin Didot, 1875, 2 vol.

QUINET, Edgar, *Le Christianisme et la Révolution française*, Fayard, « Corpus des œuvres de philosophie en langue française », 1984.

SISMONDI, Simonde di, *Histoire des Français*, Paris, Treuttel et Würtz, 1821-1844, 31 vol.

THIERRY, Augustin, *Histoire de la conquête de l'Angleterre par les Normands*, neuvième édition, Paris, Furne, 1851, 2 vol.（*Œuvres complètes* d'Augustin Thierry, t. I-II）.

THIERRY, Augustin, *Lettres sur l'histoire de France, Dix ans d'études historiques*, dixième édition, Paris, Furne, 1851（*Œuvres complètes* d'Augustin Thierry, t. III）.

THIERRY, Augustin, *Récits des temps mérovingiens* précédés de *Considérations sur l'histoire de France*, cinquième édition, Paris, Furne, 1851（*Œuvres complètes* d'Augustin Thierry, t. IV）.（オーギュスタン・ティエリ『メロヴィング王朝史話』（上・下），小島輝正訳，岩波文庫，1992 年）

THIERRY, Augustin, *Essai sur l'histoire de la formation et des progrès du tiers état*, Paris, Furne, 1853（*Œuvres complètes* d'Augustin Thierry, t. V）, réimp., Genève, Mégariotis Reprints.

THIERS, Adolphe, *Histoire de la Révolution française*, quatorzième édition, Paris, Furne, 1846, 8 vol.

B　ミシュレに関する研究

BARTHES, Roland, *Michelet par lui-même*, Éditions du Seuil, « Écrivains de toujours », 1954.（ロラン・バルト『ミシュレ』藤本治訳，みすず書房，1974 年）

CABANIS, José, *Michelet, le Prêtre et la Femme*, Gallimard, 1978.

FAUQUET, Éric, *Michelet ou la gloire du professeur d'histoire*, Édition du Cerf, 1990.

FEBVRE, Lucien, *Michelet*, Éditions des Trois Collines, « Les Classiques de la

ントの勅令廃止』〔後〕・『ルイ 14 世とブルゴーニュ公』)

HF11 : *Histoire de France*, t. XI, Rencontre, 1966. (『近代史』/『摂政時代』・『ルイ 15 世』〔前〕)

HF12 : *Histoire de France*, t. XII, Rencontre, 1966. (『近代史』/『ルイ 15 世』〔後〕・『ルイ 15 世とルイ 16 世』)

HRF1 : *Histoire de la Révolution française*, t. I, Gallimard, « Bibliothèque de la Pléiade », 1939. (『革命史』第 1 巻〜第 4 巻)

HRF2 : *Histoire de la Révolution française*, t. II, Gallimard, « Bibliothèque de la Pléiade », 1939. (『革命史』第 5 巻〜第 7 巻)

H19S : *Histoire du XIXe siècle*, *Œuvres Complètes*, t. XXI, Flammarion, 1982. (『19 世紀史』第 1 巻〜第 3 巻)

EJ : *Écrits de Jeunesse. Journal, 1820-1823, Mémorial, Journal des idées*, Gallimard, 1959. (『青年期著作集』/『日記』(1820-1823 年),『メモリアル』,『省察日記』)

J1 : *Journal*, t. I, Gallimard, 1959. (『日記』第 1 巻 , 1828-1848 年)

J2 : *Journal*, t. II, Gallimard, 1962. (『日記』第 2 巻 , 1849-1860 年)

IHU : *Introduction à l'histoire universelle*, *Œuvres complètes*, Flammarion, t. II, 1972. (『世界史序説』)

P : *Le Peuple*, Flammarion, « Champs », 1974. (『民衆』)

II　主要参考文献

A　19 世紀の歴史学・哲学

BARANTE, Prosper de, *Histoire des ducs de Bourgogne de la maison de Valois. 1364-1477*, cinquième édition, Paris, Dufey, 1837, 12 vol.

BLANC, Louis, *Histoire de la Révolution française*, Paris, Langlois et Leclercq, 1847-1862, 12 vol.

BUCHEZ, P.-J.-B., et ROUX, P.-C., *Histoire parlementaire de la Révolution française, ou Journal des Assemblées nationales, depuis 1789 jusqu'en 1815*, Paris, Paulin, 1834-1838, 40 vol.

COUSIN, Victor, *Cours de Philosophie. Introduction à l'histoire de la philosophie*, Fayard, « Corpus des œuvres de philosophie en langue française », 1991.

GUIZOT, François, *Histoire de la civilisation en France*, troisième édition, Paris, Didier, 1840, 4 vol.

GUIZOT, François, *Histoire de la civilisation en Europe depuis la chute de l'Empire*

を使用した。ただし本全集は全21巻のうち14巻が刊行されたまま中断している。そこで未刊行部分に関しては以下の版を使用した。

『フランス革命史』　*Histoire de la Révolution française*, éditée par Gérard Walter, Gallimard, « Bibliothèque de la Pléiade », 1939, 2 vol.
『近代史』後半部分（『ルイ14世とナントの勅令廃止』から『ルイ15世とルイ16世』まで）*Histoire de France*, éditée par Claude Mettra, Éditions Rencontre, Lauzanne, 1966, 12 vol.
『司祭，女性，家族』　*Le Prêtre, la femme et la famille*, nouvelle édition, Paris, Chamerot, 1861.
『民衆』　*Le Peuple*, Introduction et notes par Paul Viallaneix, Flammarion, « Champs », 1974.
『魔女』　*La Sorcière*, Chronologie et préface par Paul Viallaneix, « GF Flammarion », 1966.
『人類の聖書』　*Bible de l'humanité*, Introduction par Claude Mettra, Éditions Complexe, « Bibliothèque Complexe », 1998.

日記・書簡・講義等については上記の版を使用した。
また，主要文献の出典を示す際には以下の略号を用い，続けてページ数を記した。冒頭に略記したが，以下にあらためて詳細を記す。

HF1 : *Histoire de France I*, *Œuvres complètes*, t. IV, Flammarion, 1974.（『中世史』第1巻・第2巻）
HF2 : *Histoire de France II*, *Œuvres complètes*, t. V, Flammarion, 1975.（『中世史』第3巻・第4巻）
HF3 : *Histoire de France III*, *Œuvres complètes*, t. VI, Flammarion, 1978.（『中世史』第5巻・第6巻）
HF4 : *Histoire de France IV*, *Œuvres complètes*, t. VII, Flammarion, 1978.（『近代史』/『ルネサンス』・『宗教改革』）
HF5 : *Histoire de France V*, *Œuvres complètes*, t. VIII, Flammarion, 1978.（『近代史』/『宗教戦争』・『旧教同盟とアンリ4世』）
HF6 : *Histoire de France VI*, *Œuvres complètes*, t. IX, Flammarion, 1983.（『近代史』/『アンリ4世とリシュリュー』・『リシュリューとフロンドの乱』）
HF9 : *Histoire de France*, t. IX, Rencontre, 1966.（『近代史』/『ルイ14世とナントの勅令廃止』〔前〕）
HF10 : *Histoire de France*, t. X, Rencontre, 1966.（『近代史』/『ルイ14世とナ

『大革命の女たち』 *Les Femmes de la Révolution*, Paris, A. Delahays, 1854.（『革命の女たち』三宅徳嘉・山上正太郎訳，河出書房，「市民文庫」, 1950年）
『鳥』 *L'Oiseau*, Paris, Hachette, 1856.（『博物誌　鳥』石川湧訳，ちくま学芸文庫，1995年）
『虫』 *L'Insecte*, Paris, Hachette, 1857.（『博物誌　虫』石川湧訳，ちくま学芸文庫，1995年）
『愛』 *L'Amour*, Paris, Hachette, 1858.（『愛』森井真訳，中公文庫，1981年）
『女』 *La Femme*, Paris, Hachette, 1859.（『女』大野一道訳，藤原書店，1991年）
『海』 *La Mer*, Paris, Hachette, 1861.（『海』加賀野井秀一訳，藤原書店，1994年）
『魔女』 *La Sorcière*, Paris, Dentu et Hetzel, 1862.（『魔女』（上・下），篠田浩一郎訳，岩波文庫，1983年）
『人類の聖書』 *La Bible de l'humanité*, Paris, Chamerot, 1864.（『人類の聖書』大野一道訳，藤原書店，2001年）
『山』 *La Montagne*, Paris, A. Lacroix et Verboeckhoven, 1868.（『山』大野一道訳，藤原書店，1997年）
『われらの息子たち』 *Nos fils*, Paris, A. Lacroix et Verboeckhoven, 1869.
『ヨーロッパを前にしたフランス』 *La France devant l'Europe*, Florence, Le Monnier, 1871.

C　日記・書簡・講義等

『青年期著作集』（『日記』（1820-1823年），『メモリアル』，『省察日記』） *Écrits de Jeunesse. Journal, 1820-1823, Mémorial, Journal des idées*, édités par Paul Viallaneix, Gallimard, 1959.
『日記』 *Journal*, édité par Paul Viallaneix（t. I et II）et Claude Digeon（t. III et IV），Gallimard, 1959-1976, 4 vol.
『書簡集』 *Correspondance générale*, éditée par Louis Le Guillou, Librairie Honoré Champion, 1994-2001, 12 vol.
『エコール・ノルマル未刊行講義』 *Leçons inédites de l'École normale. Histoire des XIVe, XVe, XVIe siècles*, Texte établi et présenté par François Berriot, Les Éditions du Cerf, 1987.
『コレージュ・ド・フランス講義』 *Cours au Collège de France*, publié par Paul Viallaneix, Gallimard, 1995, 2 vol.

＊本書で使用した版について

ミシュレの著作については基本的に，ポール・ヴィアラネの監修によるフラマリオン版全集（*Œuvres complètes*, éditées par Paul Viallaneix, Flammarion, 1971- ）

Michel Lévy frères, 1875.

B　その他の主要著作

『プルタルコス「偉人伝」の検討』（博士論文） *Examen des Vies des hommes illustres de Plutarque*, 1819.

『近代史年表』 *Tableau chronologique de l'histoire moderne*, Paris, L. Colas, 1824.

『近代史対照年表』 *Tableaux synchroniques de l'histoire moderne*, Paris, L. Colas, 1825.

『歴史哲学の原理』（ヴィーコ『新しい学』の翻訳） *Principes de la philosophie de l'histoire, traduits de la Scienza Nuova de J. B. Vico et précédés d'un Discours sur le système et la vie de l'auteur*, J. Renouard, 1827.

『近代史概要』 *Précis de l'histoire moderne*, Paris, L. Colas, 1827.

『世界史序説』 *Introduction à l'histoire universelle*, Paris, Hachette, 1831.（『世界史入門』大野一道訳 , 藤原書店 , 1993 年）

『ローマ史』 *Histoire romaine*, Paris, Hachette, 1831, 2 vol.

『フランス史概要』 *Précis de l'histoire de France jusqu'à la Révolution française*, Paris, Hachette, 1833.

『ヴィーコ選集』 *Œuvres choisies de Vico*, Paris, Hachette, 1835, 2 vol.

『ルター回想録』 *Mémoires de Luther écrits par lui-même*, Paris, Hachette, 1835.

『フランス法の起源』 *Origines du droit français cherchées dans les symboles et formules du droit universel*, Paris, Hachette, 1837.

『イエズス会』 *Des Jésuites*, Paris, Hachette et Paulin, 1843（cours professé au Collège de France : la seconde moitié du volume est occupée par le cours d'Edgar Quinet）.

『司祭 , 女性 , 家族』 *Du Prêtre, de la femme et de la famille*, Paris, Hachette et Paulin, 1845.

『民衆』 *Le Peuple*, Paris, Hachette et Paulin, 1846.（『民衆』大野一道訳 , みすず書房 , 1977 年）

『学生』（1848 年のコレージュ・ド・フランス講義） *Cours professé au Collège de France*, Paris, Chamerot, 1848, rééd. sous le titre de *L'Étudiant*, Paris, C. Lévy, 1877.（『学生よ』大野一道訳 , 藤原書店 , 1995 年）

『ジャンヌ・ダルク』（『フランス史』からの抜粋） *Jeanne d'Arc*, Paris, Hachette, « Bibliothèque des chemins de fer », 1853.（『ジャンヌ・ダルク』森井真・田代葆訳 , 中公文庫 , 1987 年）

『北欧の民主主義伝説』 *Légendes démocratiques du Nord*, Paris, Garnier frères, 1854.

(『フランス革命史』(1), 後藤達雄・後藤喜久雄訳（冒頭部分のみ), 日本評論社,「世界古典文庫」, 1950年)
(『フランス革命史』(上・下), 桑原武夫・多田道太郎・樋口謹一訳（抄訳), 中公文庫, 2006年)

■『近代史』
『16世紀フランス史　ルネサンス』 *Histoire de France au seizième siècle. Renaissance*, Paris, Chamerot, 1855.
『16世紀フランス史　宗教改革』 *Histoire de France au seizième siècle. Réforme*, Paris, Chamerot, 1855.
『16世紀フランス史　宗教戦争』 *Histoire de France au seizième siècle. Guerres de Religion*, Paris, Chamerot, 1856.
『16世紀フランス史　旧教同盟とアンリ4世』 *Histoire de France au seizième siècle. La Ligue et Henri IV*, Paris, Chamerot, 1856.
『17世紀フランス史　アンリ4世とリシュリュー』 *Histoire de France au dix-septième siècle. Henri IV et Richelieu*, Paris, Chamerot, 1857.
『17世紀フランス史　リシュリューとフロンドの乱』 *Histoire de France au dix-septième siècle. Richelieu et la Fronde*, Paris, Chamerot, 1858.
『17世紀フランス史　ルイ14世とナントの勅令廃止』 *Histoire de France au dix-septième siècle. Louis XIV et la révocation de l'édit de Nantes*, Paris, Chamerot, 1860.
『17世紀フランス史　ルイ14世とブルゴーニュ公』 *Histoire de France au dix-septième siècle. Louis XIV et le duc de Bourgogne*, Paris, Chamerot, 1862.
『18世紀フランス史　摂政時代』 *Histoire de France au dix-huitième siècle. La Régence*, Paris, Chamerot, 1863.
『18世紀フランス史　ルイ15世—1724-1757年—』 *Histoire de France au dix-huitième siècle. Louis XV — 1724-1757 —*, Paris, Chamerot et Lauwereyns, 1866.
『18世紀フランス史　ルイ15世とルイ16世』 *Histoire de France au dix-huitième siècle. Louis XV et Louis XVI*, Paris, Chamerot et Lauwereyns, 1867.

■『19世紀史』
『19世紀史　総裁政府。ボナパルト家の起源』 *Histoire du XIXe siècle. Directoire. Origine des Bonaparte*, Paris, Germer Baillière, 1872.
『19世紀史　ブリュメール18日まで』 *Histoire du XIXe siècle. Jusqu'au 18 brumaire*, Paris, Michel Lévy frères, 1875.
『19世紀史　ワーテルローまで』 *Histoire du XIXe siècle. Jusqu'à Waterloo*, Paris,

書　誌

I　ミシュレの著作

基本的に初版を挙げる（ただし翻訳に関しては入手しやすい版を挙げる）。

A 『フランス史』

■『中世史』

『フランス史』第 1 巻　*Histoire de France*, t. I, Paris, Hachette, 1833.
『フランス史』第 2 巻　*Histoire de France*, t. II, Paris, Hachette, 1833.
『フランス史』第 3 巻　*Histoire de France*, t. III, Paris, Hachette, 1837.
『フランス史』第 4 巻　*Histoire de France*, t. IV, Paris, Hachette, 1840.
『フランス史』第 5 巻　*Histoire de France*, t. V, Paris, Hachette, 1841.
『フランス史』第 6 巻　*Histoire de France*, t. VI, Paris, Hachette, 1844.

■『革命史』

『フランス革命史』第 1 巻 *Histoire de la Révolution française*, t. I, Paris, Chamerot, 1847.
『フランス革命史』第 2 巻 *Histoire de la Révolution française*, t. II, Paris, Chamerot, 1847.
『フランス革命史』第 3 巻 *Histoire de la Révolution française*, t. III, Paris, Chamerot, 1848.
『フランス革命史』第 4 巻 *Histoire de la Révolution française*, t. IV, Paris, Chamerot, 1849.
『フランス革命史』第 5 巻 *Histoire de la Révolution française*, t. V, Paris, Chamerot, 1850.
『フランス革命史』第 6 巻 *Histoire de la Révolution française*, t. VI, Paris, Chamerot, 1853.
『フランス革命史』第 7 巻 *Histoire de la Révolution française*, t.VII, Paris, Chamerot, 1853.

ヤ　行

ラ　行

ワ　行

マ　行

タ 行

ナ 行

ハ 行

主要書名索引

（ミシュレ『フランス史』を除く）

ア　行

カ　行

サ　行

ヤ　行

ラ　行

マ 行

タ　行

ナ　行

ハ　行

サ 行

カ　行

主要人名索引

（ジュール・ミシュレを除く）

ア　行

では温暖化を防ぐことはできない。筆者は、世界が、短期的にはエネルギー節約の技術開発、化石燃料消費の最少化とそれに伴う代替エネルギー利用の拡充、それに要する費用負担の公平化、これらに伴う消費水準・生活水準低下の甘受によって時間稼ぎをし、その間に、もっと根本的な技術開発と世界人口の漸次的な縮減を待つしかないと考える。これらはいずれも痛みを伴うことであるが、政治指導者は最重要課題としてこれらを叫び続けなければならない。

もちろん、二つの危機回避は、欲望の制限という極めて困難な課題を伴うのだが、それはもはや政治の課題ではなく、人類生存に関わる大きな、思想、倫理、あるいは宗教の問題なのであり、二十一世紀初頭の人類にとって決定的な選択なのではあるまいか。

（はやみ・あきら／慶應義塾大学名誉教授）

アメリカの終焉を謳い、世界的ベストセラーになった『帝国以後』の続編、緊急出版！

「イスラームvs西洋」の虚構

エマニュエル・トッド
（聞き手＝イザベル・フランドロワ）

日本の読者へ

――この本がどのような論争のきっかけになって欲しいと、お考えなのですか。それから、日本の観点が重要であるのはどのような点においてなのですか。

この本の目的は、人類がいくつかの部分に分割されているとする見方を拒否することであり、とりわけ本書は、現在定着しつつある、近代性とは西洋固有の事柄であるとする一種西洋主義イデオロギーともいうべきものと闘うものです。このイデオロギーはもちろん、西洋の対極にイスラームを置き、人類の中のイスラームという部分には、近代化の能力もなければ、民主主義を実現する能力もなく、発展の能力もないとするのです。

それに対して本書は、イスラーム諸国とキリスト教系の諸国との間に存在する差異は、本質的な、本性上の違いではなく、時間的ずれに由来する差異であることを示そうと努めています。イスラーム諸国に大きな遅れがあることは明らかです。

日本についてですが、日本は近代性の観念をヨーロッパの独占から救い出した国ですから、日本もしくは日本的観点はこの論争の中で重要な役割を果たします。ヨーロッパからは、日本という国は常軌を逸脱した存在と見られていました。日本の発展への努力は、一時は憫笑を誘ったものです。日本はヨーロッパ諸国と同じように移行期危機を経験しましたが、あくまでも外の国として扱われました。

現在、現段階においては――この点は本書の中で記しましたが――日本の近代性に異議を唱えようとするものは誰一人いないでしょう。日本の近代性は単なる西洋化にすぎないと言う者は、いないでしょう。誰にとっても、日本は近代的でしかも日本的である、というのは明らかです。日本は日本のままであっても、なおかつ日本の民主主義的制度機構が存在すること、日本の科学技術能力の

優れていることに、異議を唱える者はだれもいないでしょう。

——それではあなたは、日本人に何を期待されるのですか。

日本に対する私の態度は常に同じです。つまり私個人としては、日本がもっと論争に介入して発言してくれるのが好ましいのです。だからと言って、発展という観点からは全体として非常に遅れているイスラーム圏を、日本と類似した存在として示そうという積りではありません。そんなことは全く考えられません。そうではなく、日本人は、論争に介入して、西洋人——つまり欧米人——に対して近代性は彼ら西洋人だけのものではないということを「思い起こさせる」のに、とりわけ絶好の立場にある、と思うのです。西洋以外にも、発展し、近代化する能力を有する大文化がいくつもあり、それは西洋の色あせたコピーであるに違いないなどと考えざるを得ないいわれは少しもないのです。

▲エマニュエル・トッド氏

——あなたは日本とは特別な関わりがあるようにお見受けしますが。

私が特別な関わりを持つ国というのは、実は二つあります（あくまでも個人的なレベルの話で、フィールド・リサーチや特殊な知識のレベルで関わりがあるわけではありません）。一つは日本で、これは私が行ったことのある国です。もう一つはイランで、私は行ったことはありませんが、大勢のイラン人と議論をするに至った経緯があります。

日本とイランは非常に異なります。気質も違います。しかし私のフランス人としての観点からすると、この二つの文化は、非常に古い文化であり文明でありながら、近代化の過程を歩み始めた文明なのです。この類似にはしばしば心を打たれました。

それは正常な移行期危機である

——この本の基盤をなす命題は、不安を取り除くことを目標にしているわけでしょうか。

私にとって明らかになったことは、本書は天使のような本では全くないということです。イスラーム圏ではすべては素晴らしい、などと述べる本ではないのです。本書は、危機の存在を否定しませんし、暴力の存在も否定していません。単に、その危機は正常な移行期危機であると言っているのであり、西ヨーロッパ諸国でも、ロシアでも、中国でも、日本でも、その危機と同じようなものはかつてあったのだ——日本は軍国主義という危機を経験しました——と言っているのですから、その意味で本書は天使のような本では全くありません。

しかしまた、その最も根底的な命題である、文明の対話というのは、それぞれが神へと至る特別の道に他ならない宗教と宗教の出会いを意味するわけではないとする点でも、やはり天使的な本ではないわけです。宗教それ自体は現実の衝突要因を抱えていません。

本書の最も根底的な命題は、イスラーム教は、キリスト教と同様に、俗世間の非宗教化と信仰の消滅にまで行き着くことができる、というものです。そしてそのことを理解するのに、日本人は最適な立場にあると、私は考えます。日本はかつて数世紀にわたって非常に仏教信仰の盛んな国で、活発な宗教的意思を持っていましたが、今では完全に「脱仏教化」しています。宗教への無関心というもの以上に、日本人とヨーロッパ人を近づける共通点はないのです。

これは本書の中に直接記されていることではありませんが、私としては言い添えておきたいと思います。それは、本書はイスラームについて楽観的で、人々の不安を取り除き、不安を静めるような本であろうと努めている、ということです。イスラームはその移行期危機の中にあるのであって、テロリズムや暴力といったことは、すべて過去に起こったことなのだ、そしてテロリズムの問題の解決は、警察の捜査やシークレット・サーヴィスの有効な活動の中に見出されるのであって、イスラーム圏の核心部に攻撃を仕掛けることの中に見出されはしない、こうしたことを本書は言っているのです。

西洋それ自体の病

しかし最近はもう一つ別のことが出

て来ました。例えばフランスのような国で、イスラームに対する不安はやはり誇張されています。われわれはテロリズムが猖獗を極める世界に暮らしているわけではありません。毎朝パリでメトロに乗るのは、テロ攻撃の恐怖におびえながらだ、というわけではありません。ある意味で危険は全面的に過大評価されているのであり、世界の現実は、9・11なのではないのです。世界の現実とは、イラクにアメリカ軍部隊がいるということ、イスラーム諸国が攻撃されているということです。ですからイスラームに対する懸念というのは、やはり誇張されているということになります。

そして私は、フランスの非宗教性への強迫観念について考え、イスラームは非宗教性とは相容れないとする主張についてじっくりと考えた末、ついに次のような結論に到達したのです（これについては私は何も記しておりません。本書の中には一切触れられていません）。すなわち、イスラームをめぐる強迫観念の一部は、イスラームそれ自体とは何の関係もない、ということです。もちろんイスラーム圏は、脱宗教化が深層で進行しているにしても、まだまだ神への信仰が健在の地域であることは、間違いありません。

しかしイスラームに対する強迫観念の一部は、西洋そのものの危機と関係があるのです。つまりヨーロッパ人は、宗教的信仰なしの状態で生きようとする段階に到達しました――アメリカ人は宗教的言辞において多弁ですが、この点ではヨーロッパ人と大した違いはないと思います――が、グローバリゼーションという経済的コンテクストによって、山ほど積み上げられた問題を突きつけられているのです。そしてどうやら何かしら、イスラームとは関係がないけれども、あまり上手くいっていない西洋それ自体の病と関連することが、どこかでうごめいているような気がするのです。

（構成・編集部）（訳・石崎晴己）
（Emmanuel Todd／歴史学者）

ソ連の崩壊を予言した著者による、初のロシア史。

ロシアとは、一体何者か？

エレーヌ・カレール＝ダンコース

一九八九年——革命の再検討

一九八九年、フランスはフランス革命二〇〇周年を祝う。同じとき、欧州の別の最果てであるソビエト社会主義共和国連邦でもこれらの式典に呼応して、自らの存在それ自身でもってロベスピエールのメッセージが永遠に持続していることを立証するのである。

　レーニンがフランス革命とパリ・コミューンの継承を唱えながら、ロシアの大地の上で権力を掌握してから七〇年以上が経過していた。彼の強権発動は、革命の歴史上初めて永続革命の特権を名乗る強力な国家体制を誕生させた。ソ連は、世界を震撼させただけでなく、新しい人民、すなわちホモ・ソビエティクス、もしくは、それを越えたホモ・コムニスムスを創造することによって永続的に世界を変革するという革命家の能力を示したのではなかったか？

　ソ連は、ある国がその土地の、もしくは人民の名前ではなく、政治計画の名称そのものを国名に冠する意味論のシンボルであろうとした。ロシアはこうして、いまや社会主義とソビエトの土地へと座を譲ったが、これこそ歴史との断絶を示す反論の余地ない証拠である。

　だが奇妙な運命の転換によって、一九八九年は諸革命の栄光の年——フランスにとっては記念すべき年、その永続性を他国に見せつけるための年——となるはずだったが、あちらでは疑念の年であり、こちらでは崩壊の年、となってしまった。フランスでは、過去二世紀もの間さんざんけなされていた最後の国王ルイ十六世が、突然、革命の遺産なるものについての既成概念を問題視する集団意識の中に再登場した。

ロシアの自己への回帰

　しかし東欧では、歴史の加速化は、過去の神話だけでなく、レーニンと彼の後継者たちによって設立され、あれほど堅固に見えた体制さえもたちまち一掃し

▲H・カレール＝ダンコース女史

てしまう。ロシアでは七〇年間も、隣接共産主義諸国では約半世紀にわたり作り上げられた「新しい人間」は、この一九八九年という年に彼らを生み出した世界をじっと眺め、突然、怒りに駆られてこれを拒否してしまう。

まずベルリンでは十一月九日、過去の革命の追憶の空間と、今世紀の革命だとして長期約束されているかに見えた空間とを分ける象徴的な壁が打ち壊された。次いで、一国から次の国へと中部欧州と東欧へと壁は壊された。ついには二年後の一九九一年、反乱は体制の心臓部であるソ連に到達し、あれほど長く廃絶されていたロシアが突然、長い過去の廃墟の瓦礫をはねのけて立ち上がり、そのはずみで社会主義とソビエトの祖国である国を揺り動かし、破壊してしまう。

世界全体があれほど強く一九一七年の不可逆性を信じていたのに、この予期しなかった世紀末の展開を、どう理解しようと試みるのか？

欧州共産主義を一掃してしまった天変地異の発端となったのが結局はロシアの再生だったことから、なによりもまず成すべきことは、きちんとロシアに向き合うことだ。今世紀の全ての革命的プロセスが端を発したロシア、七〇年もの間自分自身の歴史から不在だったロシア、そのロシアが突如として共産主義世界の舞台を去ってしまったために、もはや共産主義世界には何も残っていないのだ。

このロシアの自己への回帰こそ、まず検討に値する。次いで、かくも異例な歴史的運命の根源について熟慮して見るべきではないか？　自らの抹消を受け入れたこのロシアとは、一体何者なのか？

それを見極めるために、さあ行こう、ロシア人自身がそうしたように、ロシア発見の旅に出かけよう。

（構成・編集部）（**訳・谷口侑**）

(Hélène CARRÈRE D'ENCAUSSE／アカデミー・フランセーズ／国際政治学)

アメリカの研究者による〝多言語空間〟としての満洲を描いた問題作！

満洲——交錯する歴史

玉野井麻利子

「空っぽ」の満洲イメージ

昭和十（一九三五）年、当時の東洋協会において満洲への農業移民を奨励すべく、官僚、実業家、そして知識人を招いて座談会が開かれた。出席者の一人である永雄策郎は経済学者であり、当時大連にある満鉄本社に所属していた。彼はこの座談会で、満洲への農業移民が南米への移民といかにちがうかを強調する。

永雄は、当時の日本を、イギリスとフランスと同様に「植民帝国」として扱っていること、ドイツと異なり、満洲への日本移民は「国家（ステイト）」を同時に運んでいること、それ故、そうした自覚を持つ人々が増えれば、今だ低調な満洲への農業移民も展望が開けるだろう、と述べた。

しかし私が強調したいことは、満洲国の時代には、日本はすでに翻訳文化になじんでいた、ということである。ジョン・ロバート・シーリーの著、The Expansion of England : Two Courses of Lectures は一八八三年、ロンドンで出版された。日本でこの書がいわゆる植民政策にたずさわる者にとっての、ひとつの重要なテキスト・ブックとなったのは日露戦争以後である。

問題なのは東洋協会での座談会に出席した知識人が、永雄を含め、満洲を「インド」とは見なさず、むしろ北アメリカと見なしたことである。つまりシーリーの日本の読者が満洲と北アメリカを重ね合わせたとすると、シーリーの言説は三百万人以上の漢族を始め、様々な北方諸民族の住んだ満洲を「空っぽ」にしてしまう。満洲のこのイメージ、つまり人間の住まない広大な大地をつくりあげるのに、翻訳されたシーリーの著書はひと役買った、というわけだ。

ここで私が言いたいのは、満洲国も又、翻訳文化の上に成りたっていた、いや、成り立っていたはずだ、ということである。治めるべきは、日本人ではなく、中国人であった。そして「五族協和」と

いうスローガンが実行されるためには、朝鮮族、蒙古族、ロシア人、その他満洲に流れこんだ様々な民族、国籍の人々を彼らの言語を通じて治めなければならなかったはずだ。

満洲の様々な言語空間

そうならば様々な疑問がおこってくる。たとえば満洲国の建国宣言は何ヶ国語に翻訳されたのだろう。そして日本語から中国語への、あるいは朝鮮語やロシア語への翻訳は意識的にも無意識的にも、ゆがめられる、ということがなかったのだろうか。そして新たに翻訳された文章の意味がゆがめられる、ということはなかったのだろうか。

▲玉野井麻利子氏

帝国時代の満洲の研究はそれぞれの学者の言語的バックグラウンドのため、どうしても制約を受けてしまう。アメリカで日本研究にたずさわる者が満洲に目を向ける時、読む文書はほとんどすべて日本語の文献である。その内容が満洲に住んだ日本人以外の様々な民族集団にどう伝えられ、どう解釈されたかには注意を払わない。しかしこれが従来の満洲研究の主流であった。

我々日本研究者にできることは、そして願わくは本書の読者にできることは、満洲の様々な言語空間に入りこんでみる、ということであろう。本書の原著は英文であり、本書はその日本語への翻訳版である。しかし原著の英文は、単なる英文というわけではなく、それは又、帝国時代の満洲で使われた様々な言語の翻訳が入りこんだ英文なのである。こうした様々な言語が、少なくとも「意識的に」意味をかえて翻訳されるということのない時代に生きている我々は、帝国時代の翻訳文化の中で生きた人々に比べて、はるかに幸せだ、と考えざるを得ない。満洲の様々な言語がつくりあげた豊かな空間、そしてそれ故におきた悲劇の一片を少しでもお伝えできたら、と思う。

（構成・編集部）（たまのい・まりこ／文化人類学）

満洲——交錯する歴史
玉野井麻利子編　山本武利監訳
（UCLA准教授）
四六上製　予三五二頁　三四六五円

〝死の物語〟を通してミシュレ『フランス史』を読み解く。

死の歴史学——ミシュレ『フランス史』を読む

真野倫平

歴史の肉体に触れる

本書は、ジュール・ミシュレ（一七九八—一八七四）の『フランス史』を死の物語を通して読もうとする試みである。

ヨーロッパ文明において特別に重要な死の物語がふたつある。言うまでもなく、ひとつはソクラテスの死、もうひとつはイエス・キリストの死である。これらの物語が西洋哲学とキリスト教の原点に位置するという事実は、人間が哲学や宗教という営みを作り出した背景に、いかにして死を克服するかという課題があったことを示唆している。人々は、死を前にしたこれらの人物の姿の中に、死のもたらす不安や恐怖を乗り越えるための知恵を見出そうとしたのである。

死にゆく者と彼をとりまく人々の織りなすドラマは、哲学や宗教をわれわれにとって一層身近で親密なものにしてきた。これらの物語の具体的な細部は、ともすれば抽象的な思弁に陥りがちな哲学や神学に、人間的な感情と確固たる実在感を与えるものである。ソクラテスの次第に冷たくなる身体と、イエス・キリストの血を流す身体、われわれはこれらの具体的なイメージを通して、いわばヨーロッパ文明の血の通った肉体に触れることができる。

われわれは同様に、死の物語を通して『フランス史』という作品の肉体に触れてみたい。おそらくは歴史もまた、哲学や宗教と同様に、人間が死を克服するために作り上げた営みにほかならない。誰も死を逭れることはできない。しかし個人は死んでも集団は生き残る。人間は自分が属する共同体の歴史の中に、死を克服する可能性を探し求めた。それゆえに死はしばしば、歴史家の重要な関心事となったのである。そしてこのことは他の誰におけるよりもミシュレにおいて真実である。

「歴史は復活である」

ジュール・ミシュレはフランス近代歴

史学の礎を築いた歴史家である。彼は、生涯の作品である『フランス史』によって、フランスの民衆にとっての「国民の歴史」を創設した。今日人々が思い描くジャンヌ・ダルクやフランス革命のイメージは、ある程度ミシュレによって創られたと言っても過言ではない。この作品は、フランス人にとって一種の建国神話としての役割を果たしてきた。

この『フランス史』を、死の物語を通して読むことにしたい。このような着想を得たのにはいくつかの理由がある。

▲J・ミシュレ（1798–1874）

第一に、「歴史は復活である」という定義からうかがえるように、ミシュレは歴史研究を死と復活をつかさどる一種の聖職と見なしていた。死は彼の歴史における最重要概念のひとつなのである。そして、ミシュレにおける死の概念を考える上で、理論的な文章を検討するだけでは十分でない。多くの具体的な死の物語を参考にすることで、それをより多面的な角度から把握できるはずである。

第二に、『フランス史』においてはしばしば特定の人物の生涯によって時代区分がなされ、巻や章がその人物の死によって閉じられる。つまり、死の瞬間に特権的な重要性を与えるのは、必ずしもわれわれの恣意的な選択ではなく、作品の構造自体から必然的に導かれる読解方法なのである。ここには、個人の死を通じて社会の変動を描くという、ミシュレ独自の歴史記述の方法が認められる。

第三に、死はミシュレにとって重大な強迫観念のひとつであった。彼の『日記』からは、彼がどれほど近親者の死に影響を受けたかが読み取れる。とはいえ、それが単に私的な体験にすぎないならば、われわれはそれを『フランス史』の読解とは切り離しておいたことだろう。しかしこれらの体験は、『日記』に記されるにとどまらず、歴史作品の中でも言及されることで、歴史家の職務と不可分なものになっている。それゆえに、われわれはこれらの私的体験を避けて通るわけにはいかないのである。

（まの・りんぺい／南山大学准教授）

「日本思想の独自性」とされたものの正体を明かす画期的な「日本語＝日本思想」論！

日本語と日本思想

――本居宣長・西田幾多郎・三上章・柄谷行人――

浅利 誠

柄谷行人「文字論」との出会い

この度、日本語と思想、言葉と思想の関係を問う『日本語と日本思想――本居宣長・西田幾多郎・三上章・柄谷行人』を上梓することになった。本書は、藤原書店の季刊雑誌『環』に「日本語で思考するということ」というタイトルで八回にわたって連載されたものからなっている。『環』の第四号（二〇〇一年冬号）の「日本語論」特集号に「西田幾多郎と日本語――〈場所の論理〉と助詞」を寄稿したという経緯もあり、日本の思想家と日本語の問題をもう少し念を入れて書いてみたいという思いが私にはあった。

しかし、この論文を書くきっかけとなったのは、柄谷行人『〈戦前〉の思考』の中の「文字論」との出会いであった。西田と日本語、宣長と日本語というテーマに日本語の文字の問題から迫って行く柄谷の省察は新鮮かつ衝撃的であった。にもかかわらず、私は、柄谷とは逆に、徹底的に文法にこだわる方向に向かった。柄谷の問題提起との生産的対話を実現するためには、彼がほとんど踏み込んでいない構文論（文法）の側から彼の問題提起を受け止める必要があると考えたからである。そして、私の選択は間違ってはいなかったと思っている。

本居・西田・三上・柄谷

私は、あくまでも日本語をフランス人学生に教えるという環境の中で日本語に向き合ってきた人間である。私は、一年生の仏文和訳の授業において、長年、相互に深く関連している二つの大きな問題を抱えていた。それは、助詞の中で占める格助詞というカテゴリーの弁別特徴をどのようにとらえるかという問題、それと、三上章が「主語」を排して「主題」という用語で語るべきだとしている「ハ」の問題であった。この問題を考えている過程で私は西田幾多郎の「場所」というテクストに強い関心をかきたてられた。ほどなくして柄谷行人の「文

字論」に出会うことになったのである。私はここから時枝誠記の口語文法論、本居宣長の「詞の玉緒」、鈴木朖の「言語四種論」、中村雄二郎の『西田幾多郎』などを読むことになったのである。

　改めて思い返してみても、やはり柄谷行人の「文字論」との出会いが決定的だったのだと思う。すでに三上章の文法論には馴染んでいたが、柄谷の文字についての論考を読んだのをきっかけにして、私の中で、三上章の言う「ハ」の「ピリオド越え」と本居宣長の係り結び研究における「は、も、徒」による係り＝結びが相互につながって見えだしたのである。私には、まず、三上と宣長の著しい類縁性の確認がやってきた。その後に、時枝における包摂のテーマと、西田の場所論における包摂のテーマの間にある類似性と差異性について考えることになったのである。この二つがある程度自分の頭の中でつながるようになってから、ようやくにして、私は宣長の「詞と辞」の語学説を時枝の「詞と辞」の言語論と重ねて考えるという方向に向かったのである。

▲浅利誠氏

　最終章において柄谷の「文字論」について少しだけ言及したが、この文字についての論考の中で提起されている問題の射程は遠大なものであり、文法論の側からそれに見合うだけの論考を展開することは今の私にはできなかった。最小限の確認だけはなし得たと思うが、今はそれでよしとすることにする。また、確認すべきことはまだたくさん残されてもいるのである。朝鮮語と日本語の比較による確認事項を筆頭に。

　「日本語と日本思想」をテーマにすることには大きな勇気が要求された。未踏の地に踏み込んでいく蛮勇が要求された。私の手引きになってくれたものもまた不如意をものともせずに未踏の地に踏み込んでいった孤独な戦士である三上章と柄谷行人の二人だったのである。

（あさり・まこと／フランス国立東洋言語文化大学日本学部助教授）

日本語と日本思想――本居宣長・西田幾多郎・三上章・柄谷行人

浅利誠　四六上製　三一二頁　三七八〇円

リレー連載　今、なぜ後藤新平か 30

後藤新平の「大風呂敷」

横浜市長　中田　宏

後藤新平の「大風呂敷」

後藤新平といえば「大風呂敷」という言葉を思い出す。後藤の発想の自由さ、確かな先見性が、しばしば一般的な思考を超越し、あまりにも斬新であったから、当時の人々にとってはそう映ったのだろう。

なぜ当時の多くの人には大風呂敷に映ることを後藤は発想したのか。それを考えた時、私は後藤という人物と他者との違いは、現実観や度胸といった類ではなく、時間軸の違いなのだと思う。後藤の着眼は、眼前の現実に置くのではなく、常に五〇年後、いや一〇〇年後の将来に置いていたに違いないと思うのだ。

後藤が自らの手で実現してきた例としては、日清戦争で得た台湾で、児玉源太郎四代目台湾総督の下、民生長官として現地の経営を軌道に乗せたことである。当時の台湾はゲリラが頻発し、衛生状態もよくなかった。これを力のみで制圧するのではなく、現地の慣習を徹底的に調べ、風土に合った作物を計画的に栽培し、衛生状態を改善し、道路・港湾・病院・学校などの社会的基盤を整備した。台湾の国家経営として必要な基礎を築いて、台湾経済を黒字へと導くのである。ほとんどゼロからのスタートで、台湾経営を成功させている。ここでは、台湾に住む人々の将来に思いを巡らせ、卓越した先見性を持って中長期的な視野を常に持ちつつも、当面の施策の実効性を確認しながら次の手を打った。これは組織経営の要諦でありつつも、困難なことである。

後藤新平と田中角栄

後藤の死後に実現した例としては、日比谷公園や墨田公園、幹線道路として計画・整備された昭和通りや靖国通りなどがある。後藤が東京市長として東京の社会基盤整備のために策定した計画は、その予算規模の大きさからまさに大風呂敷と言われるのだが、後の関東大震災後の復興に活かされ、道路、橋梁、公園などが現在の東京の礎となっているのは周知の通りである。後藤は、防災面や衛生面、

▲東京市長時代の後藤新平

さらにはモータリゼーションまでをも考え、首都東京の将来を展望した都市計画を構想したのだ。

田中角栄の演説で、「三国峠を削って雪雲を関東に流せば雪は降らなくなる」という言葉がある。三国峠を削った土砂をどこに運ぶのか、大自然に対して人間がやっていいこと悪いこと等々、その是非論は当然あるのだが、国民はそのスケールの大きさを評価したという。

これも一種の大風呂敷に違いないのだが、あえて後藤との差異を指摘すれば、それは置かれた背景にある。後藤の場合、景気が良く国力があって自身が一国を動かすほどの権能を手にするという自負を持つ中で言えたということだ。

仮に私が自らに照らしてみても、為政者として今の時代に大風呂敷を広げようというのは、なかなか難しい。厳しい現実の中、まして予算などの内情を知っている以上、簡単には言えまい。

後藤新平の構想力

しかし、後藤は現実主義者たちが夢想だにしない構想で人々を説得しようとした。それは、徹底的に考え抜いたという確信を持っていなければできることではない。改めて後藤の先見性、本質を見抜く洞察力、それらに裏打ちされた上での大胆な構想力に舌を巻く。

元々医師であった後藤が内務省衛生局で頭角を現すのは理解し易いが、四〇代の若さで、台湾統治や満鉄総裁と、多分野にわたって活躍したことに驚かされる。必要なのは単なる現場経験や専門知識なのではなく、まさに将来に対する構想を持って人を引っ張る意思なのだと知らされる。そして、それが誰よりも必要なのは政治家である。

故に、その後、逓信大臣、内務大臣、外務大臣、東京市長として、後藤が残した足跡があるのであり、その業績の恩恵に我々は浴していると思うのである。

（なかだ・ひろし）

今号から山崎陽子さんの交友録「風が吹く」の連載を始めます。山崎陽子さんは童話作家、ミュージカル脚本家で、一九九〇年から「朗読ミュージカル」という独自の舞台を作り、二〇〇一年には文化庁芸術祭大賞を受賞されました。今まで五〇作以上が上演されています。

新連載　風が吹く　1

場違いな風

山崎陽子

藤原社長から『機』に連載をとお勧め頂いたときは、耳を疑いました。『機』といえば、知性と教養、正義と誠実が凝縮されたような三十二頁。この格調高いPR誌は、さしたる主義主張も持たず、論理的思考回路が欠落している私にとっては、毎号頁を繰るたびに、ただ感嘆するばかりの別世界でした。

ロジカルならぬドジカルと呼ばれ、歳を重ねるごとに、いよいよメルヘン色が濃くなる私に、連載を命じられるなど、まさに暴挙。思わず「殿！　ご乱心めさるな」と叫びたい心境でした。

あまりに場違いな書き手は、権威ある執筆者の方々や読者から顰蹙を買うに違いないし、何よりも『機』の品位に関わりますと再三固辞したのですが、悠揚迫らぬ藤原社長の笑顔と〝ひとこと〟に、押し切られてしまいました。

『機』に新しい風が欲しいと思って……」

藤原書店とのご縁は、絵本『いのち愛づる姫』ですが、これは二〇〇二年に生物学者の中村桂子氏の提案で、画家の堀文子氏と三人で創った朗読ミュージカルです。この舞台を初めてご覧になって呵呵大笑なさった藤原社長が、その場で「この舞台を絵本に」と仰り、絵本にするのは無理という大方の予想をくつがえし、三年目、ついに実現させたものです。

藤原社長の豪快な笑いっぷりは、今も出演者の間で語り草になっていますが、その爆笑の主が、あの藤原書店の社長と知ったときの皆の驚き。

しかし〝私が『機』に書く〟ことは、それを上回る驚きに違いありません。新しい風になれる自信は皆無ですが、その意味を「賢人たちの正餐に、愚かしさと笑いの箸休め……といった感じの微風を」と訳してみたら、少し気が楽になりました。

勇気を奮って次号からお邪魔することにいたします。ご笑覧頂ければ幸せです。

（やまざき・ようこ／童話作家）

リレー連載　いま「アジア」を観る　62

古代絶対平和思想の広がり

海勢頭　豊

昨年一一月一七日に、ソウルの西江大学茶山館で「韓国九条の会」結成大会が開かれた。

「日本の極右勢力は憲法九条を廃棄しようとしている。米国の軍事支配に同調するこれらの動きは、東アジアの平和、ひいては世界の平和を脅かしている。そこで今まで日本国内に限られていた平和憲法守護運動を拡大させる必要があり、われらもこれに参加する。さらにわれらは朝鮮半島に平和憲法をつくるための運動を展開しようとの目的で、平和憲法市民連帯（韓国九条の会）を結成する」とその出帆宣言がなされ、大会は無事成功に終わった。

日本からは三一名の参加者があった。

私は沖縄9条連代表として特別にメッセージを語りながら「琉球讃歌」と「喜《き》瀬武原《せんばる》」を歌った。

私がステージから訴えたメッセージは、古代平和思想について。かつて憲法九条の平和主義を（東）アジアで共有した時代があった話である。

三～四世紀にかけてのおよそ百年間。平和国家倭国を治めたヒミコの歴史は今も謎に包まれたままだ。私はその謎を解く鍵は勾玉《まがたま》にあると考え調べてみた。ところがこの不思議な形状のパワーストーンについて、何も分かっていないことが分かった。

ただ魏志倭人伝によれば、邪馬台国の女王ヒミコが魏の王に勾玉二個を献上したとのこと。よほどの貴重品であると考えられるが、その勾玉が朝鮮半島からも出土していることなどを考え合わせると、ヒミコが平和外交の宝物として勾玉を利用したことが分かる。そしてついに琉球の神女達の勾玉と、芒《すすき》の葉でつくる魔除けのサンとが同じ効用であることが分かるに至り、謎が解けたばかりであった。

勾玉や巴紋《ともえもん》が韓国に広がったのは、ヒミコの非戦非武の絶対平和思想を喜んで迎え入れた証であり、そのルーツが琉球の竜宮神、サメ＝ジュゴンであることは言うまでもない。

（うみせど・ゆたか／音楽家）

■連載・生きる言葉　11

第一次戦後派の意味

粕谷一希

> 二十世紀の悲劇は事故としてしか起らない。
>
> 大岡昇平『野火』

第一次戦後派とは、大岡昇平、武田泰淳、野間宏、椎名麟三など、単に戦争直後の作家たちという意味だけでなく、戦争と戦後の間にあって、スケールの大きい構想力と重い主題をもった作家たちを指した。

第三の新人という呼称は、第一次戦後派に対して、マイナーな世界に固執したスケールの小ささを皮肉ったネーミングであった。この第三の新人たち、安岡章太郎、吉行淳之介、遠藤周作、庄野潤三なども、石原慎太郎の『太陽の季節』によって意表を衝かれる。風俗に流れる文壇ジャーナリズムの軽薄さであったが、今日、振り返ると、第一次戦後派も第三の新人グループも、むしろ新鮮で独自の世界をもっている。

大岡昇平は、『俘虜記』『野火』といった極限状況を描いた作品の圧倒的な強さでつねに第一に挙げられる存在であった。『武蔵野夫人』『花影』といった女性を主人公とした作品でも、単なる風俗小説を越えた描写と奥行きをもっていた。鷗外を意識した歴史小説でも新境地を拓いている。武田泰淳の重厚さと共に、井上・松本・司馬といった大型のエンタテイナーともちがう、硬質な文学的主張をもっている。今日からの再評価が求められる。

引用した言葉も、大岡流の洞察と華麗さをもち、二十世紀の特色を巧みに衝いている。産業革命と大衆社会以後の、人間の不自由さを語って余すところがない。

第一次戦後派の文学は、〝戦後民主主義〟よりもはるかに強い生命力をもっている。一九八〇年代以降、村上春樹、吉本ばななど、新しい感受性の激変が起ったいま、もう一度その意味を問うてみると面白い結果を生むことだろう。

（かすや・かずき／評論家）

Le Monde

■連載・『ル・モンド』紙から世界を読む 60

EUはよい、でも高くつくなあ!

加藤晴久

フランスで、今年一月一日から、カフェ、レストラン、ディスコ、カジノが全面禁煙になったことは日本のメディアも報じた。でも、賛成派、反対派の声をちょこっと伝えておしまい。なかには、またしてもフランス、珍奇なことをやってるなと揶揄的な調子のものもあった。

しかしイタリア、スコットランド、アイルランドでは、これらの場所は一年半も前から禁煙。ドイツやスペインもおなじ方向で推移している。

フランスの場合、公共の場所で全面禁煙の政令が制定されたのは二〇〇六年十一月一日。いきなり公共の空間すべては酷、というわけで、二〇〇七年二月一日、まず行政機関、民間企業に適用された。このステップを経て、今回、全国約二十万の「共歓（convivialité）の場所」に拡大適用されたのである。

イタリア、アイルランドの先例から見ても、ただでさえ低落傾向のカフェ、ディスコの業績の悪化は避けがたいと予測されているが、〇七年七月の調査では、非喫煙者の八三%、喫煙者の七二%が全面禁止に賛成している。これまで受動喫煙 tabagisme passif に関係する死者が五千人いた。受動喫煙による心筋梗塞の件数が、イタリアは十一%、スコットランドは十四%、アイルランドは十五%減っている先例から、フランスでも国民の健康へのプラスの効果が期待されている。

カフェ、ホテルなど換気装置を備えた喫煙室を設置することはできるが、従業員は出入りできない。カフェの屋外テラスは喫煙可だが、いまや、タバコを吸えるのは公共空間では路上のみ。

警察官、労働基準監督官、保健所医師が違反者に罰金調書を発行する。罰金は六八ユーロ。納入しないと四五〇ユーロに増額。施設の所有者は一三五ユーロ。意図的な違反は七五九ユーロ（『ル・モンド』〇七・十二・三〇／三一）。

はじめに述べたように、特殊フランスの事例ではない。ノルマンディ地方の農民喫煙者がぼやいたという。「まるで独裁体制下だよ。欧州統合はよい、でも高くつくなあ！」と（〇八・一・二付）。

（かとう・はるひさ／東京大学名誉教授）

連載　帰林閑話　159

香風花雨

一海知義

先日、後藤新平の遺墨だという扁額の写真が、送られて来た。

香風花雨

骨太な四文字のあと、「新平」の署名があるが、日付も落款《らっかん》（印）もない。出典が知りたいという注文なので、少し調べてみた。

「香風」は「かぐわしい風」だが、「花雨」にはふつう二つの意味がある。

一、花時の雨。花の咲く時節に降る雨。

二、花の雨。雨のように空から舞い落ちる花びら。

香風

花雨

は、左右対称の対句構成になっており、「香の風」に対して「花の雨」だから、後者、すなわち雨のように散る花びら、という意味だろう。

この二語、唐詩を検索すると、たとえば顧況《こきょう》という詩人（八世紀）の五言絶句「山頂の寺に題す」の第三、四句に見える。

日暮香風時

諸天散花雨

日暮　香風の時

諸天　散花の雨

「諸天」は、天上に住まう仏たちをいう。「散花（散華）」は「さんげ」と読み、仏を供養するために、花びらを散布すること。

この詩、「山頂の寺に題す」というように、内容は仏事に関係し、「香風」「花雨」ともに仏教用語であることがわかる。

なお、中国山西省に仏光寺という古寺があり、寺内の建物の一つに「香風花雨楼」という高楼がある。寺の創建は五世紀六朝時代だというから、「香風花雨」は古くから使われて来た言葉なのだろう。

また李白の五言古詩「山僧を尋ねて遇わず」に、

香雲偏山起

花雨従天来

とあり、ここでも「花雨」は、仏教の縁語として使われている。

香・花は、仏に供える線香と花。香風花雨は、極楽浄土のような風景をいうのであろうが、後藤新平が基づいたのは、何か。博雅の示教を俟《ま》つ。

（いっかい・ともよし／神戸大学名誉教授）

（舞台開演前の儀礼／インドネシア、ジョグジャカルタ）

連載・GATI　97

香りによる結界、香りが祓う魔

――眼もて視るべきにあらず、耳もて聴くべきにあらず／「魔除け」考❸――

久田博幸
（スピリチュアル・フォトグラファー）

「鉛筆を買った／扇のように軽い鉛筆だ／あのやわらかい木／けずった木屑を燃やすと／バラモンのにおいがする」〈西脇順三郎「秋」（部分）〉田村隆一は、この匂いには詩的文明があると説いた。

古代、乳香・没薬《もつやく》・香木には匂いと同時に薬効（セラピー治療やミイラ製造など）があり、ギリシア医学以来、活力や魔力を与える神秘的な存在でもあった。ゾロアスター教の善の世界や仏教の極楽浄土には芳香が満ち、悪の世界や地獄には悪臭が満ちるという。

かのクレオパトラは美貌や知性よりも身に纏った薔薇の香水がなによりの武器だったともいう。また、『源氏物語』の宇治十帖〈浮舟〉の薫君《かおるのきみ》と匂宮《におうのみや》（光《ひかる》の次男と孫）は光《ひかる》の面影を宿す貴公子とされる。光《ひかる》亡きあとも二人に匂いにまつわる名前をあて、光《ひかる》の存在を暗示させるという構図《プロット》の奥深さを読む。

しかし昨今は無臭や消臭を尊ぶ風潮も強く、露《ろ》伴《はん》が「香談」に述べた幽玄な感性も危うい時代である。

ジャワ島で観た詩劇『ラーマーヤナ』の開演前に香が焚かれ、呪文が唱えられた。香炉から湧く煙と芳香が結界を成し、辺りの魔を祓《はら》う。

一月新刊

われわれ自身のイスラーム観を問い直す!

環

学芸総合誌・季刊
【歴史・環境・文明】

民主主義はキリスト教圏に特有のものだと偏狭な欧米的見方に閉じこもるのか、あるいは民主化が徐々に進むイスラーム諸国に手を差し伸べるのか。エマニュエル・トッドの最新作『文明の接近』が提起する問いは、米国に追従する日本への重大な問題提起でもある。同書の日本語版刊行を前に、緊急特集を企画した。

vol. 32 2008年冬号

菊大判 312頁 2940円

特集 **文明の接近――イスラームをどう見るか**

E・トッド、最新インタビュー

イスラーム恐怖症の虚構

文明の衝突か、普遍的世界史か? E・トッド+Y・クルバージュ

〈フランス各紙誌書評〉『ル・タン サムディ・キュルチュレル』紙/『ジュルナル・デュ・ディマンシュ』紙/『リーヴルエブド』誌/『エクスプレス』誌/『ル・モンド・デ・リーヴル』紙 ほか五紙誌

〈寄稿〉平川克美/佐藤優/山下範久/池内恵/荻野文隆/石崎晴己

〈対談〉「色・におい・からだ」A・コルバン+志村ふくみ

〈対談〉「声が生まれる」高銀+竹内敏晴

〈座談会〉「『五つの資本主義』とその後」B・アマーブル+山田鋭夫 ほか

●第3回河上肇賞受賞作決定

二〇〇七年度「後藤新平の会」シンポジウム
「自治の創生と地方分権」(司会)御厨貴
青山佾/最相葉月/片山善博/増田寛也

〈寄稿〉小林英夫/持田明子

〈連載〉王柯(新連載)/金時鐘/石牟礼道子/榊原英資/鈴木一策/石井洋二郎/浅利誠/能澤壽彦

名著『地中海』の姉妹版、ついに刊行!

地中海の記憶
先史時代と古代

フェルナン・ブローデル
尾河直哉訳

『地中海』のブローデルの見た「地中海の起源」とは何か。「長期持続」と「地理」の歴史家が、千年単位の文明の揺動に目を凝らし、地中海の古代史を大胆に描く。一九六九年に脱稿しながら原出版社の事情で三十年間眠っていた幻のテクスト。

A5上製 四九六頁 口絵二四頁 五八八〇円

世界中で読まれる決定版、待望の完訳!

赤ちゃんはコトバをどのように習得するか
誕生から2歳まで

ベネディクト・ド・ボワソン＝バルディ
加藤晴久・増茂和男訳

誕生から24ケ月までのわずかな期間で、「バブバブ」(無意味な喃語)から初めての単語、そして文へと、驚くべき進歩を遂げる過程とその多様性を丹念に辿り、「言語習得」という人間の普遍的能力の謎に迫る。

A5上製 二五六頁 口絵四頁 三三六〇円

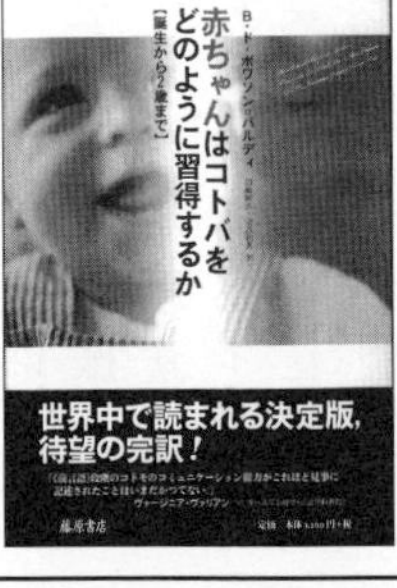

読者の声

別冊『環』⑬ ジャック・デリダ 1930-2004■

▼増田一夫氏の邦訳の成功が、この特集をもたらしたのでしょう。増田氏の貢献のたまものですか。最高の理解者、紹介者です。それにしても、かくまで、デリダに関心が集中するのは巻末の biblio を見ても世界に冠たるものがあります。知的世界における「格差」の拡がるのをみる思いもあります。それぞれの分野における専門家の寡占化も、どうでしょうか。よろこぶべきでしょうか。「知識人」の世界がタワー・ビル化しない様に祈ります。それにしても「特集号」としては見事な出来栄えかと思います。ご成功を。　（匿名希望）

結婚戦略■

▼ピエール・ブルデュー氏の農村社会学を仏《フランス》も日《ニッポン》の農家の人も読まないだろうと高を括る前に農民とダンス（パーティー）に対する洞察から始めることにしよう。

（青森　地方公務員　山口和也　51歳）

クローン病■

▼病因の背景は他の病気でも取り上げられているものもあり、内容が多様化している。炎症性腸疾患と似たものもあって、判別が大変だったという。診療治療にあたる医師の努力も大きい。

（千葉　佐藤賢司　71歳）

評伝 高野長英 1804-50■

▼久方振りにずっしりと重い本であった。朝日選書で読んで以来三〇年振りで、改めて、著者の長英を描こうという姿勢が理解できたと思う。掘り起された事実を積み重ね、長英の人物像、それも自立した近代人の先駆者としての姿を浮きぼりにしようとする著者の意図が理解できた気がします。吉村昭氏の『長英幽玄』も人物を描こうとする点は同じでも、手法が異るとこんなにも人物像の印象が違うものか。歴史上の人物の魅力かも知れません。

（千葉　竹之内義郎　70歳）

▼高野長英エスプリザンモアの人です。高野長英のバイタリティーに富んだ生き方と、幕府の卑劣、未練、卑怯未練なありかた。それは現代の時代にも見られる。日本の夜明けを予告していた彼が、愚かな幕府の小心翼々としたあり方。福田首相、町村官房長官にも見られる。現実をそよとも動かさないように翼々とし反対するものを抑圧する。大胆にかかる幕府に挑戦し、逃亡。しかしかくまう藩もやはり小心翼々。ついに江戸で殺害された。幕府の犯罪だ。

（東京　成瀬功　66歳）

『環』31号〈特集・われわれの小田実〉■

▼小田さんとはべ平連の準備段階からずっと一緒で、私は経理を担当しておりました。四十歳前から体調を崩し、運動に参加することは出来ませんでしたが、鶴見俊輔氏とはずっと親しくさせていただいております。鶴見和子さんの一周忌の分も合わせて、大変面白く読ませていただきました。

（東京　寺井美奈子　70歳）

蘆花の妻、愛子■

▼文庫本で『不如帰《ほととぎす》』『自然と人生』『思出の記』しか読んだことのない平凡な読書子には、本書は衝撃的でした。男と女のこと、「人間」の業の深さについて考えこみました。

（神奈川県　石橋義史　72歳）

歌集 山姥■

▼思想家河合栄治郎を親友とする父祐輔（政治家）の家に育ち、戦中戦後の混乱の中、日本文化の土壌を踏

まえた自己に徹し哲学を展開してきた。晩年の闘病と、免疫学の泰斗、多田富雄先生の人間のなりたちから、いのちの意味、人生の意味を問う人（同病）と邂逅。老と病の中に逞しく生と死を問いつづけた珠玉の詩。同じ時代を生きた先達として、私の座右においている。西行にも似ている。（神奈川　**西澤安雄**　77歳）

戦後占領期短編小説コレクション③■

▼全七巻購入現在第三巻読中です。戦争実感があります。（東京　医師　**依田叡**　67歳）

河上肇の遺墨■

▼全体的によくまとめられている。おしむらくは河上墓標の右手に建てられている歌碑の自筆文「多度利津伎布理加弊里美禮者山川遠古依天波越而東都流毛野哉」が収録されていないのが残念だ。遺墨の中で最も秀れたものの一つと思うからである。（神奈川　**篠崎豊**　65歳）

イスタンブール■

▼男の作家であるパムクを女性が訳すというのはある意味ユニークなこころみ。和久井さんには頑張ってもらい、ぜひパムクの全集を貴社から出版してほしい。（『雪』も『わたしの名は紅』も購入した。）ちなみに僕は原書（英訳も）は読めないので翻訳は助かる。（熊本　**佐藤栄一**　46歳）

父のトランク■

▼ドストエフスキーは二つの文明に魂を引き裂かれた作家だとかねがね思っておりましたがパムクが同じようなことを書いているのを知ってびっくりしました。パムクはもう一人のドストエフスキーなのかもしれません。『わたしの名は紅』読みたくなりました。（神奈川　**加藤三朗**　69歳）

いのち愛《め》づる姫■

▼まれに見るすばらしい表現の朗読にふさわしい本です。作者は最大に尊敬する方です。朗読・よみきかせに研鑽して参ります。ありがとうございました。（山梨　**阿部誠**　64歳）

▼作者中村桂子氏の諸著作を拝読しているので今回も購入した。私は、同人誌に「蟲めづる姫君」の評論を書いた事があり本誌を期待しておりました。大変良い書物を発刊して頂き感謝しております。（北海道　**川合昇**　74歳）

いのちを纏う■

▼「私は鶴見さんとお話しするということは、千載一遇のことなんだと、この日が近づくにしたがって思い始めたんです。」本書の中での志村様の発言です。お二人が対話を通して、どちらかというと、今迄は語り得なかったことまで、本音でお話しになっている姿には深い感銘を受けました。生命について多くのことを考えさせられた、近年にない好著に出会えたことを倖せに思いました。ちなみに、志村様の御本は、大部分拝読しております。（静岡　**山﨑勝康**　75歳）

雪■

▼読みごたえがあり素晴らしい恋愛小説として読めた。読者からは訳が読みづらいとの声があるみたいだが、原文に忠実であればこそだと思っている。Kの恋愛はインテリの恋愛である。もう充分に大人だが、青春の恋の苦しみのようなものがじんと伝わってきた。私が男だから共感できる部分が大きいのかもしれない。（広島　**伊藤高司**　34歳）

日本を襲ったスペイン・インフルエンザ■

▼〇貴重な情報源　〇日本のパンデミック対策を考えるにあたって　〇自然科学と人文科学の本当の意味での協業のきっかけとなる本。（神奈川　**義澤宣明**　43歳）

わたしの名は紅■

▼オルハン・パムクの本『雪』もそうであったが、最初はとりつき難い気がしたが、読んでいると非常に面白い本だと思いました。
（大分　**高倉威**　77歳）

新しい学■

▼拡大を続けるテロ組織、各種のNGO、一〇〇兆円を超える規模をもつヘッジファンド。これらは何れも既存の国民国家、国際機関では管理不能なものです。ニュートン主義自然科学の枠には嵌らない「複雑系」世界の発見？　善と美の領域での新しい現象としてのカルチュラルスタディーズなど、明らかにこれまでの世界システムでは収まり切れない分野の出現は当然のこととして、現状の学問体系にも大きな変化を与えていることがよく理解できました。
（兵庫　コンサルタント　**石井治**　74歳）

※みなさまのご感想・お便りをお待ちしています。お気軽に小社「読者の声」係まで、お送り下さい。掲載の方には粗品を進呈いたします。

書評日誌（三・一〜三・三〇）

㊖書評　㊕紹介　㊔関連記事
Ⓣ紹介、インタビュー

三・〇二　㊖東京新聞「〈決定版〉正伝後藤新平」（「時代を読む」）／「よみがえる後藤新平」／渡辺利夫

三・〇九〜一六　㊕共同通信社配信「明治国家をつくる」（「新刊」）

三・一二　㊖聖教新聞「蘆花の妻、愛子」（「読書」／「運命に負けない女性の生き方」）

三・一三　㊖熊本日日新聞「蘆花の妻、愛子」（『蘆花と愛子の物語』／「本田さん囲み三〇〇人出版祝う」／松下純一郎）

三・一八　㊕毎日新聞「文明の接近」（「仏・対イラン強硬外交学者に聞く」／「サルコジ大統領実態を知らない」／福井聡）

三・二一　㊕熊本日日新聞「蘆花の妻、愛子」（「候補に八作品」／「第四九回熊日文学賞　来月二四日に本選考」）

三・二二　㊖図書新聞「マルクスの亡霊たち」（「〇七年下半期読書アンケート」／澤田直）
㊖図書新聞「イスタンブール」（「〇七年下半期読書アンケート」／小倉孝誠）
㊖図書新聞「言語都市・ベルリン」（「〇七年下半期読書アンケート」／島谷謙）

三・二三　㊖読売新聞「イスタンブール」（「本よみうり堂」／青柳正規）

三・二四　㊖東京新聞「遺言」（森清）
㊖公明新聞「環　vol. 31」（「小田実の追悼特集」）

三・二五　㊖週刊アスキー「マルクスの亡霊たち」（「WAM BOOK」／「読んでよかった！」／佐藤建）
㊖熊本日日新聞「蘆花の妻、愛子」（「散文月評」／『蘆花の妻、愛子』葛藤する夫婦の内実に迫る」／古江研也）

三・二八　㊕週刊朝日「戦後占領期短編小説コレクション」（「週刊図書館」／「だから、わたしは本を読む」／吉岡忍）
㊕週刊読書人「ブローデル歴史集成Ⅲ　日常の歴史」（「大英帝国関連が目立つ」／『イギリス帝国と二〇世紀』『大英帝国という経験』／高木勇夫）

三・三〇　㊖熊本日日新聞「蘆花の妻、愛子」（「単純でない葛藤をも描破」／緒方惇）

三月号　㊕EnCollege「NGO主義でいこう」（「小論文　情報BOX」／「市民としてNGOを実践するための入門書」）

三月新刊

＊タイトルは仮題

「環境学」提唱者による21世紀の「環境学」

新・環境学Ⅰ

生物の進化と適応の過程を忘れた科学技術（全3巻）

市川定夫

発刊！

環境問題を総合的に把握する「環境学」の提唱者が、もはや生物が対応できない速度で環境を変化させる、科学技術の異常な発展に警鐘を鳴らす。ミクロなレベルからマクロなレベルに至る環境破壊を、「生物の進化と適応の過程を忘れた科学技術」を作ってきた視点から読み解き、すべてのつながりを明らかにした問題作。

斯界の泰斗によるゴルバチョフ論の決定版

ゴルバチョフの意味

A・ブラウン　木村汎＝解説

角田安正・小泉直美訳

ロシアの「今」に真に貢献したのは、ゴルバチョフかエリツィンか？　ソ連崩壊時のエリツィンの派手なパフォーマンスの陰で忘却されたゴルバチョフの「意味」を説き起こし、英国学術界の権威ある賞をダブル受賞した、ロシア研究の泰斗によるゴルバチョフ論の決定版。プーチン以後の今なお名著の誉れ高い、現代ロシア理解に必須の書。

異分野の気鋭による徹底討論！

歴史と記憶

場所・身体・時間

赤坂憲雄・玉野井麻利子・三砂ちづる

人はいかなる「記憶」を引き受けて生きるのか。「記憶」の継承としての「歴史」の発生を、「語る‐聞く」関係の成立する奇跡的瞬間に見出し、固定化しえない「記憶／歴史」の生々しいありように迫る。民俗学の赤坂、人類学の玉野井、疫学の三砂の三者が一堂に会した画期的対話。

自然と人間の新たな関係性を問う

「場所」の詩学

環境文学とは何か

生田省悟・村上清敏・結城正美編

ゲーリー・スナイダー／高銀／森崎和江／内山節ほか

絶え間ない自然環境の危機に直面する今、自然と人間の新たな関係性を模索し、関係の織りなされてきた歴史・文化が蓄積される地点としての「場所」を再考。

自由貿易の矛盾にいかに立ち向かうか

グローバリゼーション下の東アジアの農業と農村

日・中・韓・台の比較

原剛編

国際的市場原理によって危機にさらされる東アジアの農業と農村。WTO体制下における各国の農業政策を検証し、地域レベルでの「内発的発展」の実例を紹介する。

2月の新刊

タイトルは仮題

文明の接近 ＊
「イスラームvs西洋」の虚構
E・トッド＋Y・クルバージュ
石崎晴己訳・解説
四六上製 三〇四頁 二九四〇円

未完のロシア ＊
十世紀から今日まで
H・カレール＝ダンコース
谷口侑訳
四六上製 三〇四頁 三三六〇円

満洲——交錯する歴史 ＊
玉野井麻利子編 山本武利監訳
四六上製 三五二頁 三四六五円

死の歴史学 ＊
ミシュレ『フランス史』を読む
真野倫平
四六上製 五二八頁 五〇四〇円

日本語と日本思想 ＊
本居宣長・西田幾多郎・三上章・柄谷行人
浅利誠
四六上製 三一二頁 三七八〇円

運命じゃない！
「シーティング」で変わる障害児の未来
山崎泰広
四六判 二二四頁 一六八〇円

近刊

ゴルバチョフの意味 ＊
A・ブラウン 木村汎解説
角田安正・小泉直美訳

歴史と記憶 ＊
場所・身体・時間
赤坂憲雄＋玉野井麻利子＋三砂ちづる

「場所」の詩学 ＊
環境文学とは何か
生田省悟・村上清敏・結城正美編

新・環境学ⅠⅡⅢ（全3巻） ＊
生物の進化と適応の過程を忘れた科学技術 発刊
市川定夫

グローバリゼーション下の東アジアの農業と農村 ＊
日・中・韓・台の比較
原剛編

好評既刊書

学芸総合誌・季刊
『環 歴史・環境・文明』㉜ 08・冬号 ＊
〈特集・文明の接近——イスラームをどう見るか〉
菊大判 三一二頁 二九四〇円

地中海の記憶 先史時代と古代 ＊
F・ブローデル／尾河直哉訳
A5上製 四九六頁 五八八〇円

赤ちゃんはコトバをどのように習得するか ＊
誕生から2歳まで
B・ド・ボワソン＝バルディ
加藤晴久・増茂和男訳
A5上製 二五六頁 三三六〇円

別冊『環』⑬
ジャック・デリダ 1930-2004
菊大判 四〇〇頁 三九九〇円

結婚戦略 家族と階級の再生産
ピエール・ブルデュー
丸山茂・小島宏・須田文明訳
四六上製 三二〇頁 三七八〇円

魂との出会い 写真集と対話
写真家と社会学者の対話
大石芳野＋鶴見和子
A5変型上製 一九二頁 三一五〇円

クローン病 増えつづける現代の難病
J・ゴメス／前島真理・前島良雄訳
四六判 三二八頁 二七三〇円

学芸総合誌・季刊
『環 歴史・環境・文明』㉛ 07・秋号
〈特集・われわれの小田実〉
菊大判 四〇八頁 三三六〇円

評伝 高野長英 1804-50
鶴見俊輔
四六上製 四二四頁（口絵四頁）三四六五円

＊の商品は今号に紹介記事を掲載しております。併せてご覧戴ければ幸いです。

書店様へ

▼**「米国は世界を必要としているが、世界は米国を必要としていない」**と喝破した、世界的大ベストセラー**『帝国以後』**（**大好評9刷**）刊行後、世界情勢はまさにその予測通りに進んでゆきました。そして、昨秋、その**エマニュエル・トッド**が、『帝国以後』の続編と位置づける最新作**『文明の接近』**を公刊。米国に追従する日本への重大な問題提起でもある本書を中心に、一月刊**『環』32号〈特集・文明の接近〉**も絡め、大きくフェア展開をぜひ。▼**今年三月に大統領選を控えるロシア**ですが、既に任期終了後も院政を敷く体制を整えた〝皇帝〟プーチンの剛腕支配が続きそうな様子。そのロシアの今、そして今後を読み解く最重要基本文献、**カレール＝ダンコース最新刊『未完のロシア』**を今月、そして大統領選の来月には、ソ連における最初で最後の大統領、国内でペレストロイカとグラスノスチを進め、それまで四十年以上続いていた冷戦を終結させたゴルバチョフの真の姿に迫る**『ゴルバチョフの意味』**を。共に大きくご展開を。（**営業部**）

ル＝ロワ＝ラデュリ、三月来日

アナール派第三世代の総帥エマニュエル・ル＝ロワ＝ラデュリ氏が四半世紀ぶりに来日します。

〈来日記念シンポジウム〉
フランス・アンシャンレジームと徳川日本――比較史の可能性を探る
〈司会〉中根千枝（日本学士院第一部長）
〈パネラー〉**速水融**（慶應義塾大学名誉教授）
E・ル＝ロワ＝ラデュリ
〈日時〉三月一九日(水)一三時半～一六時半
〈場所〉日本学士院（℡ 03-3822-2101）
東京都台東区上野公園七―三二
※参加ご希望の方はお電話か日本学士院ホームページ（http://www.japan-acad.go.jp/）にてお申し込み下さい。

〈日仏国際シンポジウム〉
気候変動と人間活動
〈司会〉鬼頭宏（上智大学）
長谷川直子（滋賀県立大学）
〈問題提起〉**速水融**（慶應義塾大学名誉教授）
〈講演〉**E・ル＝ロワ＝ラデュリ**
三上岳彦（首都大学東京教授）
〈日時〉三月二五日(火)一四時～一七時
〈場所〉日仏会館ホール（℡ 03-5424-1141）
東京都渋谷区恵比寿三―九―二五

第三回 ゆいまーる「琉球の自治」

北は奄美諸島から、南は八重山諸島に至る南北に長い「琉球」の島々やアジア太平洋の人々が「自治」について目覚め、行動するためゆいまーる**「琉球の自治」**の集いが、この三月沖縄島から少し離れた**伊江島**で開かれます。第一回は久高島、第二回は奄美にて開かれました。ご関心のある方は集われるのを歓迎します。当日は、伊江島の人々やその他の島々からの参加者らと車座で話し合います。又、島の見学もします。ただいま参加者を募集中です（交通費・宿泊費は自己負担）。
〈日時〉**三月一五日(土)～三月一七日(月)**
〈お問合せ先〉**藤原書店**
※ゆいまーる「琉球の自治」がNPO法人になりました。
http://ryukyujichi.blog123.fc2.com/blog-entry-96.html

●〈藤原書店ブッククラブ〉ご案内●
▼会員特典は、①本誌『機』を発行の都度ご送付／②(小社への直接注文に限り)小社商品購入時に10%のポイント還元／③送料のサービス。その他小社催しへのご優待等。詳細は小社営業部まで問い合せ下さい。
▼年会費二〇〇〇円。ご希望の方は、入会ご希望の旨をお書き添えの上、左記口座番号までご送金下さい。
振替・00160-4-17013　藤原書店

出版随想

▼今年はじめての雪景色の中、箱根にやってきた。新宿からロマンスカーに乗ったが、途中から雪は失くなり、箱根湯本でも殆んど雪は積もっていなかった。しかし強羅に上る登山電車の中途附近から、周囲《あたり》は雪化粧で木々は雪の花を満開に咲かせていた。強羅からケーブルで早雲山に上った時は、この世のものとは思われない美しさであった。さらにロープーウェイに乗り大湧谷で途中下車したが、いつも観光客を硫黄の源泉とにおいで圧倒する大湧谷も、今日だけは白い大絨緞を被せられたように白一色になり、吹雪にまともに曝されていた。その後、桃源台までの眺望がすばらしく、瞼の奥にいつまでも焼き付けておきたい光景であった。桃源台からはこの雪で観光船も出ず、宿までタクシーで辿り着いた。
▼都会の喧噪の中からの片時であったが、この大自然の中では、人間の営みなんて簡単に飲み込まれてしまうのだということをいやという程思い知らされた。自然の点に過ぎない人類が、自然に逆らい、破壊し、さらには征服を考えた、愚かな人類の歴史。今、一部の人々から自然との共生が声高く叫ばれるが、自然をどう認識し、どのように共生してゆくかが最大のアポリアだ。地球温暖化、新型インフルエンザ、農薬入り中国産ギョーザ……等々、最近でも数え挙げれば枚挙に暇なし。大自然の生態系サークルを人間の利己的な欲望で破壊し尽くそうとしている。その逆襲がもう始まっている。愚かな現代人よ、もうそろそろ惰眠を貪ることから目醒めようではないか。（亮）

全人類の心性史の壮大な試み

人類の聖書

〈多神教的世界観の探求〉

J・ミシュレ　大野一道訳

大歴史家が呈示する、闘争的一神教をこえる視点。古代インドからペルシア、エジプト、ギリシア、ローマにおける民衆の心性・神話を壮大なスケールで総合。キリスト教の『聖書』を越えて「人類の聖書」へ。本邦初訳。

A5上製　四三二頁　**四八〇〇円**
（二〇〇一年一一月刊）

LA BIBLE DE L'HUMANITÉ　Jules MICHELET

ミシュレ生誕二百年記念出版

ミシュレ伝 1798–1874

〈自然と歴史への愛〉

大野一道

『魔女』『民衆』『女』『海』……数々の名著を遺し、ロラン・バルトやブローデルら後世の第一級の知識人に多大な影響を与えつづけるミシュレの生涯を、膨大な未邦訳の『日記』を軸に鮮烈に描き出した本邦初の評伝。思想家としての歴史家の生涯を浮き彫りにする。

四六上製　五二〇頁　**五八〇〇円**
（一九九八年一〇月刊）

「ルネサンス」の発明者ミシュレ

ミシュレとルネサンス

〈「歴史」の創始者についての講義録〉

L・フェーヴル
P・ブローデル編　石川美子訳

「アナール」の開祖、ブローデルの師フェーヴルが、一九四二—三年パリ占領下、フランスの最高学府コレージュ・ド・フランスで、「近代世界の形成——ミシュレとルネサンス」と題し行なった講義録。フェーヴルの死後、ブローデル夫人の手によって編集された。

A5上製　五七六頁　**六七〇〇円**
（一九九六年四月刊）

MICHELET ET LA RENAISSANCE　Lucien FEBVRE

世界初の成果

感性の歴史

L・フェーヴル、G・デュビィ、
A・コルバン　小倉孝誠編集
大久保康明・小倉孝誠・坂口哲啓訳

アナール派の三巨人が「感性の歴史」の方法と対象を示す、世界初の成果。「歴史学と心理学」「感性と歴史」「社会史と心性史」「感性の歴史の系譜」「魔術」「恐怖」「死」「電気と文化」「涙」「恋愛と文学」等。

四六上製　三三六頁　**三六〇〇円**
（一九九七年六月刊）

ミシュレの歴史観の全貌

世界史入門
（ヴィーコから「アナール」へ）

J・ミシュレ
大野一道編訳

「異端」の思想家ヴィーコを発見し、初めて世に知らしめた、「アナール」の母ミシュレ。本書は初期の『世界史入門』から『フランス史』『一九世紀史』までの著作群より、ミシュレの歴史認識を伝える名作を本邦初訳で編集。**L・フェーヴルのミシュレ論**も初訳出、併録。

四六上製　二六四頁　**二七一八円**
（一九九三年五月刊）

全女性必読の書

女

J・ミシュレ
大野一道訳

アナール派に最も大きな影響を与えた十九世紀の大歴史家が、歴史と自然の仲介者としての女を物語った問題作。「女は太陽、男性は月」と『青鞜』より半世紀前に明言した、全女性必読の書。マルクスもプルードンも持ちえなかった視点で歴史を問う。

A5上製　三九二頁　**四七〇〇円**
（一九九一年一月刊）

LA FEMME　Jules MICHELET

陸中心の歴史観を覆す

海

J・ミシュレ
加賀野井秀一訳

ブローデルをはじめアナール派やフーコー、バルトらに多大な影響を与えてきた大歴史家ミシュレが、万物の創造者たる海の視点から、海と生物（および人間）との関係を壮大なスケールで描く。陸中心史観を根底から覆す大博物誌、本邦初訳。

A5上製　三六〇頁　**四七〇〇円**
（一九九四年一一月刊）

LA MER　Jules MICHELET

「自然の歴史」の集大成

山

J・ミシュレ
大野一道訳

高くそびえていたものを全て平らにし、平原が主人となった一九、二〇世紀。この衰弱の二世紀を大歴史家が再生させる自然の歴史（ナチュラル・ヒストリー）。山を愛する全ての人のための「山岳文学」の古典的名著、ミシュレ博物誌シリーズの掉尾、本邦初訳。

A5上製　二七二頁　**三八〇〇円**
（一九九七年二月刊）

LA MONTAGNE　Jules MICHELET

著者紹介

真野倫平（まの・りんぺい）
1965年生まれ。2000年，パリ第8大学博士課程修了（文学博士）。現在，南山大学外国語学部准教授。主な論文に « Le récit de mort dans l'*Histoire de France* de Jules Michelet »（パリ第8大学博士論文），共訳書に『ブローデル歴史集成Ⅱ　歴史学の野心』『同Ⅲ　日常の歴史』（藤原書店）がある。

〈南山大学学術叢書〉

死《し》の歴《れき》史《し》学《がく》　ミシュレ『フランス史《し》』を読《よ》む

2008年2月28日　初版第1刷発行 ©

著　者　真　野　倫　平

発行者　藤　原　良　雄

発行所　藤　原　書　店

〒162-0041　東京都新宿区早稲田鶴巻町523
電　話　03（5272）0301
ＦＡＸ　03（5272）0450
振　替　00160 - 4 - 17013
info@fujiwara-shoten.co.jp

印刷・製本　図書印刷

落丁本・乱丁本はお取替えいたします
定価はカバーに表示してあります

Printed in Japan
ISBN978-4-89434-613-0